Ewald Nowotny

GELD
und LEBEN

braumüller

Bibliografische Information der Deutschen Nationalbibliothek
Die Deutsche Nationalbibliothek verzeichnet diese Publikation in der
Deutschen Nationalbibliografie; detaillierte bibliografische Daten
sind im Internet über http://dnb.d-nb.de abrufbar.

Printed in Austria

1. Auflage 2020
© 2020 by Braumüller GmbH
Servitengasse 5, A-1090 Wien

www.braumueller.at

Coverfoto: © OeNB
Druck: Buch Theiss GmbH, A-9431 St. Stefan im Lavanttal
ISBN 978-3-99100-313-7

*Gewidmet meinen Enkelkindern – mit Dank für
die Gegenwart und Hoffnung für ihre Zukunft.*

INHALT

Vorwort

Das Schreiben dieses Buches war für mich ein neues und in vielen Aspekten anregendes Erlebnis. Ich habe in meinem Leben zwölf wissenschaftliche Bücher und eine große Fülle von Fachpublikationen verfasst. Das hier vorliegende Buch ist demgegenüber keine wissenschaftliche Arbeit, sondern eine erzählende Reflexion über die Erfahrungen, die ich in über 50 Jahren in den Bereichen Wissenschaft, Politik und Wirtschaft sammeln konnte. Mein vor-berufliches Leben hinzugezählt, sind es 75 Jahre. Es ist dies ein Zeitraum mehr als dreimal so lang wie die gesamte Lebensdauer der Ersten österreichischen Republik, ein Zeitraum großer weltpolitischer und wirtschaftlicher Umwälzungen – und eine der längsten Friedensperioden, die mein Heimatland Österreich je erleben konnte. Ich bin ein Kind dieser Zeit. Vor dem gemeinsamen historischen Hintergrund haben sich die Millionen Einzelschicksale meiner Zeitgenossen jeweils unterschiedlich entwickelt, und auch dieses vorliegende Buch ist nicht als objektive Zeitzeugenschaft zu sehen, sondern als subjektive Erzählung. Ich konnte mich beim Schreiben dieses Buches auf einige Notizen und Anmerkungen stützen, die ich von Zeit zu Zeit verfasst hatte. Vieles entspringt aber meiner – wie ich beobachten musste – nicht immer historisch exakt nachvollziehbaren Erinnerung.

Aus der Vielseitigkeit meiner Lebenserfahrungen ergibt sich auch die große Bandbreite der Themen, die in diesem Buch dargestellt werden. Für mich ist es ein wesentliches Anliegen, berufliche Erfahrungen und persönliche Entwicklungen zu verbinden und Leserinnen und Lesern Bereiche außerhalb ihres gewohnten Lebenskreises nahezubringen. Ich bitte daher um Geduld und Aufnahmebereitschaft auch bei den etwas „technischeren" Aspekten dieses Buches – letztlich geht es auch bei diesen Teilen um die Verknüpfung von historischen Entwicklungen und persönlichen Erfahrungen und Bemühungen.

Dieses Buch erscheint etwa ein Jahr nach meinem Ausscheiden als Gouverneur der Oesterreichischen Nationalbank und Mitglied des Rates der Europäischen Zentralbank. Damit auch nach Ende der vorgesehenen „Abkühlungs-Periode" („cooling-off-period") von einem Jahr. Ich habe nicht vor, diese „neue Freiheit" für Indiskretionen zu nützen, wohl aber erlaube ich mir einige freie Gedanken hinsichtlich künftiger Herausforderungen in der Geld- und Finanzpolitik.

Das Entstehen dieses Buches war ein langwieriger, vielfach auch durch andere Verpflichtungen unterbrochener Arbeitsprozess. Ich danke allen, die mir geholfen haben, die für produktives Schreiben nötige Ruhe und Konzentration zu sichern. Dies gilt vor allem für meine liebe Frau, Ingrid Nowotny. Sie und einige andere Vertraute, haben auch Teile dieses Manuskriptes gelesen – die volle Verantwortung für sämtliche Inhalte liegt selbstverständlich bei mir. Frau Gertraud Johanna Mica hat neben ihrer beruflichen Tätigkeit in ihrer Freizeit wesentlich zur technischen Umsetzung dieses Buches beigetragen und als objektive Leserin mancher Entwürfe auch wichtige inhaltliche Anregungen gegeben. Der Verlag Braumüller, bei dem schon mein Vater publiziert hatte, hat sich für das vorliegende Buch als freundliche und effiziente Heimat erwiesen. Mein besonderer Dank gilt hier dem klugen und zuverlässigen Herrn Bernhard Borovansky und dem aufmerksamen Lektorat durch Herrn Johann Auer.

Gewidmet ist dieses Buch meinen drei Enkelkindern, denen ich in jeder Hinsicht stets Priorität einräume. Möge dieses Buch für sie eine Verbindung darstellen zwischen den vielfältigen Erfahrungen der Vergangenheit und einem hoffentlich friedvollen und erfüllten Leben in zukünftigen Jahren!

Wien, im September 2020
Ewald Nowotny

1. Geld und Leben – Eine Vorbemerkung

Geld oder Leben – muss man sich, kann man sich entscheiden? Die Frage löst sich einfach in einer Situation, die uns aus Kinderbüchern bekannt ist: Der wohlhabende Kaufmann fährt durch einen dunklen Wald – plötzlich bricht eine Räuberbande hervor: „Geld oder Leben!" Hier ist also zu wählen zwischen zwei Gütern, wobei das arme Opfer sein Leben klugerweise als das höhere einschätzen wird. In allgemeiner Perspektive gibt es vielfach eine philosophische wie auch eine religiöse Sicht auf den Gegensatz von „Geld" – hier als Ausdruck wirtschaftlicher Tätigkeit – und „Leben" – hier als Bezug auf eine an nicht-materiellen Werten orientierte Lebensführung. In vielen Religionen ist das ein zentrales Spannungsverhältnis. Man denke nur an die dramatische Schilderung in den Evangelien, wo der sonst so friedfertige Jesus vor dem Tempel zu Jerusalem die Geldwechsler aus dem Tempel vertreibt und ihre Tische umstößt.

Für die meisten Menschen – und so auch für mich – geht es freilich meist nicht um die elementare Entscheidung „Geld oder Leben", sondern um Abwägungen, um Entscheidungen unter Unsicherheit im Laufe eines Lebens. Dem entspricht der Titel dieses Buches „Geld und Leben". Hier geht es um die Verbindung der Bereiche „Geld" (und damit Wirtschaft) und „Leben" im Sinne des individuellen und gesellschaftlichen Daseins. Diese Verbindung wird hier bezogen auf meine persönliche Entwicklung als Wissenschafter, Politiker und Banker. Dahinter stehen aber grundlegende Zusammenhänge des Phänomens „Geld", die in ihrer Abstraktheit im täglichen Leben nicht bewusst und sichtbar sind. Auf einige dieser Zusammenhänge sei im Folgenden kurz eingegangen.

Es beginnt mit der banalen Frage: „Was ist Geld?" Die Antwort der Wirtschaftswissenschaft ist – zunächst – sehr einfach: Alles was anerkannt wird, um die Geldfunktionen zu erfüllen. Diese Geldfunktionen sind zuerst die Funktion als Recheneinheit, das heißt, als Voraussetzung dafür, dass für ein Gut ein Preis genannt werden kann, hinter dem ja eine Fülle von Einzelinformationen steht. Zum Zweiten die Transaktionsfunktion, das heißt: Geld als Grundlage für wirtschaftliches Handeln zwischen den Wirtschaftssubjekten. Schließlich die Wertaufbewahrungsfunktion, die Möglichkeit, ökonomische Transaktionen über längere Zeiträume hinweg zu verschieben und damit Kreditbeziehungen aufzubauen. „Vollwertiges" Geld muss alle diese volkswirtschaftlichen Funktionen erfüllen. Ist dies nicht der Fall, entstehen volkswirtschaftliche Fehlsteuerungen. Bei einer Hyperinflation verliert etwa Notenbankgeld seine Transaktionsfunktion – niemand ist mehr bereit, dieses „Geld" für die Abgabe von Gütern anzunehmen, und es kommt zu einer Regression in ein System des Naturaltausches. Unter aktuellen Aspekten betrachten Notenbanken zum Beispiel Bitcoins nicht als Geld, sondern als „Spekulationsgut". Sie sind zu unsicher, um eine Transaktionsfunktion zu erfüllen, und weisen zu große Wertschwankungen auf, um der Wertaufbewahrungsfunktion zu genügen.

Die Geschichte des Geldes ist elementar mit dem menschlichen Fortschritt verbunden. Es ist dies zuerst der lange Weg vom Tauschhandel zum Münzgeld, im westlichen Kulturraum verfügbar seit etwa 700 vor Christus in Form von Münzen aus Metall, speziell Gold und Silber. In der Antike entstand dann die Funktion der Banken beziehungsweise der Bankiers und damit die Möglichkeit, längerfristige Projekte friedlich – und nicht durch Raubzüge oder Unterdrückung – zu finanzieren. Die „Kulturrevolutionen" des Christentums und des Islam führten dann zum Verbot, Geld gegen Zinsen zu verleihen, und damit zu einem weitgehenden Ende der Kreditwirtschaft, was wieder Jahrhunderte wirtschaftlicher (nicht notwendigerweise kultureller) Stagnation mit sich brachte. Erst die Renaissance in ihrem wichtigen Aspekt des Geldwesens schaffte wieder die Möglichkeit umfassender Kreditbeziehungen, die zum Aufbau von Handelsflotten genützt werden konnten – aber auch zur Finanzierung großer Heere. Auch diese Systeme beruhen auf Edelmetall-Grundlage, was, je nach Verfügbarkeit, zu Knappheitskrisen oder, nach dem Einströmen von Gold und Silber aus dem neu entdeckten Amerika, zu Inflationsentwicklungen führte. Die Notwendigkeit der Staatsfinanzierung führte 1668 zur Gründung der Schwedischen Riksbank, 1694 zur Gründung der Bank of England, die nun Papiergeld ausgaben, das auf Gold- und Silberdeckung beruhte. Das Ausmaß der Deckung variierte aber bald, und es begann das Zeitalter des Papiergeldes.

In Anspielung auf die Erfahrungen mit den geldpolitischen Experimenten des Ökonomen und Abenteurers John Law und der Assignatenwirtschaft der Französischen Revolution zeigt Goethe im „Faust II" die Entstehung des Papiergeldes als ein Werk des Mephisto. Mephisto bringt den unter massiver Geldnot leidenden Kaiser dazu, „Zettel", das heißt Papiergeld, mit folgender Erklärung zu unterschreiben: „Zu wissen sei es jedem ders begehrt: Der Zettel hier ist tausend Kronen wert. Ihm liegt gesichert, als gewisses Pfand, Unzahl vergrabnen Guts im Kaiserland. Nun ist gesorgt, damit der reiche Schatz, sogleich gehoben, diene zum Ersatz."

Der kluge St. Gallener Nationalökonom Hans Christoph Binswanger hat aus dieser Schlüsselszene Goethes Sicht der Wirtschaft als einen „alchemistischen Prozess" abgeleitet – die Suche nach dem künstlichen Gold mit anderen, modernen Mitteln.[1] Üblicherweise wird die „Geld-Szene" im „Faust" als Warnung vor Inflation gesehen. Die Darstellung der Geldschöpfung und ihrer Wirkungen in Goethes Faust ist aus meiner Sicht aber ambivalent. Denn das dank des Vertrauens in den Kaiser (den Staat) neu geschaffene Geld führt ja tatsächlich zur Finanzierung produktiver Investitionen des nun als

---

1   Hans Christoph Binswanger: Geld und Magie – Eine ökonomische Deutung von Goethes Faust. Murmann Verlag, Hamburg 2009.

Unternehmer tätigen Dr. Faust: „Eröffn' ich Räume vielen Millionen, nicht sicher zwar, doch tätig-frei zu wohnen." Dieses große Projekt Fausts scheitert zwar, aber nicht durch eigenes Versagen, sondern durch von Mephisto herbeigeführte, von außen kommende Katastrophen – die Natur als Grenze des menschlichen Strebens? Goethe selbst hat sich ja als Berater und Finanzminister in seinem kleinen Herzogtum durchaus erfolgreich betätigt, hat sich aber auch umfassend mit den theoretischen Aspekten von „Geld" beschäftigt, wie in einer Ausstellung und Publikation des Goethe-Hauses in Frankfurt eindrucksvoll belegt wurde.[2] Und Goethe hat im „Faust" wie stets in seinem Leben die zentrale Rolle des menschlichen Handels, der „Tat", hervorgehoben: „Das ist der Weisheit letzter Schluss: Nur der verdient sich Freiheit wie das Leben, der täglich sie erobern muss."

Auch für die Verwendung von Papiergeld spielte im „Gold"- oder „Silber"-Standard bis zum Ersten Weltkrieg der Edelmetall-Bestand der Notenbank die entscheidende – und begrenzende – Rolle als „Deckung" einer Währung. Wie Stefan Zweig in seinem schönen und nostalgischen Buch „Die Welt von Gestern" beschreibt, wurde der Goldstandard als Garant der wirtschaftlichen Freiheit – jedenfalls der besitzenden Klassen – gesehen. Auch heute gibt es ja unter rechts-orientierten und „libertären" Politikern und Ökonomen die Sehnsucht nach einem „entpolitisierten", nicht beeinflussbaren Geldsystem auf Goldbasis. Der marktradikale Ökonom Friedrich August Hayek hat sich aus einer ähnlichen Sicht für die Aufhebung des staatlichen Geldmonopols und für den Wettbewerb privat emittierter Währungen ausgesprochen.

Tatsächlich hat die monetäre Stabilität des Systems der Goldwährungen zu einer massiven Instabilität der realen Wirtschaft geführt. Da das Geld-Angebot von den Zufälligkeiten des Gold-Angebotes bestimmt war, konnten die Notenbanken auf die realwirtschaftliche Entwicklung nicht reagieren, was sich in langen und tiefen Phasen

---

2 Vera Hierholzer, Sandra Richter (Hrsg.): Goethe und das Geld – Der Dichter und die moderne Wirtschaft (mit Beiträgen unter anderem von Jean-Claude Trichet und Otmar Issing). Freies Deutsches Hochstift, Frankfurt 2012.

von „Wirtschaftskrisen" auswirkte. Wie es im Slogan einer amerikanischen Protestbewegung hieß: „Die Wirtschaft war angenagelt an ein Kreuz aus Gold."

Der Erste Weltkrieg zeigte, dass nationalistischer Furor im Zweifel stärker ist als die besitzbürgerliche Liebe zum Gold. Dies galt für die Privatpersonen, die – mit allerdings mäßigem Erfolg – mit dem Slogan „Gold gab ich für Eisen" aufgefordert wurden, sich von ihren Goldbeständen zu trennen. Dies galt mit nachhaltiger Wirkung aber vor allem für den Staat. Eines der ersten „Opfer" war in allen kriegsführenden Staaten die Gold-Verankerung der jeweiligen Währung, da die gewaltigen Finanzierungserfordernisse eines Weltkriegs nur mit massiven, direkten Finanzierungen („Gelddrucken") durch die Notenbank bewältigbar waren. Dies führte in Kriegszeiten zunächst zu einer durch Rationierung – halbwegs – zurückgestauten Inflation. Im Chaos der Nachkriegszeit brach diese Inflation aber in den Verliererstaaten in dramatischer Weise aus. Auf die bis heute wirkenden Folgen dieser Zeit, in der „Geld" in traumatischer Form „Leben" bestimmte, wird dieses Buch noch eingehen.

Die Nostalgie nach der „guten, alten Zeit vor dem Weltkrieg" führte speziell bei konservativen Wirtschaftspolitikern zu den Versuchen, nach dem Ersten Weltkrieg möglichst rasch wieder zum Geldsystem des Goldstandards zurückzukehren. Der spektakulärste Versuch in dieser Richtung war die vom damaligen konservativen Schatzkanzler Winston Churchill 1925 durchgeführte Rückkehr des Britischen Pfundes zum Goldstandard. Wie von John Maynard Keynes richtig vorausgesagt,[3] endete dieser politisch motivierte Versuch in einem wirtschaftlichen Desaster. Mit Ausbruch der großen Weltwirtschaftskrise brach die internationale Herrschaft des Goldstandards endgültig zusammen.

Das bedeutet freilich nicht, dass die „Magie des Goldes" verschwunden ist. Ökonomisch gesehen, ist Gold heute ein – nur eingeschränkt

---

3   John Maynard Keynes: The Economic Consequences of Mr. Churchill. In: The Collected Writings of John Maynard Keynes, Vol. IX. Macmillan, London 1971.

nützlicher – Rohstoff. Keynes, wohl der bedeutendste Ökonom des 20. Jahrhunderts, hat es ein „barbarisches Relikt" genannt, das mit großer Mühe aus der Erde herausgeholt wird, um dann zum größten Teil wieder in den Kellern der Notenbanken vergraben zu werden. Aber eine jahrtausendealte Geschichte und der unzerstörbare Glanz haben dazu geführt, dass man es nach wie vor als Zahlungsmittel betrachtet, von dem man erwartet, dass es auch in Krisenzeiten akzeptiert wird. Dies galt speziell für die Generation meiner Eltern, geprägt vom Erleben mehrfacher Entwertung des staatlichen Geldes, und wirkt heute noch nach. Für mich persönlich ergibt sich hier eine spezielle Verbindung von „Geld und Leben". Nach den Erzählungen meiner Mutter wäre ich als Baby im Nachkriegs-Wien wohl verhungert, hätte sie nicht noch ein paar Goldmünzen gehabt, die sie gegen Nahrungsmittel eintauschen konnte.

Für Notenbanken haben heute Währungsreserven in Gold (neben Währungsreserven in Devisen) nicht die Funktion einer „Deckung" der Währung, sondern stellen ein Mittel dar, um gegen unerwünschte Abwertungen der eigenen Währung zu intervenieren. Dies gilt auch heute für Notenbanken, die ein festgelegtes Wechselkurs-Ziel verteidigen wollen – wobei Gold verkauft werden kann oder als Sicherheit für Darlehen dient. Für die Mitgliedstaaten der Europäischen Währungsunion, wo es ja intern keine Wechselkurse gibt und die nach außen eine Politik flexibler Wechselkurse betreibt, ist diese Funktion der Wechselkurs-Stabilisierung heute weggefallen. Die Goldreserven sind daher eher von gesamtwirtschaftlicher Bedeutung, etwa als letzte Interventionsmöglichkeit bei sonstiger Unmöglichkeit, lebenswichtige Importe zu finanzieren. Gold hat dabei gegenüber Devisen als Währungsreserve den Nachteil, nicht ertragbringend zu sein, aber den Vorteil, „diskret" und nicht den Entwicklungen eines „Leitwährungs-Landes" – heute die USA –, ausgesetzt zu sein.

Nach dem Zweiten Weltkrieg kam es mit dem „Bretton Woods-System" zu einem neuen Weltwährungssystem unter Dollar-Dominanz. Wie in diesem Buch dargestellt wird, endete dieses System mit der Aufhebung der Bindung des Dollar an Gold im Jahre 1971. Dem heutigen System haben Ökonomen den schönen Namen „fiat money" gegeben – von *fiat*, dem lateinischen Ausdruck für „es geschehe". Das bedeutet, Notenbanken sind in der Lage, Geld in ihrer eigenen Währung in unbegrenzter Höhe zu schaffen. Dieses Geld fließt im Wesentlichen durch Kredite an Banken (gegen adäquate Sicherheit) und den Ankauf von Wertpapieren (staatliche und zum Teil private Anleihen) in die Wirtschaft. Die gesamte Geldsumme in einer Volkswirtschaft besteht zu einem geringen Teil aus Bargeld und zum weit überwiegenden Teil aus verschiedenen Formen der Einlagen bei Banken, die dann wieder die Grundlage sind für die „Giralgeld-Schöpfung" durch das Bankensystem.[4]

Die Geldschöpfung durch das Bankensystem ist direkt verbunden mit der Funktion der Kreditvergabe. Eine Bank vergibt einen Kredit – dieser stellt ein Aktivum in ihrer Bilanz dar. Gleichzeitig fließt mit der Kreditvergabe „Geld" in Form einer Zubuchung auf ein Konto des Kreditnehmers, was sich auf der Passivseite der Bankbilanz niederschlägt. Dieses Geld kann dann vom Kreditnehmer ausgegeben werden, was wieder zu Einlagen bei dieser oder anderen Banken führt. Abhängig vom Ausmaß der „Bargeld-Abflüsse" aus dem Bankensystem ergibt sich ein Prozess der Giralgeld-Schöpfung. Der weit überwiegende Teil der Geldmenge beruht auf der „Alchemie" der Geldschöpfung im Zusammenhang von „Geld" und Kredit. Der frühere Gouverneur der Bank of England, Mervyn King, hat diese Dynamik eindrucksvoll analysiert und Formen einer gesamtwirtschaftlich sinnvollen Struktur des Bankensystems entwickelt, um dessen „Alchemie" kontrollieren zu können.[5]

---

4   Für einen gut erklärten Überblick siehe Rudolf Trink: Mein Geld: Woher es kommt – Wohin es geht. Echomedia Verlag, Wien 2009. Für eine anregende, literarische Einführung: Hans Magnus Enzensberger: Immer das Geld! Ein kleiner Wirtschaftsroman. Suhrkamp, Berlin 2015.
5   Mervyn King: The End of Alchemy: Money, Banking, and the Future of the Global Economy. W. W. Norton & Company, New York 2016.

In der empirischen Erfassung von „Geld" werden entsprechend dem Konnex zwischen Notenbank und Bankensystem aufeinander aufbauende Geldkonzepte verwendet. Der engste Geldbegriff – „M1" – erfasst das umlaufende Bargeld (Banknoten und Münzen) und täglich fällige Bankeinlagen (Giralgeld). Das ist das sofort verfügbare Geld mit maximaler Liquidität. Je nach abnehmendem Grad der Liquidität (mögliche zeitliche Verfügbarkeit) sind dann weitere Veranlagungen (zum Beispiel Wertpapiere mit maximal zweijähriger Laufzeit) Teile einer weiter gefassten Geldmenge mit den Bezeichnungen M2 beziehungsweise M3. Die gesamte Geldmenge M3 betrug im Euroraum per Juni 2020 13.790 Mrd. Euro, wovon 9.629 Mrd. auf M1 entfielen. Davon waren wiederum „nur" 1.297 Mrd. der Bargeldbestand („currency in circulation"), der am ehesten der unmittelbaren Vorstellung des „Gelddruckens" entspricht. Den großen Rest von M1 stellt das jederzeit verfügbare Geld auf Girokonten dar.

Der speziell von dem einflussreichen Ökonomen Milton Friedman propagierte Ansatz des „Monetarismus" ging aus von einem engen und stabilen Zusammenhang zwischen dem Geldmengen-Aggregat M3 und der Inflationsentwicklung. Die empirische Analyse zeigte aber, dass ein entsprechend stabiler Zusammenhang nicht gegeben ist. Die Entwicklung des Preisniveaus ist von vielen Faktoren bestimmt. Eine an der Entwicklung von M3 orientierte „Geldmengen-Regel", wie sie viele Notenbanken in den 1970er- und 1980er-Jahren befolgten, hat sich daher als nicht erfolgreich erwiesen. Heute setzen sich die meisten Notenbanken, so auch die EZB, direkt Preisstabilität als primäre oder jedenfalls wesentliche Zielsetzung. Die Veränderungen der jeweiligen Geldmengen-Aggregate werden aber weiterhin als Teilbereich der geldpolitisch relevanten Informationen analysiert.

In der öffentlichen Wahrnehmung wird freilich unter dem Begriff „Geld" (in Österreich auch mit dem Adjektiv „geldig") vielfach privates Vermögen insgesamt verstanden. „Vermögen" setzt sich aus mehreren Komponenten zusammen, wobei die statistische Erfassung schwierig und oft unvollständig ist, wie auch in einer Erhebung der

Oesterreichischen Nationalbank für das Jahr 2018 betont wird.[6] Gemäß dieser Studie beträgt das Gesamtvermögen der österreichischen privaten Haushalte inklusive privater Organisationen ohne Erwerbszweck 1.591 Mrd. Euro. Davon entfallen 877 Mrd. auf Immobilien (Bauten, Grund und Boden) und 689 Mrd. auf das Geldvermögen. Davon wieder stellen Einlagen bei Banken mit 258 Mrd. den größten Bestandteil dar, andere Komponenten sind Anteile an Unternehmen, Lebensversicherungen etc. Auf Bargeld entfallen 24 Mrd. Der bei Weitem größte Teil dieser Vermögenswerte wird nicht von der Notenbank „geschaffen", praktisch alle Komponenten werden aber von Maßnahmen der Geldpolitik der Notenbanken zumindest mitbeeinflusst. Das gilt etwa für die Entwicklung der Inflationsraten in der Wirtschaft insgesamt und im Speziellen der Preise für Immobilien und Wertpapiere.

Zentral für jedes Wirtschaftssystem ist demnach das Vertrauen in ein verantwortungsbewusstes Handeln der Notenbanken und die Existenz ergänzender Sicherheitsvorkehrungen gegen Missbrauch. Dem entspricht eine ordnungspolitische Grundlage, in der Notenbanken als vom Staat unabhängige Institutionen geschaffen wurden, denen die demokratisch legitimierte Gesetzgebung klare Ziele vorgibt. In der deutschen, auf die EZB übertragenen Tradition ist dieses Ziel die Preisstabilität, in der amerikanischen Tradition, der auch das frühere österreichische Nationalbank-Gesetz entsprach, das „duale Mandat" von Preisstabilität und hoher Beschäftigung.

Technisch erfolgt das unmittelbare Schaffen von Notenbank-Geld weit überwiegend im unbaren Bereich über Zuschreibung auf Konten bei der Notenbank, wobei nur der öffentliche Sektor und der Bankbereich berechtigt sind, solche Konten zu unterhalten.[7] Der weitaus

---

6   OeNB: Einkommen, Konsum und Vermögen der Haushalte. Sonderheft „Statistiken", April 2020.

7   Es gibt aktuell auch Überlegungen über die Ausgabe von e-money oder Cyber-money durch Notenbanken, was technisch die Möglichkeit eröffnen würde, dass jeder Bürger, jede Bürgerin im Hoheitsbereich der entsprechenden Notenbank ein Konto direkt bei der Notenbank halten könnte. All dies ist freilich mit vielen offenen, rechtlichen und ökonomischen Fragen verbunden.

geringere – in der Öffentlichkeit mit „Gelddrucken" verbundene – Teil der Geldversorgung erfolgt in der Form von Geldscheinen oder Münzen. Hier wird freilich die „Magie" des Geldes in besonderer Weise sichtbar. Um es am Beispiel der Oesterreichischen Nationalbank zu illustrieren: Die von der hauseigenen Banknotendruckerei gedruckten Geldscheine lagern im Keller der Nationalbank als Papier mit dem schönen Namen „streng verrechenbare Drucksorten". Erst wenn dieses Papier die Notenbank verlässt, wird es zu Geld. Die Alchemisten hatten versucht, aus Blei Gold zu machen. Wir machen aus Papier Geld – Geld, mit dem man die Produkte der realen Wirtschaft kaufen kann, Geld, das damit wesentliche Teile des „Lebens" bestimmt.

Bei all den technischen und ökonomischen Aspekten der täglichen Geld- und Bankpolitik, über die dieses Buch berichtet, war ich mir als Wissenschafter wie als Banker dieser „magischen Aspekte" der Geldschöpfung bewusst und habe dies als große Verantwortung empfunden. Wenn ich im 41. Stock des EZB-Gebäudes am runden Tisch des EZB-Rates saß und hinter den großen Fenstern der Sonnenuntergang über Frankfurt zu sehen war, habe ich diese Runde des EZB-Rates als eine Art „Alchemisten-Runde" empfunden, versammelt im Bemühen um Erkenntnisse und Rezepturen für eine gute und sichere Entwicklung des Geldsystems – mit Wirkung auf das Leben Hunderter Millionen Menschen. Aber auch moderne Alchemisten brauchen manchmal Ruhe und Orientierung. Darüber gleich mehr …

2. Frankfurter Hof, Thomas Mann-Suite. Wofür ich arbeite

Nach langen und oft mühsamen Sitzungen in der Europäischen Zentralbank war mein Refugium meist das altehrwürdige Hotel Frankfurter Hof. Ich schätze dieses solide und gut geführte Hotel. Vom ersten Augenblick an war mir besonders die bequem eingerichtete Bibliothek sympathisch, ebenso die „Autoren-Bar", ein traditionelles Zentrum der Frankfurter Buchmesse. Etwas provokant fand ich, dass vor dem Hotel regelmäßig ein Bentley mit Kennzeichentafel der berüchtigten Schweizer Steueroase Zug parkte.

Im Lauf der vielen Jahre hatte sich eine vertraute Beziehung mit manchen der freundlichen und aufmerksamen Mitarbeiter ergeben. Im Besonderen galt dies für den legendären Concierge Jürgen Carl. Ich hatte auch sein sympathisches Buch „Der Concierge: Vom Glück, für andere da zu sein" gelesen, ihn darauf angesprochen, und so entstand ein geradezu freundschaftliches Verhältnis. Dies führte dann auch dazu, dass er mich von Zeit zu Zeit, wenn sie gerade frei war, als „Upgrading" in der Thomas Mann-Suite des Hotels einquartierte. Die Thomas Mann-Suite, inzwischen durch Renovierungen nicht gerade verbessert, bestand aus mehreren großen Räumen mit Blick auf den schönen Vorplatz des Hotels (und den eindrucksvollen Turm der Commerzbank), möbliert im „Wirtschaftswunder-Stil" der 60er-Jahre und versehen mit einer Bibliothek, in der selbstverständlich sämtliche Werke des von mir hoch verehrten Thomas Mann vertreten waren. Man konnte sehr gut das Lob Thomas Manns in einem Brief an seinen Bruder nachvollziehen. Dieser Brief, der in Faksimile im Eingangsraum zu lesen war, war, vielleicht mit kleinen Abstrichen, auch für mich gültig: „Was ein wirkliches Grand Hotel ist, habe ich erst in Frankfurt wiedergesehen, im ‚Frankfurter Hof'. Da weiß man doch, wofür man zahlt, und thuts mit einer Art Freudigkeit."

In diesen stimmungsvollen Räumen, in die ich mich nach den Sitzungen der EZB zurückziehen konnte, entstand die Absicht, ein Buch zu schreiben, das nicht vom Zwang zu Objektivität und Wissenschaftlichkeit geprägt ist, sondern in dem ich mir ein subjektives Erzählen, ein gemütliches Erinnern erlaube. Also kein weiteres Buch der von ehemaligen Notenbankern und Politikern gern gepflegten Serie „Wie ich die Welt/Europa/den Euro rettete" – was in meinem Fall auch nicht sehr glaubwürdig wäre. Es ist einfach ein Bericht aus einem arbeitsamen Leben. Ich schöpfte dabei aus dem seltenen Glück, in verschiedenen Bereichen des öffentlichen Lebens Erfahrungen sammeln zu können – als Wissenschafter, als Politiker und als Banker im nationalen wie im internationalen Rahmen.

Meine Freude, in der Thomas Mann Suite zu logieren, beruhte auf meiner lebenslangen Verbundenheit mit dem Werk und der Persönlichkeit von Thomas Mann. Mein Lieblingsbuch ist der „Zauberberg". Wenn ich Entspannung suche, lese ich mit immer neuem Vergnügen seine Novellen. Das Leben und Werk von Thomas Mann ist der Weg vom Beobachter des Bürgerlichen über den dummen Nationalismus hin zu einem kultivierten, aber wo erforderlich, auch kämpferischen, bürgerlichen Demokraten – wie ich es sehe: zu einer weltoffenen, sozialdemokratischen Perspektive. Dies ist verbunden mit seiner Bewunderung für das Wirken von Franklin Delano Roosevelt, dem er wohl in seiner „Josephs-Trilogie" ein Denkmal gesetzt hat.

Heute gehört Thomas Mann zu den Autoren, die bekannt, aber kaum mehr im geistigen Leben präsent sind. Seine Sprache ist der Generation meiner Kinder und erst recht meiner Enkelkinder nicht mehr nahezubringen – und damit leider auch nur mehr sehr schwer der Geist einer kultivierten, aufgeklärten und verantwortungsbewussten „bürgerlichen Sozialdemokratie". Er ist von seiner Geisteshaltung eng verbunden mit dem großen Ökonomen John Maynard Keynes, der mich nicht nur als Wirtschaftstheoretiker entscheidend beeinflusst hat, sondern als Verkörperung einer Lebenshaltung, die für Werte des Humanismus einsteht. Dies im Gegensatz zur sozial-darwinistischen Grundhaltung des wirtschaftlichen Liberalismus, wie er von Friedrich August von Hayek und den Anhängern der heutigen „Österreichischen Schule der Nationalökonomie" vertreten wird – wobei sich dies sehr unterscheidet von den „klassischen Vertretern" der „Österreichischen Schule", wie den eminenten Ökonomen Carl Menger, Eugen Böhm von Bawerk und Friedrich Wieser. Als „Entsprechung" zu meinen Leitbildern Thomas Mann und John Maynard Keynes habe ich in meinem Lebensweg zwei Persönlichkeiten gefunden, die mir unmittelbar Vorbild und Lehrer wurden: Als Politiker Bruno Kreisky und als Ökonom Kurt W. Rothschild – zu beiden später mehr.

Ich hatte als Student lange briefliche, etwas verspielte Diskussionen mit einem Freund, der in Berlin studierte, bei denen es um eine Gegenüberstellung von Thomas Mann und Bertolt Brecht ging. 1968 besuchte ich diesen Freund in Berlin, der in einer Kommune in einem abbruchreifen Haus in einer ehemals eleganten Wohnung lebte, wo aber der Fußboden im großen „Berliner Zimmer" schon so schief war, dass ein Sessel, wenn man aufstand, hinunterrutschte. Ich hatte für die politischen Anliegen der Studentenbewegung viel Sympathie, war aber von der hemmungslosen Emotionalität und dem für mich „sehr deutschen", autoritären Verhalten abgestoßen. Erst später habe ich auch für Bertolt Brecht Verständnis und Sympathie gefunden und entdeckt, wie viel Menschlichkeit hinter seinem Zynismus steckt. Als ich dann bei einem Besuch im Berliner Brecht-Haus in der Chausseestraße 125 entdeckte, dass seine aus Wien stammende Frau Helene Weigel für den Brecht'schen Frühstückstisch schönes österreichisches Augarten-Porzellan verwendete, war ich mit Brecht vollends versöhnt. Sein Gedicht „Fragen eines lesenden Arbeiters" möge ein Leitmotiv dieses Buches sein. Geht es doch darum, wie sehr auch der Erfolgreiche aufgebaut und umgeben ist von den Mühen vieler Menschen.

Bertold Brecht: Fragen eines lesenden Arbeiters

Wer baute das siebentorige Theben?
In den Büchern stehen die Namen von Königen.
Haben die Könige die Felsbrocken herbeigeschleppt?
Und das mehrmals zerstörte Babylon,
Wer baute es so viele Male auf? In welchen Häusern
Des goldstrahlenden Lima wohnten die Bauleute?
Wohin gingen an dem Abend, wo die chinesische Mauer fertig war,
Die Maurer? [...]
Cäsar schlug die Gallier.
Hatte er nicht wenigstens einen Koch bei sich?
Philipp von Spanien weinte, als seine Flotte
Untergegangen war. Weinte sonst niemand?
[...]
So viele Berichte,
So viele Fragen.

Die hier zentrale Frage ist die nach der sozialen Einbindung von Arbeit, nach der gesellschaftlichen Struktur, in der und für die wir arbeiten. Ich werde in einem späteren, abschließenden Kapitel auf das weite Feld von Lebensanschauung und Lebenshaltung noch speziell eingehen. Im Folgenden möchte ich meine ganz persönliche Befindlichkeit darstellen – in welchem Umfeld und wofür ich arbeite.

Bei der in Umfragen gern gestellten Frage nach der persönlichen Identität ist meine Antwort die Reihenfolge Österreicher, Europäer, Weltbürger. Mein zentraler Bezugs- und Erfahrungsbereich ist zweifellos Österreich, wo der größte Teil meiner Familie lebt, wo ich aufgewachsen bin und wo ich berufliche und politische Verantwortung übernommen habe. Im Rahmen dieser österreichischen Identität gibt es freilich wieder eine Vielzahl regionaler Identitäten, in meinem Fall Wien und Oberösterreich. Ich bin in Wien in einer, wie es so schön heißt, „gutbürgerlichen" Familie aufgewachsen. Insgesamt ein intellektuell vielfach durchaus progressives, arbeitsames und kulturell aktives Milieu, in dem ich mich ohne Anstrengung und Widerstand entwickeln konnte. Es war eine geistig anregende, sozial aber weitgehend in sich geschlossene Welt mit der Gefahr einer zu frühen und zu leichten Zufriedenheit.

Linz war dann meine Rettung. Wie ich später noch detaillierter schildern werde, hatte ich das Glück, als Assistent von Prof. Kurt Rothschild am Aufbau einer völlig neuen Hochschule, der heutigen Johannes-Kepler-Universität, mitzuwirken. Eine – kluge – Bedingung dafür war, dies nicht als Reisender zu machen, sondern nach Linz zu übersiedeln. Das hatte zunächst die positive Folge, dass meine Frau und ich sehr jung heirateten. Wir beide kannten in Linz zunächst niemanden und hatten dann die Chance, unser Leben selbstständig und mit eigenem Einsatz einzurichten. Es war eine sehr andere Welt, die sich in vielem von unserem wohlgepolsterten Dasein in Wien unterschied, und die einem auch half, Härte und Selbstbewusstsein zu entwickeln. Wir haben uns in dieser neuen, selbst erarbeiteten Welt sehr wohl gefühlt und als Zeichen der Dankbarkeit unserem in Linz geborenen Sohn den Namen des oberösterreichischen Landespatrons, Florian, gegeben. Inzwischen sind wir nach Wien zurückgekehrt. Wir sind Oberösterreich und seinen Menschen aber weiterhin durch einen Wohnsitz verbunden.

Bei der Frage, wofür und für wen ich arbeite, ist ein breiter politischer und philosophischer Hintergrund zu sehen, auf den ich später eingehen werde. Ganz unmittelbar und persönlich ist die Antwort aber: mitzuhelfen an der Arbeit für ein erfülltes und sicheres Leben der „einfachen", arbeitsamen Menschen aus der Mitte der Gesellschaft. Ich schätze und bewundere die Personen, die sich um soziale Randgruppen und um spezielle Notfälle kümmern. Mein persönliches, fachliches und emotionales Engagement gilt aber der „Mitte der Gesellschaft", den Menschen, deren Arbeit und Lebensführung zentral ist für ein stabiles und sozial gerechtes Gemeinwesen. Das

Schicksal dieser Menschen ist wieder in großem Maß verbunden mit Sicherung und Ausbau der wirtschaftlichen und sozialen Perspektiven einer demokratischen Gesellschaft. Es sind diese Menschen wie der Arbeiter, der aus dem Mühlviertel zur Voest pendelt, die alleinerziehende Angestellte im Architekturbüro, der aus bosnischer Familie stammende Monteur bei der Linz A.G., der Lehrling bei den ÖBB, die Wiener Geschäftsfrau von türkischer Herkunft, der Bäckermeister im Burgenland, der Polizist in Tirol und die vielen anderen, die in ironischer Herablassung speziell von Intellektuellen oft gerne mit dem zweifelhaften Klischee der „anständigen Menschen" versehen werden. Diese Herablassung wird dann von „populistischen", das heißt konkret: ewig-gestrigen, engstirnigen Gruppierungen, genutzt, um einen Gegensatz zwischen „Volk" und „Eliten" zu konstruieren. Nun gibt es zweifellos ökonomische und zum Teil auch kulturelle Interessenskonflikte zwischen verschiedenen sozialen Gruppen. Aber es ist ein Grundelement einer humanistisch orientierten Politik, solche Interessenskonflikte in demokratisch geregelten Bahnen und nicht durch das Aufschaukeln von Ressentiments und Vorurteilen auszutragen. Es ist für eine Gesellschaft von zentraler Bedeutung, einen grundsätzlichen Konsens über gegenseitigen Respekt, sozialen Zusammenhalt und gegen Ausgrenzung zu sichern und konkret zu leben. Für mich persönlich jedenfalls stehen hinter diesen Menschen der Mitte der Gesellschaft Menschen, die ich schätze und für die ich arbeite, jeweils ganz spezifische Personen, mit denen ich im persönlichen, oft freundschaftlichen Kontakt stehe.

Natürlich ist mir bewusst, dass es eine Vielzahl anderer Bereiche gibt, die politisches Handeln und wissenschaftliche Analyse erfordern, und ich habe mich für viele dieser Bereiche auch engagiert. Aber der emotionale Bezugspunkt meines Handelns ist diese Gruppe „einfacher", aber leider, wie die Geschichte zeigt, unter Umständen verführbarer Menschen in meiner österreichischen Heimat. Eben weil ich deren Interessen im Auge habe, weiß ich auch, dass das Schicksal dieser Menschen in einem Ausmaß, das ihnen oft gar nicht bewusst ist, von äußeren, internationalen Entwicklungen abhängt. Und das ist meine wesentliche Motivation für mein Engagement auf europäischer und internationaler Ebene.

Mein Engagement für ein vereintes Europa entstand zunächst aus dem Bewusstsein, dies sei der beste – ja der einzige – Weg zur dauerhaften Sicherung von Frieden in Europa. Ich wurde 1944 geboren und habe noch Erinnerungen an ein Wien voller Ruinen, ausgebombter Häuser, an Erzählungen von Not und Gefangenschaft. Es ist für meine Generation ein besonderes – und nicht selbstverständliches – Glück, in einer gefahrvollen Welt in ungestörtem Frieden leben zu können, und mein größter Wunsch ist es, dass auch künftigen Generationen dieses Glück zuteilwird.

Den emotionalen Bezug zu einem vereinten Europa gewann ich erstmals mit 18 Jahren. Ich hatte bei einem Aufsatzwettbewerb des Europarates den ersten Preis für Österreich gewonnen und konnte mit den Preisträgern aus acht anderen europäischen Staaten einen Sommer lang durch Europa fahren. Das Zusammenleben in dieser kleinen europäischen Gruppe, das gemeinsame Erleben der Vielfalt und der Gemeinsamkeiten Europas hat mich bleibend geprägt. Ich habe mich daher schon seit Studententagen auch institutionell-politisch für ein gemeinsames Europa eingesetzt, und es ist mir eine große Freude, nun in meiner wohl letzten öffentlichen Funktion als Präsident der Österreichischen Gesellschaft für Europapolitik wirken zu können. Persönlich habe ich es stets als intellektuell und emotional bereichernd empfunden, in einer europäischen Institution wie der Europäischen Investitionsbank und speziell in der Europäischen Zentralbank zu wirken und so in der Praxis gemeinsame Arbeit für Europa zu erleben. Für kein Anliegen habe ich als Politiker so intensiv gearbeitet, wie für ein positives Ergebnis bei der Volksabstimmung 1994 für einen Beitritt Österreichs zur Europäischen Union.

Der Aspekt der „Weltbürgerschaft" ist für mich differenziert zu sehen. Es gibt zweifellos eine Verantwortung aus der prinzipiellen Gleichwertigkeit aller Menschen. Für die Mehrzahl der Menschen – und so auch für mich – kommt es bei der Konkretisierung dieser Verantwortung freilich zu Abstufungen nach emotionaler, räumlicher und geistesgeschichtlicher Nähe. Als Ökonom sehe ich die gewaltige ökonomische und politische Dynamik der Globalisierung – sowohl in Bezug auf ihre Chancen wie in Bezug auf ihre Herausforderungen – und ich bin bemüht, mitzuarbeiten an den Bestrebungen, für die Europäerinnen und Europäer eine positive Mitwirkung an dieser Dynamik zu erreichen. Von der menschlichen und politischen Seite her sehe ich die bereichernden Aspekte dieser Globalisierung im Zusammenkommen interessanter und international offener Menschen mit unterschiedlichem historischem Hintergrund, aber vereinbarer Werteorientierung. Es ist dies ein „Weltbürgertum" auf der Basis einer gemeinsamen Sicht der Welt im Sinne von Aufklärung und gegenseitiger Achtung.

Ich habe dagegen erhebliche Probleme mit jenem Teil der Menschheit, der leider – noch? – in unterschiedlichen Formen beherrscht ist von religiöser und gesellschaftlicher Intoleranz und von Gewaltbereitschaft. Ich fühle mich aber auch fremd gegenüber manchen Mitgliedern jener strahlenden Managerklasse der Welt der kommerziellen Globalisierung, ausgebildet in exzellenten internationalen Schulen, durch zum Teil absurde Überzahlung ausschließlich gebunden an die Interessen ihrer multinationalen Dienstgeber. Diese „Multis" sind ihre Heimat, und von diesen werden sie mit Absicht zu jeweils nur zeitlich begrenzten Aufenthalten in die jeweiligen „Gastländer" geschickt. Zeitlich begrenzt um zu verhindern, dass sie sich mit den Interessen der jeweiligen Bevölkerung verbinden. Es ist dies das alte britische Kolonialprinzip der Verhinderung „to go native", das zur Schaffung einer hochqualifizierten, bestens „vernetzten", international völlig mobilen „Söldnertruppe des Kapitalismus" führt.

Eine solche Perspektive ist freilich deutlich zu unterscheiden von der „Internationalität der Intellektuellen", der ich mich voll zugehörig fühle. Die Internationalität der Intellektuellen habe ich am schönsten in meinen Erfahrungen als Wissenschafter, aber auch im Bereich internationaler Institutionen erlebt. Gute Wissenschaft muss international offen sein. Ich habe es stets als Privileg empfunden, Teil dieser Gemeinschaft zu sein, habe wesentliche Anregungen meines Lebens von Studienaufenthalten und Gastprofessuren an europäischen und außereuropäischen Universitäten empfangen und hier auch viele persönliche Freunde gefunden. Entsprechend sehe ich es auch als Verpflichtung, für die weltweite Freiheit dieser „Republik des Wissens" – der „République des Lettres" zu kämpfen – eine Freiheit, die immer wieder durch autoritäre Regimes bedroht ist. So war ich zur Zeit des kommunistischen Regimes in Osteuropa bemüht, von Österreich aus Kontakte für ein offenes, kritisches Denken mit Angehörigen dortiger Universitäten zu halten. Auch heute bemühe ich mich als Präsident der Bruno Kreisky Stiftung für Menschenrechte gemeinsam mit meinen Mitstreiterinnen und Mitstreitern, bedrohten Intellektuellen zumindest kleine materielle und symbolische Hilfe zu leisten. Ich bin ein großer Bewunderer der ja vielfach angefeindeten, von George Soros initiierten und finanzierten Open Society Foundation. Im Sinne von Karl Popper, der auch für mich eine intellektuelle Leitfigur ist, wird hier nachhaltige, konkrete Arbeit für die Freiheit des Geistes geleistet. Wie wichtig dies nach wie vor selbst in Staaten der Europäischen Union ist, zeigt der tapfere Kampf der Central European University, die ich bei ihrem vom autoritären Orban-Regime erzwungenen Umzug von Budapest nach Wien nach Kräften unterstütze.

3. Mein Weg zur Ökonomie – Vollbeschäftigung und Preisstabilität

Geboren in Wien im Kriegsjahr 1944, konnte ich die folgenden Jahrzehnte des Friedens und des wachsenden Wohlstandes in Europa erleben. Die Familie meines Vaters hatte sich nach der Liquidierung der familieneigenen Bank zu einer noch immer wohlhabenden, aber wirtschaftlich extrem vorsichtigen „Hofratsfamilie" entwickelt. Die Familie meiner Mutter war eine Offiziersfamilie. Mein Großvater, der viel älter war als meine Großmutter und den ich nie kennenlernte, wurde als Sohn des Leibarztes von Feldmarschall Radetzky noch in der Festung von Verona geboren, meine Mutter in einer requirierten Villa in Belgrad, wo mein Großvater als Offizier im Ersten Weltkrieg diente. Nach seinem Tod war meine Mutter stets auf Stipendien angewiesen, was zu einer manchmal extrem starken Leistungsorientierung führte, die mich zweifellos auch deutlich beeinflusst hat. Meine Schwester und ich wuchsen in einer Welt der klassischen Bildung und Kultur auf, die geprägt war vom Prinzip „mehr sein als scheinen" und von Misstrauen gegenüber der Welt der Wirtschaft. Mein früh gewecktes Interesse für wirtschaftliche Zusammenhänge kam von außen und wurde von der Familie zuerst mit Misstrauen, später mit leicht ironischer Toleranz betrachtet.

Entscheidend waren hier zwei Onkel mit sehr unterschiedlicher Lebenserfahrung. Der eine war von extremer Korrektheit, in führender Position in einer internationalen Unternehmensgruppe tätig und wollte mich zu einem Schweizer Banker bestimmen. In diesem Sinn schenkte er mir zu meinem 15. Geburtstag ein Abonnement eines Schweizer Börsendienstes mit dem schönen Namen „Der Zürcher

Trend zum Wochenend". Verbunden war dies mit der Übergabe eines kleinen Aktiendepots, gemeinsam mit dem starken Rat, die darin enthaltenen Nestlé-Aktien nie zu verkaufen – ein Rat, den ich an meinen Sohn weitergegeben habe.

Der andere Onkel war das schwarze, aber eher „goldene", Schaf der Familie. Seine Mutter entstammte einer sehr reichen Fabrikantenfamilie, er selbst wurde früh ein eher romantischer Linker, kämpfte zeitweise im Spanischen Bürgerkrieg und baute nach dem Zweiten Weltkrieg rasch wieder ein großes Vermögen auf. Er wohnte in einer prächtigen Villa in Döbling, fuhr riesige amerikanische Autos, war aber – wie er mir stets betonte – von der Instabilität des kapitalistischen Systems überzeugt. Dies äußerte sich eigenartigerweise darin, dass er in seiner Villa hinter jedem Bild Wandtresore voller Gold hatte. In der Tat kam es 1971 nach dem Zusammenbruch des Bretton-Woods-Systems zu einem massiven Anstieg des Goldpreises. Allerdings hatte mein Onkel nach einer Steuerprüfung bereits 1970 den größten Teil seiner Goldbestände verkaufen müssen – was ihn in seiner Sicht der Ungerechtigkeit des kapitalistischen Systems nur bestärkte.

Beide Onkel hatten je eine Tochter, aber keine Söhne, und wollten mich wohl entsprechend dem Geist der Zeit in ihrem Sinne formen – was ihnen nur in sehr geringem Maß gelang. Denn im Laufe meines Studiums erwachte meine Liebe zur Wissenschaft, und ich habe bei keinem meiner Onkel das geistige und materielle Erbe angetreten. Wohl aber entstand durch diese frühe Exponiertheit gegenüber unterschiedlichen wirtschaftlichen Lebensformen eine Vertrautheit mit interessanten Bereichen des wirtschaftlichen Lebens, insbesondere auch ein lebenslanges Interesse an dem Verfolgen und Interpretieren des Börsengeschehens, das ich stets analytisch hinsichtlich seiner Finanzierungsfunktion und nicht ideologisch betrachtete. Damit ergab sich wohl auch eine gewisse unmittelbare empirische Fundierung, die vielleicht stärker ist als bei manchen meiner Fachkollegen.

Mein nachhaltiges Interesse an gesamtwirtschaftlichen Zusammenhängen entwickelte sich jedenfalls aus politischen, historischen und gesellschaftlichen Perspektiven. Bis heute ist dabei für mich im besonderen Maß die Auseinandersetzung mit dem Faschismus prägend, speziell in seinen schrecklichen Ausprägungen in Österreich. Ich hatte von meinen Eltern schon früh über die Gräuel der Nazi-Zeit erfahren, eine tiefe emotionale Betroffenheit erlebte ich aber vor allem, als ich in den frühen 70er-Jahren in den USA lebte und dort Emigranten aus Österreich traf, die bereit und interessiert waren, einem jungen Österreicher ihre Erfahrungen weiterzugeben.

Meine Mutter war Schülerin eines privaten Mädchen-Gymnasiums gewesen, in dem Mädchen aus Familien der Wiener jüdischen intellektuellen Elite sehr stark vertreten waren. Sie hatte im Jahr 1938 ihren ehemaligen Mitschülerinnen, die sich ja nicht mehr auf die Straße wagen konnten, vielfache Hilfe leisten können, in einem Fall auch eine Verlobung ermöglicht. Viele dieser jungen Frauen haben sich in die USA retten können und waren in den 70er-Jahren, als ich an der Harvard Universität arbeitete, rührend bestrebt, meine Frau und mich einzuladen und zu verwöhnen.

Aus den vielen Gesprächen bei diesen Einladungen sind mir zwei prägende Erfahrungen geblieben. Zum einen: Der Mensch ist nicht gut „von Natur aus" – er kann sich zum Guten wie zum Schrecklichen entwickeln. Es kommt darauf an, gesellschaftliche Umstände zu schaffen, die das Gute fördern und das Schreckliche bekämpfen. Aus der Kenntnis der Bestialität, die nicht nur in den KZ-Lagern, sondern schon in den schrecklichen Tagen des „Anschlusses" in Österreich geherrscht hat, bin ich mir bewusst, wie dünn oft die Schicht der Zivilisation und des Anstandes sein kann, mit der – auch heute und weltweit – Gesellschaften leben, und wie wichtig es ist, schon bösen Anfängen zu wehren. Ich erinnere mich noch gut, wie mir bei einem dieser Abendessen mit jüdischen Freunden ein ehemaliger Arzt aus einem Wiener Gemeindebau erzählte, wie ihm im März 1938 eine Horde von Burschen, von denen er viele früher mit großem Einsatz ärztlich betreut hatte, die Fensterscheiben eingeschlagen hatte. Die

Mutter eines dieser Burschen kam unmittelbar danach zu ihm, um sich zu entschuldigen, half ihm beim Aufräumen und erklärte, der „Bua" sei halt in schlechte Gesellschaft geraten und der Vater schon so lang arbeitslos ... Manche der jüdischen Freunde, die wir in Amerika getroffen haben, haben sich zu einem späteren Zeitpunkt dann doch entschlossen, Wien wieder zu besuchen, zu dem sie ja emotional doch eine starke Bindung hatten – trotz all der Schrecklichkeiten, die sie dort erlebt hatten. Meine Frau und ich haben diese Freunde dann bei vielen Spaziergängen begleitet und wir konnten das Gefühl mitempfinden, hier unter „normalen Menschen" zu sein, bei denen man nicht wusste, wie sie oder ihre Verwandten sich in den Jahren der Nazi-Herrschaft verhalten hatten oder verhalten hätten.

Auf einer anderen Ebene habe ich aus den unmittelbaren Berichten über das Nazi-verseuchte Treiben an den österreichischen Universitäten der Zwischenkriegszeit (und der Vorläufer schon früher) gelernt, dass formale Bildung und Kultur kein Schutz gegen Unmenschlichkeit sind. Gerade aus dem intellektuellen Bereich können die Giftschwaden von Nationalismus und Rassismus auf eine gesamte Gesellschaft übergreifen – was in jüngerer Zeit etwa auch beim Zerfall Jugoslawiens tragisch zu beobachten war.

Wie Historiker und Philosophen richtig aufzeigen, haben Totalitarismus und Faschismus für ihr Wirksamwerden jeweils eine Vielzahl von Ursachen. Aber aufgrund vieler Gespräche mit Zeitzeugen und auch aus eigenen Analysen bin ich der Meinung, dass es in Österreich und Deutschland (wie in vielen anderen Staaten) zwar stets den Bazillus des übersteigerten Nationalismus und des Anti-Semitismus gab, dass der schreckliche Ausbruch im 20. Jahrhundert aber nicht erfolgt wäre, hätte es nicht die würgende Not der Weltwirtschaftskrise gegeben. Die Entwicklung der Nazi-Partei in Deutschland und Österreich korrelierte aufs Engste mit der entsetzlichen Entwicklung der Arbeitslosigkeit – und der Unfähigkeit der Wirtschaftspolitik in Deutschland und Österreich, dieser Entwicklung entgegenzusteuern. Bei den letzten freien Wahlen in Österreich im Jahre 1930, also bei

Ausbruch der Weltwirtschaftskrise, kam die NSDAP nur auf 3 Prozent der Stimmen.[8] Mit vollem Wirken der Wirtschaftskrise und gewaltiger Arbeitslosigkeit entstand aber dann bei vielen – nicht bei allen! – die Stimmung, die sich 1938 entlud. Auch in Deutschland war der Aufschwung der Nationalisten eng mit der wirtschaftlichen Notlage und der Unfähigkeit der Regierung, dagegen anzukämpfen, verbunden.[9]

Politisch noch dramatischer war der Rückgang der Arbeitslosigkeit nach der Machtübernahme durch die Nationalsozialisten. Die expansive Wirtschaftspolitik der Nazis war zweifellos wesentlich durch ihre Kriegsvorbereitungen bestimmt – aus der Sicht der Arbeiterschaft aber bedeutete sie ein Ende von Massenarbeitslosigkeit. Diese expansive Politik war wieder in wesentlichen Teilen dadurch ermöglicht, dass die Deutsche Reichsbank – jedenfalls durch längere Zeit – bereit war, für die autoritäre Diktatur das zu tun, was sie der Republik verweigert hatte – nämlich de facto direkte Notenbank-Finanzierung für den Staat. Für das von Nazi-Deutschland mit wirtschaftlichen Sanktionen belegte Österreich, das weiterhin einer konservativen Finanzpolitik folgte, war in den Jahren vor 1938 der Unterschied zwischen der in Deutschland inzwischen erreichten Vollbeschäftigung und der Massenarbeitslosigkeit in Österreich politisch fatal. Zweifellos gab es eine Vielzahl von Gründen für den Zusammenbruch der Ersten Republik, aber es ist wohl nachvollziehbar, dass für viele Menschen das Beispiel Deutschlands als Ausweg aus existenzieller Hoffnungslosigkeit erschien – speziell auch für die politisch sensible Gruppe junger Männer. Dass nach dem „Anschluss" die Arbeitslosenrate in kurzer Zeit rapid zurückging – von 22 Prozent im Jahr 1937 auf 12,9 Prozent und dann 3,2 Prozent in den Jahren 1938 und 1939[10] – trug wohl wesentlich zur raschen Akzeptanz der

---

8   Gerhard Botz: Nationalismus in Wien: Machtübernahme, Herrschaftssicherung, Radikalisierung 1938/39. Mandelbaum, Wien 2008.

9   Vgl. dazu: Tobias Straumann: 1931: Debt, Crisis and the Rise of Hitler. Oxford University Press, Oxford 2019.

10   Felix Butschek: Österreichische Wirtschaftsgeschichte – Von der Antike bis zur Gegenwart. Böhlau, Wien 2011.

Nazi-Herrschaft auch im Bereich der Arbeiter und Angestellten bei. Mit zunehmendem Bewusstsein der Kriegsgefahr nahm diese Akzeptanz dann wieder ab – wogegen die NS-Regierung mit ungeheurem Propaganda-Aufwand und brutalem Terror ankämpfte.

Die Bedeutung der wirtschaftlichen Faktoren zeigte sich auch darin, dass eine der ersten Maßnahmen der einrückenden deutschen Truppen darin bestand, die durch eine verfehlte Politik des „harten Schilling" angehäuften, erheblichen Goldreserven der Oesterreichischen Nationalbank sofort zu beschlagnahmen und den abnehmenden Währungsreserven der Reichsbank zuzuführen. Die dramatische Unfähigkeit der Regierungen in Deutschland und Österreich gegenüber den Folgen der Weltwirtschaftskrise stand in deutlichem Gegensatz etwa zu den Ansätzen eines New Deal in den USA oder der Politik Schwedens. Diese Unfähigkeit war zum Teil erzwungen durch eine kurzsichtige Gläubiger-Diktatur, sie war aber auch verursacht durch dramatisch falsche Ratschläge führender Wirtschaftswissenschafter jener Zeit, wie etwa eines F. A. von Hayek oder der orthodoxen Notenbanker in Österreich wie in anderen Staaten.

Eines der – leider seltenen – Beispiele dafür, dass es auch politisch und gesellschaftlich möglich ist, aus der Geschichte zu lernen, ist die internationale Reaktion auf die Finanzkrise 2007/2008 durch Finanzpolitik und Notenbanken. Die Finanzkrise hatte das Potenzial, sich zu einer neuen Weltwirtschaftskrise zu entwickeln. Ausgangspunkte waren wirtschaftspolitische Fehler, speziell eine überzogene Deregulierung des Bankensektors. Aber in der dann folgenden Krise war der internationale Konsens der Notenbanker, die Fehler der 1930er-Jahre nicht zu wiederholen. In diesem Sinn haben die Notenbanken wohl mitgeholfen, „die Welt zu retten". Sie waren bereit, die drohende Illiquidität der Weltwirtschaft rasch durch unbegrenzte Kreditvergabe an das Bankensystem zu bekämpfen, und sie verhinderten Zusammenbrüche von Banken – und damit die massiven negativen Kettenreaktionen. Gleiches gilt für den entschlossenen Einsatz der

Geld- und Finanzpolitik angesichts des dramatischen Einbruches der Weltwirtschaft im Zuge der Corona-Krise des Jahres 2020.

Ich werde auf diese Entwicklungen in den Kapiteln 13 und 20 noch näher eingehen. Hier möchte ich mich erinnern an ein Gespräch, das ich zu einem späteren Zeitpunkt mit Ben Bernanke, dem damaligen Präsidenten der US-Notenbank, hatte. Ben Bernanke hatte sich schon vor der großen Finanzkrise in einer langen wissenschaftlichen Karriere als Professor der Princeton Universität speziell mit der Krise der 1930er-Jahre beschäftigt. Ich war von Ben Bernanke schon von seiner akademischen Arbeit her sehr beeindruckt, ehe ich ihn auch persönlich kennenlernen konnte. Seine Familie kam aus dem Raum der Österreichisch-Ungarischen Monarchie und in seiner Autobiografie zeigt eines der wenigen Fotos seine Großmutter als junge Ärztin im Wiener Franz-Josef-Spital im Jahr 1918.

In einem der interessanten Gespräche, die ich mit ihm führen konnte, stellte er mir die Frage, wieso in Deutschland die Inflation der 20er-Jahre das grundlegende „wirtschaftliche Trauma" darstellt, wo doch die Massenarbeitslosigkeit der 1930er-Jahre mit viel dramatischeren wirtschaftlichen und vor allem politischen Folgen verbunden war. Daraus ergibt sich auch der wesentliche wirtschaftspolitische Unterschied in der wirtschaftlichen Grundorientierung zu den USA, wo die wirtschaftliche Katastrophe der 1930er-Jahre das zentrale „Trauma" darstellt. Eine einfache Antwort auf diese Frage besteht darin, dass die USA eben nie eine so dramatische Inflation erlebten, wie es in Deutschland und Österreich der Fall war. Eine komplexere Perspektive, die sich in diesem Gespräch ergab, betrifft die unterschiedliche soziale Betroffenheit der einzelnen Bevölkerungsgruppen durch Arbeitslosigkeit und Inflation. Speziell die Vernichtung des Geldvermögens des Mittelstandes durch die Hyperinflation hatte ein tiefes Trauma beim – durch die Ausrufung der Republik schon verunsicherten – meinungsbildenden Mittelstand hinterlassen, das dann nach Ende des Zweiten Weltkrieges speziell in Deutschland prägend wurde.

Massive Inflationen sind in der Regel die Folge von Kriegen, speziell von verlorenen. Als in den USA im Konnex des Vietnam-Krieges und der letztlich dadurch verursachten Dollar-Abwertung und Ölpreis-Erhöhung die Inflation Ende der 70er-, Anfang der 80er-Jahre fast zehn Prozent erreichte, erhöhte die amerikanische Notenbank unter ihrem Präsidenten Paul Volcker die Zinsen dramatisch (1981: 14 Prozent) und nach etwa drei Jahren war die Inflation auf 3,7 Prozent zurückgegangen – freilich um den Preis einer, allerdings vorübergehenden, starken Rezession. Aus amerikanischer – und ökonomisch zutreffender – Sicht kann eine Notenbank bei energischem Eingreifen eine überbordende Inflation immer erfolgreich bekämpfen, wobei es Aufgabe der Notenbank in einem demokratischen System ist, die jeweiligen gesamtwirtschaftlichen Kosten und Nutzen der Inflationsbekämpfung abzuwägen. Dem entspricht auch das „doppelte Mandat" der US-Notenbank, nämlich die Zielsetzung, Preisstabilität *und* hohe Beschäftigung zu erreichen. In der Praxis ergibt sich hieraus eine leicht höhere Inflationstoleranz der USA gegenüber dem Euro-Raum – bei gleichzeitig expansiverer Fiskalpolitik und höherem Wachstum der amerikanischen Wirtschaft.

Für Deutschland und Österreich bedeutete die dramatische Inflation nach dem verlorenen Ersten Weltkrieg den Zusammenbruch der wirtschaftlichen Ordnung und der bürgerlichen Welt. Aber auch hier gilt: Die dramatische Inflation war zwar ein monetäres Phänomen, sie hatte aber politische Ursachen. Zum einen war es im politischen Chaos der Nachkriegszeit nicht möglich, eine dem gesunkenen wirtschaftlichen Produktionspotenzial entsprechende Bewirtschaftung durchzusetzen. Vor allem aber waren die Regierungen in Deutschland und Österreich zur Sicherung der stets gefährdeten politischen Stabilität gezwungen, Gehälter und Sozialhilfen auszuzahlen, die weder durch Steuern, noch durch die Aufnahme von Schulden auf den Kapitalmärkten gedeckt waren.

Am deutlichsten sichtbar wurde das in der dramatischen Entwicklung, die der unmittelbare Auslöser für die schrankenlose Inflation in Deutschland wurde: Im Frühjahr 1923 besetzten französische und belgische Truppen das Ruhrgebiet als Sanktion für Verzögerungen bei der Leistung der – unrealistisch hoch angesetzten – deutschen Reparationszahlungen. Als Gegenreaktion wurde im Ruhrgebiet der Generalstreik ausgerufen. Um diesen Generalstreik am Leben zu erhalten, erklärte sich die deutsche Reichsregierung bereit, die Löhne der Streikenden aus Staatsmitteln weiter zu zahlen. Dies konnte sie nur mittels Finanzierung durch die Notenbank – indem man „Geld druckte" – und setzte so die sich selbst verstärkende Spirale des wirtschaftlichen Infernos in Gang. In der kollektiven Erinnerung der Deutschen ist nur dieses letztgenannte Phänomen präsent. Es ist aber wohl sinnvoll, auf die tieferen – politischen – Ursachen hinzuweisen.

Zu den politischen Aspekten gehört zweifellos auch der Umstand, dass es durch die massive Inflation nicht nur Verlierer, sondern auch Gewinner gab. Verlierer waren vor allem die bürgerlichen Kreise, deren Vermögen in Staatsanleihen – im Extremfall: Kriegsanleihen – angelegt war, Gewinner waren alle großen Schuldner, das heißt: neben dem Staat große Teile der Industrie und der Landwirtschaft. Es gab demnach zumindest zunächst durchaus politische Interessen gegen ein rasches Eindämmen der Inflation. Für die politisch ebenfalls gewichtigen bürgerlichen Kreise der Akademiker, der Journalisten, der Gewerbetreibenden bewirkte die massive Enteignung durch Inflation aber einen elementaren Vertrauensverlust in die junge Republik und das politische System der Demokratie. Dem entsprach die Forderung nach einer gegenüber dem politischen Geschehen völlig unabhängigen Notenbank mit absoluter Priorität auf Preisstabilität. Das Problem der Arbeitslosigkeit war für diese Teile der Bevölkerung von deutlich geringerer Bedeutung und daher von der Notenbank nicht zu berücksichtigen. Das Ideal konservativer Geldpolitik war der Goldstandard, der ja dann nach dem Ersten Weltkrieg sukzessive von den führenden Notenbanken der Welt wiedereingerichtet wurde. Wie in Kapitel 1 geschildert, hat dieses System wesentlich zur Vertiefung der Weltwirtschaftskrise beigetragen und wurde dann – meist zu spät – endgültig aufgegeben.

Die große Weltwirtschaftskrise ab 1929 traf demnach auf ein politisches Umfeld, das dieser Herausforderung weder wirtschaftswissenschaftlich, noch wirtschaftspolitisch gewachsen war. Hauptbetroffene waren in diesem Fall nicht das Bürgertum, sondern Arbeiter und kleine Angestellte. Der wirtschaftspolitische Gestaltungsspielraum war – sofern man ihn überhaupt nutzen wollte – durch die unter dem Eindruck der Hyperinflation geschaffenen, institutionellen Barrieren massiv eingeschränkt. Damit war die Politik der betroffenen Staaten von einer – teilweise gewollten – Unfähigkeit zu entscheidenden Gegenmaßnahmen bestimmt. In funktionierenden Demokratien wie in den USA und Skandinavien konnten die von der Krise betroffenen Gruppen einen geordneten – wenn auch vielfach bekämpften – politischen Wechsel erreichen. Deutschland und Österreich waren in mehrfacher Hinsicht nicht funktionierende und wirtschaftspolitisch vom Ausland abhängige Staaten. Diese Hilflosigkeit führte zu einem massiven Vertrauensverlust in die demokratischen Parteien und letztlich – wie oben gezeigt – zum politischen Aufstieg des Nationalsozialismus.

Im Zweiten Weltkrieg wurde die mit jedem Krieg verbundene Inflation durch rigorose Rationierungsmaßnahmen – mit freilich abnehmender Wirkung – zurückgestaut. Nach dem Zweiten Weltkrieg waren dann die den Wiederaufbau tragenden Schichten vom Trauma der großen Inflation bestimmt, das Problem der Arbeitslosigkeit konnte aber durch die keynesianisch inspirierte Politik der Siegermächte entschärft und durch den nachfolgenden Wirtschaftsaufschwung über längere Zeit gelöst werden. Zentraler wirtschaftspolitischer Ankerpunkt war demnach die Schaffung einer unabhängigen Zentralbank mit der alleinigen Aufgabe der Sicherung der Preisstabilität. Das Trauma der großen Inflation sicherte – verstärkt durch kluge Öffentlichkeitsarbeit – der Deutschen Bundesbank eine geradezu mythische Stellung im Gefüge der Bundesrepublik. Damit entstand eine deutlich andere Akzentsetzung als etwa in der Welt der amerikanischen Politik. In Österreich errang die Nationalbank, die stärker sozialpartnerschaftlich gesteuert wurde, diesen „Mythos" erst ab Mitte der 1970er-Jahre mit der Durchsetzung der „Hartwährungspolitik", das heißt der Politik eines festen Wechselkurses zwischen Schilling und DM und damit der Aufgabe einer selbständigen Geldpolitik. Das „alte", eigenständige, österreichische Nationalbank-Gesetz 1984 enthielt jedenfalls bis zur Anpassung an die EZB-Normen im Unterschied zur deutschen Gesetzgebung als Mandat der Notenbank neben der Verpflichtung zur Sicherung der Preisstabilität (§2 Abs. 3) auch die Verpflichtung, bei der Kreditpolitik den „volkswirtschaftlichen Erfordernissen Rechnung zu tragen" (§2 Abs. 4), das heißt, auch die Entwicklung des Arbeitsmarktes zu berücksichtigen.

Bei den Bemühungen um die Gründung der Wirtschafts- und Währungsunion war die zentrale Herausforderung die Frage, ob und wie Deutschland bereit war, die „mythische DM" zugunsten des Euro aufzugeben. Letztlich wurde diese Frage gegen hinhaltenden Widerstand der Bundesbank politisch entschieden. Um den deutschen Befürchtungen entgegenzukommen, wurde aber jedenfalls die neue Europäische Zentralbank (EZB) bezüglich ihrer rechtlichen Grundlagen und ihrer wirtschaftspolitischen Orientierung nach dem Vorbild der Deutschen Bundesbank gestaltet. Das entsprechende Mandat im Art. 127 des EU-Vertrags (AEUV) lautet demnach: „Das vorrangige Ziel des ESZB (Europäisches System der Zentralbanken) ist es, die Preisstabilität zu gewährleisten." Hinzugefügt ist der folgende Satz: „Soweit dies ohne Beeinträchtigung des Zieles der Preisstabilität möglich ist, unterstützt das ESZB die allgemeine Wirtschaftspolitik der Union, um zur Verwirklichung der im Art. 3 festgelegten Ziele der Gemeinschaft beizutragen." Zu diesen im Art. 3, EU-Vertrag, festgelegten Zielen gehören die Zielsetzungen „hohes Beschäftigungsniveau", „beständiges, nicht inflationäres Wachstum", aber auch entsprechende Aspekte des Umweltschutzes.

Als Notenbanker kann ich mit diesem Mandat gut leben und habe mich ihm immer verpflichtet gefühlt. Nicht zuletzt, weil Preisstabilität nicht nur effiziente wirtschaftliche Planbarkeit bedeutet, sondern auch soziale Risiken gerade für Bezieher kleinerer Einkommen mindern kann. Es hat in der Auslegung des gesetzlichen Mandats immer wieder Diskussionen – auch im EZB-Rat – gegeben, wobei die „orthodoxe" Bundesbank-Politik dahin geht, dass Preisstabilität ohnedies die Voraussetzung für das Erreichen aller anderen genannten Ziele sei, der letzte Satz daher überflüssig sei.[11] In der langen Frist ist dem wohl zuzustimmen, für die kürzere – und oft gerade beschäftigungspolitisch relevante – Sicht kann es freilich erforderlich sein, mit Augenmaß die gesamtwirtschaftlichen Folgen geldpolitischer Maßnahmen mit zu berücksichtigen. Noch viel mehr gilt dies bei Maßnahmen zur Sicherung der Finanzmarktstabilität, im Speziellen zur Sicherung der Funktionsfähigkeit des Banken- und Versicherungssektors einer Volkswirtschaft. Gefährlich ist es aber auch aus meiner Sicht, die Geldpolitik zu überlasten, sie zum „only game in town" zu machen. Auf diese Problematik wird bei der Diskussion der EZB noch eingegangen werden.

---

11 Otmar Issing: Der Euro – Geburt, Erfolg, Zukunft. Vahlen, München 2008, S. 56 f.

4. Die Welt der Wissenschaft

Während meines gesamten beruflichen Wirkens habe ich mich stets primär als Wissenschafter gesehen, freilich als Wissenschafter, der zeitweise innerhalb und zeitweise außerhalb der Institutionenwelt der Wissenschaft lebt. Ein bisschen wie ein Mönch, der zeitweise im Kloster und zeitweise außerhalb wirkt – wobei ich die Analogie nicht zu weit führen will. Mein Fachgebiet ist die Volkswirtschaftslehre, die ich als Teil der Sozialwissenschaften sehe. Der deutsche Begriff „Volkswirtschaftslehre" ist aber eher veraltet, und die englische Bezeichnung „economics" lässt auch mehr Spielräume für die Beachtung internationaler Aspekte und den Bezug zu anderen Wissenschaftsbereichen wie Soziologie, Geschichte und Mathematik bis hin zur Philosophie. Im Kern gilt noch die klassische Definition, die Alfred Marshall in seinen grundlegenden „Principles of Economics" 1898 gab: „Political economy or economics is a study of mankind in the ordinary business of life; it examines that part of individual and social action which is most closely connected with the attainment and with the use of the material requisites of wellbeing."

Heute ist die Wissenschaft der Ökonomie in eine Vielzahl von Spezialgebieten aufgegliedert, wobei mein wissenschaftliches Interesse primär dem Bereich der Makroökonomie, das heißt dem Verhältnis wirtschaftlicher Gesamtgrößen, und hier wieder den Fragen der Geld- und Fiskalpolitik gilt. Gerade in diesen Bereichen ist die Verbindung zu politischen Fragestellungen besonders eng, und es ist hier daher besonders wichtig, bei der wissenschaftlichen Arbeit zwischen faktenorientierter Analyse und wertbezogenen Schlussfolgerungen zu unterscheiden. Da ich selbst ja lange Zeit gleichzeitig

Universitätsprofessor und Politiker war, war mir diese Unterscheidung stets besonders wichtig und wurde auch von meinen Studentinnen und Studenten so verstanden.

Mein Interesse für die Welt der Wirtschaft war, wie gezeigt, schon früh geweckt, wobei es sich zunehmend auf den Bereich der Volkswirtschaft und nicht der Betriebswirtschaft bezog. Wegen des volkswirtschaftlichen Schwerpunktes entschied ich mich, an der Universität Wien und nicht an der Hochschule für Welthandel zu studieren. Mitentscheidend war freilich auch mein Unbehagen mit dem politischen Geist, der damals nach meiner Einschätzung noch bei manchen Professoren und Teilen der Studentenschaft an der Hochschule herrschte. Eine dramatische Bestätigung meines Misstrauens ergab sich 1965 mit der Affäre Borodajkewycz. Borodajkewycz entstammte dem „katholisch-nationalen Lager" und „würzte" seine Vorlesungen an der damaligen Hochschule für Welthandel mit antisemitischen und Nazi-affinen Zwischenbemerkungen, unter großer Zustimmung vieler seiner Hörer.

Der Student (und spätere Finanzminister) Ferdinand Lacina zeigte eine entsprechende Mitschrift seinem Freund (und späteren Bundespräsidenten) Heinz Fischer, damals Sekretär im sozialdemokratischen Parlamentsklub. Fischer wies in einem Artikel auf das skandalöse Verhalten von Prof. Borodajkewycz hin, wurde von diesem geklagt und vor Gericht verurteilt. Er hatte sich nämlich geweigert, den Verfasser der Mitschrift zu nennen, da Lacina zu dieser Zeit noch studierte und negative Reaktionen gegen ihn auf der Hochschule befürchten musste. Heinz Fischer war also bereit, eine Verurteilung in Kauf zu nehmen, um einen Freund nicht zu gefährden – was für einen jungen Juristen am Beginn seiner Berufslaufbahn ein überaus mutiges und nobles Verhalten darstellt.

Ich habe diese Entwicklungen als Student mit höchstem Engagement mitverfolgt und schätze seit dieser Zeit Heinz Fischer, inzwischen einen meiner besten Freunde, als ehrlichen, zuverlässigen und mutigen Menschen. Nachdem Lacina sein Studium beendet hatte, konnte Heinz Fischer das Verfahren wieder aufnehmen, was dann letztlich zu einer Versetzung in den Ruhestand (mit um einen Prozent gemindertem staatlichem Ruhegenuss) von Prof. Borodajkewycz führte. Vorher hatte es eine gewaltige Demonstration gegen Borodajkewycz gegeben. Was für mich alarmierend und erschreckend war, war der Umstand, dass es als Reaktion darauf (unter dem Vorwand des Schutzes der „Freiheit der Lehre") zu massiven Gegendemonstrationen rechtsgerichteter Studenten kam, was dann bei Zusammenstößen zum Tod eines betagten Demonstranten führte – das erste Opfer einer politischen Gewalttat in der Zweiten Republik.

Es ist aber auch wert hervorzuheben, dass die Verbreitung und Akzeptanz von Denkweisen in oft bedenklicher Nähe zu Nationalsozialismus und Antisemitismus bis auf kleine Restbestände heute aus Österreichs Hochschulen verschwunden sind. Zwar gibt es etwa noch schlagende Verbindungen, die auch durchaus beachtlichen Einfluss in Rechtsparteien haben – im Universitätsleben spielen sie aber keine Rolle mehr. Dies gilt auch für den „Ring Freiheitlicher Studenten" (RFS), vielfach als ein Sammelbecken rechter Gruppierungen gesehen. War noch Mitte der 60er-Jahre der RFS an vielen Universitäten, speziell im Bereich Technik und Wirtschaft, größte oder zweitgrößte Studentengruppe, so ist sein Anteil bei den jüngsten Hochschülerschaftswahlen nur mehr minimal. Besonders freut mich diese Entwicklung bei „meiner" Universität, der Wirtschaftsuniversität. Heute hat der RFS an dieser Universität überhaupt kein Mandat mehr in der Hochschülerschaft – ein klarer und vielleicht zu wenig beachteter Fortschritt und für mich ein Zeichen dafür, dass es sich lohnt, für eine humane und offene Demokratie einzutreten.

Ich begann jedenfalls 1962 mein Studium an der Fakultät für Rechts- und Staatswissenschaften an der Universität Wien. Diese Fakultät war historisch ja die Wirkungsstätte der großen Ökonomen der „ersten Schule der Österreichischen Nationalökonomie" gewesen – hatte wie das österreichische Universitätswesen insgesamt durch die „Vertreibung der Intelligenz" in den Jahren 1934 bis 1945 aber an wissenschaftlicher Qualität und internationaler Reputation massiv verloren. Dennoch begegnete ich dort immerhin einigen eindrucksvollen Forscherpersönlichkeiten und vor allem ambitionierten jungen Assistenten, zu denen ich dann gute Kontakte finden konnte.

Es gab an den österreichischen Universitäten (bis auf Innsbruck) noch kein eigenständiges Studium der Volkswirtschaftslehre, und so musste ich Rechts- und Staatswissenschaften studieren, um mich dann im dritten Abschnitt zur Nationalökonomie „durchzubeißen". Ich hatte dadurch später etlichen Nachholbedarf, aber das Jus-Studium hat mir doch ein Verständnis für institutionelle Strukturen vermittelt und mir von der technischen Seite her in meiner Arbeit als Politiker und im Bankwesen durchaus genutzt. Es war damals ein leichtes Studium, immer wieder unterbrochen durch „Bummel-Semester". Ich hatte daher Zeit für meine Arbeit im ÖGB und für meine politischen Anfänge, worüber ich noch berichten werde.

Daneben war ich noch einer ganz anderen Welt verbunden, nämlich der „Akademischen Vereinigung für Außenpolitik" (AVA) als der Jugendgruppe der Österreichischen Liga für die Vereinten Nationen. Für mich war die Mitgliedschaft in dieser Vereinigung ein Weg, meinem Interesse für internationale Fragen in der damals noch recht abgeschotteten österreichischen Welt folgen zu können. Es gab hier ein nettes Büro in bester Lage in der Bösendorferstraße, wo auch der Präsident der Liga, ein früherer Präsident der Österreichischen Industriellenvereinigung, quasi seinen Pensionssitz hatte. Er kontrollierte genau, ob die jungen Leute im Zimmer neben seinem Büro auch korrekt angezogen waren – hatte aber bei dieser Gruppe, die sich als junge Diplomaten fühlten, selten etwas auszusetzen. Interessanterweise gab es unter diesen „Kindern aus gutem Hause" einige, die sozialdemokratischem Denken sehr nahestanden. Ich wurde dann zum stellvertretenden Vorsitzenden dieser Vereinigung gewählt, und einige Teilnehmer und Teilnehmerinnen der damals durchaus hitzigen Diskussionen zählen bis heute zu meinen besten Freunden.

Studienmäßig habe ich ein tieferes Verständnis für den Bereich der Wirtschaftswissenschaft aber erst gefunden, als ich nach wenig anregenden Studienjahren an der Universität Wien und einem Aufenthalt am Institut für Höhere Studien Assistent bei Prof. Kurt Rothschild an der Universität Linz wurde. Ich kam hier in eine in vieler Hinsicht spezielle, positive Ausgangsposition: Kurt Rothschild hatte in den Jahren seiner erzwungenen Emigration in Großbritannien studiert und dort die „keynesianische Revolution" unmittelbar miterlebt. Er war der im Ausland bestbekannte und meist publizierende Ökonom Österreichs. An Österreichs Universitäten – gerade im Bereich der Volkswirtschaftslehre, damals ein Hort konservativer Mittelmäßigkeit – bekam er allerdings lange keinen Lehrstuhl, da er als „linker Keynesianer" gesehen wurde.

Rothschild arbeitete – durchaus zufrieden – als Referent für Außenwirtschaft im Österreichischen Institut für Wirtschaftsforschung. Die Berufung an die neugegründete Universität Linz gab ihm aber die Möglichkeit, seine angelsächsisch geprägten Vorstellungen einer Universität in die Praxis umzusetzen. Das bedeutete harte und intensive Arbeit mit seinen Assistenten, die er ermunterte, früh und unter ihrem Namen zu publizieren. Dies sehr im Gegensatz zu meinen bemitleidenswerten Kollegen an den Wiener Universitäten, deren Arbeiten vielfach vom jeweiligen Professor unter seinem Namen veröffentlicht wurden und die sich darüber hinaus mit eigenen Publikationen zurückhielten, aus Angst vor ihren überaus kritikfreudigen – aber selbst nicht publizierenden – Kollegen.

An unserem Institut in Linz lernten wir dagegen, in zwei Linien des wissenschaftlichen Ansatzes zu arbeiten. Zum einen die empirisch fundierte, problemorientierte Analyse im Stil des Österreichischen Institutes für Wirtschaftsforschung, deren Monatsberichte ich schon in meiner Studentenzeit laufend verfolgt hatte. Ziel war – und ist – eine, in heutiger Terminologie, „evidenzbasierte" Politik zu ermöglichen. Zum anderen Theorie-orientierte Arbeit auf Basis der jüngsten, speziell angelsächsischen Literatur, wobei stets auch das Kriterium der praktischen Relevanz zu beachten war. Zwei entsprechende Leitsätze

Rothschilds haben mich stets in meiner Arbeit als Wissenschafter begleitet und mich bei Themen- und Methodenwahl[12] bestimmt: „Es ist besser, eine wichtige Frage zu stellen, als eine unwichtige zu beantworten." Und: „Es ist besser, eine Frage ungefähr richtig, als präzise falsch zu beantworten."

Für sich selbst und für andere war Rothschild von einem strengen Arbeitsethos und Leistungsprinzip beseelt – dies galt auch gegenüber den Studierenden, deren Betreuung wir sehr ernst nahmen, wo Rothschild uns aber auch ermahnte, strenge Prüfer zu sein. Nach dem Studium, erklärte er, spielten Protektion und Familienbeziehungen ohnehin wieder eine große Rolle, daher seien strenge allgemeine Leistungskriterien für Kinder aus nicht-privilegierten Familien das einzige Mittel, sich positiv zu differenzieren.

Zu dem inspirierenden Arbeiten in meiner unmittelbaren wissenschaftlichen Umgebung kam das einmalige Erlebnis, an der Gestaltung einer neuen Universität mitwirken zu können. Die Errichtung der Universität war ein jahrhundertealtes Anliegen des Landes Oberösterreich, des wohlhabenden Kernlandes der österreichischen Industrie. Land und Stadt waren daher bereit, großzügig zu investieren, sei es im Anwerben exzellenter Lehrender, sei es im Aufbau eines wunderschönen Campus in einem alten Schlosspark. Als ich nach Linz kam, war das neue Gebäude der Universität noch gar nicht bezugsfertig, wir konnten mit den Architekten gemeinsam planen, und es entstand so eine enge Beziehung zu der weitblickenden Gruppe von Persönlichkeiten, die gegen viele Widerstände die Errichtung der Universität durchgesetzt hatten.

Auf der Universität selbst herrschte durch ihre – damals – geringe Größe auch eine enge Beziehung zwischen den einzelnen Wissenschaftsbereichen, aus denen sich Freundschaften entwickelten, die bis heute anhalten. Es hat sich hier eine Freundschaftsgruppe entwickelt, die über Fach- und politische Grenzen weit hinausgeht. Bis heute

---

12 Vgl.: Egon Matzner, Ewald Nowotny (Hrsg.): Was ist relevante Ökonomie heute? Festschrift für Kurt W. Rothschild. Metropolis, Marburg 1994.

besteht hier ein starkes Gemeinschaftsgefühl in Oberösterreich, aber auch in Wien, wo sich unsere „Linzer Gruppe" regelmäßig trifft. Gemeinsam hat uns alle die große Persönlichkeit von Kurt Rothschild geprägt, wobei meine Frau und ich auch das große Glück einer lebenslangen persönlichen Freundschaft mit ihm und seiner klugen und hilfsbereiten Frau Vally hatten.

Auch zu den Studierenden ergab sich ein enges und vertrauensvolles Verhältnis. Die soziale Struktur der Studierenden unterschied sich deutlich von dem, was ich aus Wien kannte. Viele der Studierenden kamen aus Familien, wo es bisher noch nie einen Akademiker gegeben hatte, viele etwa aus kinderreichen Familien aus dem Mühlviertel. Diese Studentenschaft war insgesamt erfüllt von einer Kultur der Arbeitsamkeit, der intensiven Bereitschaft zur Aufnahme von Wissen und neuen Lebensformen – und auch der Ehrlichkeit und Geradlinigkeit. Schwindeln gab es nicht, und auch kein Feilschen um Noten in den Sprechstunden, wie ich es später an der Wirtschaftsuniversität in Wien intensiv erlebt habe. Der spätere Vizekanzler Reinhold Mitterlehner, auch er erster Akademiker in einer Familie aus dem Mühlviertel, hat in seinen Memoiren diese Welt aus der Sicht eines ehemaligen Studenten beschrieben.[13] Mit vielen meiner ehemaligen Studenten ergaben sich gute weiterführende Kontakte – zwei von ihnen standen mir später als Finanzminister gegenüber.

Insgesamt, vielleicht ein bisschen verklärt im Rückblick – es war eine Lust, Wissenschafter zu sein.

Rothschild drängte uns sehr, an internationalen Kongressen teilzunehmen, und ich hatte auch schon einiges im Ausland publiziert. Bei einem Seminar in Salzburg im Schloss Leopoldskron, heute Salzburg International Seminar, mit dem ich weiter in guter Verbindung stehe, traf ich Professor Fritz Machlup, der schon in den 1930er-Jahren dem bedrückenden geistigen Klima Österreichs entflohen war und nun als weltweit führender Experte für internationale Währungsfragen an der

---

13 Reinhold Mitterlehner: Haltung: Flagge zeigen in Leben und Politik. Ecowin, Salzburg 2019.

Universität Princeton lehrte. Nach Ende des Seminars wollte er nicht alle seiner Bücher wieder in die USA mitnehmen und schenkte mir eines mit der Widmung: „Ewald, get out of Austria." Meine Antwort: Gern, aber wie? Machlup arrangierte dann, dass ich an dem harten Bewerbungsprozess um ein „American Learned Societies Fellowship" teilnehmen konnte. Ich bekam letztlich dieses renommierte Fellowship für einen Aufenthalt am Ökonomie-Department der Harvard Universität.

Es war ein sehr großzügiges Fellowship. Ich konnte mit meiner Frau für die Jahre 1971/72 in die USA fahren, und es brachte mir einen Höhepunkt nicht nur meines wissenschaftlichen Lebens. In Harvard war ich mit zwei Professoren speziell eng verbunden: mit dem im amerikanischen Sinn „liberal", also eher sozialdemokratisch orientierten Prof. Richard Musgrave, dem führenden Finanzwissenschafter seiner Zeit, und mit Prof. Martin Feldstein, einem republikanisch orientierten Makroökonomen und unter Präsident Nixon Vorsitzender des Council of Economic Advisors. Es war eindrucksvoll zu sehen, wie zwei Wissenschafter von unterschiedlicher gesellschaftspolitischer Orientierung respektvoll und wissenschaftlich seriös miteinander umgingen. Ich habe den Kontakt mit Harvard ja bis heute erhalten und dort auch immer wieder Vorträge und Seminare gehalten. Der sehr wirtschaftsliberale und (ich sage ausdrücklich nicht *aber*) menschlich hervorragende Prof. Feldstein kam dann über viele Jahre zu Vorträgen und Opernbesuchen zu uns nach Wien.

Was mich immer wieder an der Wissenschaft fasziniert, ist die große internationale Offenheit und Gemeinschaft. Es ist ein Austausch unter Menschen mit gleichen Interessen in ihren jeweiligen Fachgebieten, sie ermöglicht durch die weltweite Vernetzung eine Fülle von Anregungen und Kooperationen. Es ist eine Welt, in der ich mich sehr wohl fühle. Ich hatte das Glück, in meinem Fachgebiet relativ früh Teil des internationalen Netzwerkes zu werden, und ich habe mich stets sehr bemüht, jungen Wissenschaftern, speziell meinen wissenschaftlichen Mitarbeiterinnen und Mitarbeitern, auch Zugänge zu dieser anregenden Welt der internationalen Wissenschaft zu verschaffen.

Die Zeit meines Aufenthaltes in Harvard fiel zusammen mit einer tiefgreifenden Umwälzung im internationalen Währungssystem. Noch im letzten Jahr vor Ende des Krieges hatten die siegreichen Staaten im amerikanischen Kurort Bretton Woods ein neues Weltwährungssystem entwickelt, um ein Chaos wie in der Zeit nach dem Ersten Weltkrieg zu verhindern. Es ging einerseits um Aufbauhilfen im Wege der neu gegründeten „Weltbank" und andererseits um ein System stabiler Wechselkurse unter der Ägide des „Internationalen Währungsfonds" (IWF). Angelpunkt dieses Systems war der US-Dollar als Währung der damals einzigen leistungsfähigen Volkswirtschaft. Der US-Dollar war wieder in einem festen Umtauschkurs zum Gold von 35$ pro Unze definiert. Heute liegt der Goldpreis bei rund 1.800 $ pro Unze – mit steigender Tendenz. Ausländische Notenbanken (und nur sie!) konnten die Ausfolgung von Gold gegen die Einzahlung in Dollar verlangen. Dieses „Bretton-Woods-System" hat auch in der Tat dazu beigetragen, dass die wirtschaftliche – und auch politische – Entwicklung der Teilnahmestaaten ungleich besser verlief, als das nach dem Ersten Weltkrieg der Fall gewesen war.

Mit dem raschen Aufstieg der europäischen Wirtschaft erwiesen sich freilich nach einiger Zeit der Dollar als überbewertet beziehungsweise die europäischen Währungen als unterbewertet. Dies galt speziell für Deutschland, wo die unterbewertete DM das „Exportwunder" massiv stützte, gleichzeitig aber über die Importseite inflationäre Tendenzen befürchten ließ. Diese Entwicklung führte in Deutschland zu schweren Konflikten zwischen Regierung und Bundesbank hinsichtlich der Notwendigkeit, beziehungsweise Wünschbarkeit einer Aufwertung der DM gegenüber dem US-Dollar.

Auf der internationalen Ebene eskalierte dieses Dilemma mit der immer intensiveren kriegerischen Involvierung der USA in Vietnam. Wie jeder Krieg führte das zu inflationären Tendenzen, zu massiven Leistungsbilanz-Defiziten und damit zu einer Abschwächung der Position des US-Dollar. Einige europäische Notenbanken, speziell die Frankreichs, waren nun nicht mehr bereit, immer mehr Währungsreserven in Dollar zu halten, sondern verlangten stattdessen die Lieferung von

Gold zum historisch festgesetzten Preis. Um nun ein „Ausrinnen" der amerikanischen Goldreserven zu verhindern, beendete die amerikanische Regierung unter Präsident Nixon am 15. August 1971 einseitig die Umtausch-Verpflichtung in Gold. Dieses „Schließen des Goldfensters" bedeutete den Zusammenbruch des bisherigen Bretton-Woods-Systems und den Übergang von einem System fester Wechselkurse zu dem heute bestehenden Weltwährungssystem flexibler Wechselkurse. Man kann sich leicht vorstellen, dass solche dramatischen Entwicklungen von intensivsten wirtschaftswissenschaftlichen Diskussionen begleitet und zum Teil mitgestaltet waren. Harvard war ein Zentrum dieser Überlegungen. Wir jungen Ökonominnen und Ökonomen hatten die Gelegenheit, laufend mit Professoren, die zwischen Harvard und Washington pendelten, zu diskutieren und mitzuerleben, wie es bei weitgehender Unsicherheit über ihre Effekte schrittweise zu Entscheidungen von größter Tragweite kommt.

Für meine Frau und mich war der Aufenthalt in den USA auch von der persönlichen Seite her überaus spannend und befriedigend. Mit unserem VW-Camper fuhren wir quer über den Kontinent von Harvard nach Berkeley, wo ich einen Vortrag hielt. Dazwischen ein Abstecher nach North Dakota in die Nähe der Hauptstadt Bismarck, einem Ort, wo noch keiner meiner Harvard-Freunde je gewesen war. Entfernte Verwandte meiner Frau, die aus dem Burgenland stammten, zeigten uns dort ihre riesige Ranch, gelegen an einem See, der den Namen der Familie meiner Frau trägt. Vorher hatten unsere freundlichen Gastgeber uns aber noch dringend ersucht, unser Auto, an dessen Stoßstange ein Harvard-Aufkleber prangte, rasch in ihre Garage zu stellen, damit niemand sehen könne, dass sie Besuch aus dieser verruchten Ost-Küsten-Institution hätten.

Bei der Rückfahrt, bei einem Zwischenaufenthalt an der Universität in Princeton, fasste ich beim Einsteigen in mein Auto plötzlich den Beschluss, das Thema meiner Habilitation, an der ich arbeitete, radikal zu ändern. Ich war mit einem finanzwissenschaftlichen Thema nach Harvard gekommen. Dort – und vor allem auch am benachbarten MIT – wurde ich konfrontiert mit der intensiven ersten Welle der Umweltdiskussion, ausgelöst speziell durch den „Bericht des Club of Rome" über die „Grenzen des Wachstums". Es war für mich überaus spannend, diese Aspekte mit Fragen der Finanzpolitik zu verbinden. Ich veröffentlichte in diese Richtung einige Aufsätze und schließlich meine Habilitationsschrift „Wirtschaftspolitik und Umweltschutz".[14]

Es war für den deutschen Sprachraum die erste systematische Analyse speziell von Emissionsabgaben und Pfandlösungen unter gesamtwirtschaftlichen Aspekten, einschließlich eines längeren Kapitels über „Probleme von Umweltschutzsteuern im Konsumgüterbereich: Analyse der Vorschläge zur steuerpolitischen Erfassung der von Automobilen ausgehenden Emissionen". Die Arbeit hatte großen Erfolg, trug mir etliche Auszeichnungen ein (unter anderem gleichzeitig den Theodor Körner Preis und den Kardinal Innitzer-Preis für die beste Habilitationsschrift) und führte zu Berufungen an die TH (jetzt TU) Darmstadt und die Universität Trier.

Im Laufe der Zeit ging freilich mein Interesse an diesem Thema deutlich zurück. Zum einen, weil ich damals wenig Chancen der wirtschaftspolitischen Anwendung sah, an der mir stets viel liegt. Zum anderen, ehrlich gesagt, weil mich dieses Thema in engen Kontakt mit einer Gruppe von naturwissenschaftlich orientierten Ökologinnen und Ökologen brachte, die mit apokalyptischen Untertönen ihre Modelle präsentierten und wo der Gedanke von Korrekturen durch Lenkungseffekte des Preissystems bisweilen auf wenig Verständnis stieß. Eben diese Lenkungseffekte – konkret: zunächst deutlich gestiegene Energiepreise – haben ja etwa dazu geführt, dass die propagierte Katastrophe der Energieknappheit nicht eingetreten ist, sondern im Gegenteil Tendenzen eines weltweiten Energie-Überangebotes bestehen. Auch das für Ökonomen zentrale Denken in Kosten/Nutzen-Kategorien war bei Diskussionen mit Vertretern von Katastrophen-Szenarien nicht leicht vermittelbar. Insgesamt handelt

---

14 Ewald Nowotny: Wirtschaftspolitik und Umweltschutz. Rombach, Freiburg im Breisgau 1974.

es sich bei der Frage der umweltpolitischen Herausforderungen zweifellos um kurz- wie langfristig höchst relevante Problemstellungen. Letztlich geht es hier für mich aber um die bekannte Max Weber'sche Unterscheidung zwischen Gesinnungsethik und Verantwortungsethik. Die Gesinnungsethik stellt ab auf ein bedingungsloses Handeln unter moralischem Primat. Verantwortungsethik bemüht sich, die längerfristigen Gesamtfolgen der getroffenen Maßnahmen zu berücksichtigen – entspricht demnach im weiteren Sinn einem gesellschaftspolitischen Kosten-Nutzen-Denken. Erfreulicherweise hat in den letzten Jahrzehnten die Umweltökonomie insgesamt ja eine Entwicklung zu tieferer analytischer ökonomischer Fundierung eingeschlagen – vielleicht war ich hier zu ungeduldig.

Ich übernahm dann letztlich den Lehrstuhl für Finanzwissenschaft an der Universität Linz, verbunden mit der Funktion als Mitglied, später Präsident, des Verwaltungsrates der Österreichischen Postsparkasse, der ich seit meiner Mitarbeit an der Entstehung des neuen Postsparkassen-Gesetzes verbunden war. In Linz veröffentlichte ich neben meiner Lehrtätigkeit Aufsätze in international anerkannten Fachjournalen. Als einer der ersten – und bis jetzt nicht sehr zahlreichen – europäischen Ökonomen konnte ich in einem Fachjournal der American Economic Association eine umfangreiche Analyse über Besteuerung und Inflation publizieren.[15] Diese Arbeit fand große Resonanz und wurde in mehrere Sammelbände aufgenommen. Mein Lehrbuch „Der öffentliche Sektor", das erstmals 1987 im wissenschaftlichen Springer-Verlag, Berlin-Heidelberg, erschien, erlebte mehrere Auflagen und erhebliche Bekanntheit in der deutschsprachigen Wirtschaftswissenschaft.

Neben den Arbeiten in den Bereichen der Geld- und Finanzpolitik habe ich mich auch über längere Zeit mit dem Bereich der Regionalökonomie beschäftigt und auch ein Buch zu diesem Thema publiziert.[16]

---

15 Ewald Nowotny: Inflation and Taxation. Reviewing the Macroeconomic Issues. In: Journal of Economic Literature 1980, Vol. 18: 1025ff.

16 Ewald Nowotny: Regionalökonomie – Eine Übersicht über Entwicklung, Probleme und Methoden. Springer Verlag, Wien-New York, 1971.

Die Anregung dafür hatte ich von Kollegen bekommen, die mit Prof. Hajo Riese von der Universität Basel nach Linz gekommen waren, und die vorher auch am „prognos-Institut" in Basel, dem damals führenden Zentrum für empirische Regionalforschung, mitgearbeitet hatten. In Übernahme von „prognos"-Methoden verfasste ich 1969 mit meinem Freund und Kollegen Bela Löderer die Studie „Oberösterreich 1980",[17] die erste zukunftsorientierte und umfassende Regionalstudie dieser Art in Österreich. Beim heutigen Wiederlesen dieser Studie habe ich gemischte Gefühle. Insgesamt war sie sehr stark getragen vom manchmal vielleicht übertriebenen Wachstumsoptimismus der 1960er- und 1970er-Jahre, aber sie erfasste doch gut den tiefgreifenden Strukturwandel gerade etwa eines Bundeslandes wie Oberösterreich, das sich in seinem politischen Bewusstsein erst mit Verzögerung vom Agrar- zum Industrieland entwickelte.

In dieser Arbeit war auch das erste Mal eine wissenschaftliche – und auch kritische – Analyse der Finanzwirtschaft eines Bundeslandes enthalten, was mich dann zu einer intensiveren Befassung mit Fragen des Finanzausgleichs zwischen Bund, Ländern und Gemeinden führte. Der „Finanzausgleich" regelt die Aufteilung des Steueraufkommens zwischen den einzelnen Ebenen des Bundesstaates Österreich und ist damit eine der wichtigsten, aber auch kompliziertesten Grundlagen der öffentlichen Finanzwirtschaft. Im Reformeifer dieser Epoche wurde später einmal von den Finanzausgleichspartnern eine Expertenkommission zur Neugestaltung im Sinne eines „funktionalen" Finanzausgleiches gebildet, der auch ich angehörte. Es gab viele und sehr interessante Sitzungen mit Top-Experten aus Rechts- und Wirtschaftswissenschaft – eine Übernahme der Ergebnisse durch die Politik konnte aber nicht erreicht werden.

Durch meine regionalökonomische Aktivität wurde ich auch hineingezogen in konkrete Fragen der Raumplanung. Es wurde damals von den Gemeinden verlangt, als Voraussetzung für Mittelzuweisungen

---

17 Béla J. Löderer, Ewald Nowotny: Oberösterreich 1980 – Eine Untersuchung der Entwicklung von Bevölkerung, Wirtschaft und Landesfinanzen. Europa Verlag, Wien, 1969.

längerfristige Entwicklungspläne aufzustellen, was auch Annahmen über die wirtschaftlichen Perspektiven und den entsprechenden Raumbedarf inkludierte. Ich wurde hier immer öfter um Gutachten angefragt und habe dann mit einigen Mitarbeitern außerhalb der Universität eine eigene Studiengruppe für diese Aufgaben eingerichtet. Als ich später Abgeordneter wurde, habe ich diese Arbeitsgruppe an meinen engsten Mitarbeiter weitergegeben.

Es war eine interessante Arbeit mit sehr erheblicher langfristiger Wirkung für die betroffenen Menschen und Wirtschaftsbereiche. So gab es etwa bei Gemeinden im oberösterreichischen Zentralraum zwischen Linz und Wels lange und schwierige Diskussionen mit Bürgermeistern und anderen Gemeindepolitikern. Diese Region war in den 60er-Jahren noch weitgehend agrarisch geprägt und politisch entsprechend dominiert. Es war mir aber klar, dass dies eine zentrale Wirtschaftsachse Österreichs werden könnte, und so bedurfte es langer Gespräche, um die Bereitschaft zu erlangen, entsprechend große Flächen für gewerbliche und industrielle Nutzung in der Planung vorzusehen. Heute ist diese Region in der Tat eine überaus dynamische Kernregion der österreichischen Wirtschaft, wo Tausende Menschen gut bezahlte Arbeit finden.

Zu Beginn der 1970er-Jahre geriet Österreich auch verstärkt ins Visier internationaler Immobilieninvestoren. Aufgrund meiner Kontakte mit Wirtschaftstreuhändern und Beratungsunternehmen wurde ich auch unter diesen Aspekten und meiner – damals noch seltenen – Fähigkeit, Gutachten in englischer Sprache zu erstellen, eingeladen, für entsprechende Investitionsentscheidungen Studien zu erwartbaren, längerfristigen Entwicklungen zu erarbeiten. Ich erinnere mich zum Beispiel mit Vergnügen an Diskussionen, als es darum ging, in Wien ein Bürohochhaus jenseits des Donaukanals zu errichten. Für internationale Investoren war dies damals eine exotische und höchst riskante Gegend, und sie verlangten umfassende Gutachten über die längerfristigen wirtschaftlichen Perspektiven – letztlich wurde der „Galaxy-Tower" gebaut.

Als Notenbank-Gouverneur hatte ich viele Jahre später das schöne Erlebnis, in diesem – inzwischen mehrfach erweiterten – Bürohaus an der Eröffnung der Weltbank-Niederlassung in Wien teilzunehmen. Die unmittelbare Erfahrung der großen Bedeutung einer langfristig ausgerichteten und sorgfältigen Raum- und Infrastrukturplanung für Bevölkerung und Wirtschaft war für mich auch sehr hilfreich bei meiner späteren Tätigkeit in der Europäischen Investitionsbank.

1978 hat mich die Einladung – oder eher Aufforderung – erreicht, ein Nationalratsmandat zu übernehmen, wovon ich später berichten werde. Ich habe dann 20 Jahre parallel meine Aufgaben als Professor und als Nationalrat ausgeführt. Es war mir extrem wichtig, meine Tätigkeit an der Universität – wenn auch mit reduzierter Lehrverpflichtung (und Gehalt) – gewissenhaft zu erfüllen. Ich wurde in dieser Hinsicht auch recht genau von der Kollegenschaft und den Studierenden beobachtet – ohne dass es ein einziges Mal zu Klagen über mangelnden Einsatz gekommen wäre. Diese Doppeltätigkeit hatte übrigens auch einen disziplinierenden Effekt auf meine politische Arbeit: Ich achtete genau darauf, in meinem „politischen Leben" nie etwas zu sagen, wofür ich mich in meinem „wissenschaftlichen Leben", speziell gegenüber meinen Studierenden, hätte schämen müssen.

Dieses, in jedem Bereich intensive, doppelte Engagement war allerdings ein organisatorischer, geistiger und letztlich auch physischer Kraftakt, den ich dann – aber erst nach 20 Jahren – wieder beendete. Ich meine aber, dass diese Doppeltätigkeit sowohl für meine Aufgabe als Professor wie für meine politische Aufgabe inhaltlich von Vorteil war. Es gab zu dieser Zeit einige Universitätsprofessoren im Parlament, wobei mich insbesondere mit dem von mir sehr geschätzten Juristen Prof. Felix Ermacora ein kollegiales, ja freundschaftliches Verhältnis verband – trotz unterschiedlicher Parteizugehörigkeit. Ich bin fest davon überzeugt, dass es jeweils zumindest einige Abgeordnete geben sollte, die Politik nicht hauptberuflich betreiben, sondern im stetigen persönlichen Kontakt mit einem „normalen" Berufsleben bleiben – wobei dies zugegebenermaßen bei manchen Berufen einfacher ist als bei anderen.

1981 folgte ich dann einer Berufung auf den Lehrstuhl für Geld- und Finanzpolitik an der Wirtschaftsuniversität Wien (WU). Mein Amtsvorgänger Prof. Stephan Koren verließ anlässlich seiner Wiederbestellung zum Präsidenten der Oesterreichischen Nationalbank endgültig die WU und unterstützte massiv meine Berufung als seinen Nachfolger. Er war mit den Verhältnissen an der damaligen Wirtschaftsuniversität und speziell im Fachbereich Volkswirtschaftslehre sehr unzufrieden und erhoffte sich von mir Initiativen zu höherer wissenschaftlicher Qualität und größerer Internationalität. Gemeinsam mit einem anfangs noch kleinen Team ist uns das in der Tat gelungen, erleichtert auch durch die Möglichkeit, freigewordene Professuren durch qualifizierte, externe junge Wissenschafterinnen und Wissenschafter – und nicht wie früher fast durchgehend durch Hausberufungen – zu besetzen.

Auch die Universität insgesamt hat durch eine Reihe aktiver, reformorientierter Rektoren einen deutlichen Modernisierungsschub erfahren. Als ich an die Wirtschaftsuniversität kam, war diese Institution zweifellos eine anerkannte, praxisorientierte Ausbildungseinrichtung, entsprach aber noch sehr dem alten Typus der Handelshochschule mit teilweise geringer wissenschaftlicher Fundierung. Im Laufe der Zeit ist es dann gelungen, wissenschaftliche Präsenz und Internationalität deutlich anzuheben, ohne dabei die für die WU spezifische, fundierte Praxisorientierung aufzugeben. Nach meiner Rückkehr aus Luxemburg, wo ich als Vizepräsident der Europäischen Investitionsbank tätig war, wurde ich vom überaus aktiven „Reform-Rektor" Christoph Badelt, einem Freund und Fachkollegen, gebeten, das Amt eines Vizerektors für Finanzen zu übernehmen.

Als Vizerektor war ich Teil eines starken, durch kluge Steuerung seitens des Rektors auch harmonischen Teams und habe die Herausforderungen kennengelernt, die sich für das Management einer großen Universität (ich vermeide den Begriff „Massenuniversität"), der größten

Wirtschaftsuniversität Europas mit über 20.000 Studierenden, ergeben. Zu diesen Herausforderungen speziell für mein Ressort zählten auch grundlegende Änderungen der Hochschulgesetzgebung, die für die Universitäten die „Entlassung in die Unabhängigkeit", einschließlich der wirtschaftlichen Selbstständigkeit brachten. Das machte etwa eine eigenständige Finanzplanung notwendig, aufbauend auf Leistungsvereinbarungen mit dem Wissenschaftsministerium, einem neu entwickelten Rechnungswesen und eigenverantwortlicher Personalplanung. Es war harte Arbeit „an der Front", wobei ich aber darauf bestanden hatte, weiterhin, wenn auch wieder mit erleichterter Lehrverpflichtung, als Professor an meinem Institut zu arbeiten.

Wie bei meinem politischen Engagement half mir diese „Doppelgleisigkeit" sehr, den Kontakt zum „Geschehen vor Ort" und damit auch das Vertrauen der Kollegenschaft zu erhalten. Ich habe meine Lehrtätigkeit immer gerne ausgeübt und dafür auch relativ viel Zeit investiert. Auch den nach den damaligen Studienstrukturen recht großen Zeitaufwand für mündliche Prüfungen habe ich nicht nur als Belastung, sondern als Teil des pädagogischen Wirkens gesehen. Auch heute noch werde ich immer wieder von ehemaligen Studentinnen und Studenten darauf angesprochen, wie wichtig das Gespräch, das ich im Fall eines negativen Prüfungserfolges mit ihnen führte, für ihr weiteres Studien- und Arbeitsleben war. Ein System fast ausschließlich schriftlicher Prüfungen, noch dazu vielfach in Form mechanisch leicht auswertbarer „multiple choice" Formulare, ist bei großen Studierendenzahlen leider oft unvermeidbar. Aber dieses System kann den wichtigen Rückkoppelungseffekt eines persönlichen Gesprächs natürlich nicht erfüllen.

Universitätsmanagement ist angesichts der Vielfalt von Interessen und der häufig sehr ausgeprägten Individualität der Teilnehmerinnen und Teilnehmer der verschiedenen Mitbestimmungsgremien oft nicht einfach. Aber die Gespräche und Verhandlungen in den ja recht zahlreichen Gremien waren doch stets von einer größeren Rationalität und Kollegialität gekennzeichnet, als ich es in anderen

Lebensbereichen erfahren habe. Dies galt für Vertreter des wissenschaftlichen wie des nicht-wissenschaftlichen Personals, und auch für die Vertreter der Hochschülerschaft. Einem eloquenten und auch paktfähigen Vorsitzenden der WU-Hochschülerschaft namens Harald Mahrer bin ich dann später in seinen Funktionen als Wirtschafts- und Wissenschaftsminister und noch später als Präsident des Generalrates der Oesterreichischen Nationalbank wieder begegnet.

Eine so große Universität wie die WU hat ja in ihrer Professorenschaft eine Vielzahl von höchstrangigen Expertinnen und Experten, und ich war stets erfreut – und auch erleichtert –, mit welcher Selbstverständlichkeit diese Kolleginnen und Kollegen ihr – sonst oft hoch bezahltes – Wissen für Aufgaben der Universität bereitstellten. Dies hat sich speziell auch bewährt, als die Universität das große Projekt eines neuen und architektonisch anspruchsvollen Campus begann. Nicht zuletzt durch hauseigene Expertise in Vertragsgestaltung, Projektmanagement, Steuerrecht etc. ist es gelungen, den eindrucksvollen neuen Campus voll im Zeit- und Kostenplan zu errichten. Dies entspricht meinem Bild der Universität als „Universitas", als Vereinigung von qualifizierten Persönlichkeiten für eine gemeinsame Aufgabe, und ich freue mich, dass ich dies nach meinen guten Linzer Erfahrungen auch an einer großen Universität wie der WU-Wien erleben konnte. Ich selbst habe übrigens in meiner späteren Funktion als „Krisenmanager" der Bawag-PSK ebenfalls von diesem Netzwerk profitieren können, wo ich von Kollegen vielfach wertvolle freundschaftliche Hinweise und Hilfen bekam.

Nach Ende meiner Tätigkeit als Gouverneur der Oesterreichischen Nationalbank wurde ich eingeladen, wieder eine Vorlesung an „meiner" Wirtschaftsuniversität zu halten. Ich bin dieser Einladung gerne nachgekommen, war aber leider von den „Corona"-bedingten Einschränkungen des Lehrbetriebes betroffen. Bei meinem kontinuierlichen Kontakten mit der Wirtschaftsuniversität bin ich aber stets beeindruckt von der Qualität der Studierenden und der positiven Weiterentwicklung dieser Universität unter der Führung der energischen Rektorin Edeltraud Hanappi-Egger. Die WU ist sowohl bei Lehrkörper und Studierenden eine internationale Universität geworden, durchgehend zweisprachig. Auch meine Vorlesung – den aktuellen Gegebenheiten geschuldet findet sie überwiegend online statt – halte ich auf Englisch. Sie ist aber nicht nur eine Universität der gegenwärtigen und zukünftigen „Globalisierungs-Gewinner", sie ist auch Vorreiter in Forschung und Lehre über Fragen der Verteilung und Entwicklung von Lebenschancen, speziell auch von Menschen aus sozial benachteiligten Milieus. Als mir die Nationalbank, wie beim Abschied üblich, freundlicherweise Forschungsmittel zur Vergabe zur Verfügung gestellt hat, habe ich diese Mittel verwendet, um – freilich in bescheidenem Ausmaß – sozial benachteiligten Studierenden Studienaufenthalte im Ausland zu ermöglichen.

Es gibt in Österreich erfreulicherweise keine unmittelbare finanzielle Barriere für ein ordentlich durchgeführtes Studium – sehr wohl aber deutliche finanzielle Barrieren für das Erlangen jener wichtigen Zusatzqualifikationen – wie Auslandsaufenthalte, Spezialkurse und vor allem interessante Praktika – die für einen weiteren Karriereverlauf oft von größter Bedeutung sind. Hier sehe ich die Gefahr, dass es auch im Bereich der akademischen Ausbildung zu einer Zweiklassengesellschaft kommt; zwischen einer bestens ausgebildeten, international mobilen und vernetzten Elite und den „normalen", lokal orientierten Absolventinnen und Absolventen. Ich habe speziell im Finanzbereich gesehen, dass bei Postenvergaben auch nach objektiven Kriterien diese Elite einen meist nicht aufholbaren Vorsprung hat – und damit indirekt wieder eine Form der sozialen Selektion auftritt. Bezüglich der Berücksichtigung von Minderheitengruppen arbeiten amerikanische Universitäten – vielfach durchaus umstritten – mit Quotensystemen, und es gibt auch großzügige Stipendien für Doktorandinnen und Doktoranden. Im europäischen Kontext wird dieser Aspekt einer sozialen Chancengleichheit im gehobenen Ausbildungsbereich – etwa auch beim Zugang zu teuren Top-Business Schools – zwar diskutiert, ich kenne aber noch wenige konkrete Bemühungen, dieses Problem zu entschärfen.

5. Gedanken zu Theorie und Praxis

Wirtschaftspolitik – und ganz speziell Geld- und Währungspolitik –
ist wesentlich bestimmt von den theoretischen Vorstellungen,
die dem Handeln der Akteure (und leider seltener: Akteurinnen)
zugrunde liegen. Wobei diesen Akteuren vielfach nicht bewusst
ist, auf welchen, ihnen selbst „verborgenen" Vorstellungen ihr
konkretes Handeln beruht. John Maynard Keynes, ein bis heute
unerreichtes Beispiel einer produktiven Verbindung von Theorie
und Praxis, hat dies zu Ende seiner bahnbrechenden „Allgemeinen
Theorie der Beschäftigung, des Zinses und des Geldes" plastisch
formuliert: „Die Gedanken der Ökonomen und Staatsphilosophen,
sind sowohl wenn sie im Recht, als wenn sie im Unrecht sind,
einflussreicher, als gemeinhin angenommen wird. Die Welt
wird in der Tat durch nicht viel anderes beherrscht. Praktiker,
die sich ganz frei von intellektuellen Einflüssen glauben, sind
gewöhnlich die Sklaven irgendeines verblichenen Ökonomen.
Wahnsinnige in hoher Stellung, die Stimmen in der Luft hören,
zapfen ihren wilden Irrsinn aus dem, was irgendein akademischer
Schreiber ein paar Jahre vorher verfasste. Ich bin überzeugt, dass
die Macht erworbener Rechte im Vergleich zum allmählichen
Durchringen von Ideen stark übertrieben wird. Diese wirken
zwar nicht immer sofort, sondern nach einem gewissen Zeitraum;
denn im Bereich der Wirtschaftslehre und der Staatsphilosophie
gibt es nicht viele, die nach ihrem fünfundzwanzigsten oder
dreißigsten Jahr durch neue Theorien beeinflusst werden, sodass
die Ideen, die Staatsbeamte und Politiker und selbst Agitatoren
auf die laufenden Ereignisse anwenden, wahrscheinlich nicht die
neuesten sind. Aber früher oder später sind es Ideen, und nicht

erworbene Rechte, von denen die Gefahr kommt, sei es zum Guten oder zum Bösen."[18]

Auch heute gilt, dass wirtschaftspolitisches Handeln oft auf – den Handelnden wohl unbewussten – ökonomischen Theorien beruht, die manchmal vor Hunderten Jahren entwickelt wurden, wie etwa das Verhalten eines amerikanischen Präsidenten zeigt, dessen Betonung des wirtschaftlichen Protektionismus den Ansätzen des im 17. Jahrhundert entwickelten „Merkantilismus" entspricht. Der Bereich der Geld- und Wirtschaftspolitik ist wohl am engsten und aktuellsten mit der Entwicklung wirtschaftswissenschaftlicher Theorien verbunden. Dies zeigt sich auch daran, dass sämtliche Notenbanken über umfangreiche volkswirtschaftliche Abteilungen verfügen und vielfach auch entsprechende Publikationen herausgeben.

Generell sind die Wirtschaftswissenschaften heute ein inhaltlich und methodisch breit ausgebautes und spezialisiertes Feld der Forschung, Lehre und Anwendung, mit entsprechend großen Differenzierungen. Diese Differenzierungen beruhen im Wesentlichen auf Unterschieden in theoretischen und gesellschaftspolitischen Ausgangslagen. Beispiele sind etwa die Unterschiede zwischen makroökonomisch, das heißt gesamtwirtschaftlich orientierten Vertretern einer „keynesianischen Position" im Gegensatz zu Vertretern einer stärker mikroökonomisch, das heißt auf Einzelverhalten basierten „Angebots-orientierten" Ökonomie. Es gibt aber gemeinsame „Denkmodelle", die in vielen Aspekten gar nicht „spezifisch ökonomisch" sind, sondern etwa dem „gesunden Hausverstand", dem „Common Sense" entsprechen. Gleichzeitig gibt es Beispiele, wo etwa die Sicht der „schwäbischen Hausfrau" wichtige gesamtwirtschaftliche Zusammenhänge außer Acht lässt. In vielen Fällen können sich jedenfalls massive Unterschiede im „typischen Herangehen" von Ökonomen und Nicht-Ökonomen ergeben. Ich

---

18   John Maynard Keynes: Allgemeine Theorie der Beschäftigung, des Zinses und des Geldes. Duncker und Humblot, München 1936 (Erstausgabe). S. 323-324.

habe das in meiner Lebenspraxis, speziell als Wirtschaftspolitiker, vielfach bemerkt und mich bemüht, als Lehrender meine Studentinnen und Studenten auf diese Herausforderungen vorzubereiten. Im Folgenden einige wichtige Beispiele eines „spezifisch ökonomischen Denkens" und entsprechender wirtschaftspolitischer Perspektiven.

Denken in Nutzen und Kosten

Oskar Wilde spottete, „ein Ökonom ist jemand, der von allem den Preis, aber von nichts den Wert kennt". Nun gibt es eine – generell in der „Österreichischen Schule der Nationalökonomie" zwar lange, wenn auch nicht sehr fruchtbare – Diskussion über die Zusammenhänge von Werten und Preisen. In der Praxis ist es freilich richtig, dass bei Nutzen/Kosten-Überlegungen überwiegend auf Preise (zum Teil auch auf konstruierte „Schattenpreise") abgestellt wird. Zentral ist aber jedenfalls für Ökonomen, bei Vorschlägen stets beide Seiten – Nutzen und (!) Kosten – zu betrachten. Meine politischen Erfahrungen zeigen dagegen, dass die gesellschaftspolitische Dynamik dann am größten ist, wenn sie sich in der öffentlichen Diskussion nur auf die Nutzenseite einer Maßnahme bezieht und die Kostenseite außer Acht lässt oder bagatellisiert. Dies führt dann zur Positionierung „es gibt keine Alternative" beziehungsweise „das muss wohl noch drin sein". Nun ist es speziell über lange Zeiträume hinweg zweifellos oft schwierig, umfassend „Nutzen" beziehungsweise „Kosten" zu quantifizieren – aber es hilft zweifellos für eine rationale Diskussion, sich um eine umfassende Analyse der entsprechenden Zusammenhänge zu bemühen. Dies reicht von „großen Fragen", wie etwa der Umweltpolitik, bis zu „kleinen Fragen", wie etwa der Schaffung einer neuen Stelle in der öffentlichen Verwaltung.

Für Notenbanken stellen sich „Kosten/Nutzen-Überlegungen" sowohl bei den „großen Fragen" der Geld- und Währungspolitik, wie auch bei den vielfältigen Aspekten der Regulierung und Bankenaufsicht. Es gab und gibt in der Tat eine intensive Diskussion etwa von

Nutzen und Kosten einer Politik niedriger Zinssätze. Dabei gibt es Übereinstimmung, dass eine solche Politik zur unmittelbaren Krisenbekämpfung notwendig und sinnvoll war und ist. Nicht so eindeutig sind freilich die Nutzen/Kosten-Bewertungen bei langfristiger Fortführung einer solchen Politik. Dabei gibt es innerhalb einer Institution meist eine – überwiegend „Modell-bestimmte" – „herrschende Lehre", sodass die entsprechenden Diskussionen weniger innerhalb einer Institution, als eher zwischen einzelnen Institutionen stattfinden. Konkret in den vergangenen Jahren etwa zwischen der EZB, als Vertreterin einer expansiven Geldpolitik, und der BIZ, der „Bank der Zentralbanken" in Basel, deren Ökonomen vor zunehmenden „Nebenwirkungen", das heißt volkswirtschaftlichen Kosten einer expansiven Geldpolitik warnen. Hier ist es für Entscheidungsträger, konkret Gouverneurinnen und Gouverneure, m. E. wichtig, sich selbständig zu informieren und eine eigene Meinung zu bilden – was freilich entsprechende wirtschaftswissenschaftliche Kenntnisse erfordert. Problematisch erscheint es mir aber, wenn solche Überlegungen Gegenstand von Gerichtsverfahren werden, wie dies beim deutschen Bundesverfassungsgericht der Fall war, worauf in Kapitel 15 noch eingegangen wird.

Ein weiteres – aus meiner Sicht aber oft unterschätztes – Feld von Nutzen/Kosten Fragen ergibt sich im massiv ausgeweiteten Bereich der Regulierung des Banken- und Finanzbereiches. Es ist heute unbestritten, dass eine zu weitgehende „Deregulierung" des Finanzsektors eine wichtige (wenn auch nicht die alleinige) Ursache der 2007/2008 ausgebrochenen Finanzkrise war. Es war daher auch richtig und erwartbar, dass es dann als eine der „Lehren aus der Krise" zu einer massiven Welle der „Re-Regulierung" kam. Weltweit wurde diese neue Regulierung, ausgehend von den „G20" – der Gruppe der führenden Industriestaaten –, getragen, wo als wichtigster Umsetzungsbereich der „Basler Ausschuss" wirkte. In jedem der großen Wirtschaftsräume kam es zu weitgehenden neuen Banken-Regulierungen, in den USA etwa im „Dodd-Frank Act", in der EU in der Umsetzung des „Basel III-Rahmenwerkes in Form der Capital Requirements Regulation" (CRR) und des „Capital Requirements Directive" (CRD).

In den Grundzügen sind diese Regulierungen zweifellos wichtig und richtig. Es gibt meines Erachtens allerdings die Gefahr, dass es durch immer weitere und detailliertere Regelungen im Zeitablauf zu einem „sinkenden Grenznutzen der Regulierung" kommt und damit die direkten und indirekten Kosten der Regulierung von größerer Bedeutung werden. In der regulierungspolitischen Praxis wird dem meist insofern entsprochen, als für Regulierungsvorschläge „impact assessments", das heißt gesamtwirtschaftliche Nutzen/Kostenschätzungen erstellt werden. In der Praxis haben nach meiner Beobachtung diese impact assessments aber fast nie dazu geführt, dass es zu großen Änderungen bei den Vorschlägen gekommen ist, die vorher von Komitees der Aufseher erarbeitet worden waren.

Und in der Tat sind diese Expertenkomitees ja in einer schwierigen Lage: Es geht darum, bestehende oder erwartbare Risiken im Bankensystem zu reduzieren, wobei man massivem Gegenwind vonseiten mächtiger Banken-Lobbys ausgesetzt ist, die vor allem dann erheblichen Einfluss haben, wenn – wie es in der Regel der Fall ist – die entsprechenden Vorschläge einer parlamentarischen Beschlussfassung bedürfen. Was nach meiner Erfahrung in diesen „großen Kämpfen" oft untergeht, sind die praktischen Kostenwirkungen der Umsetzung einzelner Maßnahmen. Sowohl Regulierungsbehörden, Parlamentarier wie auch Lobbyisten, haben in der Regel keine praktische Bankenerfahrung und damit wenig Einblick in die Kosten der praktischen Umsetzung.

Meine eigene praktische Bankenerfahrung als Krisenmanager einer Bank war nur relativ kurz – sie hat mich aber jedenfalls gelehrt, dass neue Regulierungen oder die Änderung bestehender Regulierungen oft mit erheblichen technischen Kosten für die betroffenen Kreditinstitute und ihre Kunden verbunden sein können, sodass hier eine Nutzen/Kosten-Analyse sehr wohl legitim ist. Ob man etwa für einen Immobilienkredit jedes Jahr oder alle zwei Jahre ein externes Schätzgutachten verlangt oder wie oft Computerprogramme umzustellen sind, sind in Regulierungsausschüssen oft wenig behandelte Details, bei denen aber jeweils zu fragen wäre, ob die Nutzen tatsächlich die Kosten übersteigen. Ich habe hier als Gouverneur und auch als Stellvertretender Vorsitzender des Aufsichtsrates der österreichischen Finanzmarkt-Aufsicht oft entsprechende Fragen gestellt – in der Regel ging es aber um bereits international akkordierte Regelungen aus den Tiefen eines der zahlreichen Regulierungsgremien, die de facto nicht mehr zu ändern waren. Bei so komplexen Gebilden und so vielen Akteuren, wie wir sie etwa im Bereich der Bankenaufsicht finden, liegt die entscheidende Gestaltungsmacht oft bei der kleinen Gruppe, die den ersten Entwurf verfasst, wobei diese „technische Gruppe" oft aus jungen, klugen, aber eben auch unerfahrenen internationalen Bürokraten bestehen kann. Ich habe mich vielfach darum bemüht, dass auch Mitarbeiterinnen und Mitarbeiter meiner Notenbank Zugang zu solchen Arbeitsgruppen finden, was aber für ein kleines Land oft nicht leicht ist.

Externe Effekte

Externe Effekte liegen vor, wenn die ökonomische Lage eines Wirtschaftssubjektes durch Aktionen eines anderen Wirtschaftssubjektes positiv oder negativ beeinflusst wird, ohne dass Gegenleistungen (Bezahlungen, Entschädigungen) erfolgen.[19] Entsprechende externe Effekte treten in einer Unzahl von Konstellationen im Wirtschaftsleben auf und bedeuten jeweils, dass Marktpreise, die diese externen Effekte nicht berücksichtigen, als gesamtwirtschaftlich ineffizient und verzerrend zu sehen sind. Auch für die Geld- und Bankenpolitik stellen externe Effekte, analog zu Kosten-Nutzen-Überlegungen, eine zentrale Herausforderung dar. Dies gilt sowohl für die Makro- wie für die Mikroebene.

Auf der Makroebene kann etwa die im vorigen Abschnitt erwähnte Diskussion um „Nebenwirkungen" der Geldpolitik analytisch als

---

19 Ewald Nowotny, Martin Zagler: Der öffentliche Sektor: Einführung in die Finanzwissenschaft. 5. Aufl., Springer, Berlin 2009. S. 70.

Erfassung der externen Effekte einer ausschließlich an Preisstabilität orientierten Geldpolitik gesehen werden. Führt ein langfristig niedriges Zinsniveau etwa neben dem angestrebten Ziel einer Erhöhung der Inflationsrate auf einen angestrebten Preisstabilitätswert zu externen Effekten im Bereich der Finanzmarktstabilität, die dann wieder in entsprechende Kosten-Nutzen-Überlegungen eingehen müssten? Ein zentrales Thema der geldpolitischen Diskussion ist etwa, wie weit ein niedriges Zinsniveau nicht nur den erwünschten Effekt hat, zu höheren Investitions- und Konsumausgaben zu führen, sondern infolge der Suche nach höheren Erträgen („search for yield") auch zu einer gesamtwirtschaftlich problematischen Erhöhung der Risikobereitschaft führt. Dies kann auch etwa zur Bildung von „Blasen" (bubbles) auf Aktien- oder Immobilienmärkten führen.

Die Geldpolitik steht damit vor zwei Fragen: Gibt es empirisch die Gefahr solcher Blasenbildungen und falls ja, gibt es Instrumente, solche externe Effekte aufzuheben (zu „internalisieren")? Beides waren und sind zentrale Diskussionspunkte in geldpolitischen Entscheidungsgremien. Empirisch ist es nicht einfach zu unterscheiden, ob bestimmte Marktbewegungen als Elemente eines „normalen Aufschwungs" oder als „Blasenbildung" zu interpretieren sind, wobei Notenbanken ja vorausblickend agieren müssen, das heißt, es geht um die Frage des rechtzeitigen Erfassens potenziell gefährlicher Entwicklungen.

Extreme Marktliberale wie etwa der frühere US-Notenbankchef Alan Greenspan vertraten die Ansicht, eine Notenbank könne niemals klüger sein als die Märkte, es sei ihr daher nicht möglich, „Blasen-Bildungen" rechtzeitig zu erkennen oder zu beeinflussen. Sie sollte sich deshalb darauf beschränken, nach Platzen der Blase „die Scherben zusammenzukehren", das heißt die gesamtwirtschaftlichen Schäden abzufangen. Das war etwa genau das, was die amerikanische Notenbank nach dem Platzen der Dotcom-Blase 2000 in Form einer aggressiv expansiven Zinspolitik machte – was aber in der großen Finanzkrise 2007/2008 nicht mehr ausreichend funktionierte. Nicht zuletzt, weil hier von den ursprünglichen Problemen in den USA rasch massive negative Effekte auf die Weltwirtschaft ausgingen.

Ein alternativer Ansatz besteht darin, Geldpolitik in ihrer vollen Dynamik wirken zu lassen, in Bereichen, wo negative Nebeneffekte (negative externe Effekte) wirtschaftlich oder gesellschaftspolitisch besonders problematisch sein können, diese Nebeneffekte aber durch zusätzliche regulatorische Instrumente zu neutralisieren oder zumindest abzuschwächen. Diese Strategie der „makroprudenziellen Maßnahmen" wird heute von den meisten Notenbanken und Regulatoren verfolgt – von der Öffentlichkeit und zum Teil auch von Gerichten aber nicht immer voll verstanden.

Beispiele makroprudenzieller Maßnahmen in Bezug auf Immobilienmärkte sind etwa Obergrenzen der Kreditfinanzierung (loan-to-value ratios), Obergrenzen der Schuldendienstbelastung eines Haushaltes (debt service to-income-ratio) oder, ansetzend auf der Bankenseite, höhere Eigenkapital-Unterlegspflichten für Immobilien-Kreditvergaben. Für einen europaweiten Überblick wurde der „European Systemic Risk Board" (ESRB) geschaffen, der auch allfällige Risikowarnungen ausgeben kann. Es ist wohl noch zu früh, ein endgültiges Urteil über die Wirksamkeit der makroprudenziellen Instrumente abzugeben. Gerade wo es etwa um private Wohnraumbeschaffung geht, ist mit dem Einsatz restriktiver makroprudenzieller Instrumente vielfach, wie ich auch aus eigener Erfahrung weiß, eine politische Diskussion verbunden, da restriktive Maßnahmen es speziell wirtschaftlich schwachen Familien erschweren können, zu erschwinglichem Wohnraum zu gelangen. Allerdings hat gerade die „sub-prime Krise" in den USA, das heißt die Vergabe von Wohnbaukrediten an Menschen mit sehr niedrigem Einkommen, gezeigt, dass es extrem problematisch ist, Kreditvergaben als Ersatz für Sozialpolitik einzusetzen (was in den USA deutlich ideologischen Hintergrund hatte).

Eine zentrale Bedeutung hat das Phänomen „externer Effekte" auf der Ebene der Bankenentwicklung bekommen. Eine der wichtigsten Lehren der Weltwirtschaftskrise der 1930er-Jahre und auch des Zusammenbruches des Bankhauses Lehman Brothers im Jahr 2008 ist die Erkenntnis, dass vom Zusammenbruch einer einzelnen Bank massive negative Effekte auf das ganze Bankensystem und letztlich auf die Gesamtwirtschaft ausgehen können. Die negativen externen Effekte können durch finanzielle Verbindungen („Mitreißen in den Konkurs") oder durch psychologische Effekte („Verlust des Vertrauens in andere Banken") verursacht werden. Im Fall Lehman war es vor allem der gegenseitige Vertrauensverlust der Banken untereinander, der zeitweise zu einem weitgehenden Zusammenbruch der internationalen Geldmärkte und damit zu einem „Austrocknen" der Bankenliquidität führte. Um Entwicklungen wie in den 1930er-Jahren zu vermeiden, haben die Notenbanken in weltweiter Koordinierung in dieser extrem gefährlichen Situation die Geldmärkte durch unbegrenzte Liquiditätszufuhr funktionsfähig gehalten – ein (leider seltenes) Beispiel, dass Entscheidungsträger in der Lage sind, aus der Geschichte zu lernen.

Die nächsten Schritte in der Stabilisierung des Finanzsystems waren zunächst die Stabilisierung von Einzelbanken und dann Maßnahmen, um Bankensysteme insgesamt dauerhaft krisenfester zu machen. Die Stabilisierung von Einzelbanken bedeutete, dass wichtige, „systemrelevante" Banken auch bei Schieflage nicht in Konkurs geschickt wurden, um negative externe Effekte („Ansteckungseffekte") zu vermeiden. Als etwa in den USA, um nicht „Geld der Steuerzahler" einzusetzen, Lehman in Konkurs geschickt wurde, zwangen die horrenden gesamtwirtschaftlichen Kosten dieser kurzsichtigen Maßnahme dann die politischen Entscheidungsträger, die durch die Folgen der Lehman-Pleite gefährdeten Institute (zum Beispiel AIG, den damals weltgrößten Versicherungskonzern) mit ungleich größeren Kosten zu retten. In praktisch allen Staaten Europas kam es in der Folge zu massiven Rettungsaktionen für Banken, sei es durch direkte Verstaatlichung, staatliche Haftungen und/oder staatlich gestützte Sonderinstitute („bad banks"). Dabei zeigte sich rasch, dass in einer Phase der allgemeinen, extremen Unsicherheit auch die Pleite einer relativ kleinen Bank massive negative externe Effekte auslösen kann, sodass in den schwierigen Jahren der Krise praktisch jede Bank in Europa als systemrelevant einzustufen war.

Die EZB hat diese Gefahr kumulierender negativer externer Effekte klar gesehen. Ihr damaliger Präsident, Jean-Claude Trichet, hat sich – meines Erachtens zu Recht – massiv dafür eingesetzt, in der damaligen kritischen Situation Banken auch durch Einsatz von Steuergeld zu retten. In allen wirtschaftspolitischen Entscheidungsgremien Europas hat er leidenschaftlich – und letztlich mit Erfolg – gegen die in der Politik 2010 entstandene Tendenz gekämpft, „Problembanken" in Konkurs gehen zu lassen.[20] Diese klare Linie hat – neben einer zunächst stark expansiven Geld- und Fiskalpolitik – zweifellos ein Abgleiten in eine europäische Wirtschaftskrise, die die Dramatik der 1930er-Jahre hätte erreichen können, verhindert.

Diese Strategie war freilich auch mit massiven fiskalischen Kosten verbunden. Obwohl es ja hier um eine Stabilisierung der Gesamtwirtschaft ging, wurden entsprechende Maßnahmen in der Öffentlichkeit vielfach nur als „Rettung der Banken" gesehen und damit zu einer schweren politischen Belastung. Wie bei vielen wirtschaftspolitischen Maßnahmen waren die Kosten der Rettungsmaßnahme klar sichtbar, die Nutzen der Vermeidung einer Katastrophe waren aber für Politik und Öffentlichkeit nicht vergleichsweise exakt bezifferbar und daher schwieriger zu vermitteln.

Nach der Phase der unmittelbaren Krisenbewältigung verlagerte sich das Schwergewicht der bankenpolitischen Diskussion auf eine bessere Krisenfestigkeit der Einzelbanken und des Bankensystems insgesamt. Hier sind seither auf europäischer und weltweiter Ebene große Fortschritte erzielt worden, sowohl in Bezug auf Stärkung von Eigenkapital, wie auf Sicherung von Liquidität. Für den Euro-Raum ist der große Schritt der Übergang zur Bankenunion, die man als Strategie der Internationalisierung zur Vermeidung negativer externer Effekte interpretieren kann.

Um für die Zukunft einen Einsatz von Steuermitteln zur Bankenrettung („bail-out") zu vermeiden, wurde ein komplexes System der Einbeziehung der Eigentümer und bestimmter Gläubigergruppen

---

20 Wie später geschildert, war ich im Falle der österreichischen, im Besitz der Bayerischen Landesbank stehenden, „Hypo-Alpe-Adria-Bank" selbst Empfänger und auch Übermittler solcher dringender Empfehlungen, die m. E. zu diesem Zeitpunkt auch voll berechtigt waren und in die – zeitweise – Verstaatlichung der Bank mündeten.

(„bail-in") entwickelt. Auch dies ist zu interpretieren als das Bemühen, negative externe Effekte zwischen Bankensektor und Steuerzahlern zu vermeiden. Die Heranziehung der Gläubiger hat aber zusätzlich auch den Lenkungseffekt der höheren Sichtbarkeit eingegangener Risiken (anstelle der bisher bestehenden, implizierten und kostenlosen Staatsgarantie). Die Grundüberlegungen für diese „Abwicklungsverfahren" als zweite Säule der Bankenunion sind zweifellos berechtigt. Ob dieses komplizierte Verfahren auch bei größeren Bankenstrukturen unter dem enormen Zeitdruck einer Krisensituation die gewünschten Ergebnisse bringen wird, wird die Praxis zeigen.

Meines Erachtens wird bei sehr großen und komplexen Bankenstrukturen im Krisenfall letztlich ein Einsatz des Staats in seiner Funktion als „Versicherer der letzten Instanz" nicht zu vermeiden sein. Der wesentliche bankenpolitische Effekt ist freilich in den vorbeugenden Maßnahmen zur stärkeren Stabilität und Krisenfestigkeit des Bankensystems zu sehen. Darüber hinaus kommt den Notenbanken in Bezug auf Liquiditätsversorgung weiterhin die traditionelle Aufgabe des „lenders of last resort" zu, das heißt der Vergabe von „Notkrediten" an „an sich gesunde" („solvente") Banken bei speziellen Gefährdungen, zum Beispiel einem „bank-run". Für die EZB geschieht dies in Form der „Emergency Liquidity Assistance", das heißt einer Notfalls-Liquiditätsbereitstellung durch und auf Risiko der jeweiligen nationalen Notenbank. Trotz mancher Kritik halte ich dieses einfache und schnell verfügbare Instrument in seiner heutigen Ausgestaltung für sinnvoll und nützlich.

Anreizwirkungen – moral hazard

In der Ökonomie geht es letztlich immer um Formen und Wirkungen von menschlichem Verhalten. Meist wird dabei von der Verhaltensstruktur eines *Homo oeconomicus* ausgegangen. Ein neuer und wichtiger Zweig der ökonomischen Forschung, die „Verhaltensökonomie" zeigt aber, dass eine entsprechende „rationale Nutzenmaximierung" in der Realität nicht durchwegs zutrifft. Damit ist auch die Frage der Anreiz- und Lenkungswirkungen wirtschafts- und gesellschaftspolitischer Maßnahmen nicht immer eindeutig bestimmbar. In der wirtschaftspolitischen Praxis spielt die „traditionelle" Einschätzung solcher Wirkungen aber dennoch eine große Rolle.

Dies ist auch ein Gebiet, wo soziales und ökonomisches Denken oft in Widerspruch geraten. Ein Beispiel ist etwa der Kündigungsschutz für ältere oder behinderte Arbeitskräfte. Sozial spricht viel dafür, diesen schwächeren Mitgliedern des Arbeitsmarktes einen spezielleren Schutz zu geben. Dies kann aber für Unternehmer die Anreizwirkung haben, solche Personengruppen vor Eintreten der Schutzwürdigkeit zu kündigen oder überhaupt nicht zu beschäftigen. Eine Alternative ist dagegen etwa die gesetzliche Festlegung einer Anstellungsverpflichtung in Form einer Quote der Gesamtbelegschaft mit entsprechenden Strafzahlungen bei Nicht-Erfüllen dieser Quote.

Zentral ist aber immer die Frage, wieweit der öffentliche Sektor bereit ist, aus übergeordneten Gründen – sei es der Sozialpolitik, der Umweltpolitik oder anderen Bereichen – in die Anreizwirkungen der „reinen Marktmechanismen" einzugreifen. Der klassische, „harte" Liberalismus im England des 19. Jahrhunderts hat hier das reine ungefilterte Wirken von Märkten gepredigt, was der Wirtschaftswissenschaft den Ruf der „dismal science", der „düsteren" Wissenschaft eingebracht hat. Charles Dickens hat in seinem Roman „Oliver Twist" eindrucksvoll eine Welt gezeigt, in der etwa Arbeitslose möglichst wenig Unterstützung finden sollten, um ihren „Leistungsanreiz für Arbeit" zu stärken, und Gewinne, auf welcher Grundlage immer, möglichst hoch sein sollten, um die Investitionstätigkeit zu fördern. Jeder Eingriff in diese „Anreizstrukturen" führe zu gesamtwirtschaftlicher Fehllenkung. Marxistische Ökonomen haben die entsprechenden, entsetzlichen sozialen Zustände dargestellt und analysiert, Verbesserung aber nur von einem Umsturz des „Gesamtsystems" erwartet. Dem gegenüber hat der „reformistische" Zweig der Sozialdemokratie im Gleichklang mit der Gewerkschaftsbewegung für schrittweise Verbesserungen gearbeitet. Im wissenschaftlichen Bereich waren es speziell die sogenannten

„Kathedersozialisten" der „historischen Schule in der Nationalökonomie" im deutschen Sprachraum, die in der zweiten Hälfte des 19. Jahrhunderts einer rein marktmechanistischen Sicht eine umfassende gesellschaftliche Analyse entgegenstellten. Eine umfassende gesellschaftspolitische Analyse ökonomischer Fragestellungen ist aus meiner Sicht auch heute relevant. Geht es doch hier vielfach darum, sensibel abzuwägen, wie weit ökonomische Anreize gesamtwirtschaftlich sinnvoll und erforderlich sind und wie weit sie gesellschaftspolitischen Aspekten, etwa der sozialen Chancengleichheit oder der ökologischen Stabilität, widersprechen – wobei das Ergebnis dieser Abwägungen von weltanschaulichen Strukturen bestimmt im historischen Zeitverlauf verschieden ausfallen kann.

Eine spezielle Form der Auswirkungen von Anreizwirkungen ist das Auftreten von „moral hazard", das heißt einer Konstellation, in der sich durch Bereitstellen zusätzlicher Sicherheiten das Verhalten der Wirtschaftssubjekte im Sinn höherer Risikobereitschaft ändert. Beispiele wären riskanteres Autofahren oder Ausüben riskanter Sportarten bei Bestehen eines entsprechenden Versicherungsschutzes. Auf individueller Basis versuchen etwa Versicherungen diesem Problem durch Einführung von Selbstbehalten zu begegnen. Auf gesamtwirtschaftlicher Ebene kann eine Kumulierung „schlechter Risiken" durch Formen der Pflichtversicherung verhindert werden.

Für die Geld- und Finanzpolitik wurden Fragen von Anreizwirkungen und moral hazard lange unterschätzt, sind heute aber von zentraler Bedeutung. Ein mikroökonomisches Problem von gesamtwirtschaftlicher Bedeutung betrifft etwa Höhe und Struktur der Bezahlung von Managern, insbesondere auch Bankmanagern. Besonders intensiv zeigt sich dies etwa bei der Diskussion um die Bezüge von Investment-Bankern. Hier ist es einer selbstreferentiellen Gruppe gelungen, ein von der „normalen Wirtschaft" weit abgehobenes Gehaltsniveau durchzusetzen („if you pay peanuts, you get monkeys"). Es wird damit ein „Kampf um Talente" inszeniert, der nach meiner – in diesem Fall langjährigen – eigenen Beobachtung sachlich nicht zu rechtfertigen ist.

Sehr gute Investmentbanker sind zweifellos eine rare Spezies, wie auch sehr gute Neurochirurgen, Motorenentwickler etc. Sie verdienen daher eine gute Bezahlung – nicht aber die Exzesse, die sich hier eingebürgert haben und die dann als „branchenübliche" Standards verlangt werden. Hier entsteht im Gegenteil die Gefahr, dass diese extreme Bezahlung Personen anlockt, die von exzessiver Gier und Statusdenken bestimmt sind, gleichzeitig aber das Risiko einer Tätigkeit als selbstständiger Unternehmer scheuen.

Eine besondere Rolle spielte und spielt das Konzept von Anreizwirkungen und moral hazard im Verhältnis zwischen Geldpolitik und staatlichem Handeln. So wurde und wird der EZB speziell von deutschen Politikern und auch Wirtschaftswissenschaftlern vorgeworfen, ihre expansive Geldpolitik ermögliche es einzelnen Mitgliedstaaten, gesamtwirtschaftlich notwendige Strukturreformen zu unterlassen. Die Grundvorstellung ist dabei offenbar, dass die EZB durch ihre Geldpolitik niedrigere Zinsen, damit geringere Kosten der Staatsverschuldung, höheres Wachstum und geringere Arbeitslosigkeit ermögliche. Dadurch fehle der „Leidensdruck" von nationalen Finanzkrisen und Massenarbeitslosigkeit, der für den politischen Willen zu tiefgreifenden, auch schmerzhaften Reformen nötig sei. Als zentrale Bereiche für schmerzhafte, aber nötige Reformen werden dabei vor allem der Arbeitsmarkt und das Pensionssystem gesehen.

Gerade in dieser Strategie einer „Erziehung durch Härte" („tough love") unterscheiden sich die Positionen (vieler, nicht aber aller) deutscher Ökonomen und speziell US-amerikanischer Ökonomen typischerweise voneinander. Zentral sind dabei unterschiedliche Einschätzungen der „politischen Reaktionsfunktion", das heißt der Frage, ob und wie politische Prozesse auf ökonomische Anreizwirkungen reagieren. US-Ökonomen weisen der Frage nach moral hazard in der Regel geringere Bedeutung zu und befürchten eher ein Szenario, wo ökonomische Krisen nicht zu „wirtschaftspolitischem Wohlverhalten", sondern zum Aufstieg radikaler politischer Kräfte führen und damit zu einem explosiven Gemisch von politischer und wirtschaftlicher Krise. Dies insbesondere, wenn eine zu harte „Austeritätspolitik" über längere

Zeiträume hinweg zu einer Verschlechterung und nicht zu einer fühlbaren Verbesserung für breite Teile der Bevölkerung führt.

Eine grundsätzlichere Form der zwischenstaatlichen Anreizdiskussion ist die Frage, ob und wieweit eine Wirtschafts- und Währungsunion von Staaten mit unterschiedlicher historischer und wirtschaftlicher Entwicklung ein „Trittbrettfahrer-Verhältnis" („free-rider") einzelner Staaten ermögliche. Dies speziell etwa in der Form, dass ein einzelner Staat eine Strategie verfolgen könne, von der Stabilität der Gesamtunion (in Bezug auf Preise, Zinsen etc.) zu profitieren, ohne selbst durch eine entsprechende stabilitätsorientierte Politik beizutragen. Die Vermeidung solcher free-rider-Strategien war eine zentrale Frage bei der Diskussion um die Gründung der Europäischen Wirtschafts- und Währungsunion. Die klarste und „einfachste Lösung" war die der „Krönungstheorie", das heißt es müsse zunächst zu einem so engen politischen Zusammenschluss kommen, dass free-rider-Strategien eines Einzelstaates mangels einzelstaatlicher Kompetenz gar nicht mehr möglich wären. Diese Ansicht, die etwa lange Zeit von der Deutschen Bundesbank vertreten wurde, ist zweifellos logisch schlüssig – politisch und historisch aber unrealistisch.

Um den politisch erwünschten – und aus meiner Sicht als Entsprechung der Wirtschaftsunion auch notwendigen – Schritt zur Währungsunion zu gehen, wurde der für das Europa der Nachkriegszeit von Jean Monnet und Robert Schuman entwickelte – und erfolgreiche – Weg der schrittweisen Integration gewählt. So wie sich etwa aus dem ökonomischen Integrationsschritt der „Montan-Union"[21] schrittweise eine stärkere politische Zusammenarbeit ergab, und diese Strategie mit dem Europäischen Binnenmarkt fortgeführt wurde, so soll mit der Schaffung einer einheitlichen Währung ein Prozess in Richtung weiterer politischer Integration eingeleitet werden.

Hier liegt der zentrale Angelpunkt der europäischen Integration. Zunächst war schon zum Zeitpunkt der Einführung des Euro in einzelnen EU-Staaten der Widerstand gegen den erforderlichen

---

21 Europäische Gemeinschaft durch Kohle und Stahl, gegründet 1951.

Souveränitätsverzicht so groß, dass sie – trotz Erfüllen der ökonomischen Kriterien – den Beitritt zur Wirtschafts- und Währungsunion ablehnten (UK, Dänemark) beziehungsweise nicht betrieben (wie etwa Schweden, Tschechien). Aber auch in den Mitgliedstaaten der Europäischen Währungsunion zeigen sich deutliche Unterschiede in der Bereitschaft, die den ökonomischen Anforderungen entsprechenden Schritte auch politisch-rechtlich zu gehen. In Deutschland hat sich dies zu einer Grundsatzfrage entwickelt. Ich persönlich teile den starken Bezug zu Fragen der Bundesverfassung, nicht aber die oft integrations-restriktive Interpretation, die in der entsprechenden rechtlichen und auch politischen Diskussion von manchen eingenommen wird. Vor allem beunruhigt mich die Gefahr, dass – wie im Mai 2020 geschehen – nationale Verfassungsgerichte sich über Entscheidungen des Europäischen Gerichtshofes hinwegsetzen könnten, was de facto einen Zusammenbruch eines wesentlichen Pfeilers der europäischen Integration bedeuten könnte.

Um ein free-rider-Verhalten einzelner Staaten zu vermeiden, wurde als integrierter Teil des Maastricht-Vertrages der Europäische Wirtschafts- und Stabilitätspakt geschaffen. Über die Sinnhaftigkeit einzelner konkreter Regelungen zur Defizit- und Schuldenbegrenzung gibt es eine differenzierte wirtschaftswissenschaftliche Diskussion. Vom prinzipiellen Aspekt der Anreiz-Koordinierung in einer Währungsunion von Staaten mit unabhängiger Fiskalpolitik ist der Ansatz des Wirtschafts- und Stabilitätspaktes aus meiner Sicht aber sinnvoll und zielführend. Wie bei jedem Vertrag ist auch hier ein entscheidender Aspekt die Frage der Sanktionen bei Vertragsverletzung – hier auch in Bezug auf die Gleichbehandlung aller Vertragspartner. In einem ungewissen makroökonomischen Umfeld ist für die Anwendung eines in großen Bereichen makroökonomisch bestimmten Vertrages zweifellos eine erhebliche Flexibilität nötig – letztlich bleibt aber die Frage nach politischer Möglichkeit und Wirksamkeit von Sanktionen.

Das Misstrauen gegen die politische Möglichkeit, „korrekte" Sanktionen zu ergreifen, veranlasst Ökonomen vielfach dazu, auf einen Anreiz- beziehungsweise Sanktionsmechanismus zu setzen, bei dem nicht die Wähler, sondern die Märkte die Politik kontrollieren. Konkret bedeutet dies, dass die Einschätzung der Fiskalpolitik durch das „Urteil" der Kapitalmärkte erfolgt, indem diese entscheiden, ob und zu welchen Konditionen private Kreditgeber einem Staat Kredit gewähren. Dies entspricht im Prinzip dem bestehenden System der internationalen Kapitalmärkte. Für die Praxis der Wirtschaftspolitik entscheidend ist aber die Frage, wie weit dieses Prinzip durch Sonderregelungen aufgehoben beziehungsweise entschärft wird. So gilt für Bankdarlehen an OECD-Staaten, dass diese Kredite für die Risikobemessung der jeweiligen Bank und damit letztlich für den Eigenkapital-Bedarf mit einem Risikogewicht von Null versehen sind, ebenso gibt es für die Einzelbank keine Obergrenze für die Kreditvergabe an öffentliche Haushalte.

Als persönliche Anmerkung: Ich werde niemals einen Besuch vergessen, den ich vor vielen Jahren in meiner damaligen Funktion als Vize-Präsident der Europäischen Investitionsbank beim damaligen schwedischen Ministerpräsidenten (und früheren Finanzminister) Göran Persson hatte. Persson, den ich schon von früher kannte, war noch in voller Wut über ein vorangegangenes, unfreundliches Gespräch mit einer Gruppe arroganter junger Vertreter von Ratingagenturen und internationalen Banken. Dieser Besuch hatte ihm sehr deutlich gemacht, dass ein Staat, der in hohem Maß auf Finanzierung von außen angewiesen ist, niemals ein wirklich souveräner Staat ist. Dies war für Persson die politische Motivation, auch als sozialdemokratischer Finanzpolitiker eine dramatische Politik der Defizitreduzierung einzuleiten – die letztlich wirtschaftlich erfolgreich war, politisch freilich zur Abwahl seiner Regierung führte.

Letztlich geht es bei dieser Problematik um die Frage einer – nach einer Wortprägung von Angela Merkel – „marktkompatiblen Demokratie". Wie für Marktgeschehen insgesamt, läuft dies auf die Frage hinaus, welche Sanktionsmechanismen bei Verletzung von „Marktkompatibilität" bestehen. Speziell deutsche Ökonomen (und in unterschiedlicher Intensität auch die deutsche Regierung) plädieren entsprechend dafür, den „klassischen Sanktionsmechanismus" des Marktes – den Konkurs – auch für Staaten anzuwenden. In der Tat gibt es ja in der internationalen Finanzwirtschaft in der Form des „Pariser

Clubs" eine Verhandlungsplattform für den Fall der Zahlungsunfähigkeit eines souveränen Schuldners, die etwa in Fällen wie Argentinien etc. genutzt wurde. Ein formelles internationales Konkursverfahren für Staaten wurde zwar vom IWF angestrebt, scheiterte aber am Widerstand der Staaten, deren Finanzindustrien erwarteten, bei direkten Verhandlungen in stärkerer Position zu sein.

Für die europäische Währungsunion ist das Konzept des „Staats-Konkurses" als wirtschaftlicher Ausnahmezustand von besonderer Bedeutung, da in dieser Beziehung ein wesentlicher Unterschied zwischen dem Euro-Raum und anderen großen Wirtschaftsräumen wie den USA, Japan und China besteht. Zahlungsunfähig kann ein Staat ja nur werden, wenn er Zahlungen in einer Währung zu leisten hat, die er nicht selbst schaffen kann und über keinen entsprechenden Zugang zu seiner Notenbank verfügt. In den USA und Japan etwa besteht die öffentliche Verschuldung fast ausschließlich in eigener Währung und de facto kann im „Ernstfall" auf Liquiditätshilfe durch die jeweilige Notenbank zugegriffen werden. Es besteht daher für Gläubiger kein Konkursrisiko, sondern allenfalls ein Entwertungsrisiko durch Inflation, das aber entsprechend historischen Erfahrungen von den Märkten als gering eingeschätzt wird, ebenso wie auch das Risiko langfristiger Zahlungsunwilligkeit durch innenpolitische Manöver.

Für die einzelnen Mitgliedstaaten der Euro-Gruppe ist dagegen jede Staatsverschuldung, auch Verschuldung in Euro, als externe Verschuldung zu sehen, da „monetäre Staatsfinanzierung", das heißt direkte Budgetfinanzierung durch die Notenbank gemäß Art. 123 EU-Vertrag explizit verboten ist und auch indirekte Hilfen zur Konkursvermeidung gemäß „bail-out-Verbot" (Art. 125 AEUV) nicht zulässig sind. Potenziell kann daher jeder Mitgliedstaat des Euro-Raumes in Konkurs gehen. Dies entspricht dem „incentive-Ansatz", durch „harte Regelungen" gegenüber potenziellen Schuldnern und Gläubigern, „Marktdisziplin" in einer Währungsordnung zu erzwingen.

„Konkurs" bedeutet im Falle eines Staates Zahlungsunfähigkeit und ist in seinen dramatischen wirtschaftlichen und sozialen

Wirkungen nicht mit dem Konkurs selbst großer Unternehmen zu vergleichen. Insbesondere können mit der Zahlungsunfähigkeit eines Staates massive „Ansteckungswirkungen" (negative externe Effekte) bezüglich der Finanzierungsmöglichkeiten für die Finanzen und die Banken anderer Staaten entstehen. Nicht zuletzt aus den Lehren der Weltwirtschaftskrise der 1930er-Jahre wurde mit dem Internationalen Währungsfonds (IWF) eine Einrichtung geschaffen, die durch „Notkredite" die internationale Zahlungsfähigkeit eines Staates sichern kann und gleichzeitig durch makroökonomische Reformprogramme die langfristige finanzielle Stabilität („sustainability") wiederherstellt beziehungsweise sichert. Teil solcher Programme kann auch eine Streichung bestehender Schulden sein, um zu verhindern, dass neue Kredite primär zur Tilgung alter Kredite verwendet werden müssen und nicht zur wirtschaftlichen Stärkung nach einer – vielfach durchaus selbst verschuldeten – Krise verwendet werden können.

Als eine Lehre aus der europäischen Finanzkrise 2012 wurde der Europäische Stabilitätsmechanismus (ESM) geschaffen, der Kredite an Euro-Staaten mit Finanzierungsproblemen vergeben kann. Um moral hazard zu vermeiden, allerdings mit oft tiefgreifenden wirtschaftlichen und sozialen Auflagen. Im Falle Griechenlands haben IWF, EZB und EU-Kommission etwa gemeinsam Reformprogramme entwickelt und kontrolliert („Troika"). Dabei ergaben sich im Einzelnen durchaus Unterschiede in der Strategie der verschiedenen Akteure – speziell in Bezug auf die Frage nach Form und Höhe nötiger Schuldennachlässe.

Ein historisch instruktives Beispiel des Umganges mit staatlicher Zahlungsunfähigkeit ist der Vergleich der Gläubigerstrategie mit Deutschland nach dem Ersten und nach dem Zweiten Weltkrieg. Nach dem Ersten Weltkrieg wurde Deutschland eine riesige Last an Reparationszahlungen aufgebürdet, die auch durch Aufnahme von Auslandskrediten nicht zu bewältigen war. Im Sinne der Vermeidung von moral hazard in Form „ungenügender Anstrengungen" Deutschlands wurde von einer formellen Streichung der Verpflichtungen abgesehen und stattdessen die Frist ihrer Rückzahlung immer wieder verlängert. Dies hat die wirtschaftspolitische Grundstimmung der Weimarer Republik bis zuletzt massiv beeinträchtigt.

In Österreich wurde übrigens in der Ersten Republik ein anderer, freilich nicht besserer Weg gewählt. Hier gab es eine Vereinbarung der Regierung mit den Siegermächten zur Gewährung einer langfristigen Völkerbund-Anleihe. Diese Vereinbarung war aber mit massiver externer Aufsicht verbunden, die eine extrem restriktive Wirtschaftspolitik erzwang, was wesentlich zur wirtschaftlichen und letztlich politischen Katastrophe der Ersten Republik beigetragen hat.

Nach dem Zweiten Weltkrieg wurde von den Siegermächten dagegen ein weitgehender Schuldenerlass akzeptiert. Hiezu kam mit dem ERP-Programm eine intelligente Kombination aus Geschenk und Darlehen, verbunden mit gesamteuropäischer wirtschaftspolitischer Koordinierung und Öffnung im Rahmen der Organisation für europäische wirtschaftliche Zusammenarbeit (OECD), der in Paris errichteten Koordinierungsstelle, aus der sich später die OECD als „wirtschaftspolitischer Braintrust der reichen Länder" entwickelte.

Rolle und Wirken von IWF, ESM und Troikas sind nicht vergleichbar mit der politisch vergifteten Wirtschaftspolitik nach dem Ersten Weltkrieg. Aber die historische Erfahrung ist doch ein wichtiger Hinweis auf die Notwendigkeit einer langfristigen und umfassenden Orientierung der Wirtschaftspolitik und auf die Gefahr einer einseitigen Orientierung an kurzfristigen moral hazard-Perspektiven und irreführender, weil nur mikroökonomisch basierter Wirtschaftstheorien.

Zur wirtschaftspolitischen Problematik der Konkurs-Drohung als marktwirtschaftlichem Regulativ für Staatsverhalten kommen die administrativ-rechtlichen Probleme einer solchen Drohung hinzu. Es gibt keine europarechtlichen Regelungen, wie ein allfälliger Staatskonkurs praktisch abzuwickeln wäre. Analogien mit privatem oder öffentlichem Recht (zum Beispiel Einsetzen eines Konkurskommissars oder einer Zwangsverwaltung im Fall von Gemeinden) sind schwer herzustellen. Eine konkrete Konkursabwicklung ist daher sehr unwahrscheinlich – und entsprechend ist auch der angestrebte Abschreckungseffekt deutlich abgeschwächt. Dies zeigte sich speziell zu Beginn der Währungsunion, als die Kapitalmärkte die Unterschiede zwischen den souveränen Risiken der einzelnen Mitgliedstaaten der Währungsunion – und damit die Unterschiede in der Konkurswahrscheinlichkeit – weitgehend ignorierten. Dies führte dazu, dass die Marktsignale unterschiedlicher Risikozuschläge für Kreditzinsen weitgehend ausgeschaltet wurden, was wieder zu übermäßiger Kreditvergabe und Kreditaufnahme in Bezug auf Staaten wie Griechenland oder Spanien führte.

Kapitalmärkte, die überwiegend von kurzfristigen Erwartungen getrieben werden, können aber nicht nur zu optimistisch, sondern auch zu pessimistisch sein. Dies war der Fall, als in den Jahren nach 2010 die „Märkte" auf einen Zerfall der Euro-Zone spekulierten und dieses angenommene „redenomination risk" zu gewaltigen Risikoaufschlägen (und auch zu Kapitalflucht) führte. Erst die berühmte „whatever-it-takes"[22] Rede von Mario Draghi am 26. Juli 2012 und die anschließende Schaffung des OMT-Programmes mit der Möglichkeit zum Ankauf von Staatspapieren beendeten die Marktspekulationen gegen den Euro (siehe Kapitel 15).

All dies illustriert, wie wichtig und zentral für die Wirtschaftspolitik und generell für die Geld- und Währungspolitik die Rolle von Incentive- und Disincentive-Strukturen und der entsprechenden Erwartungen ist. Mikroökonomisch fundierte Anreizkonzepte („Strukturreformen") sind zweifellos von Bedeutung. Gleichzeitig ist aber auch festzuhalten, dass diese wirtschaftlichen Grundüberlegungen wichtige, aber nicht die einzigen Konzepte sind, die für die Fragen einer umfassenden Wirtschafts- und Gesellschaftspolitik zu berücksichtigen sind. Dies habe ich in vielen Formen erlebt, in der Welt der Geld- und Kreditwirtschaft und in der Welt der Politik, auf die ich im Folgenden detaillierter eingehe.

---

22 Einsehbar auf der Webseite der EZB: „Verbatim of the remarks made by Mario Draghi", EZB 2012.

6. Die Welt der Politik

Mein erster Bezug zur Welt der Politik erfolgte indirekt und in recht eigenartiger Weise: Ich hatte, wie schon geschildert, als Maturant einen Preis des Europa-Rates gewonnen, worüber in den österreichischen Medien berichtet wurde. Daraufhin erhielt ich eines Tages eine Einladung des mächtigen damaligen Präsidenten des Österreichischen Gewerkschaftsbundes, Franz Olah, der meinen Vater flüchtig kannte. Olah fragte mich nach meinen Interessensgebieten, ich nannte Wirtschaft. Olah meinte, solche jungen Leute könne der ÖGB gut brauchen, und schickte mich als „Hospitant" in die volkswirtschaftliche Abteilung des ÖGB. Das bedeutete eine fallweise Mitarbeit, wofür ich keine Bezahlung bekam, aber auf ÖGB-Kosten zu Ausbildungen und Seminaren geschickt wurde – und ich bekam ein Abonnement der Monatsberichte des Österreichischen Instituts für Wirtschaftsforschung (offensichtlich hatte sich der ÖGB zur Abnahme mehrerer Abonnements verpflichtet). Jedenfalls habe ich diese Monatsberichte seit meinem 18. Lebensjahr bezüglich Inhalt und Methoden stets mit Interesse studiert, wobei das intellektuelle Niveau wesentlich höher war als das des von mir weiterhin gelesenen „Zürcher Trend zum Wochenend". Ich habe während meiner gesamten Zeit als Wissenschafter und auch als Notenbanker mit dem Institut für Wirtschaftsforschung engen Kontakt gehalten und habe mich gefreut, dass ich nach meinem Ausscheiden aus der Notenbank eingeladen wurde, die wissenschaftlichen Kontakte als „WIFO-Associate" weiterzuführen.

Das volkswirtschaftliche Referat des ÖGB bestand damals aus zwei Personen, Heinz Kienzl und Thomas Lachs. Was ich zunächst nicht wusste, war, dass zu dieser Zeit der interne Machtkampf zwischen

Franz Olah und Anton Benya in vollem Gang war, Kienzl war engagierter Benya-Anhänger. Wie ich später erfuhr, hatte Olah einige junge Menschen als persönliche Vertraute engagiert und wollte in meinem Fall möglicherweise einen unverdächtigen „Spion" in das volkswirtschaftliche Referat setzen. Jedenfalls hat mich Kienzl sehr bald „umgedreht", und er und Tommy Lachs wurden mir lebenslange Freunde. Ich wurde mit der Zeit zunehmend zum Referieren und als Mitglied von Unterausschüssen des Beirates für Wirtschafts- und Sozialfragen eingesetzt, bis hin zu Expertengruppen für die Konzipierung von Gesetzesentwürfen. Dabei ergab sich auch eine enge Beziehung zur Arbeiterkammer, wo speziell in der wirtschaftswissenschaftlichen Abteilung unter der Leitung von Eduard März ein hervorragendes Team arbeitete, wobei Rückkehrer aus dem englisch-sprachigen Exil die Lehren von Keynes erstmals in die österreichische wirtschaftspolitische Diskussion einbrachten. Ich habe von dieser Gruppe progressiver Ökonomen inhaltlich und auch methodisch viel gelernt – mehr jedenfalls als am Institut für Volkswirtschaftslehre an der Universität Wien. Politisch hat sich durch meine Begegnungen mit eindrucksvollen Persönlichkeiten in ÖGB und Arbeiterkammer mein zuvor eher vages „sozialdemokratisches Grundgefühl" zu einem fundierten „sozialdemokratischen Weltbild" entwickelt, worauf ich in einem späteren Abschnitt eingehen werde.

Irgendwie ergab sich aus diesem Umfeld meine Bekanntschaft mit Peter Kreisky und seiner späteren Frau Eva, die mich dann für den Verband Sozialistischer Studenten (VSStÖ) anwarben. Hier entstand rasch eine enge Freundschaft, was mit sich brachte, dass mich Peter auch in den privaten Kreis der Familie Kreisky einführte. Vater Kreisky hatte – berechtigte – Bedenken hinsichtlich des Studienfortganges seines Sohnes und erhoffte offenbar von mir diesbezüglich eine positive Wirkung. Peter, ein kluger und sozial engagierter Mensch konnte dann in der Tat einen Studienabschluss erreichen – nicht zuletzt unterstützt von Eva, die es später zur Universitätsprofessorin für Politikwissenschaften brachte.

Es waren politisch turbulente Zeiten mit Olah-Krise, SPÖ-Wahlniederlage, ÖVP-Alleinregierung und hartem Kampf um den SPÖ-

Parteivorsitz. Ich habe dies zum Teil auch bei Sonntags-Gesprächen in der Familie Kreisky miterlebt und staunend und auch etwas betroffen beobachtet, welche gewaltigen Emotionen politische – und speziell auch innerparteiliche – Machtkämpfe auslösen konnten. Gleichzeitig habe ich Bruno Kreisky aber vor allem als ungemein gebildeten, weltoffenen und oft auch humorvollen Menschen kennenlernen dürfen. Neben Kurt Rothschild war er der Mensch, dem ich mit größter Sympathie und Bewunderung zugetan war und der mein Denken und Handeln wesentlich beeinflusste. Nach seinem Tod hat mir Peter Kreisky einige Bücher aus der Bibliothek seines Vaters geschenkt, zusammengehalten von einer jener legendären Krawatten aus Wiens nobelstem Herrenmoden-Geschäft Kniže. Bei Anlässen, die mir sehr wichtig sind, nutze ich diese „Kreisky-Krawatte" noch heute. Als (nun nicht mehr) „geheimes" Signal habe ich für das Portrait, das nach meinem Ausscheiden aus der OeNB für die „Gouverneurs-Galerie" gemalt wurde, diese „Kreisky-Krawatte" getragen.

Die sozialistischen Studenten waren zu jener Zeit (und auch zu vielen anderen Zeiten) in einen „linken" und „rechten" Flügel gespalten, wobei die „Linken" schon meist vorher im Verband Sozialistischer Mittelschüler (VSM) tätig waren. Über Peter Kreisky wurde ich in den linken Flügel eingeführt, wurde aber, da ich vorher ja in keiner der sozialdemokratischen Jugendorganisationen gewesen war, dort stets als „der Mann, der nie ein Blauhemd trug" betrachtet. Diese „links-rechts"-Spannung ist ja seit Anbeginn sozialdemokratischen Parteien immanent und kann befruchtend wie auch zerstörerisch wirken. Bei den Studenten waren die „Linken" typischerweise die Kinder aus links-intellektuellen Familien – nicht zuletzt auch motiviert aus dem Gefühl einer speziellen Verpflichtung angesichts ihrer kulturell, nicht notwendigerweise materiell, privilegierten Herkunft. Die „Rechten" waren dagegen vielfach aus Familien mit einfachem und nicht großstädtischem Hintergrund, wo verständlicherweise auch das persönliche Aufstiegsstreben eine wichtige Rolle spielte. Gallionsfigur der „Linken" war Heinz Fischer, Gallionsfigur der „Rechten" Hannes Androsch. Die Parteizentrale hatte stets ein wachsames Auge auf die

Entwicklungen bei den Studierenden. Freilich nicht mehr so intensiv wie in der Ersten Republik. Wie mir berichtet wurde, mussten damals studentische Funktionäre dem Sekretär des Parlamentsklubs, Adolf Schärf, regelmäßig über ihren Studienfortschritt berichten. War dieser unbefriedigend, bekamen sie Funktionsverbot – die Partei wollte keine verbummelten Studenten.

Schon nach kurzer Mitgliedschaft im VSStÖ wurde ich in eine Rolle gebracht, die mir im Laufe meines politischen Lebens mehrfach zugeteilt wurde – nämlich als Vermittler zu wirken. Es standen die Wahlen für den Vorsitz der Fachgruppe Rechts- und Staatswissenschaften an, einer damals „rechts" dominierten Fachgruppe. Ich wurde als Kandidat der „Linken" aufgestellt und zur Wahl gab es ein Streitgespräch in einer großen Vollversammlung aller Mitglieder in einem überfüllten Saal. Bedingt durch Hitze und den – damals üblichen – Zigarettenrauch, wurde mein Gegenkandidat während dieses Streitgespräches plötzlich ohnmächtig. Ich schlug vor, das Gespräch bis zur Wiederherstellung meines Konkurrenten zu unterbrechen. Mit dem jungen Politikern eigenen Sozialdarwinismus wurde aber die Fortsetzung der Versammlung beschlossen und ich mit großer Mehrheit zum Fachgruppen-Obmann gewählt. Ich war damit der erste „linke" Fachgruppen-Obmann, was mir einen entsprechenden Bekanntheitsgrad in den interessierten Kreisen eintrug. Meinen damals unterlegenen Gegenkandidaten habe ich später an der Universität Linz als Assistent für Arbeitsrecht wieder getroffen und wir wurden sehr gute Freunde. Insgesamt spielen diese alten Links/Rechts-Zuordnungen für mich schon lange keine Rolle mehr, ich beurteile Menschen nach ihrer Persönlichkeit – ich kenne aber manche, die bis ins Pensionsalter im Links/Rechts-Schema ihrer Studentenzeit leben.

Nach Abschluss meines Studiums und meiner Übersiedlung nach Linz ging ich ganz auf in der Welt der Wissenschaft. Ich hatte zwar nach wie vor gute persönliche Kontakte mit Bruno und Peter Kreisky, war Teil der „Expertengruppe" vor der Wahl 1970 und beriet den ÖGB in Finanz- und Währungsfragen, wollte aber institutionell und zeitlich nirgends außerhalb des Universitätsbereiches eingebunden sein. Nach meiner Rückkehr aus Deutschland und den USA wurde ich von Bruno Kreisky dann zu den regelmäßigen „Professorentreffen" in seiner schönen Villa in Wien-Döbling eingeladen. Die Abende begannen mit einem zwanglosen Treffen im Salon. Inzwischen hatte sich das Niveau der akademischen Nationalökonomie in Österreich deutlich verbessert, Teilnehmer der Abende waren wirtschaftspolitisch interessierte Professoren wie etwa der scharfzüngige Prof. Erich Streissler von der Universität Wien, mein guter Freund Helmut Frisch von der Technischen Universität, Experten des Wirtschaftsforschungsinstitutes und die für Wirtschaftsfragen zuständigen Minister. Entgegen seiner sonstigen Gewohnheit beschränkte sich Kreisky bei den zwanglosen Gesprächen im Salon zunächst aufs Zuhören beziehungsweise stellte knappe Fragen zu konkreten wirtschaftspolitischen Problemen. Dies entsprach dem mir bereits vertrauten Politikstil Bruno Kreiskys, zu einer Frage verschiedene Meinungen einzuholen, um nicht einseitig von einzelnen Beratern, Beamten oder Managern beeinflusst zu werden. Entsprechend sahen manche Mitglieder seiner Regierung diese „Professorenrunden" als potenziellen „Störfaktor". Beim anschließenden Abendessen gab Kreisky dann einen ausführlichen Überblick über seine Sicht der Lage und seine Schlussfolgerungen aus der vorangegangenen Diskussion, verbunden mit einer Vielzahl von Nebenbemerkungen und Anekdoten. Durch die Regelmäßigkeit der Zusammenkünfte und die anregende und kultivierte geistige Atmosphäre ergab sich durch diese Abende ein gewisser, parteiübergreifender – oder besser: parteiunabhängiger – Grundkonsens, der zweifellos zur Fundierung und Wirksamkeit des speziellen Weges des „Austro-Keynesianismus" beitrug.

In Linz hingegen hatte ich dann eine Begegnung mit der Politik in ganz anderer Art: Ich war als junger Professor gebeten worden, den Obmann der – kleinen – Fachgruppe Hochschullehrer im Bund Sozialdemokratischer Akademiker (BSA) Oberösterreich zu übernehmen. Die oberösterreichische SPÖ war – wieder einmal – tief gespalten und in einer Sitzung des BSA schlug ich in voller Naivität vor, doch eine Umfrage unter den Mitgliedern des BSA zu einigen der anstehenden Fragen zu organisieren. Mit Hilfe einiger Freunde wurde diese Umfrage dann auch durchgeführt. Dies versetzte die von vielen Seiten bedrängte Spitze der oberösterreichischen SPÖ und insbesondere den Landesparteisekretär in größte Aufregung, weil man die Umfrage – fälschlicherweise – als Abstimmung über den Parteivorsitzenden betrachtete. Per Parteibeschluss wurde ich aufgefordert, die eingelangten Fragebögen, die sich in meiner Privatwohnung befanden, zur Vernichtung herauszugeben.

Eines Nachmittags wurde ich mit den Fragebögen mit einem schwarzen Auto abgeholt, ein BSA-Kollege und ich wurden gemeinsam mit dem Parteisekretär in einen tiefen Keller unter dem Linzer Rathaus geführt, um zu beobachten, dass die Fragebögen im Heizkessel des Rathauses restlos verbrannt wurden. Es war eine gespenstische Szene, begleitet von heftigen Vorwürfen und Drohungen des Parteisekretärs. Er war in „normalen Zeiten" ein durchaus netter Mensch, jetzt war er nach meiner Wahrnehmung von nackter Existenzangst bestimmt. Aus meiner Auseinandersetzung mit dem Parteisekretär konnte ich mir ausmalen, wie derartige Situationen ausgehen konnten, wenn solche egozentrischen, von Angst um ihre Position getriebenen Menschen Macht im Staat hatten. Mein BSA-Kollege, er war Direktor der Länderbank in Linz, trat damals aus der SPÖ aus. Ich hingegen erzählte das Ganze meinem Freund Norbert Leser, damals Professor an der Universität Salzburg, und zu meiner nicht allzu großen Überraschung wurde kurz danach in Zeitungen über diesen bizarren Vorfall berichtet. Letztlich kam es dann tatsächlich zur Ablöse des damaligen Landesparteiobmannes und des mit ihm verbundenen Parteisekretärs und bei der nächsten Nationalratswahl war ich bereit, mich an nicht wählbarer Stelle in die Kandidatenliste aufnehmen zu lassen.

Dies hatte freilich für mich unerwartete Folgen. Als 1978 ein Platz in der Kandidatenliste frei wurde, nutzte dies Bruno Kreisky, der sich damals auf dem Höhepunkt seiner Macht befand, um mich als, wie es im Parteistatut hieß, „zentrale Notwendigkeit" als Abgeordneten in den Nationalrat zu holen. Ich war von dieser Idee überhaupt nicht begeistert. Ich war 34 Jahre alt, wissenschaftlich auf einem guten Weg, hatte einen kleinen Sohn und eine ehrenvolle Nebentätigkeit als Präsident der Postsparkasse. Als ich all dies Bruno Kreisky vortrug, meinte er nur lakonisch: „Du bist noch viel zu jung, um es dir gut gehen zu lassen" – ein Satz, der sich mir eingeprägt hat.

Im Parlament hatte ich mit meinem bewährten Freund Heinz Fischer als Klubobmann (Fraktionsvorsitzender) einen aufmerksamen Mentor – sonst war es aber keine einfache Eingewöhnungszeit, speziell weil ich ja peinlich darauf achtete, stets genügend Zeit für meinen Hauptberuf als Universitätsprofessor zu sichern. Entsprechend minimierte ich meine Teilnahme an geselligen Veranstaltungen, was im politischen Umfeld Befremden hervorrief, und besuchte etwa im Fasching nur einen einzigen Ball – den der Universität. Hatte ich in der Postsparkasse ein wunderschönes Zimmer mit Originaleinrichtung von Otto Wagner, bekam ich nun eine kleine Kammer unter dem Dach zugewiesen, die ich mit einem Kollegen teilte. Ich hatte in der Kollegenschaft noch keinen „Stallgeruch" und musste erst lernen, die vielen Bahnfahrten Linz–Wien und retour produktiv zu nutzen.

Als „Vertrauter" Bruno Kreiskys wurde ich auch zunehmend in den eskalierenden Konflikt zwischen ihm und dem Vizekanzler und Finanzminister Hannes Androsch hineingezogen. Hannes Androsch hatte diese Perspektive realistisch schon viel früher erfasst als ich. Als ich auf Wunsch Bruno Kreiskys sofort Mitglied des prestigeträchtigen Finanzausschusses wurde, wurde ich dort von Hannes Androsch, mit dem ich früher ein sehr gutes Verhältnis hatte, durchaus ruppig empfangen. Heute habe ich mit Hannes Androsch, den ich als klugen und welterfahrenen Mann sehr schätze – nach freilich längerer Pause – wieder ein sehr gutes Verhältnis. Als überaus hilfreiche Mentorin in dieser Zeit erwies sich die eindrucksvolle und kluge Wissenschaftsministerin Hertha Firnberg, mit der mich unser gemeinsamer Kampf um eine Hochschulreform zusammengebracht hatte. Nachdem ich einige Anfängerfehler gemacht hatte, beriet sie mich etwa im Umgang mit Journalisten und vor allem Journalistinnen („höflich Abstand halten"). Sie gab mir auch eine rechtzeitige Ermahnung, als ich ihr von der Einladung erzählte, einem interessanten Klub, dem „Club 45", angesiedelt im noblen „Demel", beizutreten: „Ewald, du wirst doch nicht einem Verein beitreten, der keine Frauen aufnimmt!" Das ersparte mir die nähere Bekanntschaft mit einem gefährlichen Charismatiker, der später als mehrfacher Mörder verurteilt wurde.

Ich war einer der leider nur wenigen sozialdemokratischen Abgeordneten, die damals zu internationalen Kontakten fähig und willig waren, und Bruno Kreisky nahm mich nun in zunehmendem Maß zu internationalen Treffen mit, wo ich auch zu Vor- und Nacharbeit herangezogen wurde. Besonders eindrucksvoll waren für mich jeweils die Treffen Kreiskys mit Willy Brandt und Olof Palme, auch wenn ich inhaltlich nicht alles mitbekam, da sich die drei untereinander zeitweise auf Schwedisch unterhielten. Aber ich erinnere mich an stimmungsvolle Abende in Bommersvik, dem idyllischen Schulungszentrum der schwedischen Sozialdemokraten, wo die ganze Runde dann alte Arbeiterlieder sang. Viele davon aus dem alten Liedgut der österreichischen Sozialdemokratie, was deren bedeutsame internationale Rolle in der Zwischenkriegszeit widerspiegelte. Zu diesen Liedern gehörte etwa „Wir sind das Bauvolk der kommenden Welt" mit der Endstrophe „Wir sind die Arbeiter von Wien" – ein Hymnus, getragen von gewaltigem, von mir nostalgisch bestauntem, Optimismus und Selbstbewusstsein. Kreisky, Palme und Brandt kannten alle Texte auswendig, und mir wurde bewusst, wie sehr diese „Blüte der europäischen Sozialdemokratie" in der Aufbruchs- und Gefühlswelt der Zwischenkriegszeit verankert war und welche emotionale und moralische Stärke sie daraus für die (damalige) Gegenwart mitbrachten.

Das Arbeitsleben von Parlamentsabgeordneten ist sehr verschieden, je nachdem, ob sich die eigene Partei in einer Alleinregierung, in einer Koalition oder in Opposition befindet. Bei der Alleinregierung liegen die politischen Entscheidungsschwerpunkte bei den Regierungsmitgliedern, die praktische Durchführung zu einem erheblichen Teil bei den (damals noch kleinen und damit sehr einflussreichen) Ministersekretariaten und der Bürokratie der jeweiligen Ministerien. Die Abgeordneten der Regierungsparteien haben vor allem die Aufgabe, die Politik der Regierung in ihrem jeweiligen Bereich zu vertreten, und auch die Chance, mit Erfolgsaussichten Beobachtungen und Wünsche an die Ministerien weiterzugeben. In jener Zeit waren die Regierungsmitglieder überwiegend auch Abgeordnete zum Nationalrat, sodass sich ein enges und kollegiales Verhältnis zwischen Ministern und Abgeordneten ergab. In einer Koalition steht dem jeweiligen Fachminister ein parlamentarischer Bereichssprecher der anderen Koalitionspartei gegenüber, sodass sich hier – bei entsprechendem Einsatz – eine sehr viel größere parlamentarische Rolle ergeben kann. Gesetzesinitiativen in einer Koalition sind in der Regel vorher zwischen dem Fachminister und dem parlamentarischen Bereichssprecher des Koalitionspartners zu verhandeln. Mit der Rolle als Abgeordneter einer Oppositionspartei habe ich persönlich keine Erfahrungen gemacht – und ich bin nicht sicher, ob ich dafür das richtige „politische Temperament" hätte aufbringen können.

Ich selbst war als „zentrale Notwendigkeit" von Beginn an stark in verschiedene Berater- und Entscheidungsgremien auf Regierungsseite eingebunden. Ende der 70er-Jahre zeigte sich, dass die im Vergleich zu anderen europäischen Staaten bessere Wachstums- und Beschäftigungsentwicklung zu einem deutlich wachsenden Leistungsbilanz-Defizit führte. Die „klassische", auch vom Internationalen Währungsfonds massiv empfohlene Reaktion wäre eine Abwertung des Schilling gewesen – und damit eine Abkehr von der „Hartwährungspolitik" eines festen Wechselkurses Schilling/DM. Dies hätte freilich etliche inzwischen erreichte positive Struktureffekte gefährdet und zu höherer Inflation geführt.

In langen und mühsamen Diskussionen wurde ein eigenständiges alternatives Konzept entwickelt, für das sich der Begriff „Austro-Keynesianismus" einbürgerte. Grundlage war eine Fortführung der „Hartwährungspolitik" zur Sicherung der Preisstabilität. Der Kompensation dieser tendenziell restriktiven Geldpolitik diente eine expansive Fiskalpolitik. Flankiert wurde diese Strategie unter Mitwirkung der Gewerkschaften zum einen von einer stabilitätsorientierten Einkommens- und vor allem Lohnpolitik, und zum anderen von strukturpolitischen Maßnahmen, speziell einer Politik der Leistungsbilanz – Verbesserung durch Importsubstitution und Anreize für ausländische Direktinvestitionen. Die größten Positionen auf der Importseite waren Energieeinfuhren und Automobilimporte. In beiden Bereichen wurden in einer Vielzahl von Arbeitsgruppen spezielle Maßnahmen ausgearbeitet – mit unterschiedlichen, aber insgesamt doch positiven Ergebnissen.

Ich wurde zu etlichen dieser Arbeitsgruppen beigezogen, zum Beispiel auch bei der Gruppe, die eine eigene österreichische Automobilproduktion – Stichwort „Austro-Porsche" – vorbereiten sollte. Entscheidend war hier die Verfügbarkeit eines Vertriebs- und Servicenetzes. Ich war an dem Abend im Arbeitszimmer Bruno Kreiskys dabei, als er den Anruf des Generaldirektors von VW erhielt, dass Volkswagen entgegen früherer Zusagen nicht bereit sei, Vertrieb und Service eines „Austro-Porsche" zu übernehmen. Kreisky berichtete dem anwesenden Projektteam, das Projekt sei gestorben. Aber im nächsten Satz beauftragte er uns, energisch eine Alternative zu entwickeln: den Aufbau einer Autozulieferindustrie. Es war eben typisch für Kreisky, für die Lösung von Problemen immer eine zweite Variante bereit zu halten – wobei ich selbst die Strategie der „Zulieferindustrie" wegen der größeren Risikostreuung immer als die bessere Variante gesehen hatte. Und in der Tat hat diese Strategie zu einem großen industriepolitischen Erfolg Österreichs geführt – erfordert aber, wie alle Strategien – jeweils zeitgemäße Anpassungen.

Insgesamt hat die makroökonomische Strategie des Austro-Keynesianismus dazu beigetragen, dass Österreich in den 1970er-Jahren einen gewaltigen – und nachhaltigen – wirtschaftlichen Aufholprozess gegenüber den reicheren Staaten Europas erreichen konnte.

Selbstverständlich konnte sich Österreich als kleines, exportorientiertes Land den massiven internationalen Wirtschaftskrisen zu Ende der 1970er- und zu Beginn der 1980er-Jahre nicht völlig entziehen. Aber die energische Wirtschaftspolitik dieser-Jahre hat für Österreich die Wirkungen dieser Krisen doch deutlich abgeschwächt. Natürlich hatte das auch vorübergehend höhere Budgetdefizite zur Folge. Aber gerade die internationalen Erfahrungen späterer-Jahre lassen deutlich werden, wie wichtig es war, einen Einbruch in hohe Raten der Arbeitslosigkeit und speziell Jugendarbeitslosigkeit zu vermeiden. Das bedeutete auch, dass junge Menschen eine entsprechende Ausbildung erhielten und damit bessere Perspektiven für ihr weiteres Berufsleben. In meiner persönlichen Beurteilung meines „politischen Lebens" ziehe ich meine größte Befriedigung daraus, dass ich mich mit aller Kraft – und gegen manche Widerstände – für die Konzipierung und Durchsetzung dieser Strategie des Austro-Keynesianismus eingesetzt habe und auf diese Weise mithelfen konnte, Lebenschancen für Hunderttausende Menschen in Österreich zu sichern und speziell für junge Menschen langfristige Entwicklungsmöglichkeiten zu öffnen.

In den Folgejahren gab es eine Vielzahl von Herausforderungen (Zwentendorf, Hainburg etc.). Der Bereich, in dem ich persönlich stark involviert war, war aber die schwere Krise der Verstaatlichten Industrie in Österreich. Hintergrund war eine massive internationale Stahlkrise, hervorgerufen durch die Rezession der-Jahre nach 1980 und verstärkt durch das Auftreten neuer, billiger Anbieter, speziell aus China. Hinzu kamen freilich noch gewichtige Österreich-spezifische Faktoren. So richtig es war, durch makroökonomische und strukturpolitische Maßnahmen für eine Politik möglichst hoher Beschäftigung zu kämpfen, so problematisch war es im weiteren Verlauf, auf einzelbetrieblicher Ebene langfristig notwendige Anpassungen zu verhindern. Im Bereich der Verstaatlichten Industrie führte das zu einem de facto Verbot, die Beschäftigtenzahlen der geringeren Produktion anzupassen, und damit zu steigenden Verlusten. Um diesem Dilemma zu entgehen, bemühten sich die verantwortlichen Manager – mit freilich sehr unterschiedlichem Erfolg – neue Produktlinien zu entwickeln. Dazu gehörte leider auch die Produktion von Kriegsmaterial, was rasch zu gesetzlich verbotenen Exportaktivitäten führte – mit schwerwiegenden juristischen und politischen Folgen.

Heinz Fischer, in der Regierung Sinowatz Wissenschaftsminister, hatte schon frühzeitig ein Gutachten zur Frage friedlicher (und legaler) Alternativen zur Rüstungsproduktion in Auftrag gegeben. Das Gutachten hatte leider wenig wirtschaftliche, dafür aber erhebliche politische Langzeitfolgen. Denn vergeben wurde das Gutachten an Alexander Van der Bellen, Professor am Institut für Wirtschaftswissenschaften an der Universität Wien, der dazu als einen seiner wissenschaftlichen Mitarbeiter einen gewissen Peter Pilz heranzog. Van der Bellen, Pilz und auch Heinz Fischer gerieten unter schweren Beschuss speziell der Betriebsräte der Voest-Alpine. In der Folge ließ Van der Bellen seine Mitgliedschaft in der SPÖ auslaufen und wurde vom im politischen Nahkampf überaus erfahrenen Peter Pilz als „seriöses Aushängeschild" für die sich formierenden Grünen gewonnen. Von Pilz unerwartet, konnte sich der gar nicht so weltfremde Professor aber dann von seinem „Erfinder" emanzipieren und wurde zu einer prägenden Figur der österreichischen Politik.

Ich kannte alle Beteiligten, wusste als Linzer Abgeordneter auch um die wachsenden Probleme der Voest-Alpine, konnte in diesem Fall bei Bruno Kreisky aber wenig Gehör finden, ebenso wie sein kluger und ökonomisch versierter Kabinettchef Ferdinand Lacina. Kreisky hatte tiefes Misstrauen gegen die Manager der Verstaatlichten Industrie, dagegen hohen Respekt vor den Betriebsräten. Hinzu kam eine weitreichende Politisierung bei Personalentscheidungen – mit entsprechender Mitwirkung der Betriebsräte. Die Aufdeckung riesiger fehlgeschlagener Ölspekulationen, zunächst bei der Handelsgesellschaft der Voest und knapp später bei der Chemie Linz, wurde dann aber zum unmittelbaren Auslöser einer Krise der Verstaatlichten Industrie.

Ich habe diese dramatischen Tage im November 1985 unmittelbar an der Seite von Ferdinand Lacina miterlebt, der inzwischen als Minister für die Verstaatlichte Industrie zuständig war. Es gab zunächst

Panik, aber keine zuverlässigen Informationen vonseiten des Managements. Während wir im Parlament zusammensaßen, erhöhte sich die Schadenssumme von Stunde zu Stunde. Um eine unkontrollierbare Kettenreaktion zu verhindern, wurden zwei dramatische Maßnahmen gesetzt: Eine sofortige Beendigung der problematischen Ölverträge unter Inkaufnahme der dadurch realisierten erheblichen Verluste und eine sofortige Abberufung des gesamten Vorstandes, einschließlich des von mir an sich geschätzten Generaldirektors Heribert Apfalter, der noch im Vorjahr von einer renommierten Wirtschaftszeitschrift als „Manager des Jahres" gefeiert worden war. Die Abberufung des gesamten Vorstandes war aus meiner Sicht nicht unproblematisch, aber politisch und für einen klaren Neubeginn erforderlich, die Realisierung der Verluste war rechtlich unumgänglich, da sich ein Minister nicht in Ölspekulationen einlassen durfte – selbst wenn eine spätere Auflösung der Handelskontakte die Verluste verringert hätte.

Ein Teil meiner Aufgabe bestand auch darin, als Linzer Abgeordneter engen Kontakt mit den Betriebsräten zu halten um zu verhindern, dass sich die Lage durch unüberlegte Trotzreaktionen wie einen Warnstreik noch verschlechterte. Mittelfristig ging es dann darum, den unausweichlichen Personalabbau in den verschiedenen Standorten durch soziale Maßnahmen wie etwa eine Arbeitsstiftung abzufedern und die hochqualifizierten Fachkräfte an Bord zu halten. Im Nachhinein gesehen, hatte die schwere Krise einen unerwarteten positiven Nebeneffekt: Eine nicht unerhebliche Zahl von Technikern, die die Voest-Alpine verlassen mussten, gründete mit der erhaltenen Abfertigung selbst kleine Unternehmen in speziellen Nischenbereichen. Dies hat in der Steiermark und ganz speziell in Oberösterreich zu einem Innovationsschub geführt und ein überaus leistungsfähiges und inzwischen deutlich gewachsenes Netzwerk starker Familienunternehmen geschaffen.

Schwieriger war es, eine solide und entwicklungsfähige Organisationsstruktur für die betroffenen Großunternehmen zu schaffen. Es zeigte sich hier stets ein Spannungsverhältnis zwischen der staatlichen Holdinggesellschaft – zuletzt ÖIAG – und dem Management der einzelnen Unternehmen. In der Zeit der ÖVP/FPÖ-Regierung gab es, allem Anschein nach unter Duldung des damaligen Finanzministers Karl-Heinz Grasser, dann geheim gehaltene Aktivitäten, die de facto eine Zerschlagung und Auslieferung der Voest-Alpine an ausländische Unternehmen – bei erheblichen Profiten für die Akteure – bedeutet hätten. Eine mutige Journalistin hat diese Pläne aufgedeckt und damit politisch vereitelt. Letztlich entwickelte sich die jetzt bestehende Struktur, eine vollständige Privatisierung mit starken österreichischen Kernaktionären – nicht zuletzt auch der Arbeitnehmerstiftung. Die Voest-Alpine hat sich auch in schwierigen Zeiten sehr gut gehalten. In einer späteren Phase war ich als Vertreter einer Aktionärsgruppe Mitglied des Aufsichtsrates und beeindruckt von der Qualität und der langfristigen Perspektive des Vorstandes. Natürlich gilt auch für die Voest-Alpine so wie für jedes Unternehmen, dass sich stets neue Herausforderungen stellen, für die dieses Unternehmen nach meiner Einschätzung aber gut gerüstet ist.

Die Erfahrung der Voest-Krise hat mich lange beschäftigt und mich zu einer Reihe von Schlussfolgerungen geführt. Dazu gehört etwa die Ansicht, dass eine aktive Konjunktur- und Beschäftigungspolitik in Zeiten der Krise zweifellos wichtig ist, dass sie aber mit den Instrumenten der Fiskal- und zum Teil auch der Geldpolitik zu führen ist – Industriepolitik dagegen einer langfristigen, marktbezogenen Orientierung zu folgen hat. Ebenso klar war die Einsicht, dass es im Wirtschaftsleben – speziell bei Unternehmen im intensiven internationalen Wettbewerb – einer klaren Unterscheidung zwischen politischer und wirtschaftlicher Sphäre bedarf und kein Platz sein sollte für parteipolitische Personalentscheidungen. Schließlich hat sich aus der Beobachtung des problematischen Verhältnisses zwischen der damaligen Holding-Gesellschaft ÖIAG und ihren jeweiligen Töchtern bei mir eine klare Präferenz für eine möglichst unabhängige – und damit auch eigenverantwortliche – Stellung der Tochtergesellschaften ergeben. Und letztlich haben die Erfahrungen der Voest-Krise mein Bewusstsein dafür geschärft, dass gegenüber gefeierten Erfolgsmanagern

Respekt, aber auch genaue Beobachtung erforderlich ist. Leider hat mein diesbezüglicher Hang zum Misstrauen in meinem Leben mehrfach Bestätigung gefunden.

Für mich persönlich hat diese Krise auch dazu geführt, dass sich ein engeres und vertrauensvolles Verhältnis zu den lokalen Abgeordneten und den – nun deutlich zurückhaltenderen – Betriebsräten ergeben hat, da ich mich stets bemühte, ihnen seriöse und rechtzeitige Information zu geben. Generell hatte sich seit Beginn meiner Parlamentstätigkeit mein Kontakt speziell mit den oberösterreichischen Kolleginnen und Kollegen sehr intensiviert, und ich habe hier viele überaus wertvolle und lebenskluge Menschen kennengelernt. Dies gilt insbesondere auch für die damals im Parlament durchaus zahlreich vertretenen Bürgermeister kleinerer Gemeinden. Mit einem von ihnen teilte ich eine kleine lichtlose Kammer im Dachgeschoß des Parlamentsgebäudes, und während langer Nachtsitzungen besprachen wir die Probleme seines Gemeindebudgets und seine Ausbaupläne. Mit meiner Familie besuchte ich dann später das in unserer Kammer neu geplante Feuerwehrhaus oder den neuen Brunnen am Hauptplatz und ich hatte und habe großen Respekt vor der Leistung der Männer – langsam kommen endlich auch Frauen hinzu –, die als Bürgermeisterinnen im permanenten unmittelbaren Kontakt mit der Bevölkerung stehen und wesentlich zum guten Funktionieren des Staates Österreich beitragen.

Nach relativ kurzer Zeit wurde ich Obmann des Finanzausschusses und konnte dort in konstruktiver Arbeit mit den Vertretern der anderen Fraktionen am Entstehen einer Vielzahl von Gesetzen, nicht zuletzt für die Bereiche Banken und Notenbank, mitwirken. In der Folge wurde ich dann einer der drei stellvertretenden Fraktionsvorsitzenden. Dies war eine Position, die traditionell von einem Gewerkschafter zu besetzen war, aber aufgrund meines alten Vertrauensverhältnisses zur Gewerkschaft wurde der entsprechende Vorschlag meines Freundes Heinz Fischer von dieser akzeptiert. Damit war auch ein schönes Büro mit Blick auf den Rathauspark verbunden, das stets dem ÖGB-Präsidenten als Besprechungszimmer diente. Ich lud

ÖGB-Präsident Fritz Verzetnitsch ein, dieses Zimmer mit mir zu teilen, und entfernte mich jedes Mal diskret, wenn der ÖGB-Präsident vertrauliche Besprechungen hatte – meist mit dem Generaldirektor der gewerkschaftseigenen Bank Bawag. Diese Zusammenhänge sollten später für mich noch sehr bedeutsam werden.

Ich war im Parlament als „zentrale Notwendigkeit", aber auf einem oberösterreichischen Mandat. Die SPÖ-Oberösterreich erwartete von mir keine „Basisarbeit", aber – zu Recht – öffentliche Präsenz durch Referate und Teilnahme an Diskussionen. Schon wenige Wochen nach meinem Mandatsantritt wurde ich als Festredner zur 1. Mai-Veranstaltung ins Innviertel nach Schärding geschickt. Die Veranstaltung fand in einem riesigen Brauhaussaal statt, wo bei Bier und Zigarettenrauchschwaden „bayerische" Bierzeltatmosphäre herrschte. Ich war hier nicht gerade im „Heimvorteil" und entsprechend besorgt zeigten sich auch meine Gastgeber. Ich machte auch gar nicht den Versuch, einen typischen „Bierzeltredner" zu imitieren, sondern erklärte den Anwesenden, wer ich war, wofür ich mich im Interesse ihrer Gemeinschaft einsetzen wollte, und was die nächsten Arbeitsschritte seien. Das Ganze eher nüchtern, garniert mit ein paar – nicht immer gelungenen – Anekdoten.

Es war das erste Mal, dass ich vor einer solchen Menschenmenge sprach, und ich spürte, dass die Menschen nach anfänglicher Skepsis zuhörten, und empfand eine Welle der Grundsympathie. Ich blieb dann noch zu vielen Einzelgesprächen und es war für mich ein schönes und befriedigendes Erlebnis, mit den Menschen, für die ich bis dahin eher theoriebezogen gearbeitet hatte, in persönlichen Kontakt zu treten. Daraus ergab sich eine langjährige freundschaftliche Beziehung mit der dortigen Bezirksorganisation, und jeden Herbst machte ich eine Referatstour durch das Innviertel, gestärkt durch gemeinsame Gasthausaufenthalte mit den von mir heiß geliebten, kleinen Innviertler Knödeln.

Mit der Zeit ergab sich so ein zuerst unerwartetes Geflecht von freundschaftlichen Beziehungen zu vielen Menschen und

Institutionen in Oberösterreich, beruhend auf großem Respekt für die Arbeits- und Lebensleistung vieler der Menschen, die ich kennenlernen konnte. Dazu kam in eher nüchterner Betrachtung, dass viele Oberösterreicher, beginnend mit dem mit mir – damals – gut befreundeten Linzer Bürgermeister, sehr ungern in öffentlichen Angelegenheiten nach Wien fuhren und sehr froh waren, wenn ich für sie in Wien Fürsprachen und Interventionen übernehmen konnte – dank meines Wiener Netzwerkes auch mit größeren Erfolgschancen. Ich fühlte mich jedenfalls durchaus geehrt, als mir angetragen wurde, statt als „zentrale Notwendigkeit" als Spitzenkandidat auf der Landesliste bei späteren Nationalratswahlen zu kandidieren. Ich hätte im Parteigefüge nie Gemeinderat oder gar Landtagsabgeordneter werden können – aber für den Nationalrat wurde ich als quasi „guter Anwalt" selbst dann noch stets mit großen Mehrheiten nominiert, als ich nach meiner Berufung an die Wirtschaftsuniversität nach Wien gezogen war – freilich mit meiner Familie aber bis heute auch einen Wohnsitz in Oberösterreich habe.

Den intensivsten politischen Einsatz meines Lebens leistete ich im Jahr 1994, als es darum ging, die Volksabstimmung für den Beitritt Österreichs zur EU zu gewinnen. Ich hatte mich schon in meiner Jugend für die Idee eines geeinten Europas begeistert, hatte als Wissenschafter ein „europäisches Leben" geführt und als Vertreter der SPÖ in verschiedenen Arbeitsgruppen der Europäischen Sozialdemokratie mitgearbeitet. Aber erst die weltgeschichtlichen Ereignisse des Jahres 1989 und der damit verbundene Zerfall des „kommunistischen Blockes" eröffneten die Chance, dass Österreich aktiv Teil der Europäischen Union werden könne. Es ist das historische Verdienst der damaligen Regierung einer Großen Koalition von SPÖ und ÖVP, diese Chance entschlossen genützt zu haben – und es ist das historische Verdienst von Franz Vranitzky, dass die sozialdemokratische Partei diese Politik nachhaltig unterstützt hat. Ich hatte, entschieden „Kreisky-geprägt", längere Zeit ein eher distanziertes Verhältnis zu Franz Vranitzky – was durchaus auf Gegenseitigkeit beruhte. Sein kluges und auch weltanschaulich fundiertes Handeln in der Frage des EU-Beitritts hat mir aber großen Respekt eingeflößt, und er ist in meinen Augen in den folgenden Jahren einer der größten Staatsmänner Österreichs geworden – auch nach seinem Abschied als Kanzler.

Dabei war die Zustimmung zu einem EU-Beitritt innerhalb der SPÖ ursprünglich durchaus nicht selbstverständlich. Es gab Bedenken hinsichtlich der Weiterführung der für die Zweite Republik zentralen Politik der „immerwährenden Neutralität", es gab kritische Einwände hinsichtlich der neoliberalen Orientierung vieler Aspekte der EU-Wirtschaftspolitik, es gab Fragen hinsichtlich der künftigen Rolle der für Österreich so wichtigen Wirtschafts- und Sozialpartnerschaft. Für viele dieser Bedenken gab – und gibt – es durchaus ernst zu nehmende Gründe und es war – und ist – wichtig, auf diese kritischen Fragen auch seriöse Antworten zu finden. Aber alle diese Einzelfragen wurden und werden in meinen Augen überwogen von der großen Perspektive, gleichberechtigter Teil einer europäischen Gemeinschaft zu sein, was es auch künftigen Generationen ermöglicht, ein Leben nach „europäischen Werten", in Frieden und Wohlstand zu führen.

Es war nicht leicht, den Wählerinnen und Wählern diese Perspektive einer Mitgliedschaft Österreichs in einem offenen und zukunftsorientierten Europa zu vermitteln. Noch ein Jahr vor der für den Beitritt erforderlichen Volksabstimmung war die Mehrheit der Österreicherinnen und Österreicher gegen einen EU-Beitritt, wobei die Skepsis bei SPÖ-Wählern überdurchschnittlich hoch war. Es galt daher, massive politische Überzeugungsarbeit zu leisten. Von entscheidender Bedeutung war hier ein Zusammengehen der Sozialpartner – wobei hier gerade der große Einsatz der Gewerkschaften und speziell des ÖGB-Präsidenten Verzetnitsch später leider etwas in Vergessenheit geriet. Aber es ging auch darum, unzählige Diskussionsveranstaltungen und Referate zu bestreiten. Ein Kernteam mit der energiegeladenen Gitti Ederer an der Spitze war hier unermüdlich im Einsatz.

Ich hatte in diesem Rahmen zum einen die Aufgabe, an intellektuell anspruchsvollen Diskussionen teilzunehmen, zum anderen aber auch als „Missionar" in Oberösterreich zu wirken. Hier gab es eine kritische Stimmung speziell im Salzkammergut – eine Region mit historisch ausgeprägtem Widerstandsgeist und Bestehen auf Selbständigkeit. Diese Region ist meine zweite Heimat und so habe ich es übernommen, hier eine Vielzahl von teilweise durchaus turbulenten Versammlungen abzuhalten. Dabei ging es letztlich meist nicht um einzelne konkrete Punkte, sondern um ein „Lebensgefühl", um Angst vor dem Verlust von Eigenständigkeit und vor der Ungewissheit der Veränderung. Ich habe mich bemüht, auf diese Gefühle einzugehen und hatte meist auch eine letztlich persönlich gute Aussprache. Bei der Volksabstimmung war freilich der politische Bezirk Gmunden einer der wenigen mit einer Anti-EU-Mehrheit. Ich hoffe aber zumindest zu einer Verringerung dieser Anti-Mehrheit beigetragen zu haben. Nach dem erfolgten EU-Beitritt ist in einem gewissen Ausmaß eine „psychologische Erschöpfungsphase" der Politik eingetreten – was ich auch für mich persönlich verspürt habe. Ich hatte 20 Jahre lang Politik und meine Arbeit an der Universität mit großer Intensität betrieben – jetzt fühlte ich, es sei Zeit für eine Veränderung. Ich war daher dann auch gern bereit, an „die Front" einer europäischen Institution zu gehen, und habe die Einladung angenommen, einer der Vizepräsidenten, das heißt Vorstandsmitglied, der Europäischen Investitionsbank in Luxemburg zu werden.

7. Die Welt der Banken I –
Die Europäische Investitionsbank (EIB)

Mit dem ersten September 1999 begann ich meine Tätigkeit als Vizepräsident der Europäischen Investitionsbank (EIB) in Luxemburg. Die EIB ist die „Hausbank" der EU mit der besonderen Aufgabe der günstigen Finanzierung großer und langfristiger Infrastrukturprojekte und der Unterstützung der Regional- und Strukturpolitik. Im Laufe der Zeit hat sich dieser Aufgabenbereich erweitert, insbesondere in Richtung Unterstützung der ökologischen und umweltpolitischen Ziele der EU. Die EIB steht in direktem Eigentum der EU-Mitgliedstaaten, ist eine Bank und keine Behörde, und als Entwicklungsbank die weltweit größte Institution dieser Art. Die großen Mitgliedstaaten entsenden jeweils ein Vorstandsmitglied, die kleinen sind in Stimmrechtsgruppen zusammengefasst, die dann jeweils ein Mitglied entsenden. Der von Deutschland entsandte Vizepräsident, mein alter Freund Wolfgang Roth, machte mich darauf aufmerksam, dass Österreich nun die Chance hätte, einen Vizepräsidenten zu nominieren, was dann auch problemlos geschah.

Der Präsident der EIB hat bei diesen Personalfragen ein Vetorecht, das auch schon einige Male zum Tragen gekommen war. In klassischer Manier vereinbarte daher der damalige Präsident, der Brite Sir Brian Unwin, mit mir ein Mittagessen in einem exzellenten Restaurant in Luxemburg. Nachdem er sich überzeugt hatte, dass ich mit Messer und Gabel auch schwierige Gerichte essen und auf Englisch und Französisch parlieren konnte, wurde ich dann zum Vizepräsidenten bestellt – mit Zuständigkeit für die Bereiche Volkswirtschaft und Transeuropäische Netze und regionaler

Kompetenz für die Aktivitäten in Österreich, Süd-/Osteuropa, der Türkei und Skandinavien. Im Laufe der Zeit habe ich vorübergehend auch vakante Bereiche übernommen, wie vor allem auch den Bereich Treasury, und habe die ersten Aktivitäten der EIB in Russland initiiert.

Die Aufgabe des Vizepräsidenten bestand vor allem in Erarbeitung und Kontrolle der strategischen Ausrichtung und der Schaffung der politischen und ökonomischen Grundlagen für die jeweiligen Finanzierungsprojekte. Das heißt konkret, dass festzulegen war, welche Projekte entsprechend dem Mandat der EIB zu priorisieren seien. Im Fall großer Infrastrukturprojekte waren entsprechende Vorvereinbarungen mit den betroffenen Regierungen zu treffen, um die wirtschaftlichen und technischen Effekte dieser Projekte voll zu erfassen. Gemäß dem Mandat der EIB waren dabei auch die von der EU gesetzten Auflagen, zum Beispiel in Bezug auf Umwelt- und Artenschutz, zu erfüllen.

Hier stellten sich oft heikle Abwägungsfragen: Je härter die Auflagen, umso geringer unter Umständen die Chancen, Projekte durchzuführen, die für Staaten im wirtschaftlichen Aufholprozess oft von zentraler Bedeutung waren. Hier hatte ich viel Zeit in Gesprächen mit der EU-Kommission, mit dem Europäischen Parlament und mit den jeweiligen nationalen Regierungen zu investieren. Speziell im Europäischen Parlament herrschte bei manchen Abgeordneten, die sich auf die Kontrolle der EIB spezialisiert hatten, zunächst oft wenig Verständnis dafür, dass Auflagen, die sich reiche Staaten leisten können, für Staaten im Aufholprozess in ihren wirtschaftlichen und sozialen Auswirkungen sehr problematisch sein können. Es war mir wichtig, vor der Finanzierungsentscheidung immer offene Gespräche zu führen, und ich konnte hier viele internationale Kontakte aus meiner früheren parlamentarischen Tätigkeit nutzen. In vielen Bereichen gab es auch gemeinsame Steuerungsgruppen mit der EU-Kommission, in denen ich die EIB zu vertreten hatte, wie zum Beispiel für den Ausbau der Transeuropäischen Netze, um die Chancen des Schienenverkehrs zu erhöhen. Bei der entsprechenden Arbeitsgruppe in Brüssel entwickelte sich ein sehr gutes Arbeitsverhältnis speziell mit der Vertreterin der Niederlande. Dies war später von großer Bedeutung, als Neelie Kroes Wettbewerbskommissarin geworden war und in der Causa Bawag zu entscheiden hatte.

Die Durchführung in der Projektarbeit und der Refinanzierung erfolgte dann durch einen exzellenten Stab internationaler Mitarbeiter. Die Bank refinanziert sich im Wesentlichen auf den internationalen Kapitalmärkten, wo sie mit der bestmöglichen Bonitätsbewertung AAA günstig Kapital aufnehmen kann. Es ist daher für das Geschäftsmodell zentral, dieses von den Ratingagenturen vergebene, gute Rating aufrechtzuerhalten, eine umfassende Liquiditätsplanung und ein effizientes Risikomanagement zu haben. In der Phase langfristig niedriger Zinsen, die seither eingetreten ist, ergeben sich freilich neue Herausforderungen für dieses Geschäftsmodell, insbesondere hinsichtlich der Frage, in welchem Ausmaß zusätzliches Kreditrisiko übernommen werden kann und soll. Als Bank der EU ist darüber hinaus selbstverständlich auch sicherzustellen, dass keine Reputationsrisken eingegangen werden. Und in der Tat ist es der EIB seit ihrer Gründung im Jahr 1958 gelungen, ihre Aufgaben ohne nennenswerte ökonomische oder reputationsmäßige Probleme effizient und diskret zu erfüllen. Ich habe jedenfalls in der EIB das Modell einer gut verwalteten, extrem seriösen Bank kennengelernt – was mir in meiner späteren Aufgabe sehr geholfen hat.

Gerade in den Zeiten, als das Bankensystem weltweit von einem aggressiven und hemmungslosen Gewinnstreben dominiert war, war es gut, hier in einer Bank zu arbeiten, die auch von der grundlegenden Geisteshaltung der Mitarbeiter her bestrebt war, Effizienz, wirtschaftliche Leistungsfähigkeit und penibel ausgebautes Risikomanagement miteinander zu verbinden. In der späteren Phase der internationalen Ernüchterung kursierte der Satz „Nur die Paranoiker überleben" – was freilich nichts darüber sagt, wie sie überleben. Wichtig ist hier vielmehr das richtige Gleichgewicht zwischen dem „aktiven" und dem „kontrollierenden" Teil einer Bank. Das erfordert auch gesetzliche Regulierungsgrundlagen, die ein solches Gleichgewicht, das je nach gesamtwirtschaftlichen Entwicklungen variieren kann, ermöglichen.

Die Mitarbeiterinnen und Mitarbeiter internationaler Institutionen verkörperten und verkörpern vielfach jene Welt der international mobilen und erfahrenen Expertinnen und Experten, für die dann manchmal die abschätzige Bezeichnung „citizens of nowhere" verwendet wurde. Es sind Menschen, die zu einem erheblichen Teil internationale Schulen und dann exzellente Universitäten und weitere Studiengänge besucht haben, fließend zwei bis drei Fremdsprachen sprechen, ihre Berufserfahrungen bei internationalen Beratungsunternehmen oder Großbanken gewonnen haben und als tägliche Zeitung die „Financial Times" lesen. Diese Menschen sind deutlich zu unterscheiden von den geldgierigen „Jet-Set-Plutokraten", sondern sind meist wohlmeinende technokratische Weltbürger.

Gerade in der EIB und in der Europäischen Kommission sind das sehr oft ernsthafte und für die europäische Idee durchaus idealistische Personen. Wie bei vielen Idealisten ist hier allerdings manchmal die Gefahr vorhanden, im Sinne eines „aufgeklärten Absolutismus" konkrete politische oder emotionale Problemlagen zu unterschätzen und die für das EU-System zentrale „Macht des Gesetzes" – rule of law – zu schematisch und manchmal ohne Berücksichtigung der den Regeln eigentlich zugrundeliegenden Zielsetzungen – der ratio legis – anzuwenden. Für die Politik kann sich hier ein sensibles Spannungsfeld zwischen illegitimer Intervention für Einzelinteressen und legitimen Hinweisen auf möglicherweise vernachlässigte wirtschafts- und sozialpolitische „Nebeneffekte" geplanter oder bestehender Regelungen und Maßnahmen ergeben. Auch ich musste mich in vielen Bereichen meiner Tätigkeit in diesem Spannungsfeld bewegen.

Auch in einem internationalen Mitarbeiterstab zeigten sich oft spezifische nationale Besonderheiten, die zwar nicht für jeden Einzelnen galten, aber als Durchschnittserfahrung gesehen werden können. So etwa ein starkes Zusammengehen der Mitarbeiter aus Italien gegenüber einem tendenziellen Einzelgängerverhalten effizienter deutscher Mitarbeiter. Die französischen Führungskräfte, von denen jeder über den anderen wusste, an welcher Stelle er in der Reihung der Absolventen des jeweiligen Jahrganges in der ENA, der

Ausbildungsstätte der französischen Verwaltungselite, gestanden war, zeigten dagegen in vielen Fällen ein stark ausgeprägtes hierarchisches Denken. Diese unterschiedlichen Traditionen konnten durchaus zu Spannungen führen. So war ich als Vizepräsident auch zuständig für die Festlegung des Jahresbonus für die Führungskräfte meines Ressorts. Ein wichtiger Mitarbeiter, ein sehr machtbewusster Franzose, übermittelte mir dabei eines Tages die Bonusvorschläge für seinen Bereich. Für seine Stellvertreterin, eine sehr energische Deutsche, lautete der Vorschlag: Null – mit der lapidaren Begründung: „pas de respect pour hiérarchies" – kein Respekt für Hierarchien. Es bedurfte einiger Aussprachen, um das dahinterstehende Problem zu lösen.

Ich habe die vielfältige Arbeit in der EIB sehr geschätzt, sowohl die Verhandlungen im Projektbereich wie auch die intensiven Kontakte mit dem Bankbereich in Bezug auf Mit- und Refinanzierungen. Es war eine schöne Erfahrung, hier in der Realwirtschaft an der Umsetzung konkreter, greifbarer Projekte mitwirken zu können. Das wohl größte, jedenfalls komplexeste Projekt meiner Tätigkeit war der Bau einer Ringwasserleitung und Kläranlage für St. Petersburg. Die Abwässer der Millionenstadt St. Petersburg gelangten über lange Zeit weitgehend ungeklärt in die Ostsee und stellten damit ein gewaltiges Umweltproblem für die gesamte Region dar. Aus meiner Zuständigkeit für EIB-Aktivitäten in Skandinavien wurde ich mit diesem Problem schon zu Amtsantritt konfrontiert, wobei mir klar war, dass hier angesichts der internationalen Komplexität und der gewaltigen Größenordnung die Kooperation mit anderen Akteuren, insbesondere der EBRD, der Europäischen „Osteuropa-Bank", nötig war. Hier gab es traditionelle Vorbehalte auf beiden Seiten, die wir aber mit Hilfe guter Partner überwinden konnten.

Zentral war natürlich die Position der Stadtverwaltung von St. Petersburg, wo Russlands jetziger Präsident Wladimir Putin bis 1966 Stellvertreter des Bürgermeisters war. Die Stadtverwaltung sah zunächst das Abwasserproblem als ein Problem der Nachbarstaaten und hatte in wirtschaftlich sehr schwierigen Zeiten andere Prioritäten. Es gelang dann, ein komplexes Finanzierungspaket zwischen allen Beteiligten zu schnüren und mit den umfangreichen technischen Vorarbeiten zu beginnen. Wie bei allen Großprojekten war es wichtig, Schutzmaßnahmen gegen Korruption und Missbrauch einzubauen, was die Verhandlungen nicht immer erleichterte. Ohne hier weiter auf Details eingehen zu können, ist wohl nachvollziehbar, dass solche Projekte mit umfangreicher Reise- und Verhandlungstätigkeit verbunden sind und die Beiziehung exzellenter interner und externer Berater erfordern. In St. Petersburg konnte ich einen erfolgreichen Projektabschluss nicht mehr selbst miterleben, hier hat mein von mir sehr geschätzter Amtsnachfolger Sauli Niinistö, heute Präsident der Republik Finnland, energisch weitergearbeitet. Bei vielen anderen Projekten, speziell in Süd- und Osteuropa hatte ich aber das Vergnügen, das realisierte Ergebnis langer Mühen selbst sehen zu können.

Die erste Hälfte der 2000er-Jahre war die „Belle Époque" des Bankwesens, der, wie bei der historischen Belle Époque, dann ein tiefer Absturz folgte. Die führenden Bank-Manager sahen sich als „Masters of the Universe" und, wie ich aus meinen Kontakten sehen konnte, führten sie auch einen entsprechenden Lebensstil. Die EIB zeigte hier unter ihrem neuen Präsidenten, dem früheren langjährigen belgischen Finanzminister Philippe Maystadt, ein durchaus nüchternes Verhalten, leistete sich aber immerhin, dem Beispiel anderer Förderbanken folgend, eine Kunstsammlung mit einem relativ großen Ankaufsbudget für moderne Kunst – auch mit der Absicht, damit die Kontakte mit der Sitzstadt Luxemburg zu vertiefen. Die Ankäufe wurden durch ein „Arts Committee" getätigt, das aus Direktoren renommierter europäischer Museen für moderne Kunst und zwei Mitgliedern des EIB-Direktoriums bestand. Aufgrund meines Interesses für moderne Kunst wurde ich zu einem dieser Mitglieder bestellt. Ich hatte damit die Chance, regelmäßig einige der großen europäischen Kunstmessen, aber auch Künstler-Ateliers zu besuchen, und habe dabei viel gelernt. Dies konnte ich auch nutzen, als ich später bei der Errichtung des neuen EZB-Gebäudes in Frankfurt als Mitglied des Arts

Committee der EZB an der künstlerischen „Erstausstattung" des riesigen Komplexes mitwirken konnte – was mir auch eine Nennung auf der Gedenktafel zur Errichtung des Gebäudes eingebracht hat.

Insgesamt war die Zeit in der EIB arbeits- und vor allem extrem reiseintensiv, aber auch innerlich erfüllend, weil man sich als Teil eines produktiven, zukunftsorientierten europäischen Teams fühlen konnte. Es war auch sehr anregend, in Luxemburg zu leben, wo meine Frau und ich viele gute neue Kontakte knüpfen konnten. Dies in der internationalen Community von EIB, Europäischen Gerichten, Rechnungshof, Statistik etc., aber auch mit Luxemburgern selbst, wo ich an Beziehungen aus meiner politischen Vergangenheit anknüpfen konnte. Hier fand ich eine faszinierende Mischung von internationaler Aufgeschlossenheit und geläufiger Mehrsprachigkeit einerseits und selbstbewusster Eigenständigkeit andererseits, ausgedrückt in dem Leitspruch „mir wëlle bleiwe wat mir sinn", der sich als Motto an vielen Hausfassaden in Luxemburg wiederfindet – ein Motto, für Luxemburg durchaus verständlich, wenn auch wohl wenig realistisch. Insgesamt meine ich, ist diese luxemburgische Mischung aus europäischem Engagement und regionaler Verankerung eine typisch europäische – und mir persönlich durchaus sympathisch.

Ich ging nach vier-Jahren aber auch wieder gerne nach Österreich zurück, um an der Wirtschaftsuniversität etliche der neuen Erfahrungen wissenschaftlich zu nutzen. Dies gelang freilich nicht so intensiv, wie geplant, da ich nach einiger Zeit, wie bereits geschildert, gebeten wurde, neben meiner Professur das Amt des Vizerektors für Finanzen zu übernehmen. Dieses arbeitssame, aber schön geregelte Leben fand dann ein abruptes Ende, als ich mich bereit erklärte, als Krisenmanager die Leitung der Bawag-PSK zu übernehmen. Auf diesen wohl riskantesten Abschnitt meines Lebens werde ich im Folgenden eingehen.

8. Die Welt der Banken II – Bawag-PSK

Die Bawag – Bank für Arbeit und Wirtschaft – war 1922 unter der Ägide des früheren Staatskanzlers und späteren Bundespräsidenten Karl Renner als „Arbeiterbank" gegründet worden. Eigentümer waren Gewerkschaft und Konsumgenossenschaften. Ziel war, auch im Finanzbereich Arbeitern/Angestellten und kleineren Gewerbetreibenden im Einlagen- und Kreditbereich besseren Zugang zu ermöglichen. In der Zeit der Diktaturen aufgelöst, konnte die Bawag nach dem Zweiten Weltkrieg eine geachtete Stelle in der österreichischen Kreditwirtschaft erreichen und entwickelte sich zum viertgrößten Bankeninstitut Österreichs. Sie konnte – jedenfalls nach außen – auch den wirtschaftlichen Zusammenbruch der Konsumgenossenschaft gut verkraften, wobei vorübergehend freilich als Miteigentümer die Bayerische Landesbank – BayernLB – aufgenommen werden musste. Die Pressekonferenzen der Bawag zum Weltspartag waren – vom Bundespräsidenten abwärts und so auch für mich – jeweils ein gesellschaftlicher „Pflichttermin", bei dem vom charismatischen Generaldirektor Walter Flöttl jeweils neue eindrucksvolle Erfolgszahlen präsentiert wurden. Der von Flöttl ausgewählte Nachfolger als Generaldirektor, Helmut Elsner, führte diesen Weg weiter und konnte im Rahmen der Privatisierungswelle der neuen konservativen Regierungskonstellation auch die altehrwürdige Österreichische Postsparkasse als Tochtergesellschaft erwerben.

Dieses schöne Bild bekam aber erste Risse, als bekannt wurde, dass Walter Flöttl sehr umfangreiche, wenig transparente Finanzierungsgeschäfte mit seinem Sohn, dem in den USA arbeitenden Financier Wolfgang Flöttl, begonnen hatte. Die Konkurrenzbanken der Bawag – und so auch ich mit meinen Mitarbeitern in der Postsparkasse – hatten immer nach den Gründen der erstaunlich hohen Profitabilität der Bawag geforscht. Nun zeigte sich, dass diese nicht nur durch hohe

Kosteneffizienz, sondern auch durch „Sondergeschäfte" zu erklären war. Als Reaktion auf eine sehr kritische öffentliche Diskussion erklärte die Bawag dann, die Geschäftsbeziehungen mit Flöttl jun. binnen kurzer Zeit zu beenden – und in diesem Sinn habe ich in meiner politischen Eigenschaft die Bawag dann auch unterstützt. Elsner hatte zu seinem Nachfolger den langjährigen, verdienten, aber wie sich zeigte, sehr unter Druck stehenden Bawag-Mitarbeiter Johann Zwettler bestimmt. Nach meiner – späteren – Einschätzung war Elsner aber nach wie vor die beherrschende Macht in der Bawag. Geradezu symbolisch war dies sichtbar aus der Konstellation, dass Elsner für sich im Hauptsitz der Bawag ein luxuriöses Penthouse direkt über dem Zimmer des Generaldirektors hatte errichten lassen – und das zu einem günstigen Preis in Privatbesitz nehmen wollte, was ich dann durch einen langwierigen Prozess verhindern konnte.

Das nach außen hin weiterhin durchaus eindrucksvolle Gesamtbild der nunmehrigen Bawag-PSK wurde im Oktober 2005 aber durch eine sehr eigenartige Entwicklung massiv beeinträchtigt. In einer Nacht-und-Nebel-Aktion genehmigte die Bawag der amerikanischen Investmentfirma Refco einen „Blitzkredit" von 350 Millionen Euro. Wenige Stunden später ging Refco freilich in Konkurs und das Geld war verloren. Unter dem Eindruck der entsprechend heftigen, öffentlichen Kritik beschloss der ÖGB als Eigentümer der Bawag die Ablöse des Generaldirektors Johann Zwettler. Wenige Tage später bat mich der ÖGB-Präsident Verzetnitsch in sein Büro und bot mir an, die Nachfolge als Generaldirektor der Bawag zu übernehmen. Man wollte niemand aus dem bestehenden, ja doch kompromittierten Vorstand und niemanden aus einem Konkurrenzinstitut. Ich erbat mir Bedenkzeit, Einblick in die Bilanz der Bawag, und hatte dann eine lange Unterredung mit meiner Frau und mit meinem Sohn, der mir als Investmentbanker eine große Stütze war. Letztlich sagte ich zu. Meine Perspektive war, als „Krisenmanager" für eine begrenzte Zeit zu arbeiten – weshalb ich auch ausdrücklich auf einen Pensionsvertrag verzichtete. Ich beschäftigte mich demnach in den folgenden Wochen intensiv mit den Unterlagen, die mir die Bawag-PSK zur Verfügung stellte, und trat am ersten Jänner 2006 meinen Dienst als Generaldirektor an. Ich war ja in den Vorjahren schon Konsulent der Bawag für Ost-Europa gewesen und hatte sie auch bei der Etablierung als erste ausländische Geschäftsbank in Libyen von ihrer dynamischen und freundlichen Seite her kennengelernt. Jetzt musste ich erkennen, dass im Inneren der Bawag eine von Flöttl und dann speziell von Elsner entwickelte, autoritäre Unternehmenskultur von Furcht und Schrecken bestand. Ergänzt wurde das durch ein Geheimdienst-artiges System des „need to know", das heißt, auch für die Führungsebenen gab es nie komplette Information, sondern eine Politik der bewussten Intransparenz. In der Bawag zeigte sich damit in extremer Form ein Phänomen, das leider über längere Zeit auch für andere Banken in Österreich – aber nicht nur in Österreich – sichtbar war: Ein charismatischer, in der Öffentlichkeit bewunderter Generaldirektor regierte autoritär über „seine" Bank, de facto unkontrolliert von einem schwachen oder desinteressierten Aufsichtsrat. Im Schatten dieses charismatischen Generaldirektors konnten sich dann keine eigenständigen starken Führungskräfte – und damit auch keine starken Nachfolger – entwickeln. Früher oder später führte dies dann nach dem Abgang des „starken Mannes" zu massiven Problemen für „sein" Unternehmen.

Ich kam von „außen" als Vorsitzender in einen sonst unveränderten Vorstand. In dieser Konstellation hatte ich unter meinen neuen Vorstandskollegen nur einen einzigen Vertrauten, Stephan Koren, den Sohn meines Amtsvorgängers in der Universität und später in der Nationalbank. Stephan Koren jun. wurde als Generaldirektor der Tochter Postsparkasse und als „Schwarzer" ebenso als Außenseiter betrachtet. Die übrigen Vorstandsmitglieder begegneten mir mit erheblichem Misstrauen – was auch mein Verhalten ihnen gegenüber bestimmte. Mein Misstrauen brachte mich dazu, wichtige Schriftstücke, die mir „schnell" zum Unterschreiben vorgelegt wurden, mit meinem Cousin Christian, einem der führenden Wirtschaftsrechtler Österreichs, zu besprechen, und schon nach wenigen Tagen warnte er mich vor „vergifteten" Unterlagen.

Die wichtigste unmittelbare Aufgabe war die Erstellung der Bilanz für 2005, die ich ja unterschreiben musste. Es ergaben sich extrem schwierige und eigenartige Sitzungen des Vorstandes, wo Stephan Koren und ich nur im Beisein unserer rechtskundigen Helfer agierten. In kritischen Situationen können sich aus dem Zusammenwirken unterschiedlicher rechtlicher Regelungen massive Gefahren für den Bestand eines Unternehmens, aber auch erhebliche strafrechtliche und vermögensrechtliche Konsequenzen für die beteiligten Akteure ergeben. In letzterer Hinsicht hatte ich freilich schon vor Jahren vorgesorgt. Als ich in relativ jungen Jahren Präsident des Verwaltungsrates der Postsparkasse wurde, stellte ich mich beim damals überaus mächtigen Sektionschef der Kreditsektion im Finanzministerium vor. Ich begegnete dort unerwarteter Sympathie, denn dieser Sektionschef hatte seine Laufbahn im Finanzministerium noch unter der Ägide meines Großvaters, später Hofrat der Finanzverwaltung, angefangen. Entsprechend gab er mir den freundschaftlichen Rat: „Wenn'S im Bankgeschäft sind, überschreiben'S gleich alles Ihrer Frau!"

Die volle Dramatik der Bawag-Situation wurde aber erst schrittweise sichtbar: Entgegen den gemachten Zusagen hatte die Bawag unter Elsner wieder begonnen, in großem Umfang Geschäfte mit Flöttl jun. zu machen. Diese Geschäfte gingen zu erheblichen Teilen schief und die Bawag hatte sich in den letzten Jahren unter Zwettler verzweifelt bemüht, die entsprechenden Verluste wieder auszugleichen. Das alles erfolgte über einen kleinen Kreis Eingeweihter, einer „Bank in der Bank". Elsner rief mich noch zu sich in sein Penthouse und erklärte mir, es sei alles gut geregelt und Flöttl hätte exzellente Sicherheiten gestellt. Ich hörte höflich zu und glaubte kein Wort.

Es würde zu weit führen, auf die vielen komplexen Einzelheiten einzugehen, aber es war mir rasch klar, dass hier kleine Korrekturen nicht möglich waren, sondern dass man für die Bank volle Transparenz und Sauberkeit erstellen müsse – mit allen persönlichen Konsequenzen für die Beteiligten. Ich hatte selbst eine entsprechende Unterlage ausgearbeitet und eine Pressekonferenz einberufen. Am

Abend vor dieser Pressekonferenz saß ich bis spät in die Nacht mit dem ÖGB-Präsidenten Verzetnitsch in seinem Büro. Verzetnitsch war bewusst, dass nächsten Morgen seine politische Stellung unhaltbar werden würde. Er hat mich sehr beeindruckt, als er dann um Mitternacht, nachdem ich ihm den Sachverhalt erklärt hatte, mit innerer Größe sagte „Tu, was du tun musst", und seinem Schicksal entgegensah. Im Gegensatz dazu schickte mir der Aufsichtsratspräsident und Finanzreferent des ÖGB wenige Stunden vor Beginn der Pressekonferenz ein E-Mail, in dem er mir diese Pressekonferenz verbot. Ich ignorierte das und der persönlich anständige, aber fachlich wohl überforderte Aufsichtsratspräsident heizte dann durch unbedachte Äußerungen die öffentliche Dramatik erst richtig an.

Im Frühjahr 2006 erlebte die Bawag einen veritablen Bankrun. Ich kannte so etwas nur aus Berichten aus der Zeit der 1930er-Jahre – jetzt sah ich von meinem Bürofenster aus die Schlangen von Menschen, die ihr Geld bei der Bawag abzogen. Gleichzeitig hatte sich aus der Refco-Krise in den USA ein gewaltiger Betrugsfall entwickelt, und die Bawag war mit der geballten Macht amerikanischer Sammelklagen konfrontiert, mit denen Schadenersatzzahlungen seitens der Bawag erreicht werden sollten. Und schließlich stand im „Normalbetrieb" ein gewaltiges IT-Projekt, mit dem eine Vereinheitlichung der IT der Bawag und der PSK erreicht werden sollte, vor dem Scheitern – mit der Gefahr eines massiven Abschreibungsbedarfes. Mit engagierter Hilfe der Beraterfirma „Accenture" konnte dieses Problem letztlich gelöst werden.

In der kritischen Lage, in der sich die Bawag-PSK befand, war eine Kombination einzelner „Offensiv-Maßnahmen" erforderlich.

Dazu gehörten vor allem:
- Bildung eines guten, verlässlichen Vorstandsteams,
- umfassende und zuverlässige Information zur Lage-Beurteilung,
- Sicherung ausreichender Liquidität und
- strategische Weichenstellung, die, wie ich bald sah, nur in Richtung eines Verkaufes der Bawag-PSK gehen konnte.

Unter massivem Druck der Finanzmarktaufsicht gelang es mir, den Aufsichtsrat dazu zu bringen, alle Vorstandsmitglieder bis auf Stephan Koren und mich abzulösen. Ich hatte aus der Krise der Verstaatlichten gelernt, dass es in so kritischen Situationen keinen Sinn macht, nach Verschuldensgraden zu differenzieren, sondern es gilt, klare Signale nach innen und außen zu setzen. Dadurch bekam ich die Chance, mit Unterstützung durch den Präsidenten des Aufsichtsrates Vorstandsmitglieder meines Vertrauens einzusetzen. Sie haben sich alle bestens bewährt und sind mir nach den harten, gemeinsam erlebten Zeiten bis heute in Freundschaft verbunden.

Mit diesem neuen Team war es auch möglich, annähernd vollständige Informationen über die vielen verwirrenden Transaktionen des früheren Managements und über die vielfach versteckten Beteiligungs- und Haftungsbeziehungen zu gewinnen. Aufgrund seiner Geheimhaltungsstrategien hatte dieses Management zum Schluss vielfach selbst schon den Überblick verloren. Insbesondere galt es auch, eine klare Unterscheidung zwischen Bawag und ÖGB-Vermögen zu schaffen, und die Aufgabe der Sicherung des ÖGB-Vermögens außerhalb der Bawag dem neu ernannten Finanzreferenten des ÖGB zuzuweisen. Dieser hat diese komplexe Aufgabe mit großem – manchmal vielleicht zu großem – Einsatz letztlich auch gut lösen können.

Wie in jedem Lehrbuch der Finanzwirtschaft beschrieben, kann ein „run" auf eine Bank nur überlebt werden, wenn man ohne Einschränkung allen Auszahlungsbegehren entspricht und dafür Liquiditätshilfe vonseiten der Notenbank – dem „lender of last resort" – und notfalls Bonitätshilfe durch eine staatliche Garantie erhält. Ich habe in dieser Situation die Klugheit des damaligen Notenbank-Gouverneurs, meines Amtsvorgängers Klaus Liebscher, schätzen gelernt und auch die technische Effizienz der Notenbank-Mitarbeiter, als es darum ging, aus dem Kreditbestand der Bawag Sicherheitspakete zu schnüren, die dann als „Collateral", als Sicherheiten, für Notenbank-Kredite dienen konnten.

Es war aber klar, dass als eindeutiges „Sicherheitssignal" letztlich eine Staatsgarantie nötig sein würde. Hier hatte ich mit einer ÖVP/FPÖ-Regierung zu verhandeln. Mit dem unmittelbar zuständigen Finanzminister Grasser waren die offiziellen Verhandlungen äußerst mühsam. Aufgrund meiner langjährigen guten und vertrauensvollen Kontakte mit vielen leitenden Beamten des Finanzministeriums bekam ich freilich manchmal fachlich begründete Hilfestellungen, vor allem durch Verhinderung möglicherweise politisch motivierter, voreiliger Attacken.

Mit Bundeskanzler Wolfgang Schüssel verband – und verbindet – mich trotz klar unterschiedlicher politischer Positionen eine lange, gute, menschliche und fachbezogene Beziehung. Schüssel fürchtete – wie sich bei der folgenden Wahl zeigte, zu Recht – die Öffentlichkeit könne den Eindruck gewinnen, er wolle die Bawag und ihre Hunderttausenden Kunden aus machtpolitischen Gründen schädigen, und war prinzipiell bereit, eine Staatsgarantie zu geben. In langen Vier-Augen-Gesprächen haben wir hierfür die Einzelheiten festgelegt (zum Beispiel die Abgabe der Bawag-Beteiligung an der Nationalbank, die damals ja auch noch private Aktionäre hatte) – es mussten aber zwei wesentliche Voraussetzungen geschaffen werden.

Zum einen die Genehmigung der „Staatsbeihilfe" durch die EU, was ich nicht zuletzt mit Hilfe der mir schon früher persönlich bekannten Wettbewerbskommissarin gegen hinhaltenden Widerstand ihrer Beamten erreichen konnte. Schwieriger war als zweite Voraussetzung die Beilegung des Konfliktes mit den amerikanischen Klägern. Denn es war Schüssel und mir klar, dass verhindert werden musste, dass die amerikanischen Kläger auf die „tiefen Taschen" des Staates zugreifen konnten. In New York hatten inzwischen überaus aggressive Anwaltsfirmen den dafür zuständigen Staatsanwalt dazu gebracht, die dort liegenden Guthaben der Bawag einzufrieren und für die Bank den Zahlungsverkehr wesentlich zu erschweren. Der Staatsanwalt drohte aufgrund zwischenstaatlicher Vereinbarungen, dies auch für den Finanzplatz London durchzusetzen. Keine Bank der Welt kann solche Maßnahmen auch nur mittelfristig überleben.

Wir standen daher sowohl von österreichischer wie von amerikanischer Seite her unter extremem Zeitdruck.

Es gelang uns, eine zuverlässige und renommierte amerikanische Anwaltsfirma zu finden, und es kam schließlich in der Londoner Niederlassung dieser Firma zum großen „Showdown", der zwei Tage und eine Nacht dauerte. Eigenartigerweise war auf der Seite unserer Gegner auch der New Yorker Staatsanwalt mitgekommen, der dann letztlich aber eine eher vermittelnde Position einnahm. In einer Verhandlungspause hatten wir festgestellt, dass wir gemeinsame Bekannte aus Harvard hatten, was die Atmosphäre vielleicht etwas entschärfte – letztlich am extrem aggressiven Auftreten der amerikanischen Anwälte freilich nichts änderte. Im Kern ging es darum, dass die amerikanischen Anwälte zu hohe Vorstellungen von der Zahlungsfähigkeit der Bawag hatten. Am Schluss kamen wir im Bawag-Team, dem auch Vertreter des Eigentümers ÖGB angehörten, einhellig zur Ansicht, dass wir bei unserem letzten Angebot bleiben sollten und den extrem hohen Forderungen der Gegenseite nicht entsprechen konnten. Die Verhandlungen waren damit gescheitert.

Beim Rückflug von London nach Wien sah ich in derselben Maschine den österreichischen Anwalt sitzen, der für die amerikanischen Kläger als Vertrauensmann oder „Spion" in Wien arbeitete. Ich ging zu ihm hin und zeigte ihm die zwei Gesetzesbände, die ich „für alle Fälle" schon aus Wien mitgenommen hatte: Das Bankwesen-Gesetz und die Konkurs-Ordnung. Ich machte ihm klar, dass wir nach Scheitern der Verhandlungen nun gesetzlich verpflichtet waren, die Vorbereitungen für einen Konkurs der Bawag zu treffen, und dass dies für seine Klienten sicher die schlechtere Lösung wäre. Der lebenskluge Anwalt bat mich, doch noch einen Tag zuzuwarten, er würde nochmals mit seinen Klienten sprechen. Wenige Stunden später rief er mich an, dass unser Vorschlag angenommen sei. Damit war der Weg frei für eine Staatsgarantie.

In einer etwas peinlichen Inszenierung musste ich dann in der Bawag in den nächsten Tagen Bundeskanzler und Finanzminister begrüßen, die bei mir persönlich je ein Bawag Sparbuch eröffneten.

Die Staatsgarantie erfüllte ihren Zweck, musste nie für einen Ausfall in Anspruch genommen werden und war, da es ja ein Garantie-Entgelt gab, letztlich für den Staat ein gutes Geschäft.

Sowohl von der wirtschaftlichen Seite her wie in Bezug auf die von der EU gegebenen Auflagen war aber klar, dass letztlich ein Verkauf der Bawag-PSK unausweichlich war, um den Eigentümer ÖGB vor dem Konkurs zu bewahren. Im ÖGB hatte inzwischen ein Obmann-Wechsel stattgefunden und in engem Einvernehmen mit dem neuen Führungsteam Rudolf Hundstorfer und Erich Foglar musste ich in schwierigen und emotionalen Sitzungen die ÖGB-Funktionäre von dieser Entwicklung informieren. Der Verkauf selbst war ja korrekterweise Sache des Eigentümers und nicht des Vorstandes. Für die technische Durchführung wurde ein Team gebildet, dem ich als Berater angehörte und wohin der ÖGB zwei sehr kompetente ehemalige Banker entsandte, mit denen mich ein enges Vertrauensverhältnis verband. Es ging zunächst um die Auswahl der den Verkaufsprozess leitenden Investmentbank, wo sich auch bei mir eine Vielzahl teilweise recht eigenartiger Interessenten meldete. So etwa eines Tages ein damals noch anerkannter Eigentümer einer österreichischen Privatbank. Als ich ihm erklärte, wir würden hier an eine international tätige Investmentbank denken, meinte er, wir würden ihn schon noch im Inland brauchen, schließlich habe der Herr Finanzminister ja seine Gattin an Bord seiner Jacht kennengelernt.

Die Entscheidung fiel dann auf die Investmentbank Morgan Stanley, und es begann der „Due Diligence Prozess", das heißt die Öffnung aller Unterlagen für Kaufinteressenten. Teil dieses Prozesses waren auch Präsentationen des Vorstandes, und wir wurden für die erwarteten kritischen Fragerunden eigens von der dafür spezialisierten englischen PR-Agentur Brunswick trainiert, da wir ja, wie wohl die meisten Menschen, vorher noch nie eine Bank verkauft hatten. Manche haben das als etwas befremdlich empfunden. Für mich habe ich das als interessante Erfahrung gesehen. Außerdem ging es hier um sehr viel Geld, und eine perfekte Vorbereitung konnte das Zünglein an der Waage werden. Im Kern lief es darauf hinaus, alle entscheidenden Fakten sofort parat zu haben und statt mit österreichischer Zurückhaltung mit amerikanischer Emphase, Selbstsicherheit und Härte aufzutreten.

Am Ende eines mühsamen Prozesses verblieben dann zwei Kaufwerber. Die Bayerische Landesbank und der amerikanische Fonds Cerberus. Die Bayern hatten die Nase vorn und am Vorabend der geplanten Vertragsunterzeichnung rief mich noch der recht prestigebewusste Generaldirektor an, um das entsprechende Zeremoniell zu besprechen. Am nächsten Morgen kam ein verzweifelter Anruf: Über Nacht hatte Cerberus ein besseres Angebot gelegt und der BayernLB-Generaldirektor war nicht in der Lage, seine Entscheidungsgremien für ein Gegenangebot vollständig zu erreichen. Cerberus ging damit als Sieger hervor. Der BayernLB-Generaldirektor wurde intern für diese „Niederlage" heftig kritisiert, was ihn veranlasste, als Kompensation unbedingt die Kärntner Bank Hypo-Alpe-Adria zu kaufen – mit Wirkungen, die Österreich später noch heftig beschäftigen sollten.

Es kam damit zum „Signing", das heißt einer Art Vorvertrag. Der endgültige Eigentumsübergang sollte dann nach Erfüllung etlicher Vorbedingungen mit dem „Closing" erfolgen. Im Fall des Bawag Verkaufes war dies keine Routine-Angelegenheit, da man über einige dieser Vorbedingungen unterschiedlicher Meinung sein konnte und inzwischen schon erste Warnsignale hinsichtlich der weiteren Wirtschaftsentwicklung auftauchten. Ich wurde daher für weitere Erklärungen zu einem Gespräch mit dem Gründer und Eigentümer von Cerberus, Stephen Feinberg, nach New York geladen.

Die Räumlichkeiten von Cerberus befinden sich auf der noblen Park Avenue in Manhattan, sind aber im Vergleich zu anderen Investmentfirmen relativ bescheiden. Stephen Feinberg saß in seinem Büro unter einem gewaltigen ausgestopften Elchkopf und fragte mich unmittelbar nach meinem Eintreten in nicht gerade freundlichem Ton: „Warum sollen wir eigentlich diese verdammte Bank kaufen?" Ich hatte meine Lektionen im Umgang mit amerikanischen

Finanzmenschen offenbar recht gut gelernt und konnte angemessen antworten. Letztendlich meinte er, er gäbe mir noch eine Chance, ich solle anschließend ein Gespräch mit einem seiner engsten Berater führen, er werde dann mit diesem entscheiden.

Es war mir klar, welche Bedeutung dieses Gespräch für das weitere Schicksal der Bawag haben würde, hatte aber keine Gelegenheit mehr, mich speziell vorzubereiten. Dieser Berater hatte für Cerberus Banken in Kalifornien und Japan erworben, er kannte den Due Diligence Prozess der Bawag, und es ergab sich ein langes, aber seriöses und nicht unfreundliches Gespräch. Das Ergebnis war jedenfalls, dass Cerberus zum Closing bereit war, zu einem Preis von 3,2 Milliarden Euro per 14.5.2007 Eigentümer der Bawag wurde und mich bat, weiterhin als Generaldirektor zu bleiben. Im Nachhinein gesehen, war das Timing des Verkaufes für den ÖGB überaus glücklich. Denn schon ein Jahr später kam es zur großen Krise in der Bankenwelt, wovon sich die Bewertung europäischer Banken bis heute nicht erholt hat.

Cerberus bemühte sich sehr, die Befürchtungen weiter Teile der Öffentlichkeit zu zerstreuen, hier sei eine Übernahme durch einen aggressiven amerikanischen „Heuschrecken-Investor" erfolgt. Es wurden auch im kleineren Maß österreichische Mitaktionäre an Bord genommen, unter anderem der angesehene und Medien-erfahrene frühere Finanzminister Androsch. Von Cerberus' Boss Feinberg wusste man, dass er in der Regel nicht bereit war, über längere Strecken zu reisen – es sei denn zu Jagdausflügen. Cerberus hatte aber zur Pflege der Außenbeziehungen einen früheren amerikanischen Finanzminister engagiert, der nach Wien kam, in einer „Good Will-Tour" Ein-Dollar-Noten, auf denen seine Unterschrift prangte, nochmals unterschrieb und an Mitarbeiterinnen und Mitarbeiter verschenkte.

Es gelang uns, einen harmonischen Übergang zu erreichen und das Vertrauen der Kundinnen und Kunden zu stärken. Cerberus hatte eine kleine Gruppe aus New York teils als Vorstandsmitglieder, teils als „Berater" nach Wien gesandt – mit dem klaren Auftrag, die aus dem Due Diligence Prozess abgeleiteten Erkenntnisse möglichst rasch umzusetzen. Aus der amerikanischen Rechtserfahrung zeigten sie dabei größte Sorgfalt bei der exakten Befolgung der Regelungen der Aufsichtsbehörden und der Notenbank – insbesondere auch in Bezug auf die US-amerikanischen Normen speziell in Hinsicht auf Sanktionen gegenüber einzelnen Staaten. Schon am zweiten Tag nach der Übernahme erklärte mir der aus den USA angereiste Chef-Jurist, die Bawag möge sofort alle Geschäftsbeziehungen mit Kunden aus Staaten, die aus US-Sicht als problematisch galten, abbrechen. Noch aus der Zeit von Bruno Kreisky her hatten etliche Banken und Notenbanken aus Nahost und Nordafrika große Einlagen bei der Bawag. In der kritischen Phase der Liquiditätsknappheit war ich selbst zu diesen Banken gereist und konnte erreichen, dass diese Einlagen nicht abgezogen wurden. Es hatten sich hier vertrauensvolle persönliche Kontakte entwickelt, und ich war daher nicht glücklich darüber, alle diese Geschäftsbeziehungen quasi über Nacht abbrechen zu müssen. Aber die Botschaft von Cerberus war klar: Wir haben keine Lust, uns einsperren zu lassen, und wir wollen, dass Sie auch künftig in die USA einreisen können.

Ein etwas skurriler Aspekt ergab sich beim Abbruch aller Geschäftsbeziehungen mit kubanischen Kunden. Mir war die Vielzahl solcher Geschäftsbeziehungen vorher nicht bewusst gewesen, aber Cerberus hatte eine überraschend große Zahl kubanischer Kreditnehmer bei der Bawag gefunden. Es waren dies in Österreich lebende Exil-Kubaner, die vor allem kleine Gastwirtschaften, Bars und Nachtklubs betrieben und in ihrer lokalen Gemeinschaft offensichtlich sehr gut integriert waren. Es gelang mir, diese Kunden an eine befreundete Bank zu übertragen, sodass niemand zu Schaden kam, aber es entstand eine gewaltige öffentliche Aufregung, die dann auch von der damaligen Außenministerin medienwirksam aufgegriffen wurde.

Dabei ging es um die – ja tatsächlich problematische – Konstellation, dass ein Unternehmen wirtschaftlich gezwungen sein konnte, US-Sanktionen zu befolgen, eben dies ihm aber nach EU-Regelungen verboten war. In unserem kleinen Fall gelang es, diese Diskussion medienmäßig „einschlafen" zu lassen – in der noch wesentlich aggressiveren Ära Trump ist dies aber nach wie vor ein großes und offenes Problem. In meiner späteren Tätigkeit als OeNB-Gouverneur habe ich jedenfalls die österreichischen Banken, die ja sehr erfolgreich in Osteuropa tätig waren und sind, früh massiv darauf hingewiesen, Sanktionen und Geldwäsche-Probleme sehr ernst zu nehmen, was ihnen die gewaltigen Konflikte, die Banken aus anderen Staaten hatten, erspart hat.

Als Chef einer nicht unwichtigen Beteiligung wurde ich auch zu den regelmäßigen Beratungen des erweiterten Steuerungskomitees von Cerberus nach New York eingeladen. Die Sitzung fand jeweils Montagnachmittag New Yorker Zeit statt, und in den ersten Monaten hatte ich dafür jeweils nach New York zu fliegen – und flog dann auch wieder möglichst rasch zurück, um dem Jetlag-Problem zu entgehen. Später konnte ich an einigen dieser Sitzungen dann via Telekonferenz – wenn auch zu exotischer Zeit – teilnehmen. Es war interessant, das Leben eines Hedge-Fonds quasi von innen zu sehen, wobei ich die Diskretion, die einen solchen Fonds prägt, auch heute respektiere. Jedenfalls herrschte bei Cerberus, wie wohl auch bei ähnlichen aufstrebenden Gesellschaften, ein extrem ausgeprägtes Bonus-bezogenes Leistungssystem, gemäß dem damals von US-business-schools geprägten Prinzip „you eat what you kill".

Ich konnte auch ein etwas persönlicheres Verhältnis zum Gründer und Eigentümer von Cerberus, Stephen Feinberg, aufbauen. In deutlichem Gegensatz zu dem exzessiven Luxus, den die führenden Personen der internationalen Finanzwelt in jenen Zeiten betrieben, war er von ostentativer Einfachheit und betonte stets seine Herkunft aus „kleinen Verhältnissen". Er war zwar Absolvent der Elite-Universität Princeton, aber er hatte sich dort sozial offenbar nicht wohlgefühlt und hatte große – und sehr deutlich vorgebrachte – Vorbehalte gegenüber „Oberklassen-Burschen". Für mich ergibt sich daraus auch eine Erklärung, warum Feinberg später sehr deutlich Donald Trump unterstützt hat. Auch Trump ist ein Multimillionär, aber (trotz Millionärsvater) ein Außenseiter in der New Yorker Gesellschaft und damit häufig in Übereinstimmung mit anderen, die sich auch – und mit größerem Recht – als von „Eliten" ausgegrenzt sehen.

Insgesamt spielt Parteipolitik auf der „Wall Street" eine viel größere Rolle, als ich erwartet hatte, wobei die überwiegende Zahl der großen Akteure (und großen Spender) der Partei der Demokraten zuneigen. Von den stimmberechtigten Einwohnern Manhattans haben sich 69 Prozent als Demokraten und nur neun Prozent als Republikaner registrieren lassen. Der in Wien geborene, legendäre Investmentbanker Felix Rohatyn, der „finanzielle Retter New Yorks", gibt in seinen Memoiren[23] ein sehr anschauliches und offenes Bild der vielfachen Verflechtungen zwischen „Wall Street" und „Washington".

Inzwischen waren in der US-Wirtschaft und dort speziell in dem für Cerberus sehr relevanten Immobilienbereich deutliche Abschwächungen in der vormals überhitzten Entwicklung zu beobachten, die dann zum großen Einbruch im Jahr 2008 führten. Cerberus hatte an etlichen Fronten zu kämpfen, hat aber die Ausrichtung der Bawag-PSK als technisch hoch effiziente Retailbank mit Energie und Konsequenz begonnen. Entgegen den ursprünglichen Befürchtungen haben sich Cerberus beziehungsweise die später gebildete Aktionärsgruppe als geduldige Investoren erwiesen, die bereit waren, auch noch zusätzliches Kapital zu investieren. Heute ist die Bawag-PSK eine kapital- und ertragstarke Bank und hat eine erfolgreiche Börsennotierung erreicht. Das hat Cerberus dann genutzt, um sich schrittweise – und viel später als ursprünglich geplant – aus der Eigentümerschaft der Bawag-PSK weitgehend zurückzuziehen.

Ich habe dann gegen Ende des Jahres 2007 meine Aufgabe bei der Bawag-PSK als im Wesentlichen erfüllt gesehen. Zu dieser Zeit zeichnete sich auch die Perspektive ab, dem von mir sehr hoch geschätzten Klaus Liebscher als Gouverneur der Nationalbank im Herbst 2008

---

23 Felix Rohatyn: Dealings – A Political and Financial Life. Simon & Schuster, New York 2010.

nachzufolgen. Obwohl dies damals gesetzlich noch nicht erforderlich war, erschien es mir als korrekt, eine gewisse „Abkühlungsphase" vor Übernahme der Leitung der Nationalbank einzuhalten. Ich bin daher in Ehren und Freundschaft Ende 2007 aus der Bawag-PSK ausgeschieden und habe mit Jahresbeginn 2008 wieder meine Professur an der Wirtschaftsuniversität angetreten. Es war eine Freude, wieder in Ruhe mit Studenten zusammen zu sein. Vor allem aber nutzte ich diese Zeit auch, um eigenständig und ohne großen Hilfsapparat eine Fülle volkswirtschaftlicher und kreditwirtschaftlicher Kennzahlen zu studieren. Dies führte zu manchen kritischen Beobachtungen, die für meine Tätigkeit in der Nationalbank sehr rasch von Bedeutung wurden.

9. Die Welt der Oesterreichischen Nationalbank – Die Zeit der Finanzkrise

Die Welt der Oesterreichischen Nationalbank hat mich schon seit meiner Studienzeit fasziniert. Ich besuchte an der Universität Wien eine Vorlesung beim damaligen Notenbank-Präsidenten Reinhard Kamitz. Die Vorlesung war nicht prüfungsrelevant und daher von nur acht Studierenden frequentiert – was eine offene und lockere Gesprächssituation erlaubte. Schon nach Ende meines Studiums hatte mir mein Mentor Heinz Kienzl empfohlen, eine Stelle in der Oesterreichischen Nationalbank anzutreten. Trotz deutlich geringerer Gehaltsperspektive war für mich aber die Aussicht, bei Prof. Rothschild als Assistent zu arbeiten, wesentlich attraktiver gewesen – zumal die Nationalbank damals den Ruf hatte, sehr bürokratisch und auch Akademiker-abweisend zu sein. Ich habe mich aber als Wissenschafter, als Obmann des Finanzausschusses und über einige Jahre auch als Mitglied des Generalrates mit der OeNB und ihren Aufgaben stets beschäftigt und so sah ich es als Erfüllung eines Lebenstraumes, als mir angeboten wurde, Nachfolger von Klaus Liebscher als Gouverneur der Oesterreichischen Nationalbank zu werden. Da Österreich Mitglied der Europäischen Währungsunion ist, war damit auch die Mitwirkung im Gouverneursrat der Europäischen Zentralbank verbunden.

Mein Amtsantritt war am ersten September 2008. Am 15. September desselben Jahres kam es zum Zusammenbruch des Bankhauses Lehman, und in gewissem Sinn befindet sich die europäische Finanzwelt seither im Krisenmodus. Auf die internationale Perspektive wird im nächsten Abschnitt eingegangen, es stellten sich aber auch aus der österreichischen Perspektive sehr rasch massive Herausforderungen. Hier galt zunächst der beruhigende Hinweis, dass österreichische Banken – im Gegensatz zu deutschen Banken – bezüglich ihres Auslandsengagements nur sehr gering am amerikanischen Markt, dafür aber stark im relativ stabilen Zentral- und Osteuropa exponiert waren. Es war aber klar, dass Österreich auch im Finanzbereich keine „Insel der Seligen" bleiben würde. Nach intensiven Vorarbeiten durch Finanzministerium, Notenbank und Finanzmarktaufsicht beschloss das österreichische Parlament daher bereits am 20. Oktober das „Finanzmarkt-Stabilitäts-Gesetz" mit einem Rahmen von bis zu 100 Mrd. Euro und eine betraglich unbegrenzte Garantie für Spareinlagen. Dies auch als Reaktion auf die in Deutschland angesprochene, unbegrenzte Garantie. Wobei die „deutsche Garantie" interessanterweise nur auf einer mündlichen Zusicherung der Kanzlerin und nicht auf einem Gesetz beruhte – ein eindrucksvoller Vertrauensbeweis! Diese Garantieregelungen wurden dann per 1.1.2010 in den neuen europäischen Standard (Obergrenze 100.000 Euro pro Person und Institut) übergeführt.

Ende Oktober 2008 kam es zu einer Existenzgefährdung bei der mittelgroßen Constantia-Privatbank, wo es aber noch möglich war, eine private Lösung in Form der Übernahme durch ein Bankkonsortium zu erreichen. Dies war dann nicht mehr möglich beim Zusammenbruch der wesentlich größeren und damit systemrelevanten Kommunalkredit A.G. Hier zeigte sich der Zusammenbruch eines Geschäftsmodells, das sie mit wesentlich größeren Banken in Europa und den USA gemeinsam hatte, die dann alle mit gigantischen öffentlichen Beträgen aufgefangen werden mussten. Es waren dies Banken, die sich auf die Finanzierung „erstklassiger" öffentlicher Schuldner, vor allem im Gemeindebereich, spezialisiert hatten und angesichts der guten Qualität ihres Kreditportfolios von den Ratingagenturen mit Bestnoten bewertet wurden. Was allerdings Ratingagenturen und Management massiv unterschätzten, war das Liquiditätsrisiko. Die Banken finanzierten langfristige Kredite – mit entsprechend höherer Verzinsung – durch die Aufnahme kurzfristiger, billigerer Kredite, was insgesamt ein sehr profitables Geschäftsmodell darstellte. Diesem Geschäftsmodell lag allerdings die Annahme zugrunde, dass es auf einem funktionierenden Geldmarkt immer möglich war, Geld aufzunehmen. Mit dem de facto Zusammenbruch des Geldmarktes kam dieses Modell zu einem abrupten Stillstand und es bestand damit unmittelbare Insolvenzgefahr.

In meinen Vorlesungen an der Universität hatte ich mich stets ausführlich mit „Fristentransformation" und „Riskentransformation" als Funktionen des Bankwesens beschäftigt. Fristentransformation bedeutet die Funktion der Banken, aus der Zusammenfassung kurzfristiger Einlagen langfristige Kredite zu finanzieren. Riskentransformation bedeutet, Einlagen, für die geringeres Risiko gilt, zur Finanzierung riskanterer Projekte einzusetzen. Diese Funktionen sind volkswirtschaftlich und auch für die Ertragskraft der Banken wichtig, aber es besteht hier jeweils ein sensibles Verhältnis von Chancen und Risken. Jetzt sah ich die volle Sensibilität in der Praxis, wobei es in der Beurteilung der verantwortlichen Manager nicht immer leicht war, zu entscheiden, ob es sich bei den aufgetretenen Problemen um die Folge unabwendbarer externer Katastrophen oder um die Folge überzogener, von Profitgier getriebener, Expansion handelte.

Die praktische Bewältigung dieser Probleme bestand weltweit darin, die de facto insolventen Banken aufzuteilen in einen kleinen, weiter lebensfähigen Teil und in eine Abbau-Bank („bad bank"), die die Problemaktiva zur langfristigen Verwertung übernahm, was nach Ende der Hysterie ja oft sehr erfolgreich gelang. In Österreich wurde im November zur Durchführung und Koordinierung der verschiedenen Banken-Rettungsaktionen die staatliche Finanzgesellschaft „FIMBAG" geschaffen, die sich als kleine, leistungsstarke Einheit bewährte. Als Abbaugesellschaften für die Portfolios der einzelnen betroffenen Banken wurde für die Kommunalkredit AG die „KA Finanz", für die Hypo-Alpe-Adria die „Heta" und für die Österreichischen Volksbanken AG die „Immigon" gegründet, wobei für letztere der Portfolioabbau bereits abgeschlossen ist.

Inzwischen hatte sich für die österreichische Kreditwirtschaft aber eine andere, gesamtwirtschaftlich wesentlich gefährlichere Front eröffnet. Die wirschaftliche Öffnung Zentral- und Osteuropas bedeutete auch die Notwendigkeit eines neuen, effizienten und nicht korrupten Bankensystems in diesen Staaten. Österreichs Banken hatten vielfach historische Bindungen zu dieser Region und hatten bereits in der Zeit der kommunistischen Herrschaft in diesen Staaten vielfache Kontakte geknüpft. Dies wurde auch durch das österreichische System der staatlich garantierten Exportversicherung durch die Österreichische Kontrollbank und auch durch die Oesterreichische Nationalbank unterstützt – was zum Teil auch zu erheblichen Kosten führte. So etwa 1991 bei dem de facto Staatskonkurs Polens, der zu einer Schuldenneuregelung mit einem fünfzigprozentigen Forderungsnachlass führte, wobei Österreich 26 Mrd. Schilling bundesgarantierte Forderungen aufwies. Es war bemerkenswert, dass diese doch nicht unerheblichen budgetären Belastungen zu dieser Zeit als „technische Probleme" kaum Beachtung in Öffentlichkeit und Politik fanden.

Nach 1989 fanden die österreichischen Banken in den postkommunistischen Staaten ein relativ freies Betätigungsfeld, da die großen deutschen Banken ihr Interesse auf die neuen Bundesländer (und die USA) konzentrierten. Die anfänglich eindeutige Win-win-Situation für Österreichs Banken und die jeweiligen Gastländer führte allerdings nach einiger Zeit zu einem problematischen Überschwang. In übertriebener Wachstumseuphorie wurden in Osteuropa Banken angesichts unterschätzter Risken in manchen Fällen zu überhöhten Preisen angekauft und das Kreditgeschäft zu rasch expandiert. Dies alles war zunächst höchst ertragreich, da sich Österreichs Banken dank guter Bonität auf den internationalen Kapitalmärkten speziell im kurz- und mittelfristigen Bereich sehr günstig refinanzieren konnten und damit Kredite, häufig im Immobilienbereich, „im Osten" zu wesentlich höheren Konditionen vergeben konnten. Dazu kam, dass Österreichs Banken vielfach das extrem problematische Geschäft der Fremdwährungskredite auch in einigen Staaten dieser Region einführten.

Als ich in meiner „cooling-off"-Zeit vor Antritt meiner Funktion als Gouverneur der Oesterreichischen Nationalbank an der Wirtschaftsuniversität die Entwicklung des österreichischen Bankensystems quantitativ analysierte, beunruhigte mich das zusehends. Meiner Meinung nach hatte sich auch die Nationalbank hier zu zurückhaltend verhalten, da jede warnende Stimme in dieser Phase der boomenden „Ost-Fantasie" von den Banken als geschäftsschädigend betrachtet wurde. Ich habe entsprechend unmittelbar nach meinem Amtsantritt die betroffenen Abteilungen mit Studien über die Kreditdynamik in einzelnen Staaten und über internationale Vergleiche in Bezug auf das Verhältnis von Bankaktiva zum gesamtwirtschaftlichen Sozialprodukt beauftragt. Darauf gestützt, habe ich in meinem ersten Bericht als Gouverneur an den Generalrat auf die entsprechenden Risken für die österreichische Bankwirtschaft hingewiesen.

Die Reaktion war eher ablehnend, führte aber doch zu einer gewissen Nachdenklichkeit. Einer der Generalräte, Generaldirektor der im Osten aktivsten Bank, hat mir dann das für dieses Geschäft zuständige Vorstandsmitglied geschickt, um hier „Missverständnisse aufzuklären". Dieser Vorstandsdirektor war ein berühmter „Ost-Pionier", ein Mann von gewaltiger Energie, der sich rühmte, jede Woche eine neue Filiale „im Osten" zu eröffnen. Mit gewisser Herablassung als „Praktiker" erklärte er mir, dem „Theoretiker", dass Osteuropa massiv „under-banked" sei, es daher darum gehe, sich jetzt für den Wirtschaftsaufschwung dieser Länder möglichst große Marktanteile zu sichern, und dass auch Fremdwährungsdarlehen kein Risiko darstellten, da sie ja für Eigenheime gegeben wurden und niemand sein Eigenheim verlieren wolle. Ich empfand für die Vitalität und die Einsatzfreude dieses Bankers durchaus Sympathie – war aber gleichzeitig zutiefst beunruhigt über die ungebremste und offensichtlich auch kaum kontrollierte Expansionslust, die sich hier zeigte. Hinter dem positiven Image der Ost-Expansion waren manche Banken übrigens auch große und riskante Engagements in Südostasien eingegangen, die in der Folge unter Hinnahme erheblicher Verluste beendet werden mussten.

Kurze Zeit später hatte sich das Bild völlig gewandelt. Wie – zumindest für Ökonomen – absehbar, konnten sich die Staaten Ost-Europas nicht gänzlich der inzwischen eingesetzten weltweiten Wirtschaftskrise entziehen. Das Ost-Engagement der österreichischen Banken und letztlich die Bonität der Republik Österreichs insgesamt gerieten damit nun unter sehr kritische Betrachtung der internationalen Wirtschaftsinstitutionen und der mächtigen Ratingagenturen. Verschärft wurde dies durch kritische Analysen bekannter amerikanischer Ökonomie-Professoren, insbesondere des Außenhandelsexperten und Nobelpreisträgers Paul Krugman. Hier wurden Parallelen zur Wirtschaftsentwicklung der 1930er-Jahre gezogen, wo die bedeutsame und riskant finanzierte Stellung der österreichischen Banken in Zentral- und Osteuropa zu einer massiven Bankenkrise führte und der Zusammenbruch der Creditanstalt 1931 die weltweite Wirtschaftskrise verstärkte. Die österreichischen Wirtschaftspolitiker und Banker, nach meiner Ansicht bar jedes wirtschaftshistorischen Wissens, reagierten auf die nun entstandene, kritische Einschätzung mit patriotischer Entrüstung und dunklen Andeutungen über Einflussnahmen seitens der „amerikanischen Ostküste".

Ich stand in dieser Situation vor einem Zweifronten-Kampf. Zum einen war die kritische Argumentation von Krugman und Kollegen in der Tat zu schematisch und musste durch Hinweise auf wesentliche Unterschiede zwischen damals und heute widerlegt werden. Zum anderen war klar, dass das bisher extrem expansive Geschäftsmodell der österreichischen Banken in einer ökonomisch nachhaltigen Form korrigiert werden musste. Aus dieser Konstellation wurde in enger Kooperation zwischen Finanzministerium, Notenbank, internationalen Institutionen und Bankwirtschaft im Jänner 2009 eine Aktion gestartet, die dann unter dem Namen „Vienna Initiative" als Beispiel eines gelungenen Krisenmanagements international Beachtung fand. Es ist hier auch speziell die Rolle des damaligen Finanzministers, Josef Pröll, und seiner Mitarbeiter hervorzuheben, und auch der Banker, der mir noch vor Kurzem die Vorteile seiner Expansionspolitik „erklärt" hatte, setzte nun seine unbändige Energie dafür ein, Österreich und die gesamte Region vor einem wirtschaftlichen Zusammenbruch zu bewahren. Aus wirtschaftswissenschaftlicher Sicht handelt es sich hier um einen klassischen Fall des in der ökonomischen „Spieltheorie" entwickelten „Gefangenen-Dilemmas" – und ich habe in diesem Sinn die Vienna Initiative in meinen Universitätsvorlesungen analysiert.

Beim Konzept des Gefangenen-Dilemmas geht es im Kern um folgende Konstellation: Es gibt mehrere Akteure, keiner hat Information über das Handeln der anderen, das Gesamtergebnis wird aber vom Handeln aller Akteure bestimmt. Es lässt sich zeigen, dass in einer solchen Konstellation jeweilige individuelle Nutzenmaximierung als Handlungsmaxime der Einzelakteure zu einem suboptimalen Ergebnis führt, also ein kooperatives Verhalten auch unter Unsicherheit nötig ist, um zum relativ besten Gesamtergebnis für alle Beteiligten zu gelangen. Im konkreten Fall der Gefahr einer Bankenkrise in Ost- und Südosteuropa bedeutete dies: Wenn angesichts dieser Gefahr jede Bankleitung kurzfristig nutzenmaximierend – in diesem Fall: risikominimierend – handelt, wird jede einzelne Bank möglichst rasch ihr Kreditengagement in dieser Region abbauen. In der Gesamtbetrachtung wird dies aber zu einem abrupten Finanzierungsengpass für die Region führen, was insgesamt bedeutet, dass dann tatsächlich die Krise in voller Schärfe losbricht. Nötig war daher ein Koordinierungsprozess, der den einzelnen Bankleitungen die Gewissheit gab, dass auch die anderen Banken „vor Ort" bleiben, es daher nicht zu einer überstürzten Kapitalflucht mit entsprechend negativen Folgen kommt.

In mühsamen und intensiven Gesprächen gelang es, eine solche Koordinierung zu erreichen: Die internationalen Finanzierungsorganisationen wie Europäische Investitionsbank, Weltbank, EBRD etc. waren bereit zu zusätzlichen Finanzierungen, um die wirtschaftliche Lage zu stabilisieren, die EU-Kommission aktivierte entsprechende Programme, die Notenbanken sicherten Liquiditätshilfe zu und auf dieser Basis konnten sich die Banken in der Region verpflichten, zunächst keine Finanzierungskürzungen vorzunehmen und dann ihr Kreditmanagement nur langsam abzubauen. Auf diese Weise konnte die wirtschaftliche Stabilisierung der Region Ost- und Südosteuropa und die Stabilisierung der entsprechenden Bankensysteme erreicht werden. Damit konnte eine Entwicklung wie in Südostasien verhindert werden, wo eine solche Koordinierung nicht geschah und damit durch Kapitalflucht 1997/98 eine massive „Asien-Krise" ausgelöst wurde, die letztlich den Einsatz massiver Währungsfonds-Programme mit all ihren Härten für die Bevölkerung erforderte.

Interessanterweise blieb ein anderer großer Bereich der österreichischen Finanzwirtschaft – das Versicherungswesen – von den dramatischen Entwicklungen in Zentral- und Osteuropa weitgehend verschont. Auch die österreichische Versicherungswirtschaft hatte die Chancen, die sich aus der Öffnung der „Ostmärkte" ergaben, intensiv genutzt und selbstverständlich war – und ist – sie auch von wirtschaftlichen Einbrüchen in dieser Region betroffen. Aber insgesamt war die entsprechende Expansion doch vorsichtiger erfolgt, konnte meist auch von vorhandenen Strukturen ausgehen und wurde auch stärker als mit der jeweiligen Region verbunden betrachtet. Der mit mir gut befreundete Gouverneur der tschechischen Notenbank hat mir etwa mehrmals erzählt, dass bei der dramatischen Flutkatastrophe in Tschechien die „Kooperativa", eine große Versicherung im Eigentum der Vienna Insurance, am raschesten und nachhaltigsten Hilfe geleistet hat – was sich offensichtlich tief ins kollektive Gedächtnis des Landes eingegraben hat.

Insgesamt habe ich die Welt der Versicherungen immer als einen vergleichsweise stabilen und in der „Geschäftskultur" nüchternen und zurückhaltenden Bereich der Finanzwirtschaft erlebt. Dies hängt wohl mit der Langfristigkeit vieler ihrer Geschäftsfelder zusammen, aber auch mit der dadurch erforderlichen, höheren Aufsichtsintensität. Auch hier gilt es freilich, die richtige Kosten-Nutzen-Balance zu halten. Gerade die nach der Finanzkrise deutlich verschärften „Solvency"-Anforderungen, das heißt Regelungen der Rückstellungserfordernisse, sollen nicht zu Einschränkungen bei den volkswirtschaftlich wichtigen Funktionen der langfristigen Finanzierung in Bezug auf Infrastruktur und Wohnbau führen. Zwischen dem Bankenbereich und der Versicherungswirtschaft gibt es eine Vielzahl positiver Berührungspunkte, speziell im Vertriebsbereich, und ich habe selbst in meiner Zeit als Generaldirektor der Bawag-PSK hier viele Beispiele guter Zusammenarbeit gesehen. Aber letztlich bestehen zwischen diesen Bereichen doch vielfach unterschiedliche „Unternehmenskulturen" und das von manchen verfolgte Konzept einheitlicher „Allfinanz"-Strukturen hat sich in der Praxis meist nicht bewährt. Jedenfalls im deutschen Sprachraum hat sich die Versicherungswirtschaft als Element der Stabilität gezeigt und auch keine staatliche Unterstützung benötigt. Dies in dramatischem Unterschied zum angloamerikanischen Bereich, wo etwa die riesige amerikanische Versicherung AIG zusammenbrach und vorübergehend verstaatlicht werden musste.

10. Notenbank und Bankstrukturen

Auch nach Überwindung der unmittelbaren Krisengefahren für das österreichische Bankwesen blieb die Aufgabe, Fehlentwicklungen zu beseitigen und Strukturverbesserungen zu erreichen. Dies geschah in manchen Fällen gegen den hinhaltenden Widerstand des Bankensektors. Für mich war das eine Bestätigung der Maxime, die ich für die OeNB schon bei meinem Amtsantritt ausgegeben hatte: Es ist wichtig, die Unabhängigkeit der Notenbank nicht nur gegenüber dem Staat zu verteidigen, sondern auch gegenüber wirtschaftlichen Interessensgruppen, im Speziellen aus der Kredit- und Versicherungswirtschaft. Natürlich ist es für eine Notenbank wichtig, den Kontakt und Informationsaustausch mit diesen Wirtschaftsbereichen zu haben und ich hatte entsprechend regelmäßige Mittagessen mit den Branchenvertretern. Aber es ist eben als Notenbank wichtig, das volkswirtschaftliche Gesamtinteresse gegenüber Einzelinteressen durchzusetzen.

Die intelligenten Führungskräfte der Branche sahen dies letztlich sogar mit Erleichterung, da ihnen die Gefährlichkeit mancher Entwicklungen ja bewusst war, sie aber meinten, sich aus Angst, Marktanteile zu verlieren, diesen Entwicklungen nicht entziehen zu können. Erst zentraler Zwang ermöglicht in solchen Situationen eine Übereinstimmung von gesamtwirtschaftlicher und einzelwirtschaftlicher Rationalität. Ein eklatantes Beispiel dafür war die massive Vergabe von Fremdwährungsdarlehen an private Haushalte, speziell für Wohnungs- und Hausfinanzierungen. Notenbank und Finanzmarktaufsicht hatten schon seit Jahren mit ernsten Worten auf die Problematik dieser Kreditvergaben hingewiesen – aber erst im März 2010 wurden durch die Erweiterung der FMA-Mindeststandards wirklich wirksame Maßnahmen in Form de facto zwingender „aufsichtlicher Empfehlungen" gesetzt. Im Dezember 2010 konnten diese Einschränkungen der Kreditvergabe endlich auch auf die Tätigkeit österreichischer Banken in Zentral- und Südosteuropa ausgedehnt werden. Es gab aus den betroffenen Staaten, die noch immer das Wechselkursrisiko unterschätzten, erhebliche Proteste dagegen, und auch von der EU-Kommission unter dem Aspekt des freien Kapitalverkehrs rechtliche Einwände, sodass diese Regelungen nur in der Form von „Guiding Principles" eingeführt werden konnten. In der Praxis waren die österreichischen Aufseher aber stark genug, die Befolgung dieser „Empfehlungen" rasch durchzusetzen.

Konkret ging es hier vor allem um Kredite in Schweizer Franken, wo die Zinsen tiefer waren (und sind) als bei Krediten in Schilling beziehungsweise später in Euro. Was ignoriert wurde, war das Wechselkursrisiko, das dann mit der massiven Aufwertung der „Fluchtwährung" Schweizer Franken schlagend wurde. Vertrieben wurden diese Kredite zu einem erheblichen Teil von „Finanzberatungs-Unternehmen", die sich oft wenig qualifizierter Mitarbeiter bedienten. Vielfach handelte es sich um endfällige Kredite, deren Rückzahlung durch Investition in einen auf die Laufzeit bezogenen „Tilgungsträger", etwa eine Wertpapier-basierte Lebensversicherung oder einen Aktienfonds erfolgen sollte. Damit ergab sich neben dem Wechselkursrisiko auch noch ein Risiko in Bezug auf die Wertentwicklung dieser Investitionsformen – ein Risiko, das in der Zeit des Wirtschaftseinbruches nach 2008 dazu führte, dass ein wesentlicher Teil der Tilgungsträger „unter Wasser" war, das heißt, diese voraussichtlich nicht in der Lage waren, den ausstehenden Kredit abzudecken.

Für die betroffenen Banken hätte sich damit im Extremfall die Möglichkeit – und zum Teil die Verpflichtung – zu Zwangsversteigerungen ergeben, mit allen sozialen und auch politischen Implikationen. Letztlich konnte durch die gesetzten Maßnahmen das Volumen der ausstehenden Fremdwährungskredite (96 Prozent in Schweizer Franken) deutlich reduziert werden. In Österreich ging das Volumen der Fremdwährungskredite von 2008 bis Anfang 2020 von rund

52 Mrd. auf 13 Mrd. Euro zurück, das Volumen der von österreichischen Banken in Zentral- und Südosteuropa gegebenen Fremdwährungskredite von 85 Mrd. auf 29 Mrd. Euro. Ebenso konnte die riskante Finanzierungsstruktur der österreichischen Banken in Osteuropa korrigiert werden. Die gruppeninternen Liquiditätstransfers an Töchter österreichischer Banken in Zentral- und Südosteuropa reduzierten sich von 43 Mrd. im Jahr 2011 auf rund 22 Mrd. Euro Ende 2018. Damit wurde die Finanzierung der Kreditvergaben der „Ost-Töchter" der österreichischen Banken durch die österreichische Mutter in Relation zur Finanzierung aus dem betreffenden Land auf ein ökonomisch vertretbares Maß begrenzt.

Natürlich bedeuten diese Maßnahmen auf Dauer eine geringere Kreditdynamik für die aufstrebenden Staaten Ost-Europas und ich erhielt auch empörte Anrufe von einigen Notenbank-Gouverneuren aus diesen Staaten. Sie fürchteten – zu Recht – ein Ende des kreditgetriebenen Booms, speziell im Bereich des privaten Konsums und der Wohnungswirtschaft. Tatsächlich hatten sich hier vielfach „Blasen" entwickelt, und so wie in Spanien konnten auch in Zentral- und Osteuropa bald leerstehende Spekulationsobjekte besichtigt werden – nur waren es hier typischerweise nicht Ferienwohnungen, sondern Einkaufszentren und Wohnanlagen. Aber ein privatwirtschaftliches Finanzierungssystem muss eben entsprechende Risiko-Relationen beachten und bedarf daher für spezielle Wachstumsstrategien der Ergänzung durch wirtschaftspolitische Programme – wie etwa der von mir früher betreuten Darlehen der Europäischen Investitionsbank oder der EU-Strukturfonds.

Eine Kumulierung aller genannten Probleme, verbunden mit missbräuchlichem politischen Einfluss und kriminellen Machenschaften, ergab sich schließlich im Fall der Kärntner Hypo-Alpe-Adria-Bank, der die Notenbank und mich als Gouverneur über mehrere Jahre hin massiv beschäftigte. Ausgangspunkt war eine generelle Konstellation der Landes-Hypothekenbanken: Für diese „Landesbanken" gab es in Österreich wie auch in Deutschland durchwegs eine Garantie des jeweiligen Landes. Dies wurde – nicht zuletzt aufgrund von intensivem Lobbying der privaten Aktienbanken – von der EU-Kommission als Wettbewerbsverzerrung verboten. Dabei wurde freilich eine Übergangsfrist gewährt. Diese Übergangsfrist nutzten nun – offenbar zur Überraschung der EU-Kommission – die entsprechenden Landesbanken, um im größtmöglichen Ausmaß noch Bankanleihen auszugeben, wo sie durch die Landesgarantie günstigere Konditionen erhielten. Dies geschah in gigantischem Ausmaß durch die deutschen Landesbanken – wie etwa durch die heute nicht mehr existierende, riesige Westdeutsche Landesbank. In entsprechend geringerem – aber noch immer zu großem – Maß gab es diese „Torschlusspanik" auch bei österreichischen Landesbanken, speziell bei der von einem sehr ehrgeizigen Generaldirektor geführten Kärntner Hypo-Alpe-Adria-Bank.

Die enormen aufgenommenen Mittel mussten nun veranlagt werden. Die deutschen Landesbanken taten dies zu erheblichen Teilen in dubiosen amerikanischen Finanzprodukten, die hohe Renditen versprachen und dann massiv an Wert verloren. Die Hypo-Alpe-Adria nutzte diese günstigen Mittel für eine gewaltige Expansion in die Staaten Süd-Ost-Europas. Damit kam sie freilich mit vielfachen Formen der Korruption und Kriminalität in Berührung, die sich dann in die Bank selbst hineinfraßen. Dazu kam nach Ansicht vieler Beobachter als oberster Eigentümervertreter ein Landeshauptmann, der die Bank als Vehikel seiner politischen Ambitionen sah. Nationalbank und Finanzmarktaufsicht beobachteten diese Entwicklungen mit Sorge, wurden aber bereits bei den ersten Korrekturversuchen vom Kärntner Landeshauptmann wüst attackiert. Es wurde daher mit Erleichterung begrüßt, dass die Bayerische Landesbank (BayernLB) als Ausgleich für den nicht geglückten Kauf der Bawag 2007 das Eigentum an der Hypo-Alpe-Adria-Bank erwarb – wobei jedoch die Haftungen des Landes Kärnten für die gewaltigen bisher eingegangenen Verpflichtungenweiter bestehen blieben. Die BayernLB installierte als neuer Eigentümer zwar ein etwas besseres Risikomanagement, setzte insgesamt aber mit erhöhter Intensität die bisherige, risikoreiche Geschäftspolitik der Hypo-Alpe-Adria fort. Mit der vollen Wucht der Finanzkrise 2008/09 wurden dann die Schwächen der Hypo-Alpe-Adria-Bank dramatisch sichtbar. Auch die Bayerische Landesbank geriet bald danach selbst in den Strudel der Bankenkrise, musste Hilfe des Landes Bayern erhalten und verlor jedes Interesse an der Hypo-Alpe-Adria.

Es ist hier nicht der Platz, die verschiedensten Aspekte und Winkelzüge des Dramas Hypo-Alpe-Adria zu beschreiben. Auf österreichischer Seite gab es dabei engen Kontakt zwischen Finanzminister Pröll und Bundeskanzler Werner Faymann, der sich dabei weitgehend auf den Rat der Nationalbank stützte, die ich zu vertreten hatte. Wir hatten in der Nationalbank selbstverständlich schon vorher eine Vielzahl von Strategien durchdiskutiert. Uns allen war die Hypo-Alpe-Adria-Bank mit ihrer undurchsichtigen politisch-kriminellen Verflechtung höchst unsympathisch. In isolierter Betrachtung sprach daher alles dafür, sie in Konkurs gehen zu lassen. In gesamtwirtschaftlicher Betrachtung handelte es sich freilich in dieser Zeit der extremen Nervosität im europäischen Bankensektor um eine systemrelevante Bank, sowohl für Österreich wie für Süd-Ost-Europa. In diesem Sinn erhielten ich und der Bundeskanzler dringende Anrufe vom damaligen EZB-Präsidenten Trichet.

Für mich entscheidend war vor allem die Tatsache der weiterhin bestehenden Haftungen des Landes Kärnten. Ein Konkurs der Hypo-Alpe-Adria-Bank hätte ein Schlagendwerden dieser Haftungen und damit einen Konkurs des Landes Kärnten bewirkt. Im Gegensatz zur Situation der Gemeinden gibt es in Österreich für die Bundesländer keine klare Regelung für den Fall eines Konkurses. Wie meine Recherchen ergaben, hatten sich die Vertreter der Bundesländer bei Erstellung der Bundesverfassung gegen eine solche Regelung ausgesprochen. Jedenfalls hatte schon die Diskussion um die Konkursgefahr negative Rückwirkungen auf die anderen Bundesländer, die für ihre Kreditaufnahme sofort höhere Risikoprämien zahlen mussten, oder überhaupt Probleme hinsichtlich ihres Zuganges zum Kapitalmarkt bekamen. Angesichts dieser Ausgangslage plädierte ich bei den Besprechungen mit der Bundesregierung für eine staatliche Übernahme der Hypo-Alpe-Adria – wie das auch in Deutschland für systemrelevante Banken geschehen war.

Die Verhandlungen mit der bayerischen Seite wurden im Nachhinein von einer Vielzahl von Juristenteams, Journalisten und Politikern bis in kleinste Einzelheiten intensiv untersucht und das Ergebnis meist negativ kommentiert. Das zentrale und grundlegende Problem wurde dabei aber meist übersehen: Die für die Hypo-Alpe-Adria-Bank auch nach Verkauf an die BayernLB weiterhin bestehende Haftung des Landes Kärnten. Praktisch bedeutete diese Konstellation, dass die Kosten eines allfälligen Konkurses der Hypo-Alpe-Adria-Bank für Kärnten beziehungsweise für Österreich, massiv gravierender gewesen wären als für die BayernLB und das dahinterstehende Land Bayern.

In den Verhandlungen mit der bayrischen Seite gelang es dem tapfer kämpfenden österreichischen Finanzminister immerhin, zumindest eine zeitweise Liquiditätssicherung zu erreichen. Speziell aufgrund der Landeshaftung war die Ausgangslage in den Verhandlungen für die bayrische Seite aber eben wesentlich besser. In der Nacht vom 14. Dezember 2009 kam es dann zur Verstaatlichung der Hypo-Alpe-Adria-Bank. Es gab dann sehr mühsame Verhandlungen über die weitere Entwicklung der Bank, wobei das Finanzministerium als nunmehriger Eigentümer vor dem schwierigen Dilemma stand, das Schwergewicht auf die ökonomische Lösung durch den Vorstand oder auf die strafrechtliche Verfolgung durch Organe des Ministeriums und der Polizei zu legen. Vonseiten der Nationalbank empfahlen wir dringend eine Aufteilung in eine neu strukturierte, verkaufbare Kernbank und eine ausgegliederte Abwicklungsbank („bad bank") für die notleidenden Aktiva. Dies entsprach den internationalen Erfahrungen, brachte aber mit sich, dass die Belastungen durch die „bad bank" der Bundesschuld zugerechnet wurden. Dies hatte in Deutschland zu einem abrupten Anstieg der Staatsschuldenquote geführt, ähnliches war auch für Österreich zu erwarten – allerdings, wie ich dem Ministerium vielfach erklärte, nur vorübergehend.

In der politisch vergifteten Diskussion um die Hypo-Alpe-Adria-Bank wollte sich jedoch lange kein Finanzminister mit diesem Thema beschäftigen. Die OeNB hat mehrmals Ausarbeitungen zu Errichtung und Effekten einer Abbau-Bank vorgelegt, aber jeder der Nachfolger von Minister Pröll war bestrebt, keine Verantwortung in diesem undankbaren Thema zu übernehmen. Erst mit dem Wirtschafts-erfahrenen und risikobereiten Finanzminister Hans Jörg Schelling kam es dann zu einer Lösung, die in Österreich, aber auch in der deutschen Finanzwelt eine Beruhigung erbrachte und zu deutlich geringeren Schadenssummen führte, als sie in der überhitzten politischen Diskussion zuvor kolportiert worden waren.

Die politische und journalistische Diskussion führte zu umfangreichen Rechnungshof-Berichten, Berichten einer Experten-Kommission und letztlich zu einem aufwendigen parlamentarischen Untersuchungsausschuss. Ein zentrales Thema behandelte dabei das angebliche Versagen von Notenbank und Finanzmarktaufsicht als Kontroll-Organe, wobei sich im Laufe des Verfahrens der Schwerpunkt auf die Notenbank bezog. Es handelte sich hier zum Teil um Fragen vor meiner Zeit in der Notenbank, in meiner Zeit lag die Kompetenz für Bankaufsicht bei meinem Direktoriumskollegen Andreas Ittner, der dann 2013 Vizegouverneur wurde. Ich selbst war intensiv mit der „Problem-Lösung" befasst. Nach eingehendem Studium der Aktenlage kam ich zum Schluss, dass die Aufsichtsfunktion durch die OeNB korrekt erfüllt wurde, und habe unsere Mitarbeiterinnen und Mitarbeiter in der Öffentlichkeit entsprechend verteidigt. Das brachte mir vonseiten der Politik und mancher Journalisten heftige und anhaltende Kritik – allerdings auch vielfache Solidarisierung von Persönlichkeiten, die die Sachverhalte tatsächlich kannten. Für manche erwies sich die politische Welle der Hypo-Alpe-Adria-Diskussion jedenfalls als durchaus karrierefördernd: Die Vorsitzende der Experten-Kommission kandidierte später für das Amt der Bundespräsidentin. Der eloquente und mir persönlich sympathische Fraktionssprecher der Grünen im Untersuchungsausschuss reiste monatelang mit kabarettistisch verbrämten Erzählungen zum

„Hypo-Skandal" durch Österreich und legte damit den Grundstein zu einer politischen Bekanntheit, die ihn letztlich zum Amt des Vizekanzlers der Republik führte.

Die große Finanzkrise nach 2008 hatte international zu großer Unzufriedenheit mit den Systemen der Bankenaufsicht geführt. Hier gab und gibt es in Bezug auf Verantwortlichkeit international und in Europa sehr verschiedene Systeme. In Staaten, wo ein Aufsichtssystem völlig neu konzipiert werden konnte, wie etwa in Tschechien und der Slowakei, wird die Banken-, Versicherungs- und Finanzmarkt-Aufsicht als „integrierte Aufsicht" zur Gänze von der Notenbank geführt. In anderen Staaten, wie in Österreich und Deutschland, gibt es eine Aufgabenteilung zwischen Notenbank und speziellen Aufsichtsbehörden. Dies ermöglicht in gewissem Maß eine Art „Vier-Augen-Prinzip", es muss aber jedenfalls immer sichergestellt sein, dass die Notenbank jeweils zeitnah und vollständig über die Lage der Banken informiert ist.

Die öffentlichen Aufsichtsorgane können aber nicht die Arbeit der beeideten Wirtschaftsprüfer der jeweiligen Bank ersetzen, sondern müssen auf der Seriosität der Wirtschaftsprüfer-Testate aufbauen können. Der Wirtschaftsprüfer hat in monatelanger, intensiver – und gut bezahlter – Arbeit die Geschäfte der Bank zu überprüfen und letztlich dem Aufsichtsrat eine von ihm testierte Beurteilung der Bilanz vorzulegen. Wie bekannt, gibt es international, aber auch in Österreich, leider immer wieder Fälle, in denen Wirtschaftsprüfer dieser Verantwortung nicht gerecht wurden. Das hat berechtigterweise zu einer System-Diskussion geführt über die Sicherung der Unabhängigkeit der Prüfer vom Vorstand der jeweiligen Bank – und generell über die Sicherung der professionellen Qualität der Prüfer angesichts der verstärkten Komplexität des Geschäftslebens im Bankbereich, wie auch in der Wirtschaft insgesamt.

Auf der europäischen Ebene führte die Diskussion über Fragen der Bankenaufsicht zu einer weitreichenden Entwicklung: Als wichtiger Pfeiler einer „Europäischen Bankenunion" übernahm die

Europäische Zentralbank im November 2014 die direkte Aufsicht über die (damals 119) größten Banken der Euro-Zone. Hintergrund war die Erkenntnis, dass es zwar im Rahmen des Europäischen Binnenmarktes zu einer zunehmenden Vereinheitlichung der Bankenregeln in Europa komme, dass aber in der Auslegung und Anwendung dieser Regeln durch die jeweiligen nationalen Aufseher erhebliche Unterschiede bestanden. Für einen einheitlichen Bankenmarkt zumindest des Euro-Raumes galt es daher, eine einheitliche Euro-weite Aufsichtsinstanz zu schaffen. Gemäß geltenden EU-Verträgen konnte dies nur die EZB sein.

Die Übertragung der europäischen Bankenaufsicht an die EZB wurde in Deutschland vielfach kritisiert, da man hier Zielkonflikte zwischen dem Preisstabilitätsziel der Notenbank und den Zielsetzungen einer Bankenaufsicht befürchtete. Schon abgesehen von den rechtlichen Erfordernissen halte ich diese Einwände für nicht berechtigt, da sie auf der beengten Sicht beruhen, eine Notenbank sei nur für Preisstabilität und nicht auch für Finanzmarktstabilität verantwortlich. Tatsächlich hängen beide Zielsetzungen aber eng zusammen, da gesicherte Preisstabilität ohne ein funktionierendes Bankensystem nicht erreichbar ist und umgekehrt ein funktionierendes Bankensystem Preisstabilität erfordert. Richtig ist freilich, dass Finanzmarktstabilität zu erheblichen Teilen auch eine staatliche Aufgabe darstellt – wie aber auch Preisstabilität ohne das Verantwortungsbewusstsein der staatlichen und sozialpartnerschaftlichen Akteure nur sehr schwer zu erreichen ist. Die Vorstellung einer völlig isoliert wirkenden Notenbank ist eben sowohl theoretisch wie auch praktisch eine Illusion.

Um den auch im Europäischen Parlament geäußerten Bedenken adäquat entgegenzukommen, wurde im Rahmen der EZB ein einheitlicher Aufsichtsmechanismus (Single Supervisory Mechanism – SSM) geschaffen, wo für viele Bereiche ein „Separationsprinzip" besteht, es aber personell Verflechtungen und letztlich einen Instanzenzug zum Gouverneursrat der EZB gibt. In erstaunlich kurzer Zeit wurde hier ein gut funktionierendes Aufsichtssystem geschaffen. Damit ist freilich auch ein erheblicher personeller und materieller Aufwand verbunden. Da die Arbeit des SSM ja zu einem bedeutenden Teil in Projektgruppen, Komitees etc. geschieht, bei denen Vertreter der Mitgliedstaaten anwesend sind (und anwesend sein wollen), bedeutete dies auch einen deutlichen Zusatzaufwand für die nationalen Aufseher. Insgesamt sind daher die Kosten der Bankenaufsicht, die von den beaufsichtigten Banken zu tragen sind, wohl deutlich gestiegen – hoffentlich gilt dies auch für die Qualität! Es ist auch nicht zu leugnen, dass es Überschneidungsgefahren mit anderen europäischen Institutionen gibt – insbesondere mit der jetzt in Paris, früher in London, angesiedelten EBA (European Banking Authority) – zum Beispiel bei der Durchführung von „Stress-Tests" für Einzelbanken.

Noch wichtiger als die Aufsichtsseite ist für die Finanzwirtschaft – und für die Volkswirtschaften insgesamt – aber die Seite der Regulierung. Als Reaktion auf die fehlgeleitete Strategie der Deregulierung vor der Finanzkrise, entstand – richtigerweise – nach der Finanzkrise eine massive Tendenz zur Re-Regulierung. Die Politik hat freilich oft die Tendenz, von jeweils einem Thema beherrscht zu sein, und so besteht die Gefahr, dass es nach der zu weit gehenden Deregulierung nun in manchen Bereichen der Finanzwirtschaft zu einer zu weit gehenden Re-Regulierung kommt. So sind wir bei der EU-Kapitalmarktdirektive inzwischen schon bei Version vier angelangt, bei den für den Kapitalbedarf der Banken zentralen „Basel-Regelungen" ebenfalls bei Version vier (verschämt „Basel 3½" genannt). All diese Entwicklungen führten zu einer fast ungebremsten Erhöhung auch des entsprechenden Aufwands auf der Seite der betroffenen Banken. Da die Kosten aus der Erfüllung von Aufsichtsanforderungen im Wesentlichen fixe, von der Größe der Bank wenig abhängige Kosten sind, bedeutet diese Entwicklung eine besondere Belastung für kleine und mittlere Banken.

Auf Druck der entsprechenden Verbände wird nun versucht, ein „Proportionalitätsprinzip" zu Gunsten der kleineren Banken zu beachten – der Perfektionismus der Aufseher lässt hier aber wenig Spielraum. Ich war in den entsprechenden Entscheidungsgremien einer der sehr wenigen, die auch über praktische Erfahrung im Bankwesen verfügten und habe stets – meist allerdings mit geringem Erfolg – auch die kostenseitigen Effekte geplanter Maßnahmen eingebracht. So können schon kleine Änderungen in den statistischen Erhebungsformularen oder die Erfordernis einiger Datenreihen auf der betriebswirtschaftlichen Ebene dazu führen, dass durch Änderungen von IT-Programmen etc. erhebliche zusätzliche Kosten entstehen. Auch in Bezug auf den – wissenschaftlich oft ja durchaus verständlichen – ungebremsten Datenhunger der Aufseher und Analysten sind eben Kosten/Nutzen-Überlegungen anzustellen.

Fragen der Organisation der Bankenaufsicht wurden dann auch in Österreich zu einem sensiblen politischen Thema. Ich hatte in meiner Zeit als Obmann des Finanzausschusses des österreichischen Parlaments dafür plädiert, eine „integrierte Aufsicht", die Banken, Versicherungen, Börse etc. umfasst, in der Notenbank anzusiedeln. Dahinter stand die Überlegung, dass durch die Liberalisierung des Kapitalverkehrs und später durch die Mitgliedschaft in der Europäischen Währungsunion die traditionellen Aufgaben der Notenbank an Bedeutung verlieren und es daher sinnvoll ist, die qualifizierten Mitarbeiter der Notenbank für neue Aufgaben einzusetzen. Politisch war dieser Ansatz nicht durchsetzbar. Die Aufgabe der Bankenaufsicht war bisher – wenn auch nur rudimentär – durch die mächtige Kreditsektion des Finanzministeriums durchgeführt worden, und das Finanzministerium wollte sich weiterhin einen gewissen Einfluss auch bei einer formal unabhängigen Bankenaufsicht sichern. Es entstand daher – mit etlichen Variationen im Zeitablauf – eine Dualität im Aufsichtsbereich zwischen Notenbank und Finanzmarktaufsicht. Dies entspricht auch der Aufsichts-Dualität in Deutschland zwischen Bundesbank und BaFin, wobei bei letzterer die Bindung an das Finanzministerium noch viel stärker ist.

In Österreich wurde vorgesehen, dass für die Besetzung der beiden Leitungsfunktionen je ein Entsendungsrecht bei Notenbank und Finanzministerium liegt, beim Aufsichtsrat hatte den Vorsitz ein sehr erfahrener Beamter des Finanzministeriums, Stellvertreter war ich. Im Laufe der Zeit gab es immer wieder macht- und/oder partei-politisch motivierte Diskussionen über organisatorische Änderungen. Insgesamt hat sich meines Erachtens die bestehende organisatorische Struktur aber bewährt. In meiner täglichen Arbeit habe ich jeden-falls Themen der Bankenaufsicht und der Bankenregulierung sehr viel Zeit gewidmet, auch wenn sie nicht in meinen unmittelbaren Kompetenzbereich gefallen sind. Es sind dies Themen, die für die langfristige Stabilität des Finanzsystems und damit der Volkswirt-schaften insgesamt von größter Bedeutung sind – in der Öffentlich-keit aber nur Beachtung finden, wenn ein Problem auftritt. Es ist wie bei der Polizei: Man sieht nur die Fälle, in denen etwas schief-gelaufen ist – nicht die Fälle, wo negative Entwicklungen verhindert werden konnten. In diesem Sinn ist Bankenaufsicht ein undankbares Geschäft – aber jemand muss es machen. Wie undankbar und risi-koreich diese Aufgabe ist, zeigt sich auch darin, dass in Europa eine Reihe von nationalen Notenbank-Gouverneuren in Angelegenheiten der Bankenaufsicht in massive öffentliche Kritik, bis hin zu parla-mentarischen und gerichtlichen Untersuchungen gekommen sind. Hier ist demnach für Notenbank-Gouverneure und ihre Mitarbeiter Korrektheit, Festigkeit und Verantwortungsbereitschaft erforderlich. Der Unabhängigkeit der Notenbanken – nicht nur gegenüber der Po-litik, sondern auch gegenüber Lobbys und Einzelinteressen – kommt hier eine verstärkte Bedeutung zu.

11. Nationalbank von Innen

Neben den Zuständigkeiten für Geldpolitik, Finanzmarktstabilität und Bankenaufsicht stellen sich für Notenbanken eine Vielzahl weiterer Aufgaben, wobei es international erhebliche Unterschiede in Form und Intensität der Aufgabenerfüllung gibt. So weist etwa die finnische Notenbank eine sehr schlanke Struktur auf, während etwa die Notenbanken Italiens und Frankreichs ein weites Aufgabenspektrum – bis hin zu Konsumentenschutz – wahrnehmen und dies mit einer Vielzahl von Außenstellen relativ personalintensiv abdecken. Die Oesterreichische Nationalbank liegt hier im europäischen Vergleich etwa in der Mitte. Wichtige Aufgabenbereiche sind etwa die Regelung, zum Teil auch Durchführung, des Zahlungsverkehrs, die für Geldpolitik und Aufsicht unerlässliche Erarbeitung zuverlässiger statistischer Informationen, Treasury, einschließlich der Verwaltung der Währungsreserven und des entsprechenden Risikomanagements, eine auf Inland wie Ausland bezogene Rechtsabteilung und der Bereich der inneren Dienste, insbesondere das Personalmanagement.

Von etwas unerwarteter Öffentlichkeitsrelevanz wurde der Bereich der Währungsreserven. Wie in Kapitel 1 geschildert, spielen in einem modernen Währungssystem Währungsreserven keine Rolle mehr als „Deckung" einer Währung. Währungsreserven haben aber eine zentrale Funktion, wenn es gilt, den Wechselkurs einer Währung zu stabilisieren. So kämpft etwa die Schweizerische Nationalbank (SNB) seit Jahren gegen eine übermäßige Aufwertung des Schweizer Franken, speziell gegenüber dem Euro, da eine Aufwertung Schweizer Exportgüter in fremder Währung verteuert und damit ihrer Konkurrenzfähigkeit schadet. Zu diesem Zweck kauft die SNB mit Schweizer Franken (die sie ja unbegrenzt „drucken" kann) Aktiva in ausländischer Währung an. Dies hat zu einem gewaltigen Anstieg der Währungsreserven der Schweiz geführt, wobei diese Währungsreserven inzwischen nicht nur in Euro- oder Dollar-Anleihen angelegt sind, sondern auch in Aktien, sodass die Schweizerische Nationalbank heute (passiver) Aktionär bei fast allen großen internationalen Unternehmen ist. Umgekehrt muss eine Notenbank bei Gefahr einer unerwünschten Abwertung der eigenen Währung die eigene Währung auf den Devisenmärkten aufkaufen, um den Wechselkurs (den Preis der eigenen Währung in ausländischer Währung) zu stützen. Für solche Ankäufe braucht sie entsprechende Reserven in fremder Währung (Devisen) oder Gold.

Zur Zeit der „Hartwährungspolitik" der Oesterreichischen Nationalbank, das heißt der Politik eines festen Wechselkurses zwischen Schilling und DM, war es für die Nationalbank extrem wichtig, über einen hohen Bestand an Währungsreserven zu verfügen, um jede Spekulation auf eine Abwertung des Schilling zu entmutigen. Mit Mitgliedschaft in der Europäischen Währungsunion fiel diese Notwendigkeit weg, da es ja innerhalb der einheitlichen Währung keine Abwertung geben kann und für den Euro insgesamt eine Politik eines flexiblen – und eben nicht fixen – Wechselkurses gilt.

Weiterhin verfügt aber die Oesterreichische Nationalbank (so wie die anderen Notenbanken des Systems der Europäischen Zentralbanken) über einen beachtlichen Bestand an Währungsreserven in Gold und Devisen. Die Veranlagung der Devisen erfolgt in Staatsanleihen und ist daher – wenn auch derzeit gering – ertragsbringend. Der Goldbestand (280 Tonnen) kann zwar für – derzeit nicht durchgeführte – Goldleihe-Geschäfte verwendet werden, bringt aber zurzeit keine Erträge, sondern verursacht – freilich geringe – Kosten der Lagerhaltung. Dennoch ist gerade dieser Teil der Währungsreserven in der Öffentlichkeit von einem besonderen Mythos umgeben und ich habe in meiner Zeit als Gouverneur (im Gegensatz zu früheren Zeiten) auch den Goldbestand konstant gehalten. Die Rolle des Goldes habe ich dabei immer etwas vage als die der „eisernen", das heißt „goldenen" Reserve des Staates beschrieben, und in der Tat haben ja manche Staaten in Notsituationen ihre internationale Zahlungsfähigkeit durch Verpfändung oder Verkauf von Goldreserven gesichert, was natürlich im Euro-Bereich wegen des Verbotes der Staatsfinanzierung durch Notenbanken rechtlich komplex wäre.

Mit dem öffentlichen Interesse an den Goldreserven verbunden, kam es in vielen europäischen Staaten in den 2010er-Jahren zu einer Diskussion, wo diese Goldreserven zu lagern seien. Nicht zuletzt angesichts der traumatischen Erfahrungen der Gold-Raubzüge im Zweiten Weltkrieg und aus der Unsicherheit der Zeit des „Kalten Krieges" der 1950er- und 1960er-Jahre hatten die meisten europäischen Staaten ihre Goldreserven in den USA und in Großbritannien gelagert. Mit der nun eingetretenen politischen Stabilisierung entstand eine öffentliche Bewegung zur „Heimholung" der Goldbestände, der – gegen manche internen technischen Widerstände – letztliche alle europäischen Notenbanken folgten. Auch die Oesterreichische Nationalbank hält heute – so wie etwa auch die Deutsche Bundesbank – 50 Prozent des Goldbestandes in Österreich, den Rest an den wichtigen Goldhandelsplätzen London und Schweiz, wobei meines Erachtens, sobald technisch möglich, der Österreich-Anteil noch erhöht werden könnte. Der extrem gut gesicherte „Gold-Keller" der Oesterreichischen Nationalbank wurde damit zum Gegenstand des höchsten öffentlichen Interesses und jeder Besuch eines hohen Politikers in der OeNB endet mit einem Foto an diesem geheimnisvollen Ort, umgeben vom mythischen Glanz der Goldbarren.

Auf einer weniger romantischen Ebene habe ich mich selbst in den Kompetenzbereichen der Bank auf die Aufgaben der Geld- und Finanzmarktstabilität – und damit der volkswirtschaftlichen Analyse – konzentriert, sowie auf die Vertretung nach außen. Da ich erheblichen internen Reformbedarf sah, habe ich aber auch die direkte Zuständigkeit für die Personalabteilung übernommen. In Sachen Kommunikation wurde der Bereich „Finanzbildung" aufgebaut und dann verstärkt, weil die Notenbank als nicht gewinnorientiertes Unternehmen zweifellos eine besondere Verantwortung hat, objektive Grundlagen für den dringend erforderlichen Erwerb von finanziellem Wissen gerade für junge

Menschen zu schaffen. Ich selbst habe, so oft es ging, Vorträge speziell bei Lehrerseminaren oder für die akademische Lehrerausbildung gehalten. Hier gibt es ja gegenüber Wirtschaftsthemen manchmal eine sehr skeptische Grundhaltung – ich habe das respektiert, es konnten sich aber immer konstruktive Gespräche entwickeln. Inzwischen wurde das Thema Finanzbildung erfreulicherweise ja von einer Vielzahl von Akteuren aufgegriffen – es bleibt hier aber weiterhin viel zu tun.

Klare und nachhaltige Kommunikation spielt für die Wirksamkeit einer Notenbank eine zentrale Rolle. Es war mir wichtig, dass hier für eine einheitliche Linie eine Zentralisierung der Außenkommunikation durch die mir unterstellte Presseabteilung erfolgte und dass wir nicht nur mit Politik und Kreditwirtschaft, sondern möglichst breit gestreut kommunizierten. Das bedeutete eine rege Vortragstätigkeit und eine Vielzahl von Pressekontakten. Zum Kummer meiner jungen Mitarbeiterinnen und Mitarbeiter habe ich selbst keine Kontakte über Social Media geführt und insgesamt technologisch einen eher konservativen Kommunikationsstil gepflegt.

Dies entspricht meiner Sicht in Bezug auf die Stellung einer Notenbank in der Gesellschaft. Eine Notenbank ist keine gewinnorientierte Geschäftsbank, sie ist keine wahlorientierte Partei, sondern sie ist nach meinem Verständnis eine unabhängige, staatstragende Institution, vergleichbar etwa mit der Stellung eines Verfassungsgerichtshofes. Daraus ergibt sich für mich eine gewisse Zurückhaltung im öffentlichen Auftreten und eine Betonung der Faktoren Stabilität und Langfristigkeit. Dies soll freilich nicht zu Abgehobenheit und Isolierung führen und es ist speziell eine Aufgabe des Gouverneurs, in unruhigen Zeiten als vertrauenserweckendes, solides „Gesicht" der Notenbank zu agieren. Bei den Reformprojekten, die derzeit in allen großen Notenbanken betrieben werden, spielt die Frage einer Verbesserung der Kommunikation zu Recht eine große Rolle und ich erwarte, dass sich hier durch die neue Medienwelt in der Tat interessante Entwicklungen ergeben können.

Die traditionelle Sicht der Notenbanken drückte sich aus in dem Prinzip der Bank of England: „Haltet die Notenbank aus der Presse und die Presse raus aus der Notenbank." Mit gleicher Intention, aber mit zynischem Unterton spielte der frühere Präsident der US-Notenbank, Alan Greenspan, mit der Presse. Berühmt wurde seine Aussage: „Ich weiß, Sie denken, dass Sie das verstanden haben, von dem Sie denken, dass ich es gesagt hätte. Aber ich bin nicht sicher, ob Sie merken, dass das, was Sie gehört haben, nicht das ist, was ich meinte." Diese zelebrierte Unklarheit in Fragen von gewaltiger wirtschaftlicher und finanzieller Bedeutung führte dann zu einer Kultur des „Orakel-Lesens" unter der Gruppe der „Notenbank Beobachter". Sie begannen aus der Größe der Aktentasche oder der Farbe der Krawatte des Notenbank-Chefs Andeutungen über den künftigen Weg der Geldpolitik abzuleiten.

Dieser Unsinn ist heute vorbei. Notenbanken bemühen sich um die richtige Balance zwischen Transparenz und der für ihre Tätigkeit oft notwendigen Diskretion. Die amerikanische Notenbank hat im Rahmen ihres Reformprogrammes mit der Aktion „The Fed listens" – die Fed hört zu – ein interessantes Modell für einen direkten Meinungsaustausch mit breiter Beteiligung entwickelt. In verschiedenen Städten der USA wird zu Bürgerversammlungen eingeladen, an denen Vertreterinnen und Vertreter von Klein- und Mittelbetrieben, von Gewerkschaften und Gruppen der Zivilgesellschaft teilnehmen. Ein konkretes Ergebnis dieser Gespräche ist zum Beispiel, dass die Fed bei spezifischen, meist höheren, Inflationsentwicklungen Gruppen mit niederen Einkommen nun größere Aufmerksamkeit im Rahmen ihrer Geldpolitik gibt.

Auch ich habe mich bemüht, durch eine Reihe von Veranstaltungen über die Kreditwirtschaft hinaus Kontakte mit Vertretern der „Realwirtschaft", speziell auch mit kleineren Unternehmen, Gewerkschaften und Konsumentenschutz-Organisationen auszubauen. Für die EZB hat Präsidentin Christine Lagarde als Teil des von ihr begonnenen „policy reviews" zu einer allgemeinen Internetdiskussion zur EZB eingeladen, große Diskussionsveranstaltungen in den 19 Mitgliedstaaten der Währungsunion sollen folgen.

Gegenüber meiner Perspektive der Notenbank als schlanker, öffentlicher Institution hatten frühere Direktoren der OeNB die Ambition, nach dem Muster von Geschäftsbanken einen „OeNB-Konzern" zu bilden. Damit entstand rund um den Kernbereich der OeNB ein Kranz von Beteiligungsunternehmen. Ausgangspunkt war meist das Bemühen, OeNB-Dienstleistungen, zum Beispiel bei Banknotendruck und Zahlungsverkehr, außerhalb der OeNB zu günstigeren Personalkosten zu erbringen. Dadurch eröffneten sich freilich auch manche interessante, individuelle Karriereperspektiven. Generell war ja in der großen Zeit der „Ausgliederungen" in den 80er- und 90er-Jahren zu beobachten gewesen, dass diese im Bundesbereich oft intensiv von ambitionierten Ministersekretären betrieben wurden – die dann interessanterweise als Leitungsorgane der neu ausgegliederten Einheiten wieder auftauchten. Freilich mit wesentlich besserer Bezahlung.

In der OeNB wurde in vielen der Beteiligungen, wie etwa bei Zahlungsverkehrsabwicklung, Münze Österreich, Banknoten-Druckerei und Immobilien gute und seriöse Arbeit geleistet. Schon von der rechtlichen Konstruktion her ergab sich allerdings eine Tendenz der Verselbstständigung. Dies wurde noch unterstützt dadurch, dass es im OeNB-Vorstand Mitglieder gab, die sich hier eigene „Königreiche" schaffen und sich gegenüber der Gesamt-OeNB bezüglich Information und Kontrolle möglichst entziehen wollten. Schon bei der ersten Vorstandsklausur nach meinem Amtsantritt im September 2008 kam es diesbezüglich zu heftigen Konflikten. Der damalige Vize-Gouverneur hatte sich in seiner Funktion als Aufsichtsratsvorsitzender der wichtigsten Beteiligungen ein entsprechend stark auf ihn bezogenes „Königreich" organisiert. Diese Konstruktion wurde von dem Industrie-erfahrenen Präsidenten des Generalrates sofort scharf angegriffen, der klare Durchgriffs- und Informationsrechte forderte. Dies entsprach auch meiner Meinung. Dieser Konflikt schwelte über lange Zeit. Um einen gewissen Überblick zu bekommen, ging ich zunächst in die Aufsichtsräte der wichtigsten Beteiligungsfirmen. Angesichts meiner großen zeitlichen Belastung, speziell durch die intensive Reisetätigkeit, zog ich mich bald wieder aus den Aufsichtsräten zurück – hatte insgesamt aber den Eindruck gewonnen, dass es sich hier um gut geführte Unternehmen handelte.

Einige Zeit später kam es dann leider zu einer dramatischen Entwicklung, als im Bereich der Banknoten- und Sicherheitsdruck-Gesellschaft schwerwiegende Verdachtsfälle von Missbrauch und Bestechung auftauchten. Die Banknoten-Druckerei war noch zu Zeiten der Expansions-Euphorie ausgebaut und in einem von einem prominenten Architekten errichteten, leider sehr unpraktischen Gebäude untergebracht. Die Qualität der Druckerei-Produkte war exzellent, die Druckkapazität ging aber weit über den österreichischen Bedarf hinaus, und auch international gab es Überkapazitäten mit entsprechendem Preisdruck. Die Geschäftsführung der Druckerei sah sich gezwungen, Exportaufträge zu suchen, und tat dies in zunehmendem Maß in Staaten Vorderasiens. Um Kapazitäten auszulasten und Beschäftigung zu erhalten, bediente sich die Geschäftsführung dann eher problematischer Verkaufs-Repräsentanten und war sich zu wenig bewusst, dass für die Tochtergesellschaft einer Notenbank das sensibelste Risiko das Reputationsrisiko darstellt. Als dann endlich dem Direktorium über mögliche Unregelmäßigkeiten berichtet wurde, leiteten wir sofort Untersuchungen ein und erstatteten entsprechende Anzeigen.

Hier kam es dann zu einer unerwarteten Perspektive. Der zuständige Staatsanwalt beschränkte seine Untersuchung nicht auf die betroffenen Beschäftigten der Druckerei, sondern weitete sie auf den gesamten Aufsichtsrat und das OeNB Generalratspräsidium aus. Es ging dabei um die Frage, wer wann von den angezeigten Entwicklungen gewusst hatte und wann Gegenmaßnahmen gesetzt wurden. Es ist dies eine Problematik, die sich ja bei strafrechtlich sensiblen Fragen insgesamt in vielen Unternehmen des In- und Auslandes zeigt. Prinzipiell habe ich Verständnis und Sympathie für den Ansatz, bei strafrechtlichen Tatbeständen in einem Unternehmen nicht nur „die Kleinen", sondern auch „die Großen" zu erfassen. Erforderlich ist wohl aber auch ein Verständnis für die notwendige wirtschaftliche Arbeitsteilung in einem Unternehmen. Das heißt, es ist für das Management eines Unternehmens ein gewisses Vertrauen von „oben" nach „unten" nötig. Die Unternehmensleitung kann nicht unmittelbar die Aktivitäten aller Verkaufsbeauftragten kontrollieren – sonst wären ja alle

Zwischenstufen in der arbeitsteiligen Hierarchie eines Unternehmens hinfällig. Wohl aber trägt die Unternehmensleitung die Verantwortung dafür, entsprechende Kontrollmechanismen zur Sicherung von korrektem Handeln einzurichten. Dies gilt auch für das Verhältnis von Geschäftsführung zu Aufsichtsrat. Dabei kommt dem Vorsitzenden des Aufsichtsrates als erstem Gesprächspartner der Geschäftsführung eine besondere Rolle zu – ein Element der Ungewissheit ist aber speziell bei krimineller Energie einzelner Akteure nie ganz zu vermeiden.

Es handelt sich hier insgesamt um sehr komplexe Zusammenhänge im Bereich des Unternehmensstrafrechts, mit denen meine Kollegen und ich hier plötzlich konfrontiert waren. Ich hatte einige Vorladungen beim zuständigen Staatsanwalt. Es waren korrekte Gespräche, aber ich war doch etwas irritiert, als er im Gesprächsverlauf immer wieder darauf hinwies, wie wenig er im Vergleich zu mir verdiene, und ich meinte, eine gewisse Grundstimmung „gegen die da oben" zu bemerken. Ich war das erste Mal in meinem Leben in einer solchen Situation und hatte mir sicherlich in dieser Sache nichts vorzuwerfen. Bei einem allfälligen Prozess wäre ich zweifellos freigesprochen worden – aber es war mir klar, dass ich schon im Fall einer Anklageerhebung zurücktreten müsse und der spätere Freispruch nicht mehr viel bewirken würde.

Es war ein sehr ungutes Gefühl, nach vielen Jahren korrekter und seriöser Berufstätigkeit im Hinblick auf Reputation und Karriere plötzlich von der Entscheidung eines einzelnen Staatsanwaltes abhängig zu sein. Zwar gibt es hier Kontrollinstanzen innerhalb der Staatsanwaltschaft und Gerichtsbarkeit. Aber mein kluger und erfahrener Anwalt machte mir klar, dass es bei „prominenten Fällen" aus Furcht vor der Öffentlichkeit niemand wagen würde, die Entscheidung eines Staatsanwaltes abzuändern, selbst wenn sie als problematisch erschiene – denn es gäbe ja dann noch immer den regulären Prozess. Am Ende des Tages kam es – richtigerweise – zu keinem Verfahren gegen Mitglieder des Präsidiums und des Direktoriums, mit Ausnahme des als Vorsitzenden des Aufsichtsrates involvierten Vizegouverneurs. Dieser schied aus der Bank aus, wurde letztlich aber erfreulicherweise freigesprochen, wodurch sich eine Fülle arbeitsrechtlicher Fragen ergab, was wieder zu einer Vielzahl von Rechtsgutachten führte.

Im Direktorium übernahm ein neuer Kollege, ein lebenskluger und kooperationsbereiter Experte, das Ressort „Beteiligungen". Mit ihm gemeinsam konnte ich dann die Abkehr vom Mythos „OeNB-Konzern" erreichen, besonders riskante Beteiligungen abstoßen und für die übrigen Bereiche klare Risikobeschränkungen vorgeben. Es blieb mir aber die Erfahrung, dass Vertrauen in Menschen immer wieder enttäuscht werden kann. Im Fall der Druckerei war dies etwa die mir völlig unerklärliche Verhaltensänderung eines der Geschäftsführer, der vor seiner Fehlentwicklung grundsolider Buchhaltungschef der OeNB gewesen war. Insgesamt waren diese Jahre eine höchst unerfreuliche Phase meines Berufslebens, und es war gut, dass ich mich durch meine Arbeit an volkswirtschaftlichen und geldpolitischen Themen für meine Tätigkeit in der OeNB motivieren konnte.

Ein gehöriges Maß an Selbstmotivierung brauchte ich auch für meine Aufgaben im Bereich der inneren Organisation und Reorganisation der Oesterreichischen Nationalbank. Ich hatte unterschätzt, wie verschieden hier meine Position im Vergleich zu meiner Tätigkeit in der Bawag war. Dort war ich nach Entfernung der „alten Garde" als „Retter" gesehen worden und konnte in Gemeinschaft mit Vorstand und Belegschaft neue Konzepte entwickeln. In der OeNB kam ich in eine sehr selbstbewusste, von keinem Veränderungsdruck bestimmte Organisation. Im Bereich Volkswirtschaft waren etliche Mitarbeiterinnen und Mitarbeiter früher Studierende bei mir gewesen, der hochqualifizierte Leiter der Hauptabteilung hatte sein Berufsleben als Universitätsassistent bei mir begonnen und wurde später wertvolles Mitglied „meines" Direktoriums. Von manchen im Haus wurde ich aber als Außenseiter, wenn nicht als Eindringling empfunden. Ich war im Direktorium der Einzige, der nicht aus dem langjährigen Dienststand der OeNB stammte. Darüber hinaus war ich in der Geschichte der OeNB der erste Sozialdemokrat als Gouverneur, was in dieser sehr parteipolitisch geprägten Institution zum Teil Befürchtungen auslöste und im Bereich der sozialdemokratischen Betriebsorganisation Enttäuschung, als klar wurde, dass ich mich betont nur an Leistung und nicht an Parteinähe orientierte. Um dies gleich zu Beginn zu dokumentieren, übernahm ich – entgegen vielen fraktionellen Wünschen –, der schon bei meinem Amtsvorgänger Klaus Liebscher bewährten Büroleiter – was mir bei meinem Weg durch das Labyrinth der vielfachen Sonderregelungen in der OeNB eine große Hilfe war.

Ich hatte in den vielen Jahren meiner Kontakte die Oesterreichische Nationalbank und ihre Mitarbeiterinnen und Mitarbeiter als hochqualifiziert und seriös kennengelernt. Es war mir aber klar, dass in der inneren Struktur Veränderungen notwendig waren. Angelpunkt war hier ein Pensionssystem, das anders als für die überwiegende Mehrzahl der Österreicherinnen und Österreicher nach dem Kapitaldeckungsverfahren konstruiert ist. Dies erforderte den Aufbau einer gewaltigen Pensionsreserve, deren Höhe dann wieder Finanzminister zu „Raubzügen" verleitet hatte. Gleichzeitig war dieses Pensionssystem – ursprünglich mit einem Pensionsantrittsalter von 55 Jahren – überaus großzügig ausgestaltet, sodass in manchen Jahren die anfallenden Pensionen nicht oder nicht vollständig aus den Kapitalerträgen finanziert werden konnten. Es wurden daher aus den laufenden Erträgen der OeNB – letztlich zu Lasten der Gewinnabfuhr an den Bund – Zuschüsse geleistet, was de facto einer Subventionierung aus Steuermitteln gleichkam. Dieses ursprüngliche System, in das man bis 1998 eintreten konnte, war später durch eine Reihe von Reformen etwas entschärft worden, stellte aber jedenfalls weiterhin den „heiligen Gral" der Notenbank-Belegschaft dar. Tatsächlich war es freilich auch ein „goldener Käfig". Denn kein Berechtigter wollte je dieses System verlassen, sodass es in der OeNB praktisch keine Personalfluktuation gab – dafür aber doch manche frustrierte Mitarbeiterinnen und Mitarbeiter.

Um eine klare Linie zu zeigen, hatte ich bereits in meinem ersten Interview als OeNB-Gouverneur die Notwendigkeit einer Reform des Pensionssystems angesprochen – und mir damit die sofortige Gegnerschaft von Betriebsrat und auch mancher Kollegen im Direktorium eingehandelt. Dies galt dann auch für die Veränderung einer Vielzahl anderer Bestimmungen, wofür ich das Kriterium der „Branchenüblichkeit" in Bezug auf Gehalts- und Sozialstrukturen im Bereich Geld- und Kreditwirtschaft und Wirtschaftsprüfung entwickelte. Diese Gegnerschaft führte auch zu dem Phänomen einer Vielzahl von anonymen Anzeigen gegen mich bei der Staatsanwaltschaft und auch Steuerbehörden, was mir etwa eine steuerliche Sonderprüfung einbrachte. Wie erwartet, war stets alles in Ordnung, und ich war mir bewusst, dass nur sehr wenige Menschen hinter diesen Akten der Gemeinheit steckten, aber es war für mich doch neu und irritierend.

Es gelang mir, für die Umsetzung ein leistungsfähiges Team von Mitarbeiterinnen und Mitarbeitern zu gewinnen, und im weiteren Verlauf brachten auch Änderungen in der personellen Zusammensetzung des Direktoriums größere Reformbereitschaft. Vor allem aber fand ich nachhaltige Unterstützung durch das Präsidium des Generalrates. Der Generalrat der OeNB ist nach Notenbank-Gesetz eine Art von Aufsichtsrat. Er hat keine Entscheidungsbefugnis bei Vorstandsbestellungen, dafür aber sind Präsident und Vizepräsident stärker eingebunden in den laufenden Betrieb und nehmen – ohne Stimmrecht – auch an den Sitzungen des Direktoriums teil. Claus Raidl als Präsident und Max Kothbauer als Vizepräsident haben sich hier aktiv und – wie ich meine – positiv eingebracht. Wie im vergleichsweise engen „Netzwerk Österreich" üblich, kannte ich beide schon seit langer Zeit. Claus Raidl war ursprünglich Generaldirektor des Edelstahl-Produzenten Böhler-Uddeholm, dann nach Erwerb von Böhler durch die Voest Mitglied des Vorstandes der Voest-Alpine. Ich war zu dieser Zeit Mitglied des Aufsichtsrates der Voest-Alpine und konnte mit großem Respekt beobachten, wie diszipliniert und pflichtbewusst Raidl den Übergang vom Generaldirektor zum Vorstandsmitglied schaffte. Nach österreichischer Farbenlehre war er als prominenter Wirtschaftsexperte der ÖVP als mein „Gegenstück" zum Präsidenten des Generalrates bestellt worden. Entgegen manchen Erwartungen – oder Hoffnungen – arbeiteten wir in voller Übereinstimmung an unserem gemeinsamen Reformprogramm und ließen uns nicht gegeneinander ausspielen.

Die in vielen Formen auftretenden Konflikte mit dem – persönlich ja durchaus klugen und korrekten – Betriebsrat und Teilen der Belegschaft beruhten letztlich auf einer für jede gesellschaftliche Entwicklung grundlegenden Spannung. Auf der einen Seite steht hier der Grundsatz „pacta sunt servanda", das heißt, einmal getroffene Regelungen können nur einvernehmlich abgeändert werden. Auf der anderen Seite steht die gesellschaftspolitische Sicht, dass es legitim ist, dass Regelungen, die nicht mehr zeitgemäß sind oder die eine massive Privilegierung einzelner Gruppen bedeuten, in einem geordneten Verfahren auch gegen den Willen der privilegierten Gruppen abgeändert werden können. Dies ist speziell bei langfristig wirksamen Regelungen wie im Pensionsbereich von Bedeutung – betrifft aber die prinzipielle Problematik des „Vertrauensschutzes". Der österreichische Verfassungsgerichtshof hat hier meines Erachtens klugerweise Zumutbarkeits-Regelungen entwickelt und unter diesen Aspekten dann auch die Reformen im OeNB-Pensionssystem bestätigt. Inzwischen sind für die Mehrzahl der OeNB-Bediensteten nicht mehr die alten, sondern die neuen, branchenüblichen Dienst- und Pensionsrechte gültig, sodass das Thema „Luxus-Pensionen" zwar noch immer manchmal in Zeitungsartikeln auftaucht, die tatsächliche Substanz dafür aber immer geringer wird.

Es war mir wichtig, das überaus umfangreiche System der Sozialleistungen, wo vielfach auch Mitwirkungsrechte – und damit Einfluss – des Betriebsrates bestand, zu straffen und an die tatsächlichen Bedürfnisse vor allem der jüngeren Mitarbeiterinnen und Mitarbeiter anzupassen. Als besonderen Schwerpunkt sah ich dabei den großzügigen Ausbau der betrieblichen Einrichtungen für Kindergarten und Kinderbetreuung. Dies erleichtert speziell jungen Frauen – und auch immer mehr jungen Männern – die Vereinbarkeit von Beruf und Familie und hat dazu geführt, die OeNB als Arbeitgeber speziell für hoch qualifizierte, junge Mitarbeiterinnen und Mitarbeiter noch attraktiver zu machen. Ebenso habe ich speziell Wert auf eine Verbesserung der Arbeitsbedingungen, zum Beispiel durch Einbau eines Fernkühlsystems, gelegt – wogegen die Linie des Betriebsrates immer eher in Richtung zusätzliche Geldleistungen orientiert war. Im Laufe der Zeit hat sich dann, nicht zuletzt auch durch den demografischen Wandel, eine deutliche Entspannung im Verhältnis zu Betriebsrat und Belegschaft ergeben, und auch die Bereitschaft zu inhaltlichen Reformen hat zugenommen.

2016 feierte die Nationalbank das 200-Jahr-Jubiläum nach Gründung der „privilegierten oesterreichischen National-Bank". EZB-Präsident Mario Draghi hatte zugestimmt, diese Feier mit einer Tagung des EZB-Rates in Wien zu verbinden, und wir konnten mit ihm, den Gouverneuren und zahlreichen Regierungsmitgliedern eine schöne und würdige Veranstaltung in Wien abhalten. Vor allem aber ging es uns darum, dieses Fest auch für eine gesellige Zusammenkunft aller derzeitigen und auch der pensionierten Mitarbeiterinnen und Mitarbeiter zu nutzen. Diese große gemeinsame Veranstaltung im Wiener Rathaus hatte einen überaus positiven psychologischen Effekt und ab diesem Zeitpunkt gab es ein deutlich harmonischeres Zusammenarbeiten von Belegschaft und Direktorium. Für mich war dies – wiederum – eine Bestätigung meiner Erfahrung, wie wichtig es für ein Unternehmen ist, Gelegenheiten zu schaffen, bei denen ein Gemeinschaftsgefühl erfahren und verstärkt werden kann.[24]

So wie die Finanzwirtschaft insgesamt sind ja auch die Notenbanken von der massiven Dynamik im wirtschaftlichen und technologischen Umfeld betroffen. Um den Herausforderungen in Bezug auf Aufgaben- und auch Kostenentwicklung längerfristig zu entsprechen, hat das OeNB-Direktorium mit Hilfe externer Berater eine Entwicklungsanalyse für sämtliche Bereich der Notenbank durchgeführt. Hier konnte sich auch die hohe Qualität und Einsatzbereitschaft der Belegschaft bewähren. Die Änderungen in den Aufgabenstrukturen der Notenbank haben ja auch zu deutlichen Änderungen in der Personalstruktur geführt, insbesondere zu einem rasch wachsenden Anteil von

---

24 Anlässlich des Jubiläums erschienen zwei eindrucksvolle Publikationen. Als wissenschaftliche Publikation: Clemens Jobst, Hans Kernbauer: Die Bank. Das Geld. Der Staat. Nationalbank und Währungspolitik in Österreich 1816-2016. Campus Verlag, Frankfurt 2016, und als „Gedenkband": Oesterreichische Nationalbank (Hrsg.): Die Oesterreichische Nationalbank. Seit 1816. Brandstätter Verlag, Wien 2016.

Akademikern und speziell Akademikerinnen. Gleichzeitig aber war und ist es von Bedeutung, sich bewusst zu sein, dass unabhängig von der formalen Ausbildung jedes Mitglied der Belegschaft wichtig ist für das Funktionieren und die Reputation des Hauses und dass es wichtig ist, ein positives Gemeinschaftsgefühl zu stärken. Es war für mich als Gouverneur und Personalverantwortlicher immer wieder faszinierend zu sehen, über wie viele Talente und Fähigkeiten die Mitarbeiterinnen und Mitarbeiter der Oesterreichischen Nationalbank verfügen, und ich habe es stets als schöne und wichtige Aufgabe gesehen, Voraussetzungen zu schaffen, die die Entfaltung dieser Talente und Fähigkeiten ermöglichen. Bei meinem Abschied als Gouverneur war ich dann sehr berührt von den vielen Zeichen der Anerkennung und Sympathie, die ich von den Mitarbeiterinnen und Mitarbeitern empfangen konnte.

Die Zeit meiner Amtsübergabe fiel in eine Zeit eines tiefgreifenden politischen Wandels in Österreich – nach vielen Jahren einer Großen Koalition zwischen SPÖ und ÖVP kam es zu einer Koalition zwischen ÖVP und FPÖ. Diese Koalition erwies sich als kurzlebig. Gerade in dieser kurzen Zeit kam es aber nach Auslaufen der alten Verträge zu einer kompletten Neubesetzung der Führungspositionen der OeNB, wobei es der Vorteil der ÖVP war, auf einen weitaus größeren Kreis an qualifizierten und erfahrenen Persönlichkeiten zurückgreifen zu können, als dies beim kleineren Koalitionspartner der Fall war (und ist). Der kluge und entscheidungsstarke neue Präsident des Generalrates, Harald Mahrer, den ich schon seit seiner Zeit als Vorsitzender der Hochschülerschaft an „meiner" Wirtschaftsuniversität schätze, organisierte im Rahmen einer schönen Festlichkeit eine würdige Amtsübergabe an meinen Nachfolger Robert Holzmann und das durchgehend neu bestellte Direktorium. Im Interesse der Republik und im Interesse der OeNB, der ich nun elf Jahre gedient hatte, wünschte ich dem neuen Führungsteam viel Erfolg bei der Bewältigung ihrer schwierigen Aufgaben – wobei sich bald neue Herausforderungen in bisher nicht gekannten Dimensionen einstellten.

12. Die Europäische Wirtschafts- und Währungsunion

1993 wurde mit Inkrafttreten des Maastricht-Vertrages die Europäische Wirtschafts- und Währungsunion (EWWU) geschaffen. Dabei wurden auch die Kriterien für die Mitgliedschaft („Maastricht-Konvergenzkriterien") festgelegt. Nach langen und schwierigen Vorarbeiten wurde dann 1998 die Europäische Zentralbank gegründet, mit erstem Jänner 1999 der Euro als Buchwährung eingeführt, seit dem ersten Jänner 2002 gibt es Euro-Banknoten und Münzen als gesetzliches Zahlungsmittel. Die unmittelbare ökonomische Begründung für den Euro ist klar und einfach: Ein gemeinsamer Markt der EU-Staaten braucht zu seinem reibungslosen Funktionieren eine gemeinsame Währung, und in der Tat hatten – oft krisenhaft erfolgte – Abwertungen der Währungen einzelner Mitgliedsländer früher zu massiven Störungen des gemeinsamen Marktes geführt.

Es gab freilich noch eine weitere wirtschaftspolitische Dimension: In den Jahren der flexiblen Wechselkurse hatte sich in Europa eine eindeutige Dominanz der DM als der wertstabilen Währung der größten EU-Ökonomie entwickelt. Bei nunmehr ungehindertem, „freiem" Kapitalverkehr hatte sich auf den Kapitalmärkten eine klare Zinsstruktur zwischen Deutschland und den anderen EU-Mitgliedstaaten herausgebildet. Jeder Versuch einer Notenbank, durch eigenständige Zinssenkungen eine möglicherweise gesamtwirtschaftlich erforderliche, expansive Geldpolitik zu betreiben, führte in diesem System sofort zu Kapitalbewegungen hin zur DM und damit zur Abwertung der Währung. Wollte die nationale Notenbank, sei es aus Angst vor höheren Inflationsraten, sei es getrieben von nationalem Prestige, eine solche

Abwertung vermeiden, musste sie massiv ihre Währungsreserven einsetzen, das heißt mit fremder Währung – meist DM oder Dollar – die eigene Währung aufkaufen. Gewaltige Summen wurden in solchen, meist sinnlosen, „Währungskriegen" verpulvert – und letztlich von den auf Abwertung spekulierenden Kapitalmarkt-Teilnehmern verdient.

Einige Staaten hatten unter diesen Aspekten ihre währungspolitische Autonomie aufgegeben und verfolgten als „Hartwährungs-Block" ein System fester Wechselkurse zur DM. Sie mussten daher in der Geldpolitik unmittelbar den Entscheidungen – manche sahen dies als „dem Diktat" – der Deutschen Bundesbank folgen. Viele kleinere Nachbarstaaten Deutschlands wie die Niederlande, Dänemark und eben auch Österreich verfolgten diese Politik – und sind per Saldo damit nicht schlecht gefahren. Für große Staaten Europas, speziell für Frankreich, war ein solches Machtgefälle in Europa politisch freilich schwer zu ertragen. Die französische Notenbank versuchte durch eine Politik des „harten" Franc – „franc fort" –, als gleichwertiger Partner zur DM aufzuschließen, was sich aber aus der wirtschaftlichen und politischen Gesamtlage als schwierig erwies. Als es nach der Implosion der DDR zu einer Neuordnung der europäischen Architektur kam, konnten die beiden überzeugten Europäer Helmut Kohl und François Mitterrand in dieser Konstellation die Verwirklichung der ja schon vorher lange diskutierten Wirtschafts- und Währungsunion erreichen.

Damit war gleichzeitig eine langfristige Perspektive der Dynamik der europäischen Integration angesprochen, die auf die Konzeption der Gründungsväter Robert Schuman und Jean Monnet zurückgeht: wirtschaftliche Integrationsschritte zu setzen, die dann letztlich wieder politische Schritte in Richtung einer höheren Integrationsintensität ermöglichen. So hatte schon zu Beginn der europäischen Integration 1951 die Gründung der Europäischen Gemeinschaft für Kohle und Stahl (Montan-Union) 1957 zur Bildung der Europäischen Wirtschaftsgemeinschaft (EWG) in den „Römischen Verträgen" geführt. Die Wirtschafts- und Währungsunion sollte nun eine Dynamik entfalten, die dann – ausgehend von der bestehenden Europäischen Union – zu einer immer engeren, letztlich politischen Integration führen sollte. Oder defensiver gesehen: Es sollte vermieden werden, dass durch immer wiederkehrende Währungskrisen innerhalb der EU die politische und letztlich auch die wirtschaftliche Kohäsion zerfiel.

Diesen fundierten politischen und ökonomischen Überlegungen stand eine Reihe kritischer Fragen gegenüber. Eine zentrale Diskussion entwickelte sich ausgehend von der wirtschaftswissenschaftlichen Konzeption der vom Ökonomie-Nobelpreisträger Robert Mundell entwickelten „Theorie optimaler Währungsräume". Gemäß dieser Theorie kann sich aus dem Zusammenschluss mehrerer Staaten zu einer Währungsunion eine Reihe von Vorteilen ergeben: Die einheitliche Währung führt zu einer Verminderung der Transaktionskosten, zu größerer Preistransparenz und damit zu verstärktem Wettbewerb. Durch den Wegfall von Wechselkursschwankungen entfällt ein wichtiges Element der Unsicherheit im Wirtschaftsleben innerhalb des Währungsraumes, was wieder größere wirtschaftliche Verflechtung und damit höhere gesamtwirtschaftliche Effizienz erwarten lässt. Diese Vorteile werden umso eher eintreten, je größer die wirtschaftliche Homogenität zwischen den Teilnehmerstaaten der Währungsunion ist.

Von besonderer Bedeutung ist hier das mögliche Auftreten „asymmetrischer Schocks". Das heißt ökonomischer Schocks, die auf der Angebots- oder Nachfrageseite nur ein einzelnes Land betreffen und dann in einer Währungsunion nicht mehr durch isolierte Wechselkursänderungen „abgefangen" werden können. Die Wirkung solcher asymmetrischen Schocks wird umso geringer sein, je größer die Diversifikation der Produktion eines Landes, je höher die Preis- und Lohnflexibilität und allenfalls je höher die Faktormobilität, das heißt für den Arbeitsmarkt, je höher die Bereitschaft der Arbeitnehmer ist, auf national spezifische Arbeitsmarktprobleme mit Abwanderung zu reagieren. Europas Volkswirtschaften waren schon vor der Währungsunion stark (wenn auch nicht so stark wie heute) verbunden, was das Problem asymmetrischer Schocks deutlich reduzierte. Aber es war offensichtlich, dass es zwischen den potenziellen Mitgliedern einer europäischen Währungsunion vielfache institutionelle und strukturelle Unterschiede gab und insbesondere der Arbeitsmarkt in Europa sprachlich und historisch segmentiert war (und ist). Nach diesen Kriterien war die geplante Währungsunion daher nur in geringem Maß als „optimaler Währungsraum" zu sehen – übrigens auch nicht die viel homogenere Volkswirtschaft der USA.

Es ergaben sich damit zwei konkurrierende strategische Perspektiven: Die speziell von deutschen Ökonomen vertretene „Krönungstheorie", die besagt, eine europäische Währungsunion könne nur als „Krönung" einer langfristigen vollständigen wirtschaftlichen und politischen Integration kommen. In die politische Realität übersetzt: auf absehbare Zeit nicht. Dem gegenüber stand die von „pro-Europäern" vertretene „Lokomotiv-Theorie". Hier wurde die Währungsunion im Sinn von Schuman und Monnet gesehen, die zwangsläufig weitere Integrationsschritte nach sich ziehen würde.

Im politischen Prozess wurde dann ein aus meiner Sicht sinnvoller Kompromiss erzielt: Nach EU-Vertrag ist die Teilnahme an der Währungsunion langfristig für alle EU-Staaten (mit Ausnahme von Großbritannien und Dänemark) vorgesehen beziehungsweise verpflichtend. Die schon zur Zeit der Vertragsverhandlungen – und heute durch Erweiterungen noch viel stärkere – erhebliche wirtschaftliche und auch politische Heterogenität wurde aber insofern berücksichtigt, dass nach dem für die Gestaltung der Wirtschafts- und Währungsunion entscheidenden Maastricht-Vertrag die Teilnahme an der Währungsunion an detailliert formulierte Eintritts-Kriterien („Konvergenz-Kriterien") gebunden ist, wobei die Erfüllung dieser Kriterien nicht „erzwungen" werden kann.

Bei aller Anerkennung der in der Zwischenzeit sichtbar gewordenen Probleme war und ist diese Entwicklung im Sinn der „variablen Integrationsstrategie" sinnvoll. Ein währungsmäßig gespaltenes Kerneuropa hätte die massive Wirtschafts- und Finanzkrise nach 2008 nicht oder jedenfalls schlechter überstanden und in der während der Krise zentralen internationalen Währungspolitik keine Rolle gespielt. Zweifellos wäre es auch nicht zu den vielen zusätzlichen Integrationsschritten gekommen, die seit 1999 erfolgt sind, wie die Entwicklung zur Bankenunion oder des Europäischen Stabilitäts-Mechanismus.

Eine andere Frage ist freilich die nach der Wirksamkeit der „Zugangsbeschränkungen". Die Europäische Währungsunion (EWU) begann 1999 mit elf Mitgliedstaaten (darunter Österreich). Schon zu diesem Zeitpunkt gab es ökonomische Bedenken in Bezug auf die Teilnahme Italiens, das aber politisch als großes Gründungsmitglied der EWG außer Streit stand und darüber hinaus die Herausforderung des EWU-Beitritts zu einer entschlossenen Konsolidierungspolitik nützte. Ein wichtiger Architekt dieser Konsolidierungspolitik war Mario Draghi in seiner damaligen Position als Leiter der italienischen Finanzverwaltung.

Schon der Beitritt von Griechenland im Jahr 2001 zeigte die Problematik, dass es sich beim Beitritt zum Euro-Raum letztlich um eine politische Entscheidung durch den EU-Rat handelte. Die EZB hatte vor dem Beitritt gewarnt, und es hatte auch erhebliche – wie sich später zeigte, begründete – Zweifel an der Korrektheit der vorgelegten statistischen Daten gegeben. Heute hat die Europäische Währungsunion 19 Mitgliedstaaten, zwei weitere EU-Staaten (Bulgarien, Kroatien) bewerben sich um die Aufnahme. Die bisherige Entwicklung hat gezeigt, dass es problematisch ist, die Erfüllung der „Maastricht-Kriterien" mit ihrer budgetpolitischen Schwerpunktsetzung (Defizitquote von maximal drei Prozent und Schuldenquote von maximal 60 Prozent des BIP) nur kurzfristig zu betrachten, sondern dass speziell der Aspekt der Nachhaltigkeit („sustainability") von Bedeutung ist – und damit auch strukturelle und realwirtschaftliche Faktoren.

Eine besondere Herausforderung bei der Umsetzung der Europäischen Währungsunion und der Gründung der Europäischen Zentralbank (EZB) war stets die Rolle Deutschlands, der größten Volkswirtschaft in der EU. Ein Übergang von der DM zum Euro bedeutete für Deutschland massive psychologische und politische Probleme – Probleme, die sich bis heute immer wieder im Verhältnis Deutschlands zur EZB zeigen. Für die deutsche Bevölkerung war die DM eng mit dem „Wirtschaftswunder" des Wiederaufbaus Deutschlands verbunden. Mit der Stellung der DM verknüpft, war wieder die Stellung der Deutschen Bundesbank als „Hüterin der Preisstabilität".

Wie der frühere Präsident der EG-Kommission Jacques Delors einmal bemerkte: „Nicht alle Deutschen glauben an Gott, aber alle an die Bundesbank." Für die Bundesbank selbst wieder bedeutete die Europäische Währungsunion einen Machtverlust, war sie doch vorher alleiniges Zentrum der europäischen Währungspolitik und übte diese Rolle auch sehr selbstbewusst aus.

Letztlich folgte die Bundesbank den gesamtpolitischen Überlegungen der deutschen Bundesregierung, wobei sich der Euro dann als großer Vorteil für Deutschland erwies. Es verblieb aber der Eindruck, dass die „Hausmeinung" der Bundesbank sowohl bei Direktorium wie Fachexperten durchwegs eher skeptisch und abwehrend war. In drastischer Weise spiegelte sich dieser Eindruck etwa in der Aussage des früheren Kanzlers Helmut Schmidt in einem Handelsblatt-Interview im Februar 2008: „Im tiefsten Herzen sind die Bundesbanker Reaktionäre. Sie sind gegen die europäische Integration." Diese Aussage war damals weit überzogen und ist heute zweifellos nicht mehr gültig. Aber das hier sichtbar gewordene, latente Konfliktpotenzial zwischen Bundesbank und der in Gesamtverantwortung stehenden Bundesregierung und der oft schwierige Umgang der Bundesbank mit einer häufig sehr einseitig politisch beeinflussten öffentlichen Meinung stellten auch künftig zeitweise als Herausforderung dar. Und im Verhältnis Bundesbank zu EZB überschrieb das angesehene Wirtschaftsmagazin „Economist" noch im Februar 2020 einen entsprechenden Artikel mit der Überschrift „Couples therapy" (Paar-Therapie).

Es war jedenfalls notwendig, bei der Errichtung der EZB der Stimmungslage und den Befürchtungen von Bundesbank und weiten Teilen der deutschen Öffentlichkeit möglichst entgegenzukommen. Dementsprechend wurde die EZB in vieler Hinsicht nach dem Modell der Deutschen Bundesbank konzipiert. So entspricht das Mandat der EZB im Wesentlichen der ausschließlich auf Preisstabilität orientierten Zielsetzung der Bundesbank und wurde von deren Vertretern auch stets so interpretiert. Die Unabhängigkeit der EZB ist sogar stärker als die der Bundesbank. Denn die Unabhängigkeit einer nationalen

Notenbank beruht stets auf nationalen Gesetzen, die von nationalen Parlamenten auch abgeändert werden können – und solche Diskussionen gab es ja nicht nur in den USA, sondern auch in Deutschland. Die Unabhängigkeit der EZB beruht dagegen auf den Europäischen Verträgen – mit Rechtszug zum Europäischen Gerichtshof. Wie die politische Erfahrung zeigt, sind die europäischen Verträge aber wesentlich schwieriger zu ändern als nationale Gesetze – und im Fall der Notenbank-Unabhängigkeit ist hier jede Änderung, die ja einen einstimmigen Beschluss erfordern würde, praktisch ausgeschlossen.

Von erheblicher Bedeutung für die Zustimmung zur Europäischen Währungsunion war für Deutschland wie auch die „nachgeordneten" Mitglieder der „Hartwährungsgruppe" 1996/97 die Verabschiedung des „Europäischen Stabilitäts- und Wachstumspaktes", der die Regelungen des Maastricht-Vertrages ergänzt und konkretisiert. Im Kern geht es dabei um das Problem, dass die Europäische Währungsunion als Organ mit der EZB eine gemeinsame Notenbank aufweist, dieser Notenbank im Gegensatz zu anderen Währungsräumen aber kein einheitliches Organ der Finanzpolitik – Finanzministerium und budgetrelevantes Parlament – gegenübersteht. Der „Stabilitätspakt" mit dem Schwerpunkt der gesamtstaatlichen Defizitbeschränkungen ist daher in gewissem Sinn als „Ersatz" für die fehlende einheitliche finanzpolitische Willensbildung im Euro-Raum zu sehen. Da – mit Recht – davon ausgegangen wird, dass das dauerhafte Erreichen des Zieles der Preisstabilität eine Kooperation von Geld- und Finanzpolitik erfordert, soll der Spielraum für nationale Finanzpolitik durch einheitliche europäische Regeln festgeschrieben werden. Dies soll ein „Trittbrettfahrer-Verhalten" einzelner Staaten verhindern, die sonst einen Anreiz hätten, von der durch die Gemeinschaft geschaffenen Preisstabilität des Euro-Raumes zu profitieren, ohne sich selbst entsprechend Stabilitäts-konform zu verhalten. Auf die entsprechenden grundlegenden Fragestellungen von Anreizwirkungen (moral hazard) wurde in Kapitel 5 bereits eingegangen.

Der Stabilitätspakt war und ist Gegenstand heftiger politischer Diskussionen. Es ist hier im Lauf der Zeit zu etlichen Verfeinerungen und Flexibilisierungen gekommen, was zweifellos zu zusätzlicher Komplexität geführt hat. Es bleibt auch das Problem glaubwürdiger und politisch realistischer Sanktionen – und damit die prinzipielle Frage zwischen Stabilitätspakt und dem Budgetrecht demokratisch legitimierter nationaler Parlamente. Ein Koordinierungsproblem kann freilich nicht nur in Bezug auf zu hohe Defizite, sondern in bestimmten Konjunkturlagen auch durch zu hohe Budgetüberschüsse einzelner Mitgliedstaaten entstehen.

In der öffentlichen Diskussion zu Beginn der Währungsunion vergleichsweise wenig beachtet, aber später von erheblicher Brisanz, sind die Artikel 123 bis 125 des EU-Vertrages, die das Verbot direkter Staatsfinanzierung durch die Notenbank und das Verbot der Hilfeleistung für Staaten in Finanzierungsproblemen (no-bailout-Klausel) enthalten. Durch diese Regelungen kann es – jedenfalls vom Prinzip her – für jedes Mitgliedsland des Euro-Bereiches zur Zahlungsunfähigkeit und damit zum Staatskonkurs kommen. Da die einzelnen Mitgliedstaaten hinsichtlich Liquiditätsversorgung der supranationalen, von ihnen unabhängigen EZB gegenüberstehen, ist der Euro für sie, technisch gesehen, eine Fremdwährung. Für Staaten mit Verschuldung in eigener Währung, wie dies etwa für die USA oder Japan typisch ist, wird von den Kapitalmärkten davon ausgegangen, dass sie durch de facto oder de jure Zugang zur eigenen Notenbank niemals illiquid werden können.

Dies gilt nicht für die Staaten des Euro-Raumes. Sie stehen daher in krisenhaften Situationen bezüglich Erhaltung ihrer Liquidität unter sehr viel stärkerem Druck der internationalen Finanzmärkte – und der hier zentralen Ratingagenturen. Diese Konstellation der Disziplinierung staatlichen Handelns durch die Kapitalmärkte ist durchaus gewollt und entspricht dem, was die deutsche Bundeskanzlerin Merkel als Konzept der „marktkonformen Demokratie" dargestellt hat. Ein zentrales Problem dieses Ansatzes ist freilich die Annahme, dass in einer Währungsunion Finanzierungsprobleme eines Staates ein isoliertes Problem bleiben. Wie die Finanzkrise der-Jahre nach 2008 dramatisch deutlich gemacht hat, gibt es jedoch international – und speziell in einer Währungsunion – zwischen Banken und Staaten enge Verflechtungen bezüglich Finanzierungsströmen, Erwartungen und Befürchtungen. Der Zusammenbruch einer Bank oder der Zahlungsausfall eines Staates kann massive negative Auswirkungen auf andere Banken oder andere Staaten haben. Diese Problematik hat zu einer späteren Zeit die EZB und die gesamte Politik der EU vor gewaltige Herausforderungen gestellt.

Zunächst jedenfalls konnte nach umfangreichen Vorarbeiten die EZB mit dem ersten Jänner 1999 in Frankfurt ihre Arbeit aufnehmen. Oberstes Beschlussorgan ist der EZB-Rat, bestehend aus den Gouverneuren der nationalen Notenbanken der Euroraum-Mitgliedstaaten und den sechs Mitgliedern des EZB-Direktoriums. In Fragen der Geldpolitik erfolgt die Beschlussfassung im EZB-Rat nach dem Prinzip „eine Person – eine Stimme" und nach einfacher Mehrheit. Dies unterscheidet die EZB etwa von der Regelung im Rahmen des Internationalen Währungsfonds, wo es eine Stimmgewichtung nach Kapitalanteilen der jeweiligen Volkswirtschaften gibt, entspricht aber dem prinzipiellen Ansatz für Entscheidungen über wesentliche Fragen im Bereich der Europäischen Union. Die Mitglieder des Direktoriums werden für eine Amtszeit von acht Jahren ernannt, eine Wiederbestellung ist nicht zulässig. Damit soll die personelle Unabhängigkeit der Mitglieder des Direktoriums betont und bestärkt werden. Ein weiteres Organ der EZB stellt der Erweiterte Rat dar, dem neben Präsident und Vizepräsident der EZB die Gouverneure der Notenbanken sämtlicher EU-Staaten angehören. Erster Präsident der EZB wurde der aus dem „Hartwährungsland" Niederlande kommende, kluge und erfahrungsreiche Wim Duisenberg. Nicht zuletzt, um deutsche Befürchtungen zu zerstreuen, war die zentrale Stelle des ersten Chefökonomen im Direktorium mit dem einflussreichen früheren Chefökonomen der Deutschen Bundesbank, dem höchst angesehenen Ökonomieprofessor Otmar Issing besetzt worden. Auch in den operativen Abteilungen wurde die Gestaltung der Geldpolitik vielfach durch „Bundesbank-geeichte" deutsche Ökonomen (und wenige Ökonominnen) bestimmt.

13. EZB und Finanzkrise

Eine umfassende Studie der EZB zu ihrem 20-jährigem Bestehen – „A Tale of Two Decades"[25] – hat sehr deutlich zwischen dem ersten und dem zweiten Jahrzehnt der EZB-Tätigkeit unterschieden. Das erste Jahrzehnt 1998 bis 2007/2008 wurde wirtschafts- und vor allem geldpolitisch weltweit als die glückliche Zeit der „great moderation", der großen Stabilität, gesehen. Unabhängige Notenbanken waren in der Lage, durch eine Strategie des „inflation targeting", des Abstellens auf Inflationsziele, Preisstabilität zu erreichen und die Inflationserwartungen zu stabilisieren. Wie die prominenten Vertreter der „Theorie rationaler Erwartungen" erklärten, sei das Problem von Konjunkturschwankungen nun überwunden. Der Glaube an rationale Märkte führte zu einer weltweiten Politik der Deregulierung, was im Finanzsektor zu einer gewaltigen Welle von kühnen „Finanzinnovationen" und insgesamt zu gewaltig steigenden Gewinnen und entsprechend euphorischer Stimmung führte.

Hinzu kam unter angelsächsischem Einfluss die zunehmende Bedeutung der Unternehmensorientierung am „shareholder-value" und damit verbunden der Kult um den CEO, den Chief Executive Officer in Ablöse des früher nach kontinentalem Unternehmensrecht „Generaldirektor" genannten Unternehmensleiters. Es entstand auch eine tiefgreifende Änderung in der Unternehmenskultur des Bankwesens, wo sich eine rapide Auseinanderentwicklung zwischen der Gruppe der „elitären" internationalen Banken und der „biederen" nationalen Bankwirtschaft, speziell im genossenschaftlichen und Sparkassen-Bereich, ergab. Aber auch die Spitzeninstitute

---

25 Massimo Rostagno et al.: A Tale of Two Decades: the ECB's Monetary Policy at 20. Frankfurt 2019.

dieses „biederen" – und langfristig solideren – Bereiches waren nicht vor den Verlockungen der „großen Welt" gefeit, was dann auch später zu gewaltigen Problemen führte. Im Fall der überaus mächtigen und selbstbewussten „Westdeutschen Landesbank" auch zu ihrem Untergang.

Die in vielen Bereichen von Gier und Überheblichkeit gekennzeichnete Unternehmenskultur der großen internationalen Banken erfasste dabei alle Ebenen dieser Institute. Ich musste an das Moralspiel des „Jedermann" denken, als ich zu diesen Zeiten einmal meinen Sohn besuchte, der damals als Investmentbanker seinen Arbeitsplatz im Londoner Bankenviertel „Canary Wharf" hatte. Es war gerade Bonus-Zeit und in den Straßen der Canary Wharf herrschte ein geradezu makabres Festival, wo Händler von Luxusautos, Juweliere, noble Schneider und andere Luxusanbieter in speziellen Kojen um die höchst kaufkräftige Kundschaft buhlten.

Das alles war aber noch harmlos gegenüber dem Treiben der großen selbstbewussten Bosse, die mit anfechtbaren betriebswirtschaftlichen Begründungen, in Wahrheit aber überwiegend getrieben von Prestigedenken, an der fortwährenden Vergrößerung ihrer Imperien – und damit verbunden an der Erhöhung ihrer Einkommen und ihrer „Rangordnung" arbeiteten. Entsprechend liegt aus meiner Sicht daher ein erheblicher Teil der späteren Krise nicht in „objektiven", unbeeinflussbaren Faktoren, sondern im massiv fehlerhaften Handeln der Unternehmensführungen. Da es aber ein weithin „kollektiver Fehler" war, hatte der dann folgende Zusammenbruch meist keine gravierenden persönlichen Folgen für die selbstherrlichen „Könige der Finanzen", speziell auch keine strafrechtlichen Folgen. Sie verloren zwar letztlich ihre Positionen, hatten aber meist in Hinblick auf ihr rasch angesammeltes Vermögen und ihre großzügigen Pensionsrechte nichts zu befürchten.

Die Wahrheit ist konkret – es seien daher einige Beispiele gegeben: Etwa der langjährige CEO der Deutschen Bank, Josef Ackermann, der für sein Institut das Ziel einer Eigenkapitalrendite von

25 Prozent setzte, was klarerweise mit der Kombination von zu geringer Eigenkapital- bei hoher Fremdkapitalquote und der Übernahme hoher Risiken verbunden sein musste. Der fehlgeleitete – und unkontrollierte – Wachstumsehrgeiz des damaligen Vorstandsvorsitzenden Georg Funke brachte die Hypo Real Estate Bank dazu, 2007 die Depfa Bank zu übernehmen. An dieser Transaktion allein verdiente der Depfa Vorstandschef und Aktionär Gerhard Bruckermann rund 100 Mill. Euro. Das Geschäftsmodell der Depfa Bank galt schon in meiner Zeit bei der Europäischen Investitionsbank als problematisch und beruhte darauf, in riesigem Volumen langfristige Kredite mit kurzfristiger Refinanzierung zu vergeben. Mit der Bankenkrise 2008 und dem Zusammenbruch der Geldmärkte war dieses Geschäftsmodell nicht mehr lebensfähig. Die dann notwendige Sanierung der systemrelevanten Hypo Real Estate erforderte insgesamt staatliche Hilfen und Garantien von 102 Mrd. Euro. Funke musste sich einem Untersuchungsausschuss des deutschen Bundestages stellen, Bruckermann wurde nie belangt und ist nach meinem Wissen unbekannten Aufenthaltes. In das vormals biedere Schweizer Bankwesen brachte Marcel Ospel an der Spitze der Großbank UBS „moderne Dynamik" und kassierte dafür allein im Jahr 2006 ein Salär von 26,6 Millionen Franken. 2007 und 2008 führten dann Fehlinvestitionen von mehr als 70 Milliarden Franken zur Gefahr des Konkurses der Bank, der nur durch eine konzentrierte Aktion von Regierung und Notenbank abgewendet werden konnte. Für Großbritannien und die USA ließen sich noch eine Vielzahl von Namen für eine solche „list of shame" nennen, nicht zuletzt Richard Fuld, der selbstbewusste und massiv überforderte letzte Chef von Lehman Brothers.

Insgesamt kam es zu extrem leichtfertigen Überschreitungen eines vernünftigen Maßes der Fristen- und Riskentransformation, zu überzogenen Haftungsübernahmen zu Gunsten von „Special Purpose Vehicles" und zur Annahme der unbegrenzten Verfügbarkeit der Liquidität. Besonnene Banker fühlten sich unwohl in dieser von Notenbanken und Aufsehern de facto kaum eingebremsten

Entwicklung. Aber die Mehrzahl der Chefs der großen internationalen Banken war getrieben von überzogenen Renditeversprechungen und -erwartungen. Berühmt-berüchtigt wurde der Ausspruch des damaligen Chefs der Citibank, Charles Prince. Noch im Sommer 2007 erklärte er „solange die Musik spielt, muss man aufstehen und tanzen". Und verblendet fügte er hinzu: „Wir tanzen immer noch." Es war – auch für die Citibank – ein Tanz in den Abgrund.

Bei nüchterner Betrachtung mehrten sich bereits zu Beginn 2007 die Anzeichen, dass der durch exzessive Kreditvergabe aufgeblähte Boom am amerikanischen Immobilienmarkt seinem Ende zugehe. Damit stieg das Risiko der vergebenen Kredite, speziell der Kredite an Kreditnehmer mit geringer Bonität. Extremes Beispiel dieser euphemistisch „subprime" bezeichneten Kredite waren die später zynisch so genannten „NINJA"-Kredite (an Kreditnehmer mit „no income, no job, no assets"), die dann vielfach uneinbringlich wurden. Besonders toxisch war, dass diese problematischen Immobilienkredite häufig in Form von gemeinsamen, weiterverkaufbaren und im Laufe der Zeit als „Finanzinnovationen" immer komplexeren Wertpapieren gebündelt wurden – „Collateral Debt Obligations", CDOs. Dabei ging es um die Zusammenfassung von Hypothekarkrediten („asset-backed securities", ABS) oder um „asset-backed commercial papers" (ABCP), bei denen ebenfalls eine Vielzahl von Krediten, zum Beispiel Auto-Kredite, in einem Wertpapier gebündelt wurden.

Diese komplexen Wertpapiere wurden mit einer Qualitätsbewertung – Rating – versehen und an ertragsinteressierte Investoren, wie Pensionsfonds, Staatsfonds und in erheblichem Ausmaß auch an Banken, speziell aus Deutschland, verkauft. Die emittierenden Banken gründeten dafür eigene, formal unabhängige Sondergesellschaften – „Special Purpose Vehicles" –, für die sie freilich Liquidität und Garantien bereitstellten. Die Grundidee war, dass die unmittelbar kreditgebenden Banken durch Verkauf der entsprechenden Kredite das Kreditrisiko an die Käufer der CDOs weitergeben könnten und damit gleichzeitig für die Gesamtwirtschaft eine größere Risikostreuung erreicht werden könne.

Sowohl am Arrangement, wie bei der Risiko-Bewertung dieser Papiere waren anerkannte Rating Agenturen beteiligt, was de facto, wenn auch nicht rechtlich verfolgbar, vielfach einen Interessenskonflikt innerhalb der Ratingagenturen bedeutete. Sobald Schwierigkeiten auftauchten, reduzierten die Ratingagenturen ihre vorher vergebenen Ratings drastisch – die Spirale drehte sich damit nach unten. Eine unmittelbare Schlussfolgerung war die eines tiefen Misstrauens gegenüber dem Wirken der etablierten Ratingagenturen. Hier wurden auf EU-Ebene gewisse Maßnahmen gesetzt – heute stehen diese Agenturen aber wieder unangefochten in voller Blüte.

Mit zunehmender Nervosität versuchten die Investoren dann, sich von den problematischen CDO-Papieren zu trennen, beziehungsweise ließen ihr Engagement in diesen Papieren auslaufen. Das führte zu einem gewaltigen Liquiditätsproblem bei vielen der Investment-Fonds, die zunächst versuchten, sich durch rasche Verkäufe von Aktiva zu refinanzieren, was aber bei einem illiquiden und nervösen Markt nur mit gewaltigen Preisreduktionen möglich war. Mit nur kurzer Verzögerung erreichte die Entwicklung in den USA auch Europa, wo ebenfalls ein System von „Schattenbanken" – Finanzeinrichtungen außerhalb der Bankbilanzen und der Bankenaufsicht – entstanden war.

Ein erstes Warnsignal zeigte sich im Juli 2007 bei einer Finanzeinrichtung mit dem schönen Namen „Rhineland Funding", errichtet von der relativ kleinen Deutschen Industriebank, IKB, deren maßgeblicher Aktionär die riesige, im Staatsbesitz befindliche, Kreditanstalt für Wiederaufbau, KfW, war. Auf den Finanzmärkten entwickelte sich – berechtigtes – Misstrauen bezüglich der Qualität der von Rhineland gehaltenen Papiere. Rhineland konnte diese Papiere nicht mehr refinanzieren und nahm nun die Kreditlinie zur IKB in Anspruch. IKB wieder konnte die entsprechende Liquidität nicht aufbringen – hatte aber mit der KfW eine starke „Mutter", die 8 Mrd. Euro Liquidität bereitstellte und für 1 Mrd. Verluste aus dem Portfolio der IKB abdeckte. Dies schien ein „glückliches Ende", aber schon am 9. August kam es zum nächsten Finanzdrama. BNP Paribas, die größte Bank Frankreichs, sperrte jede Auszahlung bei drei ihrer Investment-Fonds wegen „kompletter

Illiquidität" am Markt für solche Produkte. Es folgte eine Reihe weiterer beunruhigender Entwicklungen auf den internationalen Finanzmärkten.

Mich persönlich hatten diese Spannungen zu einem sehr ungünstigen Termin erreicht. Nach Verkauf der Bawag an Cerberus gönnte ich mir endlich einen kurzen Urlaub und hatte mit meiner Frau eine Schiffsreise auf der Donau von Wien bis zur Donaumündung angetreten. Statt die eindrucksvolle Landschaft zu bewundern, saß ich freilich in unserer Kabine am Mobiltelefon in permanentem Kontakt mit meinem Büro und Vertretern meines Aktionärs. Auch die Bawag hatte in früheren Zeiten ein gewisses Portfolio an „Alternative Investments" aufgebaut. Ich hatte das rasch nach meinem Amtsantritt aber gestoppt und war über Ausmaß und Risken dieser Papiere gut informiert. In Zeiten zunehmender Liquiditätsverknappung war aber die Bawag als nun wieder liquiditätsstarkes Institut verschiedensten Begehrlichkeiten ausgesetzt, denen es in vielen Telefonaten zu widerstehen galt. Dabei war es nervenaufreibend, mit den technischen Tücken der Telekommunikation auf einer Schiffsreise zurecht zu kommen. Die einzige Gelegenheit, wo ich beruhigt an Bord gehen konnte, war die eindrucksvolle Fahrt durch den Donaudurchbruch „Eisernes Tor", an der Grenze zwischen Serbien und Rumänien, wo es garantiert keinerlei Chance für eine Telefonverbindung gab. Ich habe jedenfalls auch in späteren Jahren den sommerlichen Ferienmonaten mit gemischten Gefühlen entgegengesehen und mich nie weiter als zwei Stunden Fahrzeit von meinem Büro entfernt. Denn die geringere Geschäftsaktivität im Sommer ist auch mit geringerer Liquidität verbunden, sodass plötzliche negative Ereignisse überproportional negative Weiterentwicklungen haben können. Und ich habe gelernt, dass Krisenmanagement am wirkungsvollsten immer noch vor Ort geschieht und persönliche Anwesenheit durch elektronische Kommunikation nicht voll ersetzt werden kann.

Die massive Nervosität der Finanzmärkte führte am 9. August 2007 mit den Worten des damaligen EZB-Präsidenten Trichet zu einem finanziellen „Tsunami", dem die EZB mit der Bereitstellung unbegrenzter kurzfristiger Liquidität begegnete. In diesem Fall reagierte die EZB rascher als die übrigen Notenbanken, speziell rascher als die Fed, und Trichet wurde von der Financial Times berechtigterweise die Ehrung „Person of the Year" verliehen. In der Folge blieben die Märkte zwar angespannt, aber viele Chefs der großen Banken, wie etwa der vorher zitierte Chef der Citibank, waren noch immer voll Selbstbewusstsein und mit vollem Vertrauen in die stabilisierenden Effekte der eingesetzten „Finanzinnovationen". EZB-Präsident Jean-Claude Trichet hat für die Stimmung im zweiten Halbjahr 2007 den schönen Ausdruck „meta-stability" geprägt. Die Weltwirtschaft befand sich insgesamt noch in Hochkonjunktur, es kam zu einem starken Anstieg der Ölpreise und damit zu einem Anstieg der Inflationsrate auf 3,6 Prozent. Dies veranlasste letztlich die EZB, am dritten Juli 2008 ihren Hauptrefinanzierungssatz auf 4,25 Prozent zu erhöhen. In der strengen Orthodoxie der damaligen Zeit schien dem EZB-Rat eine solche Maßnahme nötig, um die Glaubwürdigkeit des von der EZB festgelegten Preisstabilitätsziels zu gewährleisten. In deutschen Medien wurde diese Entscheidung als „Erhöhung der Glaubwürdigkeit der EZB" im Sinne der „Tradition der Deutschen Bundesbank" gelobt. Im Nachhinein gesehen, beruhte diese Zinserhöhung auf unzutreffenden Zukunftserwartungen und war damit, objektiv gesehen, wohl ein Fehler.

Als ich dann Anfang September 2008 Gouverneur der Oesterreichischen Nationalbank und damit Mitglied des Gouverneursrates der EZB wurde, hatte sich die Lage in den USA bereits zugespitzt, und das zweite schwierige Jahrzehnt der EZB begann. Die große weltweite Finanzkrise der Jahre nach 2007/2008 und ebenso die Krise des Euro-Raumes nach 2011 ist viel analysiert und beschrieben worden. Ich will mich daher darauf beschränken, darzustellen, wie ich als Beobachter und teilweise als Akteur diese Krisenzeiten erlebte habe und zu welchen Schlussfolgerungen und Analysen ich gekommen bin.

Wenige Tage nach meinem Amtsantritt als Gouverneur der Oesterreichischen Nationalbank flog ich nach Frankfurt zu meiner ersten Sitzung als Mitglied des EZB-Rates. Vor dieser ersten Sitzung des EZB-Rates im Euro-Tower lud mich der damalige Präsident

Jean-Claude Trichet zu einer Vorbesprechung in sein Büro. Trichet war als Präsident der Banque de France nach einer etwas komplizierten Übergangsregelung dem Holländer Wim Duisenberg als Präsident der EZB nachgefolgt. Trichet hatte ursprünglich an der renommierten École des Mines de Nancy Bergbau-Technik studiert und war dann via der Elite-Kaderschmiede ENA den Weg hoher französischer Beamter gegangen. Als solcher erlebte er die verschiedenen Währungskrisen der 1980er-Jahre mit, was ihn zu einem entschiedenen Befürworter der Europäischen Währungsunion machte, an deren Begründung mit dem Vertrag von Maastricht er bereits mitarbeitete. Als Präsident der französischen Notenbank hatte er sich mit der Politik der „franc fort" eng an die Politik der Deutschen Bundesbank angeschlossen und diesen ökonomischen und politischen Gleichklang dann auch in der Europäischen Währungsunion fortgeführt. Mit Trichet bin ich bis heute über die „Trilateral Group", deren Vorsitzender er ist, freundschaftlich verbunden, er und seine Frau sind sehr vielseitig interessierte, gebildete Persönlichkeiten. Wir stellten fest, dass unsere Väter beide als Latein-Professoren tätig waren, und gönnten uns den Snobismus, bei Wortmeldungen manchmal lateinische Redewendungen einzuflechten.

Trichet zeigte sich sehr besorgt über das Auseinanderklaffen der Entwicklung der Lohnstückkosten zwischen den Staaten der Euro-Zone. Er illustrierte dies mit einer entsprechenden Grafik, die er, wie ich später erfuhr, auch häufig im Kreis der Finanzminister präsentierte. Eindrücklich zeigte sich dabei gegenüber Deutschland für die südlichen Mitgliedstaaten des Euro-Raumes eine wesentlich raschere Lohnentwicklung und damit eine Verschlechterung der Wettbewerbsfähigkeit, was wieder zu massiven Leistungsbilanzdefiziten dieser Staaten führte (Griechenland 2008 zum Beispiel 14,5 Prozent). Aus ökonomischer Sicht stellte sich hier für mich die Frage, ob es nicht auch sinnvoll wäre, dieses Problem durch eine stärkere Lohnentwicklung in Deutschland zu entschärfen – aber aus Sicht der praktischen Politik war klar, dass es keine wirtschaftspolitischen Hebel auf europäischer Ebene gab, eine solche Entwicklung zu erreichen. Trichet sah in dieser unterschiedlichen

Dynamik der Lohnstückkosten die zentrale wirtschaftspolitische Problematik für den Euro-Raum. Er hatte damit insofern Recht, als dies ein massives Thema der übernächsten Krise wurde. Die nächste Krise kam dagegen, vergleichsweise wenig beachtet, aus dem Bereich der Banken – und hier speziell der großen Banken des „Nordens".

Zweifellos stieg inzwischen die Nervosität – ich erlebte dies deutlich bei den inoffiziellen Gesprächen im Rahmen der „informellen ECO-FIN-Sitzung" am 12. und 13. September 2008. ECOFIN ist der Rat der Europäischen Wirtschafts- und Finanzminister. Aufgabe ist einerseits die gemeinsame Analyse der wirtschaftlichen Entwicklung, andererseits die Vorbereitung wirtschaftspolitischer Maßnahmen auf EU-Ebene, die dann dem Rat der Regierungschefs und dem EU-Parlament zur Beschlussfassung vorgelegt werden. Beim „informellen ECOFIN" nehmen zusätzlich zu den Finanzministern auch die Notenbank-Gouverneure aus den EU-Mitgliedstaaten teil, plus Vertreter der Kommission, des EU-Parlaments und anderer wichtiger EU-Institutionen. Ich hatte vor Jahren als Vizepräsident einige Male den Präsidenten der Europäischen Investitionsbank bei diesen Sitzungen vertreten können. Der informelle ECOFIN vom September 2008 fand unter der EU-Präsidentschaft Frankreichs in besonders glanzvollem Rahmen in Nizza statt, die damalige französische Finanzministerin Christine Lagarde agierte als effiziente Gastgeberin.

Man hatte vorgesehen, sich speziell dem Thema der Banken zu widmen, wobei es primär um die Frage der Wettbewerbsfähigkeit gegenüber den USA ging. An der entsprechenden Arbeitssitzung nahm die Elite der europäischen Bank-Manager teil. So etwa als Präsident der Europäischen Bankenvereinigung Michel Pébereau, Chef von BNP Paribas; Sir Fred Goodwin, Royal Bank of Scotland Group; Alessandro Profumo, Unicredit; Josef Ackermann von der Deutschen Bank und viele andere große – und überaus selbstbewusste – Unternehmensleiter. Ein Jahr später waren viele dieser stolzen Gruppe nicht mehr in ihrer Funktion und standen unter dem Vorwurf, die ihnen anvertrauten Banken schlecht geführt zu haben. Grundtenor der Diskussion war das Bemühen der Bankenvertreter, nach US-Vorbild eine stärkere

Deregulierung auf EU-Ebene zu erreichen. Die Probleme in den USA wurden gesehen, aber – zumindest in der Öffentlichkeit – als ein Spezialproblem des amerikanischen Immobilienmarktes erklärt.

In guter Stimmung ging es dann am Abend zu Empfang und Gala-Dinner in der traumhaften Villa Ephrussi de Rothschild in St.-Jean-Cap-Ferrat. Die palastartige Villa mit herrlichen Gärten hin zum Meer war für mich von besonderem Interesse. Das Palais Ephrussi, das Stammhaus der Familie, liegt an der Wiener Ringstraße direkt gegenüber der Universität und beherbergte zu dieser Zeit die Generaldirektion der Casinos Austria-Gesellschaft, an der die Oesterreichische Nationalbank wesentlich beteiligt war (im Rahmen meiner Reformen in der Nationalbank konnte ich dann später diese eigenartige Beteiligung abgeben).

Wie in einem klassischen Theaterstück kam im Trubel des Festes auf einmal ein Bote auf mich zu und überreichte mir ein verschlossenes Kuvert. Nach Öffnen las ich die dringende Aufforderung von Präsident Trichet, die EZB-Gouverneure mögen sich, ohne Aufsehen zu erregen, nach der Rückkehr ins Hotel in einem uns dann zugewiesenen Raum versammeln. Dies geschah und Trichet teilte uns mit, er stehe in ständigem Kontakt mit der Fed und habe den Eindruck, es könne über das Wochenende zu dramatischen Entwicklungen kommen. Besonders sensibel sei hier das Bankhaus Lehman, über seine Niederlassung in Frankfurt eine der großen „counterparties" das heißt Geschäftspartner der EZB. Wie für Banken generell, war das Bankhaus Lehman mit der EZB ja über verschiedene Geschäftsfelder verbunden. Bemerkenswert ist, dass das Rating des Bankhauses Lehman noch an diesem Freitag im durchaus seriösen Bereich von „Single-A" lag. Das könnte als Zeichen erstaunlicher Unfähigkeit oder einer gewissen Einseitigkeit der – durchwegs amerikanischen – Ratingagenturen gesehen werden. Die EZB selbst hat jedenfalls durch die Lehman-Pleite Schaden erlitten und dies auch in ihrer Bilanz berücksichtigt. Nach einem viele Jahre dauernden Abwicklungsprozess konnten diese ursprünglichen Wertverluste dann wieder fast vollständig aufgeholt werden. In

Bezug auf spätere Krisendiskussionen zeigt dies die Bedeutung einer starken Eigenkapital-Ausstattung. Banken, die solche Ausfälle nicht bereinigen konnten, mussten ihre „notleidenden Kredite" dann zu einem Bruchteil des Nominalwertes verkaufen und damit endgültige Verluste hinnehmen.

Über das Wochenende vom 13. und 14. September 2008 fanden dann in den USA hektische Gespräche zwischen Lehman Brothers, Finanzministerium, Notenbank und Gläubiger-Vertretern statt. In Bezug auf eine mögliche Übernahme durch eine andere Bank waren neben den betroffenen Banken auch die Aufsichtsbehörden und Notenbanken der USA und Großbritanniens involviert. Letztlich alles erfolglos. Am 15. September 2008 beantragte die Lehman Brothers Holding in den USA Gläubigerschutz nach Chapter 11 und Lehman Brothers International (Europe) wurde unter Zwangsverwaltung gestellt.

Nun geschah etwas, was weder von der Theorie noch von der Praxis erwartet worden war – ein abrupter Vertrauensverlust zwischen den Banken und damit ein weitgehender Zusammenbruch des Geldmarktes zwischen den Banken. Dies führte auch zu einem abrupten Anstieg der „Credit Default Swaps", CDS, gedacht als Kreditausfalls-Versicherung in Bezug auf Banken, in der praktischen Wirkung aber eine Wette, die nun schlagend wurde. Diese CDS waren vor allem von großen Versicherungen ausgegeben worden, von denen einige nun ebenfalls in existenzielle Schwierigkeiten kamen. Entsprechend musste am 16. September 2008 auch die damals größte Versicherung der Welt, AIG, von der US-Notenbank und -Regierung übernommen, das heißt de facto verstaatlicht werden.

Der Umstand, dass man eine systemisch relevante Bank wie Lehman Brothers hatte in Konkurs gehen lassen, wurde von den Kapitalmärkten so interpretiert, dass es keine „implizierte Staatsgarantie" mehr gab für große Banken, die man vormals als „too big to fail" betrachtet hatte. Aus wirtschaftstheoretischer Sicht wurde das vielfach als positiv gesehen, da diese indirekte Staatsgarantie eine Marktverzerrung und eine Einladung zu übergroßer Risikofreude für kurzfristig gewinn-optimierende Bank-Manager bedeutete. In der

Praxis ergab sich freilich der Effekt, dass es zu einer Flut wilder Gerüchte und zu panikartiger Unsicherheit kam, die Banken einander bezüglich ihrer Bonität misstrauten, Einleger ihre Einlagen abzogen und dies zur Gefahr eines Zusammenbruchs des Geldmarktes führte. Zu unterscheiden ist demnach zwischen den unmittelbar notwendigen Maßnahmen, um eine Krise einzudämmen und den – ebenfalls notwendigen – strukturellen Maßnahmen, um die Markt-Ineffizienz zu beseitigen, die mit dem Konzept verbunden ist, einige Banken als „too big to fail" zu betrachten. Es braucht eben beides: Feuerwehr und Brandschutz-Regelungen. Je besser die Brandschutz-Regelungen, desto weniger Feuerwehreinsätze sind erforderlich. Es wäre aber auch unverantwortlich, einen notwendigen Feuerwehreinsatz mit Hinweis auf nicht befolgte Brandschutz-Regelungen zu unterlassen. Dies insbesondere, wenn sich ein Brand von einem Gebäude auf die gesamte Nachbarschaft ausweiten kann.

Rückblickend war es zweifellos ein schwerer wirtschaftlicher Fehler der US-Regierung, Lehman in Konkurs gehen zu lassen. Verursacht war dieser Fehler vor allem durch politischen Druck in der Öffentlichkeit und im US-Kongress. Die US-Regierung hatte in den nervösen Zeiten vor dem September 2008 schon einige Banken gerettet beziehungsweise Übernahmen arrangiert, insbesondere im Mai 2008 die Übernahme der Investment-Bank Bear Stearns durch JPMorgan Chase, um eine Insolvenz zu vermeiden. Damit entstand der Vorwurf, der „Wall Street" statt der „Main Street" zu helfen. Unmittelbar ist dieser Vorwurf auch verständlich – man hätte aber im Sinn der „Brandschutz-Regelungen" früher ansetzen müssen. Wenn es zu einer akuten Krise wie im Fall Lehman kommt, ist dagegen ein energisches Einschreiten des Staates unerlässlich. Nur so kann eine Ansteckung auf den übrigen Bankensektor verhindert werden, die zu einem massiven Rückgang der Kreditvergabe und zu massivem Vertrauensverlust der Sparer und Investoren führen würde. Man muss also die „Wall Street" retten, um die „Main Street" zu schützen. Dies ist letztlich ja auch geschehen – man musste aber wesentlich mehr öffentliche Mittel einsetzen, als bei einer unmittelbaren Rettung von Lehman erforderlich gewesen wären.

In einer für mich unerwarteten Drastik zeigte sich auch, dass in einer akuten Krise eine privatwirtschaftliche Lösung des Bankenproblems bei großen, international tätigen Banken nicht möglich war. Diese Banken sind überaus komplexe Konglomerate, mit einer Fülle von Beteiligungen in zum Teil sehr unterschiedlichen Jurisdiktionen, mit schwer überschaubaren Haftungsverpflichtungen und Geschäftsbeziehungen. Kein verantwortungsbewusstes Management einer gesunden Bank kann es wagen, in die in einer solchen Situation völlig unabsehbaren Risken einer Problembank einzusteigen – es sei denn mit staatlicher Garantie. Und in der Tat hat die Abwicklung von Lehman rund zehn Jahre gedauert und einen riesigen Aufwand von Wirtschaftsprüfern und Anwälten verursacht. Eine der Lehren aus der Krise war daher, die Banken zu größerer Transparenz zu zwingen. Dies geschieht in Form von „living wills" – „Testamenten zu Lebzeiten", in Europa: „Abwicklungspläne", in denen Banken den Aufsichtsbehörden eine genaue Darstellung ihrer Finanzbeziehungen und Haftungen „zu guter Zeit" übermitteln müssen. Ein gewaltiger Aufwand für die betroffenen Banken, aber nach meiner Beobachtung auch eine überaus wichtige Information für das Management selbst. Den Test in der Praxis mussten diese „Testamente" – erfreulicherweise – bis jetzt nicht bestehen.

So richtig es ist, dass im Krisenfall Bankenhilfe im gesamtwirtschaftlichen Interesse nötig ist (was nicht gleichzusetzen ist mit der Hilfe für konkrete Banker), so richtig ist es freilich auch, längerfristig das Verhältnis „Wall Street" zu „Main Street", das heißt die gesamtwirtschaftliche Rolle des Finanzsektors kritisch zu überdenken. Im konkreten Fall der US-Finanzkrise 2008 ist nicht zu übersehen, dass es hier wohl auch tiefere, ideologisch bedingte Ursachen gab. Ausgangspunkt der Krise war, wie geschildert, die massive Vergabe von „subprime loans", das heißt von Krediten an Empfänger, bei denen die Rückzahlung von vornherein mangels entsprechender Einkommen äußerst fraglich war. Es handelte sich dabei vor allem um Hypotheken-Darlehen an arme Bevölkerungsgruppen zum Erwerb eines eigenen Hauses. Damit sollte auch für die sozial schwachen Gruppen der Bevölkerung auf privatwirtschaftlichem Weg eine „soziale Stabilisierung" erreicht werden. Dies als Alternative zu „europäischen Modellen" des sozialen Wohnbaus oder einer sozial gestaffelten, staatlichen Wohnbauförderung.

Wie sich zeigte, war dies eine untaugliche Alternative. Bei der ersten Abschwächung der Konjunktur konnte eine große Zahl der Kreditnehmer die Kredite nicht mehr bedienen. Die Banken veranlassten daraufhin vielfach Zwangsversteigerungen, wodurch die Preise am Immobilienmarkt einbrachen. Dies führte dann zu massivem Abschreibungsbedarf in den Bilanzen, damit zu Gesamtproblemen der entsprechenden Banken und letztlich zur gesamtwirtschaftlichen Krise. Die grundsätzliche Schlussfolgerung: Marktwirtschaftliche Kreditpolitik ist kein geeignetes Instrument für Sozialpolitik. Für die sozial schwachen Teile der Bevölkerung ist bei sozialen Anliegen der direkte Einsatz staatlicher Mittel, sei es als Zinszuschüsse oder sozialer Wohnbau, unerlässlich.

Was sich auch zeigte, ist die Notwendigkeit, bei Finanzprodukten genau auf die technischen Details zu achten. Die in der Krise toxischen „Collateralized Debt Obligations" (CDO), das heißt, zusammengefasste und dann in „Einzelstücken" verkaufte Hypothekenpapiere, waren ja im Prinzip ähnlich dem altehrwürdigen, in den deutschsprachigen Ländern bewährten Pfandbrief. Die aufsichtsrechtlichen Anforderungen sind allerdings im Fall des Pfandbriefes wesentlich strenger als dies bei den von Ratingagenturen oft fahrlässig hoch eingestuften CDOs der Fall ist. Es ist beunruhigend und leider ein Indiz für die geringe Lernfähigkeit mancher Wall Street-Akteure, dass wir derzeit in Form der „Collateralized Loan Obligations" (CLO) wieder mit einem ähnlichen Phänomen konfrontiert sind. Diesmal geht es nicht um die Bündelung von Hypotheken, sondern – potenziell noch gefährlicher – um die Bündelung riskanter Kredite an Unternehmen.

In der kritischen Situation der Weltwirtschaft und der internationalen Finanzmärkte ab September 2008 war es ein historischer Glücksfall, dass an der Spitze der amerikanischen Notenbank mit Ben Bernanke ein hoch qualifizierter Ökonomieprofessor der Princeton University stand, dessen Spezialgebiet die Analyse der Weltwirtschaftstheorie nach 1929 war. Bernanke hatte 2006 den extrem marktgläubigen Alan Greenspan als Präsident der Fed abgelöst. Politisch stand er der Republikanischen Partei nahe – konkret ihrem weltoffenen, pragmatischen Flügel, der inzwischen de facto nicht mehr existiert. Entsprechend hat Bernanke in seinen eindrucksvollen Memoiren auch resignierend geschrieben: „Ich hatte die Geduld verloren mit der Annäherung der Republikaner an den Irrationalismus (‚the know-nothing-ism') der extremen Rechten. Ich habe nicht die Republikanische Partei verlassen. Ich hatte das Gefühl, dass die Partei mich verlassen hat."[26] Bernanke war stark bestimmt durch seine Studien am weltberühmten Massachusetts Institute of Technology (MIT). Hier hatte sich um Prof. Stanley Fischer, später Gouverneur der Bank of Israel und Vizegouverneur der Fed, ein Kreis eminenter Ökonomen mit neo-keynesianischer Orientierung gebildet, dem unter anderem auch Mario Draghi angehörte. Geprägt von seinen Studien zur Weltwirtschaftskrise erkannte Bernanke sofort den Ernst der Lage und begann in enger Kooperation mit gleichgesinnten Entscheidungsträgern in der Finanzpolitik mit energischen Gegenmaßnahmen.

Die Reaktion der EZB war dagegen verhaltener. In der Sitzung des EZB-Rates vom 2. Oktober 2008 wurden uns, wie ich meinen damaligen Aufzeichnungen entnehme, drei Szenarien vorgelegt, von denen dem „mittleren" – abwartenden – gefolgt wurde. Entsprechend der konservativen Grundhaltung des damaligen EZB-Rates wollte man nicht in die Markterwartungen eingreifen und nur Liquiditäts-, aber keine Zinssignale setzen. Die isoliert betrachtete Inflationsentwicklung hatte sich in ihrer Dynamik durch die Bankenkrise (noch) nicht

---

26 Ben Bernanke: The Courage to Act: A Memoir of a Crisis and Its Aftermath. W.W. Norton, New York 2015. S. 433 (Übersetzt aus dem Engl.).

verändert. Ausführlich wurde über das, in der EZB „20 Jahresstudie" offensichtlich ironisch so genannte, „berühmte"[27] Separationsprinzip diskutiert. Demzufolge sollten sich Zinsentscheidungen nur an langfristigen Aspekten der Preisstabilität und nicht an Fragen der Finanzmarktstabilität orientieren. Konkret bedeutete das eine Trennung von Zinspolitik und Liquiditätspolitik, was mir sowohl wirtschaftstheoretisch wie wirtschaftspolitisch als sehr zweifelhaft erschien.

Wenige Tage später konnte sich die EZB dann dem internationalen Druck nicht mehr entziehen. Gemeinsam mit den Notenbanken der USA, Großbritanniens, Kanadas, Schwedens und der Schweiz erfolgte eine deutliche Zinssenkung, verbunden mit Bereitstellung zusätzlicher Liquidität für den Bankensektor. Gleichzeitig kam es auf internationaler Ebene zu einer akkordierten Politik der Krisenbekämpfung, wobei der Internationale Währungsfonds unter der energischen Führung von Dominique Strauss-Kahn, der später leider über seine menschlichen Schwächen stolperte, eine führende Rolle einnahm. In Europa wurden im Rat der Finanzminister, ECOFIN, koordinierte Stabilisierungsmaßnahmen beschlossen. Entsprechend agierte auch, wie bereits geschildert, die Finanzpolitik in Österreich. Gegen Ende 2008 und im Jahre 2009 gab es immer wieder Situationen, in denen der Ruin großer Banken zu befürchten war, Panik herrschte und die Weltwirtschaft am Rand eines Zusammenbruches stand. Der EZB-Rat konferierte in dieser Zeit in unzähligen Telefonkonferenzen, und neue internationale Koordinierungsgremien, wie vor allem der „Financial Stability Board", wurden eingesetzt.

Wie schon betont, ist für mich diese dramatische Zeit der Finanzkrise ein eindrucksvolles Beispiel, dass es – entgegen der Meinung pessimistischer Philosophen – manchmal doch möglich ist, aus der Geschichte zu lernen. Es war offensichtlich, dass alle Verantwortlichen von dem Ziel beseelt waren, die dramatischen wirtschaftspolitischen Fehler der 1930er-Jahre nicht zu wiederholen. Während die Staaten in den 1930er-Jahren durch nationale Abschottung, kompetitive Abwertungen

---

27 Massimo Rostagno et al.: A Tale of Two Decades: the ECB´s Monetary Policy at 20. ECB, Frankfurt, 2019. S. 164.

und restriktive Geld- und Finanzpolitik auf die Krise reagierten, kam es jetzt zu international koordinierter, expansiver Geld- und Fiskalpolitik und einem Offenhalten der Märkte. Das konnte nicht verhindern, dass es durch die Bankenkrise zu einer Kreditverknappung und damit zunächst zu einem Schrumpfen der Weltwirtschaft kam. Im Euro-Raum fiel dieses Schrumpfen im Jahr 2009 mit einem Rückgang des BIP von -4,4 Prozent (Österreich -3,8 Prozent) besonders stark aus. Aber die eingesetzten Maßnahmen konnten dann diesen Abschwung stoppen und ein Eskalieren der Krise vermeiden. Die Gefahr einer zweiten großen Weltwirtschaftskrise war damit gebannt. Eine Rückkehr zur Normalität, speziell auch auf den Arbeitsmärkten, brauchte aber lange Zeit – in Europa noch deutlich länger als in den USA.

Eine Reihe von Gründen führte dazu, dass Europa, speziell der Euro-Raum, in der Krisenbekämpfung weniger effektiv war als die USA. Im Bereich der Geldpolitik war die EZB darauf bedacht, als vergleichsweise junge Notenbank ihr Image als konservative Institution im Geiste der Deutschen Bundesbank zu festigen und daher stets tendenziell restriktiver als die Fed. Speziell am Höhepunkt der Krise, als auch große Banken in Deutschland und Frankreich bedroht waren, bestand im EZB-Rat dann aber doch durchaus Einigkeit bezüglich einer expansiven Politik. In späteren Phasen, die – zum Teil voreilig – als „ruhiger" angesehen wurden, wurde das Meinungsspektrum im EZB-Rat deutlich differenzierter.

Der wesentliche Unterschied lag aber in dem für eine aktive Konjunkturpolitik zentralen Bereich der Fiskalpolitik. Auf den unmittelbaren Schock der Jahre 2008 bis 2010 reagierte die Fiskalpolitik in beiden Regionen expansiv, im Euro-Raum mit einem Volumen von rund drei Prozent des BIP allerdings wesentlich schwächer als in den USA mit rund 6,5 Prozent. Dann allerdings zeigten sich deutlich divergierende Entwicklungen. Im Euro-Raum kam es wegen der beginnenden Finanzkrise einiger Mitgliedstaaten trotz anhaltender Rezession insgesamt zu einer restriktiven Finanzpolitik. In den USA wurde dagegen die expansive Finanzpolitik mit Defiziten von etwa 5,5 Prozent fortgeführt, was zu höheren Verschuldungsquoten, aber auch zu einem deutlichen

Wirtschaftsaufschwung führte. In den USA war diese Politik möglich – und zu dieser Zeit auch sinnvoll –, weil die stabilisierende Budgetpolitik auf Bundesebene und die Verschuldung in eigener Währung erfolgte. Im Euro-Raum fehlte – und fehlt – dagegen die Möglichkeit einer zentralen antizyklischen Fiskalpolitik, und für jeden einzelnen Mitgliedstaat des Euro-Bereichs stellt auch Verschuldung in Euros, wie bereits dargestellt, technisch eine Fremdfinanzierung dar.

Diese Unterschiede im fiskalischen Spielraum hatten auch Auswirkungen auf die Stärke und Stabilität des Bankensektors. In den USA erfolgte für den Bankensektor ein rasches Sanierungsprogramm, bei dem fast 500 Banken geschlossen wurden. Die lebensfähigen Banken erhielten durch das „Troubled Assets Relief Program" eine Rekapitalisierung durch den Staat, die dann später – mit Gewinn für den Staat – wieder zurückgezahlt wurde. In Europa dagegen erfolgte die Sanierung des Bankensektors viel langsamer und vorwiegend durch Reduzierung der Aktiv-Seite, speziell Reduzierung bei Krediten – mit entsprechend negativen konjunkturellen Effekten.

Im Lauf der Jahre 2009 und 2010 zeigte sich zunehmend, dass die – ohnedies nur zaghafte – wirtschaftliche Erholung im Euro-Raum mit großen Unterschieden zwischen den einzelnen Mitgliedstaaten erfolgte. In den „glücklichen" ersten zehn Jahren hatten die internationalen Finanzmärkte den Euro-Raum als finanziell relativ homogen betrachtet. Nun zeigten sich extrem unterschiedliche, bis zur Panik reichende Reaktionen in der Einschätzung der Finanzstabilität der einzelnen Mitgliedstaaten. In simpler ökonomischer Betrachtung war das als eine Korrektur einer früheren fehlerhaften Risikoeinschätzung zu sehen. Die EZB – und speziell Präsident Trichet selbst – hatte schon seit Jahren auf die wirtschaftlichen Ungleichgewichte, insbesondere die steigenden Leistungsbilanz- und Budget-Defizite, hingewiesen. Getrieben von der Jagd nach Rendite waren die Banken aus den Staaten mit Leistungsbilanz-Überschuss aber bereit, diese Defizite zu finanzieren – offenbar mit der implizierten Annahme, dass es im Notfall doch zu einem „bail-out" der Problemstaaten kommen würde.

14. Die Euro-Krise

Mit wachsender Skepsis bezüglich der wirtschaftlichen Stabilität und Rückzahlungsfähigkeit einzelner Staaten kam es rasch zu einer massiven, Staaten-bezogenen Differenzierung der Verschuldungskosten, ausgedrückt im „Spread", das heißt der Differenz zwischen den Zinsen, die für Anleihen der jeweiligen Staaten zu zahlen sind, im Vergleich zu den entsprechenden Werten für Deutschland. Diese Skepsis wurde in dramatischer Weise bestätigt, als im Oktober 2009 bekannt wurde, dass Griechenland schon seit Jahren falsche Angaben über Defizite und öffentliche Verschuldung gegeben hatte und das nun ermittelte Defizit von 12,5 Prozent des BIP fast doppelt so hoch war wie die zuvor veröffentlichte Zahl. Ein neuer Chef der staatlichen Statistik, der vorher beim IWF gearbeitet hatte, war nicht mehr bereit gewesen, bei den Vertuschungsaktionen einiger griechischer Regierungen mitzumachen. Um den Skandal noch zu steigern, wurde dieser tapfere Beamte dann als „Landesverräter" vor Gericht gebracht und musste außer Landes flüchten.

Als kleiner Exkurs zu diesem dramatischen Vorfall: Ich habe meinen Studentinnen und Studenten immer beigebracht, vor der Diskussion von Maßnahmen der Wirtschaftspolitik sich eingehend mit den statistischen Grundlagen und ihrer Interpretationen zu befassen. Mehr als einmal habe ich in meiner wirtschaftspolitischen Praxis erlebt, dass Maßnahmen aufgrund von statistischen Angaben getroffen wurden, die wenig später dann oft weitgehend revidiert wurden. Zum Handwerkszeug eines guten Ökonomen/einer guten Ökonomin gehört daher stets die Fähigkeit zur Plausibilitätsprüfung (was ebenso für Banker bezüglich betriebswirtschaftlicher Daten gilt). Dazu gehört auch ein Gefühl für das Ausmaß der Unschärfe statistischer Angaben. Auch die Analytiker der EZB waren nicht immer davor gefeit, wirtschaftspolitische Empfehlungen aus statistischen Veränderungen abzuleiten, die im Rahmen der statistischen Unschärfe lagen. Die Statistiker stehen natürlich stets vor dem Dilemma, einerseits Daten möglichst zeitnah zu liefern und andererseits diese Daten ausreichenden Qualitätskontrollen zu unterwerfen. Sowohl als Theoretiker wie als Praktiker habe ich jedenfalls größten Respekt vor der verantwortungsvollen – und oft unterschätzten – Aufgabe der Statistiker. Von Churchill soll die zynische Feststellung kommen: „Ich glaube nur Statistiken, die ich selbst gefälscht habe." De facto wäre das eine Aufforderung zu öffentlichem Betrug und eine Unterminierung aller Bemühungen, eine rationale und verantwortungsbewusste, evidenzbasierte Wirtschaftspolitik zu betreiben. Für eine seriöse wirtschaftspolitische Diskussion wäre auch eine verstärkte Öffentlichkeitsarbeit durch unabhängige statistische Institutionen erforderlich. In Österreich wurde das durch einen hoch qualifizierten Leiter der Statistik Austria betrieben. Offensichtlich zum Missfallen einer späteren Bundesregierung, denn sein Vertrag wurde nicht verlängert.

Die Aufdeckung der amtlichen Betrugsfälle in Griechenland hatte jedenfalls weitreichende Folgen. Für das System der EU und der EZB bedeutete es eine schwere Vertrauenskrise, dass diese Institutionen nicht selbst den Betrug aufgedeckt hatten – wobei es jedenfalls im Bereich der EZB schon vorher erhebliche Zweifel an den Zahlen gegeben hatte. Griechenland selbst hatte jede Glaubwürdigkeit verloren. Die „spreads" für griechische Anleihen explodierten und rissen leider auch die Konditionen für andere Staaten des Südens mit. Zunehmend entstand die Gefahr, dass einzelne Staaten nur mehr sehr kurzfristige oder keine Kredite bekämen, das heißt von den internationalen Kapitalmärkten abgeschnitten wären. Das hätte bedeutet, dass lebensnotwendige Importe nicht mehr finanziert werden können und es letztlich zum Staatsbankrott kommt.

Damit war nach der ursprünglich aus den USA kommenden Bankenkrise die zweite Krise des Euro-Bereiches als Krise der öffentlichen Verschuldung angebrochen. In Griechenland selbst löste das Bemühen der griechischen Regierung um Finanzhilfen eine schwere Vertrauenskrise gegenüber dem Bankensystem aus. Das führte zu einem „run" auf die Banken, mit der Gefahr, dass diesen das Bargeld ausgehe – mit weiterer Verschärfung der Krise. Um eine Massenpanik zu verhindern, wurden in mehreren Tranchen 50- und 100-Euro-Scheine im Auftrag der Europäischen Zentralbank mit griechischen Militärmaschinen nach Athen gebracht. Entsendet wurden diese Milliardenbeträge zu einem erheblichen Teil von der Oesterreichischen Nationalbank, die im EZB-System die technischen Bargeldreserven für Ost- und Südost-Europa verwaltet. Letztlich mussten im weiteren Verlauf der Krise in Griechenland aber Kapitalverkehrs-Kontrollen eingeführt werden, einschließlich strikter Limitierungen für Bargeld-Ausgabe und Bargeld-Verwendung.

Diese zweite Krise sollte sich als „Euro-Krise" für den Euro-Raum als dramatische, in manchen Aspekten geradezu existenzielle Herausforderung erweisen, und sie führte auch zu tiefgreifenden Divergenzen in der Meinungsbildung des EZB-Rates. Die erste fundamentale Frage war: Wie sollten die europäischen Institutionen, speziell die EZB, reagieren, wenn die finanzielle Solvenz eines einzelnen Mitgliedstaates gefährdet war? Die strengen Interpreten der bestehenden Regelungen folgten hier dem alten, aber zynischen Prinzip „fiat iustitia et pereat mundus" – es gelte das Gesetz, auch wenn dadurch die Welt unterginge. Im konkreten Fall hätte das bedeutet: Keine Hilfe, selbst wenn dies letztlich weitreichende negative Wirkungen für den gesamten Euro-Bereich hätte.

Eine große Rolle spielte das in Kapitel 5 dargestellte, ökonomische Argument des „moral hazard", der „moralischen Verlockung". Ausgangspunkt ist hier die Überlegung, es sei gefährlich, Staaten und Unternehmen, die sich nicht an die allgemeinen Regeln halten, im eingetretenen Schadensfall zu unterstützen, weil die „Entlastung der Übeltäter" die allgemeine Bereitschaft, den festgelegten Regeln zu folgen, unterminiere. Im Fall Griechenlands kam als zweiter Aspekt hinzu, dass es auch wichtig wäre, die Banken zu „strafen", die zu leichtfertig Kredite vergeben und auf ein regelmäßiges „bail-out" spekuliert hätten.

Die Gegenposition anerkannte den „moralischen" und „Verhaltensaspekt", wies aber darauf hin, dass in einer wirtschaftlich so eng verflochtenen Gemeinschaft wie dem Euro-Raum der wirtschaftliche Zusammenbruch eines Staates unmittelbar negative „externe Effekte" auch auf andere Staaten der Gemeinschaft haben würde, was bis zum Zusammenbruch der Gemeinschaft gehen könnte. Wichtig wäre daher, zunächst das Feuer zu löschen und parallel oder später entsprechende Ordnungsschritte zu setzen. Diese Position wurde mit Vehemenz von Trichet vertreten, der auch in der Öffentlichkeit die Einheit des Euro-Raumes beschwor. Die überwiegende Mehrheit des EZB-Rates teilte diese Ansicht, ebenso die meisten Mitglieder aus den „Hartwährungs-Staaten", mich eingeschlossen. Mit einigen Abstufungen plädierten dagegen die aus Deutschland kommenden Ratsmitglieder für ein „hartes" Vorgehen.

Das zweite große Thema von grundsätzlicher Bedeutung betraf – und betrifft – das Verhältnis zwischen einem Staat und den in seinem Gebiet tätigen Banken. Hier kann es in zweifacher Form zu negativen Effekten kommen, für die sich der Begriff „doom loop" – „Spirale des Verderbens" – entwickelt hat. Zum einen kann die Notwendigkeit, für bedrohte Banken Rettungsmaßnahmen – „bail-outs", also „Auslösungen" – zu setzen, die Finanzstabilität des betroffenen Staates gefährden. Da die entsprechenden Staaten aber wieder massiv durch Kredite von Banken finanziert werden, wird eine Verschlechterung der Bonität der Staatsfinanzen zum anderen wieder zu einer Verschlechterung der Bonität der an den Staat vergebenen Kredite und damit zu einer Verschlechterung der Bonität der entsprechenden Banken insgesamt führen. Im Extremfall kann die Insolvenz eines Staates auch zur Insolvenz des Bankensystems führen – wofür die Finanzgeschichte vielfache Beispiele enthält. Im konkreten Fall der Staaten Südeuropas gab es die Besonderheit, dass nicht nur heimische

Banken von diesem Negativ-Effekt betroffen gewesen wären, sondern auch eine Vielzahl großer Banken in Deutschland und Frankreich. Denn die vergleichsweise restriktive Wirtschaftspolitik dieser Staaten hatte dazu geführt, dass die Ersparnisse die privaten und öffentlichen Investitionen deutlich übertrafen und dieser Ersparnisüberschuss unter Ertragsaspekten in den Staaten mit großer (zu großer) Verschuldungsbereitschaft im Süden angelegt wurde.

Es gab – und gibt – eine Reihe von Vorschlägen, wie dieser Problematik zu entsprechen ist. Eine unmittelbare – und zweifellos sinnvolle – Antwort wäre eine Verstärkung der Rolle der Finanzierung über Kapitalmärkte anstelle über Banken. Hier ist über allfällige Wertverluste bei Kapitalanlagen, zum Beispiel Aktien, eine „automatische Risikobeteiligung" gegeben. Ist der Aktienbesitz international gestreut, ist auch die Risikobeteiligung international und nicht, wie im Fall der Kreditvergabe durch heimische Banken, Inlands-konzentriert. Von größerer unmittelbarer Relevanz sind die Vorschläge, die Notwendigkeit von „bail-outs", durch „bail-ins", das heißt direkte Gläubiger-Beteiligung, zu ersetzen. Dafür wurde in den von der EU erarbeiteten Abwicklungs-Richtlinien für Banken eine spezielle Hierarchie entwickelt, aus der sich ergibt, welche Gläubiger-Kategorien heranzuziehen sind, das heißt ihr Vermögen verlieren, falls Banken in Schwierigkeiten geraten. Neben den Aktionären sind dies Einleger über der Höhe der einlagengesicherten Einlagen und Halter von Bankanleihen.

In einigen „Rettungsaktionen", zum Beispiel in Zypern, wurde ein solcher „bail-out" auch mit voller Härte durchgeführt, nicht zuletzt, weil es sich bei den betreffenden Einlagen zu einem erheblichen Teil um Einlagen dubioser russischer Anleger handelte. In anderen Fällen kam es dagegen zu erheblichen Problemen. So zum Beispiel in Italien, wo Bankkunden geraten worden war, statt in ein Sparbuch einzuzahlen, höher verzinste Bank-Anleihen zu kaufen, was nachträglich als grober Fall von „miss-selling", schlechter Beratung, gesehen wurde. Da es für Bank-Anleihen keine Einlagen-Sicherung gibt, bestand hier die Gefahr eines Totalverlustes auch für kleine Anleger, was sich erwartungsgemäß als politisch extrem brisant erwies.

Weitergehender sind die, vor allem von deutscher Seite betriebenen, Vorschläge, die Kreditvergabe an Staaten für Banken insgesamt unattraktiver zu machen. Das kann zunächst geschehen durch Abschaffung der derzeitigen regulatorischen Privilegierung für Kredite an OECD-Staaten. Für diese Kredite müssen die Banken keine Risikounterlegung vornehmen und ersparen sich damit Eigenkapital. In isolierter Betrachtung ist dieser Vorschlag nicht ohne Berechtigung – bei einseitiger Umsetzung auf der europäischen Ebene würde sich aber eine selbstverursachte Diskriminierung europäischer Staaten ergeben. Wie ich selbst bei entsprechenden Beratungen im Rahmen der BIZ in Basel feststellen musste, gibt es bei den anderen großen Wirtschaftsmächten, speziell bei den hoch verschuldeten Staaten USA und Japan, absolut keine Bereitschaft für eine Erschwerung der öffentlichen Verschuldung.

Ein weiterer Vorschlag besteht darin, das bewährte Risikoinstrument der Großveranlagungs-Grenzen auch auf Staaten anzuwenden. Eine Bank dürfte demnach einem Staat nur bis zu einem vorher bestimmten Ausmaß Kredit geben. In der Praxis ist es freilich so, dass Banken bei Staaten nicht wie bei den übrigen Kreditnehmern breit streuen, sondern eben in besonderem Maß in die Finanzierung ihres jeweiligen Heimatstaates eingebunden sind. Das ist wieder in Krisenfällen von besonderer Bedeutung. Hier verbleiben unter Umständen heimische Banken als letzte Finanzierungsquelle, wenn die internationalen Finanzmärkte nicht mehr zugänglich sind. Diese Finanzierungsquelle zu schließen, kann einen Staatskonkurs erzwingen. Insgesamt zeigten – und zeigen – sich in den Krisenjahren nach 2008 für den Euro-Raum eine Vielzahl von Problembereichen, wo sich zwischen prinzipiellen Positionen und pragmatischen Ansätzen ein erhebliches Konfliktpotenzial ergibt. Es ist daher wichtig, sich dieser einzelnen grundlegenden Position bewusst zu sein, um die – auch öffentlich ausgetragenen – Konflikte verstehen und bewerten zu können.

Dies zeigte sich bereits sehr dramatisch im Konflikt um den „Deauville-Spaziergang". Im Jahr 2010 hatte sich die Krise der öffentlichen Verschuldung („sovereign debt crisis") in einzelnen

Problemstaaten massiv verschärft. Es wurde für diese Staaten immer schwieriger, selbst kurzfristige Kredite zu bekommen, entsprechend stiegen die zu bezahlenden Kreditzinsen und die Probleme für die nationalen Bankensektoren. Es kam zu einer Fülle hektischer Sitzungen der Euro-Raum-Finanzminister und des EZB-Rates – vielfach in Form von Telefonkonferenzen. Präsident Trichet war intensiv bestrebt, die Mitglieder des EZB-Rates stets rechtzeitig und voll zu informieren und auf dieser Basis eine einheitliche Stellung der EZB zu ermöglichen. Dies war nicht einfach, da sich bereits zu dieser Zeit tendenziell deutliche Unterschiede zwischen der Haltung der Bundesbank und der der anderen Notenbanken zeigte. Solange allerdings auch große deutsche Banken von den aktuellen Problemen betroffen waren, herrschte gegenüber den prinzipiellen Unterschieden doch ein gewisser Pragmatismus in Richtung „schonenderer" Lösungen.

Die wirtschaftspolitischen Fragestellungen waren in der Tat äußerst komplex. Die Verschuldenskrise war unmittelbar durch zu starke öffentliche (Griechenland) oder private (spanische Bauwirtschaft) Verschuldung verursacht. Die naheliegende Empfehlung war daher eine rasche Reduzierung der Neuverschuldung durch dramatischen Rückgang der öffentlichen und privaten Ausgaben. Es war aber klar, dass eine rapide Ausgabenreduzierung zu einer massiven Wirtschaftskrise in den betreffenden Staaten führen würde, was die fiskalische Lage weiter verschärft hätte. Wollte man dies vermeiden, waren extern finanzierte „Überbrückungsprogramme" nötig, um die Schärfe einer potenziellen Krise abzumildern. Gleichzeitig zeigte sich bereits die volle Wirkung der wirtschaftlichen „Ansteckungsgefahr" zwischen einzelnen Staaten.

Die vielen Konferenzen und Sitzungen führten im Mai 2010 zur Schaffung der „European Financial Stability Facility" (EFSF) und vonseiten der EZB zu einer – allerdings begrenzten – Intensivierung des „Securities Market Programme" (SMP), das der EZB erlaubte, unter bestimmten Kriterien staatliche Anleihen aufzukaufen, ohne dass es zu einer Erhöhung der Gesamtliquidität im Euro-Raum käme. Die internationalen Kapitalmärkte betrachteten alle diese Maßnahmen als nicht ausreichend. Gleichzeitig zeigten sich bereits die negativen gesamtwirtschaftlichen Auswirkungen der Austeritätsprogramme, was die Rating Agentur Moody's dazu brachte, im Juni 2010 die Einschätzung der Kreditwürdigkeit Griechenlands herabzusetzen – mit entsprechend Krisen-verschärfender Wirkung.

Im Oktober 2010 kam es bei einem deutsch-französischen Gipfeltreffen in Deauville, angeblich nach einem Strandspaziergang von Merkel und Sarkozy, zu einer weiteren Eskalation. Möglicherweise gab es Kommunikationsprobleme, die Märkte interpretierten das Ergebnis des Gipfeltreffens jedenfalls so, dass künftig Finanzhilfen nur gegeben werden dürften, wenn auch private Gläubiger zur Verlusttragung herangezogen werden. Das heißt, dass für einzelne EU-Staaten die Möglichkeit eines Staatskonkurses nicht ausgeschlossen wurde. Trichet, der bei dieser Besprechung nicht dabei war, reagierte wütend. Schon in den Monaten vorher hatte er wiederholt darauf hingewiesen, dass die Bonität des Staates – er nannte dies „die staatliche Unterschrift" – die Grundlage für das gesamte Finanzsystem sei und dass es unter diesem Aspekt eine absolute gegenseitige Abhängigkeit in Europa gebe. In einer Pressekonferenz hatte er – mit klarer Zielrichtung – sogar auf Deutsch gesagt „Wir teilen ein gemeinsames Schicksal".

Später, im Jahre 2012, wurde für die brisante Frage der Lastentragung durch private Gläubiger dann ein „EU-typischer" Kompromiss erreicht. In Bezug auf Griechenland wurden private Investoren zu einer „freiwilligen" Umtauschaktion von Staatsanleihen mit einem Wertverlust von 50 Prozent des Nominales „eingeladen". Gleichzeitig wurde auf energisches Verlangen der EZB vom EU-Rat festgehalten, dass diese Lösung für Griechenland „ausnahmsweise und einmalig" und „Deauville" damit nicht relevant sei.

Unmittelbar jedoch hatte der „Deauville-Spaziergang" rasch die von Trichet befürchteten Folgen. Die Zinsen für die öffentliche Verschuldung der gefährdeten Staaten stiegen rasant. Im Oktober musste nach Griechenland auch Irland um Finanzhilfe bei EU, IWF und EFSF ansuchen, Portugal folgte, für Spanien wurde ein auf den

Bankensektor eingeschränktes Programm entwickelt. Diese Intensivierung der Finanzkrise führte dann letztlich dazu, dass es nach langen und mühsamen Diskussionen zur Gründung des „European Stability Mechanism" (ESM) kam. Damit wurde die Möglichkeit geschaffen, Staaten, die nicht mehr in der Lage waren, sich auf den Kapitalmärkten zu finanzieren, unter strengeren Auflagen Finanzierungshilfen zu geben und auch Maßnahmen zur Krisenvorbeugung zu treffen. Der ESM ist damit eine Art europäischer IWF, er ist aber als inter-gouvernmentale und nicht als supranationale Institution konstruiert. Das heißt, es bedarf jeweils der Beschlussfassung durch nationale Vertreter, in einzelnen Fällen, speziell in Deutschland, auch der Zustimmung nationaler Parlamente, was natürlich ein Problem sein kann, wenn rasche Reaktionen erforderlich sind.

All diese Regelungen sind nur durch politische Überlegungen erklärbar. Es war für die EU und speziell für den Euro-Raum extrem problematisch, dass man bei der Hilfe für EU-Staaten mit Budgetproblemen auf den de facto stark von den USA bestimmten Internationalen Währungsfonds angewiesen war. Andererseits misstrauten einige Staaten, speziell Deutschland, der EU-Kommission im Bereich Krisenbekämpfung. Die Gründung des ESM erwies sich hier als praktikabler Kompromiss, und in der Tat hat sich der ESM unter der tatkräftigen Führung des erfahrenen deutschen Finanzexperten Klaus Regling sehr bewährt und wurde in späteren Phasen in seiner Bedeutung verstärkt. Die Frage der bei Finanzhilfen zu stellenden Bedingungen („conditionality") war freilich stets kompliziert und umstritten. Gleiches gilt für das Wirken der Überwachungsorgane für das Erfüllen dieser Bedingungen, der jeweiligen „Troika", bestehend aus Vertretern der EU-Kommission, des IWF und ursprünglich auch der EZB. Die EZB hat sich freilich aus dieser gesamtstaatlichen Aufgabe entsprechend ihrem Mandat bald zurückgezogen und wurde in der Troika durch den ESM ersetzt.

Bei der Beurteilung der „Rettungsmaßnahmen" und des Wirkens der Troika muss man sich bewusst sein, dass es keine schmerzlosen Lösungen gibt, wenn sich ein Land in eine Situation manövriert hat, wo die einzig verbleibende Alternative zu einem Sanierungsprogramm ein Staatskonkurs ist, der noch viel schmerzvoller wäre. Aus meiner Sicht hat aber doch der extrem restriktive Kurs, der gegenüber den „Schuldner-Ländern" gefahren wurde, speziell in Griechenland, die Tiefe der Krise noch verschärft. Portugal hat es dagegen nach einem Regierungswechsel verstanden, trotz anfänglicher Skepsis der Gläubiger-Vertreter einen wirksamen Mittelweg zwischen Konsolidierung und Expansion zu erreichen und damit die gravierenden sozialen Folgen, die die Austeritätspolitik in Griechenland zeigte, zu verhindern. Staaten wie Slowenien oder Ungarn haben mit Recht jedenfalls alles getan um zu vermeiden, unter ein EU- beziehungsweise IWF-Programm zu kommen, und sich so künftigen Wachstumsspielraum erhalten.

Ich hatte als Finanzwissenschafter – auch in meinem Lehrbuch[28] – lange Zeit unter Wachstumsaspekten eine eher „Verschuldens-freundliche Position" vertreten. Aus den Erfahrungen der Finanzkrise und speziell der Verschuldungskrise vertrete ich heute dagegen die Meinung, dass speziell für ein kleines Land strikte Budgetdisziplin erforderlich ist, will es Souveränität und Gestaltungsfreiheit bewahren. Öffentliche Verschuldung ist gerechtfertigt, wenn es gilt, Konjunktureinbrüche abzuschwächen, oder wenn es um – etwa durch Gebühren – selbstfinanzierende Investitionen geht. Laufende öffentliche Leistungen, speziell auch Sozialleistungen, sind aber durch laufende Einnahmen, das heißt Steuern oder Gebühren zu finanzieren. Es war für mich bedrückend zu sehen, wie unter dem Druck der Finanzkrise Mächte wirksam wurden, die soziale Errungenschaften und Gewerkschaftsstrukturen, für die Jahrzehnte lang gekämpft worden war, binnen Monaten eliminierten.

Aus diesen Erfahrungen heraus habe ich mich in Österreich auch – mit Erfolg – bemüht, auf Ersuchen des damaligen Regierungschefs und Parteiobmanns, meines Freundes Werner Faymann, die ursprünglich sehr skeptische sozialdemokratische Parlamentsfraktion dafür zu gewinnen, dem gesamtwirtschaftlichen Stabilitätspakt und den damit

---

28 Ewald Nowotny, Martin Zagler: Der öffentliche Sektor – Einführung in die Finanzwissenschaft. 5. Aufl. Springer, Berlin und Heidelberg, 2009.

verbundenen Verschuldungseinschränkungen zuzustimmen. In – vielleicht nicht immer ganz korrekter – Analogie bezog ich mich dabei auch auf die Finanzpolitik des „roten Wien" der Zwischenkriegszeit unter dem damaligen, von mir mit großer Sympathie studierten Finanzstadtrat Hugo Breitner. Um frei von Einflüssen der „kapitalistischen Finanzwirtschaft" zu sein, finanzierte die Gemeinde Wien ihr epochales Wohnbauprogramm nicht durch Kredite, sondern primär durch eine zweckgebundene Steuer. Auf den stolzen Gemeindebauten jener Zeit prangt auch heute noch die Aufschrift: „Finanziert aus Mitteln der Wohnbausteuer". Es ist zweifellos wichtig, die Möglichkeit zu sichern, auf konjunkturelle Einbrüche mit einer verschuldungsfinanzierten expansiven Finanzpolitik reagieren zu können. Es ist aber auch wichtig, für den Bereich der laufenden und der nicht rentierlichen Ausgaben auf eine langfristig stabile Finanzierung durch Steuern und Abgaben zu achten. Dies kann politisch mitunter eine erhebliche Herausforderung bedeuten. Gerade hier soll aber der Stabilitätspakt als „Rückenstärkung" wirken.

Inmitten der turbulenten Zeit von Wirtschafts- und Schuldenkrise beschloss der EZB-Rat bei Sitzungen im April und im Juli 2011 Zinserhöhungen. Dies überraschend und ganz im Gegensatz zum Verhalten aller anderen Notenbanken. Die Begründung dafür war die Befürchtung, dass die Gesamtinflationsrate (leicht) die Zielmarke von zwei Prozent überschreiten könnte, wobei die Kerninflation (das heißt ohne Energie- und Rohstoffpreise) bei einem Prozent lag. In Übertreibung der konservativen Tradition der Bundesbank wurde speziell vom überaus dogmatischen damaligen Chefökonomen der EZB, Jürgen Stark, argumentiert, dass die EZB (wiederum) durch eine allfällige Inflationsrisiken antizipierende Zinserhöhung ihre Glaubwürdigkeit als „strenge" Notenbank stärken müsse. Hintergrund war die in der deutschen Öffentlichkeit stets präsente – wie sich zeigte, faktisch nicht begründete – Angst vor künftiger Inflation.

Wir alle hatten allerdings den verheerenden Effekt unterschätzt, den diese Zinserhöhung auf den Geld- und Kapitalmärkten auslöste.

Neben den Problemländern kamen nun auch die Schuldtitel von Staaten wie den Niederlanden, Finnland, Frankreich und auch Österreich unter Druck. Der vorher bestehende, zaghafte Konjunkturaufschwung wurde abrupt abgestoppt, und es kam zu einer zweiten Rezession („double dip recession"). Diese – objektiv falsche – wirtschaftspolitische Entscheidung ist auch ein wesentlicher Grund für das mittelfristige Zurückbleiben der europäischen Wirtschaft gegenüber den USA, die auf eine durchgehend expansive Geld- und Fiskalpolitik setzten.

Wie so häufig erwies sich auch 2011 der Sommer als besonders sensible Zeit für Finanzkrisen. Diesmal stand Italien im Mittelpunkt, wo es zu einem massiven Vertrauensverlust speziell gegenüber dem Bankensystem kam, was zu dramatischen Kursverlusten bei Bankaktien und Rekordwerten bei Kreditausfall-Versicherungen (die bereits beschriebenen CDS) führte. All dies mit raschen Rückwirkungen für die meisten anderen Staaten des Euro-Raumes. Für mich ist in solchen Situationen immer die Entwicklung des Kurses des Schweizer Franken ein wichtiger Indikator – und es war offensichtlich, dass die Schweizer Notenbank massiv intervenieren musste, um eine riesige Kapitalflucht aus Italien in ihrer Wirkung auf den Wechselkurs zu kompensieren. Immer stärker wurde von den Märkten ein „redenomination risk" eingepreist, das heißt das Risiko eines Zerbrechens der Euro-Zone.

Die Hardliner in der Bundesbank zeigten sich von dieser Entwicklung weiterhin unbeeinflusst und vertraten die Meinung, die Rettung des Euro sei allein Sache der Regierungen, die EZB habe hier keine Rolle zu spielen. Aus privaten Gesprächen hatte ich den Eindruck, dass es in der Bundesbank durchaus Planspiele hinsichtlich eines Zerbrechens der Euro-Zone gab. Es war klar, dass dies zu einer massiven Aufwertung einer „neuen DM" führen würde, was angesichts der Exportlastigkeit der deutschen Wirtschaft mit einer tiefen Rezession verbunden gewesen wäre. Ebenso hätte das Bankensystem massiv gelitten. Manche Akteure dürften dies freilich nur als vorübergehende Probleme und nicht als möglichen Beginn einer verheerenden Kettenreaktion gesehen haben. Die dramatischen politischen Probleme eines möglichen Zerfalls der Euro-Zone waren kein Thema bei solchen technokratischen Betrachtungen.

Mit Ende Oktober 2011 endete die Amtszeit von Jean-Claude Trichet. Am 19. Oktober fand in der Alten Oper in Frankfurt eine würdige Amtsübergabe statt, bei der die deutsche Bundeskanzlerin Angela Merkel wie auch Alt-Kanzler Helmut Schmidt die Verdienste Trichets würdigten. Diesem verdienten Lob stand allerdings in etlichen deutschen Medien die Kritik am „tragischen Sündenfall" des Ankaufs von Staatsanleihen gegenüber – ein Vorbote massiver künftiger Probleme im Verhältnis von EZB und einflussreichen Teilen der deutschen Presselandschaft und Politik. Der frühere Präsident der amerikanischen Notenbank, Ben Bernanke, meinte dagegen in seinen Memoiren, bei aller Wertschätzung der diplomatischen Fähigkeiten Trichets, dass Jean-Claude, „kein ausgebildeter Ökonom", zu sehr bereit gewesen sei, den moralistischen Ansatz einer Makroökonomie, wie er von vielen nördlichen Europäern vertreten wurde, zu akzeptieren. Daher sei er auch zu zögerlich gewesen in Bezug auf die Notwendigkeit, in einer tiefen ökonomischen Krise die gesamtwirtschaftliche Nachfrage zu erhöhen.[29] Ich war inhaltlich mit der Politik von Jean-Claude Trichet nicht immer einverstanden gewesen, hatte aber seine Offenheit und menschliche Wärme sets sehr geschätzt. Ein kleines Detail: Bei der Verabschiedung ausscheidender Mitglieder des EZB-Rates im Rahmen des „EZB-Dinners" schloss Trichet seine Rede stets mit „Du bleibst ein Mitglied unseres Klubs" – eine Redewendung, die ich bei seinem Nachfolger nicht gehört habe.

---

29 Ben Bernanke: The Courage to Act: A Memoire of a Crisis and Its Aftermath. W. W. Norton, New York 2015. S. 524 (Übersetzt aus dem Engl.).

15. Die Ära Mario Draghi

Mario Draghi hatte schon an den Gründungsverhandlungen zur Europäischen Währungsunion teilgenommen, war seit 2006 Gouverneur der italienischen Zentralbank und als solcher Mitglied des EZB-Rates. Ich habe ihn dort als klugen, stets gut informierten Ökonomen mit leichtem Hang zum Zynismus kennengelernt. Persönlich war er zurückhaltend, wir hatten aber auch guten menschlichen Kontakt. Er hatte schon früh seine Eltern verloren und Verantwortung für seine Familie übernommen. Seine intellektuelle Entwicklung war geprägt von seinem Studium am weltberühmten Ökonomie-Department des Massachusetts Institute for Technology (MIT) in Boston, USA, wo er bei den späteren Nobelpreisträgern Franco Modigliani und Robert M. Solow promoviert hatte.

Mario Draghis wirtschaftswissenschaftliche Orientierung ist geprägt von dem weltweit führenden „Neo-Keynesianischen Ansatz", der sich in vielem vom „Sonderweg" vieler deutscher Ökonomen unterscheidet. Ein wohl noch wichtigerer Unterschied liegt in der grundsätzlichen Sicht der Wirtschaftspolitik. Der „typisch deutsche" Ansatz ist der einer möglichst weitgehenden „Regelbindung" der Wirtschaftspolitik, zum Beispiel der Finanzpolitik durch die Regeln eines Stabilitätspaktes. Damit sollen der „Willkür" der Politik für die Zukunft enge Grenzen gesetzt und stabile Erwartungen für die Wirtschaftssubjekte ermöglicht werden. Dies sind zweifellos relevante Argumente. Problematisch ist freilich der Umstand, dass Regeln, um wirksam zu sein, nicht oft geändert werden dürfen. Bei deutlichen Veränderungen gegenüber der Ausgangslage der Regelerstellung kann dies dann bei unveränderter Anwendung der ursprünglichen Regeln zu wirtschaftlichen oder gesellschaftlichen Problemen führen. Der

Jurist Johann Wolfang von Goethe hat dieses Phänomen mit den berühmten Versen beschrieben:

„Es erben sich Gesetz' und Rechte
Wie eine ew'ge Krankheit fort; [...]
Vernunft wird Unsinn, Wohltat, Plage;
Weh dir, dass du ein Enkel bist!"

Ohne Goethe zu zitieren, hat jedenfalls Mario Draghi in einer Vielzahl von Gesprächen und – vorsichtiger – in Referaten dem Modell der regelgebundenen Wirtschaftspolitik ein angloamerikanisch geprägtes Modell einer flexiblen, zielorientierten Wirtschaftspolitik gegenüber-gestellt. In seiner berühmten „whatever it takes"-Rede, auf die noch eingegangen werden wird, hat er zwar pflichtgemäß den Zusatz „im Rahmen unseres Mandates" beigefügt – aber es war klar, dass der Kern in der Ankündigung eines pragmatischen Handelns lag – und so haben es die Märkte auch verstanden. In der praktischen Anwen-dung „mit Hausverstand" wird es gerade in der Geldpolitik, wo ja oft sehr rasche Entschlüsse nötig sind, notwendig und möglich sein, „vernünftige Mittelwege" zwischen „sturer Regelbefolgung" und „ori-entierungslosem Pragmatismus" zu finden – es ist aber wichtig, sich dieses Spannungsfelds bewusst zu sein.

Wie mir Mario Draghi erzählt hat, fühlte er sich in den USA sehr wohl und war kritisch gegenüber den Verhältnissen in Italien, kehrte aber aus persönlichen Gründen nach Italien zurück, wo er als Profes-sor für Nationalökonomie an renommierten Universitäten lehrte. 1991 wurde er dann Generaldirektor des italienischen Finanzministeriums. Er war wesentlich beteiligt an der für die Euro-Mitgliedschaft erfor-derlichen Sanierung der italienischen Staatsfinanzen. In diesem Zu-sammenhang organisierte er auch umfangreiche Privatisierungen, was zum Teil zu heftigen Kontroversen führte. 2002 übernahm er dann eine führende Position bei den Europa-Aktivitäten der großen ame-rikanischen Investment-Bank Goldman-Sachs. Er ist ein exzellenter Kenner der Finanzmärkte, freilich auch stark von ihnen beeinflusst. In grober Vereinfachung: Trichet war von seiner Grundhaltung her ein Mann der staatlichen Ordnung gewesen, Draghi war nun ein Mann der Märkte. 2006 wurde er dann Gouverneur der Banca d'Italia und sah sich dort massiven Herausforderungen gegenüber.

In der Nachfolge von Jean-Claude Trichet hatte lange Zeit der Präsident der Deutschen Bundesbank, Axel Weber, als Favorit gegolten. Weber, den ich schon aus unserer gemeinsamen Zeit als Universitätsprofessoren kannte und mit dem ich persönlich befreundet war – und bin –, trat dann allerdings im April 2011 von seiner Position als Bundesbank-Präsident zurück. In der Öffentlichkeit wurde dies als Protest gegen die Geldpolitik der EZB interpretiert, nach meiner persönlichen Einschätzung spielte aber auch die Enttäuschung über die mangelnde Unterstützung durch die Kanzlerin eine Rolle. Eine Konstellation, die sich übrigens dann bei seinem Nachfolger, Jens Weidmann, wiederholte, in diesem Fall aber „nur" zu Frustration und nicht zum Rücktritt führte. Jedenfalls zeigte sich nun Mario Draghi an der Nachfolge von Trichet interessiert und führte dazu auch eine sehr geschickte Kampagne der Vertrauensbildung in der deutschen Öffentlichkeit. Dies führte als Höhepunkt zur Verleihung einer preußischen Pickelhaube durch die einflussreiche „Bild-Zeitung" an Draghi, um dessen Glaubwürdigkeit als „Preuße" zu dokumentieren. Ich habe diesen skurrilen Helm lange Zeit in Draghis Büro liegen gesehen – in den letzten Jahren war er dann verschwunden.

Am ersten November 2011 trat Mario Draghi sein Amt als Präsident der EZB an. Als Nachfolger von Axel Weber vertrat seit Mai 2011 Jens Weidmann die Bundesbank im EZB-Rat. Er hatte in Deutschland und Frankreich Ökonomie studiert und war unter Axel Weber als stellvertretender Leiter des Zentralbereiches Volkswirtschaft in der Bundesbank tätig gewesen. Angela Merkel hatte ihn dann 2006 als wirtschaftspolitischen Berater ins Bundeskanzleramt geholt, wo er sich auch als ihr Chefunterhändler („Sherpa") bei den wichtigsten internationalen Wirtschaftstreffen bewährte. Er ist ein sehr kluger und persönlich sympathischer Ökonom und wir konnten die traditionell gute und vertrauensvolle Zusammenarbeit zwischen Bundesbank und OeNB auch mit ihm und seinem Team in vollem Ausmaß weiterführen. In Fragen der Geldpolitik stimmten Jens Weidmann und ich in der grundsätzlichen Stabilitätsorientierung überein, setzten aber zeitweise doch deutlich unterschiedliche Akzente bezüglich des Einsatzes geldpolitischer Instrumente. Die entsprechenden Diskussionen zwischen uns waren aber stets offen und freundschaftlich – was ja nicht für alle Diskussionen im EZB-Rat galt. Möglicherweise um seine direkte „Entsendung" aus dem Bereich der Politik zu kompensieren, verfolgte Jens Weidmann eine Strategie, sich deutlich stärker als der selbstbewusste Axel Weber als Vertreter der traditionellen „Bundesbank-Linie" zu positionieren. Damit war von Beginn an ein zwar kultiviert ausgetragener, aber später zunehmender Konflikt mit vielen Aspekten der Strategie von Mario Draghi gegeben.

Auch im Direktorium der EZB erfolgten wesentliche Änderungen. Jürgen Stark war unter Protest zurückgetreten und näherte sich aus meiner Sicht in der Folge immer mehr den konservativen Extrempositionen in der deutschen Diskussion an. An seine Stelle wurde mit Peter Praet, einem krisenerfahrenen Vorstandsmitglied der belgischen Notenbank, erstmals ein Nicht-Deutscher Chefökonom der EZB. Im März 2012 übernahm mit Benoît Cœuré ein hochqualifizierter Franzose das Ressort Market Operations, das heißt die Umsetzung der EZB-Geldpolitik. Zusammen mit dem Vizepräsidenten Vítor Constâncio war dies das Kernteam für die nun entwickelte Strategie der EZB. Sabine Lautenschläger, das deutsche Mitglied im Direktorium, kam aus dem Bereich der Bankenaufsicht und spielte eine zentrale Rolle durch ihre Doppelfunktion als Mitglied des EZB-Direktoriums und des Leitungsteams des SSM, der neu geschaffenen Europäischen Bankenaufsicht. Yves Mersch, den ich schon seit seiner Zeit als erster Gouverneur der Luxemburger Notenbank gut kannte, konnte sein Amt im EZB-Direktorium erst nach längeren Disputen mit dem Europäischen Parlament, das zunächst auf einer Frau für das Direktorium bestanden hatte, antreten. Er war für die in den kommenden Jahren sehr sensiblen Rechtsfragen und für den technisch fordernden Zahlungsverkehr zuständig. Insgesamt war das

„Draghi-Direktorium" eine hochqualifizierte und entscheidungsstarke Expertengruppe, wobei in den späteren Jahren aber verstärkt interne Meinungsunterschiede auftraten.

Mit charakteristischer Entschlossenheit bewirkte Mario Draghi bereits am dritten November bei der ersten Sitzung des EZB-Rates unter seiner Führung eine Zinssenkung der EZB. Bei der Sitzung des EZB-Rates im Dezember erfolgte eine weitere Zinssenkung. Damit war der Fehler vom ersten Halbjahr 2011 korrigiert – die Zinssätze waren wieder dort, wo sie vor einem Jahr gestanden hatten. Als Nebenbemerkung: Bei meiner Vorlesung an der Wiener Wirtschaftsuniversität im Jahr 2020 machte mich ein Student darauf aufmerksam, dass er einer Generation angehöre, die noch nie bewusst eine Zinserhöhung durch die EZB-erlebt habe.

Die wichtigsten Herausforderungen, vor die sich die EZB nun gestellt sah, waren zum einen die Bewältigung der Schuldenkrise und zum anderen der beginnende Kampf gegen Deflations-Tendenzen. Zur Überwindung der anhaltenden Schuldenkrise sah die EZB weiterhin eine wesentliche Verantwortung bei den unmittelbar betroffenen Staaten. Sie erkannte aber auch, dass für das Erreichen der Stabilitätsziele ihres eigenen Mandates auch eigenes, intensives Handeln der EZB nötig sei. Von der wirtschaftswissenschaftlichen Positionierung her konnte nun endlich erreicht werden, dass nicht mehr primär in mikroökonomischen, dem Einzelhaushalt nachempfundenen Kategorien gedacht wurde, sondern dass auch die makroökonomischen Kreislauf-Zusammenhänge, insbesondere Fragen der gesamtwirtschaftlichen Nachfrage, verstärkt Beachtung fanden. Ich hatte unter diesen Aspekten ein sehr gutes Einverständnis mit dem neuen EZB-Chefökonomen Peter Praet und konnte auch einige Ausarbeitungen der hochqualifizierten Ökonominnen und Ökonomen der Oesterreichischen Nationalbank vorlegen, die den Weg zu einer auf zeitgemäßer Forschung beruhenden Geldpolitik unterstützten.

Konkret kam es Ende 2011 und Anfang 2012 in Ergänzung zu den Zinssenkungen zu neuen Programmen der Liquiditätszufuhr, mit erheblichem Netto-Effekt. Dies hatte auch zunächst eine beruhigende Wirkung auf den Geldmärkten, gegen Sommer 2012 waren die Märkte aber wieder bestimmt von einer wachsenden Bedeutung des „redenomination risk". Diese Furcht nährte sich aus der Angst, dass einzelne – südliche – Staaten zahlungsunfähig würden, als Reaktion darauf aus der Euro-Zone ausscheiden und damit die Euro-Zone insgesamt ins Wanken bringen könnten.

In dieser Situation einer steigenden Markt-Hysterie und entsprechender Zinsentwicklungen für Staatsanleihen hielt Mario Draghi am 26. Juli 2012 in London bei der Global Investment Conference eine Rede, die als Beispiel für die Wirksamkeit guter Kommunikation in die Geschichte eingegangen ist. Draghi verwendete zunächst eine – auch naturkundlich – eigenartige, nicht sofort offensichtliche Analogie: „Der Euro ist wie eine Hummel. Die ist ein Wunder der Natur, weil eigentlich sollte sie nicht fliegen können, aber tatsächlich kann sie's doch. [...] Die Hummel muss sich aber zu einer richtigen Biene weiterentwickeln (wörtlich: ‚graduate'). Und genau das geschieht."[30] Er schilderte dann verschiedene Maßnahmen, die speziell auch beim Rat der EU-Regierungschefs vom 29. Juni beschlossen worden waren, und endete dann: „Ich möchte Ihnen noch eine Botschaft mitgeben. Im Rahmen ihres Mandates ist die EZB bereit, alles zu tun, um den Euro zu bewahren. Und glauben Sie mir, es wird ausreichen." Die englischen Formulierungen „whatever it takes" und „believe me, it will be enough" spiegeln noch stärker die Entschlossenheit und Kraft von Mario Draghis Worten. Das Ergebnis war ein geradezu mysteriös anmutender, sofortiger Stimmungsumschwung der Märkte, das Gespenst des „redenomination risk" löste sich in kürzester Zeit auf. Über Geschichte und Hintergrund dieser berühmten Rede ist seither viel geschrieben und gerätselt worden. Sie kam (zumindest für die meisten) Mitglieder des EZB-Rates überraschend, wobei es in den Analyse-Abteilungen der EZB wohl einige Beratungen gegeben hat. Angeblich fügte Mario Draghi den letzten, starken Nachsatz „and believe me"

---

30 Übersetzungen aus dem Englischen.

ohne Vorbereitung emotional hinzu. Es gab aber auch Diskussionen, ob Mario Draghi, ein Kenner der Märkte, bei wichtigen Marktteilnehmern Stimmungsbilder eingeholt habe, um eine entsprechend starke positive Reaktion sicherzustellen.

Jedenfalls war diese Rede ein Wendepunkt, der dann freilich durch konkrete Beschlüsse des EZB-Rates abgesichert werden musste. Dies geschah im September mit dem Instrument der „Outright Monetary Transactions" (OMT). Damit erhielt die EZB die Möglichkeit, durch Ankauf von Staatsanleihen eine Sicherung („backstop") gegen „destruktive Szenarien mit potenziellem, erheblichen Gefährdungsrisiko für die Preisstabilität im Euro-Bereich" bereitzustellen. Im Hinblick auf die Anforderungen des EU-Vertrages können diese Sicherungen aber nur eingesetzt werden, wenn sie im Rahmen eines Stabilisierungsprogrammes von EFSF/ESM erfolgen. Ein solches Stabilisierungsprogramm muss wieder eine Fülle von Bedingungen enthalten, die eine Rückkehr zum gesamtwirtschaftlichen Gleichgewicht des betroffenen Staates absichern.

Die psychologische Wirkung dieser Regelungen war so groß, dass sie in der Praxis (jedenfalls bis jetzt) nie eingesetzt werden mussten. Ich persönlich bin freilich nicht sicher, ob ein entsprechender Einsatz im Bedarfsfall auch wirklich mit der notwendigen Schnelligkeit und Effizienz möglich wäre, worauf im Kapitel 20 noch eingegangen wird. Jedenfalls führte dieses Programm und auch andere Aspekte von Anleihenkäufen in Deutschland zu einer heftigen Kritik, speziell von einer Reihe konservativer, EU-skeptischer Professoren, von denen manche dann im Kreis der „Alternative für Deutschland" (AfD) wiederzufinden waren. Von diesem Kreis wurde eine Klage beim deutschen Bundesverfassungsgericht eingebracht. Dieser leitete die Entscheidung klugerweise an den Europäischen Gerichtshof (EuGH) weiter. Der EuGH bestätigte die Rechtmäßigkeit der Vorgangsweise der EZB, verband in einer Reihe von Verfahren die Zulässigkeit der Ankauf-Programme mit einer Liste von einschränkenden Bedingungen. Europapolitisch waren diese Gerichtsverfahren aber extrem sensibel. Denn das Begehren der deutschen Kläger ging dahin, unter

Bezug auf deutsches Recht der Bundesbank zu untersagen, sich an EZB-Ankaufprogrammen zu beteiligen. Ein entsprechender Vorrang von nationalem vor EU-Recht könnte aber letztlich ein Ende einer gemeinsamen europäischen Politik im Bereich der Europäischen Wirtschafts- und Währungsunion bedeuten. Leider hat dieses Thema mit dem Urteil des deutschen Bundesverfassungsgerichtes vom Mai 2020 eine neue und dramatische Aktualität bekommen, worauf im Folgenden eingegangen werden soll.

Wieder ging es um eine Klage, die von einer Gruppe um einen der Gründer der AfD eingebracht worden war. Anders als früher – und erstmalig in der Geschichte der Europäischen Union – hat sich das Bundesverfassungsgericht diesmal aber in harschen Formulierungen über frühere Entscheidungen des EuGH hinweggesetzt und in der Sache selbst entschieden. Gegenstand des Verfahrens war die rechtliche Zulässigkeit des „Public Sector Purchase Programme" (PSPP), mit dem die EZB seit 2015 im Rahmen ihrer expansiven Geldpolitik Staatsanleihen aufkauft. Das Bundesverfassungsgericht akzeptierte, dass es sich hier nicht um eine verbotene Staatsfinanzierung handelt, bezog sich dabei aber auf sehr enge Kriterien, aus denen sich möglicherweise zukünftige Probleme ergeben können.

Dagegen kritisierte das Bundesverfassungsgericht die mangelnde Darstellung der „Verhältnismäßigkeit" des Einsatzes des PSPP-Programmes. Ganz im Sinn der Argumentation der rechts-konservativen Kläger bezog sich das Gericht dabei auf wirtschaftliche Folgen für Sparer und Immobilienpreise – nicht aber auf die zentralen Aspekte von Beschäftigung, Wachstum und Preisstabilität. Im Sinn eines „Auftrages" vonseiten des Gerichtes müsse der EZB-Rat nun in einem neuen Beschluss zeigen, dass das Kaufprogramm „verhältnismäßig" sei. Ansonsten sei es nach einer Übergangsfrist von höchstens drei Monaten der Deutschen Bundesbank untersagt, an der Durchführung des PSPP-Programmes teilzunehmen. In kluger Kooperation zwischen EZB, Bundesbank, Bundesregierung und deutschem Parlament ist es in diesem Fall gelungen, eine praktikable und für alle Seiten gesichtswahrende Lösung für die Umsetzung des problematischen Urteils des Bundesverfassungsgerichtes zu finden. Die diesem Gerichtsverfahren zugrunde liegende, prinzipielle Problematik könnte aber einen wichtigen – und gefährlichen – Teilaspekt der „Zeitenwende" nach Corona darstellen.

Wenn ich dieses Urteil persönlich aus meiner „juristischen Vergangenheit" und meiner „ökonomischen Gegenwart" kritisch betrachte, stellt es eine problematische Mischung aus politischer Justiz und ökonomischer Naivität dar. Fairerweise muss man feststellen, dass das Problem der „politischen Justiz" der Institution eines Verfassungsgerichtshofes in gewissem Ausmaß immanent ist. In meiner „juristischen Jugend" bin ich aufgewachsen in der vom Prinzip der Gewaltentrennung bestimmten, zurückhaltenden Tradition der „Reinen Rechtslehre" des großen österreichischen Verfassungsjuristen Hans Kelsen. Ich habe daher Unbehagen mit einer zunehmenden, von findigen Anwälten genutzten Tendenz von Verfassungsgerichtshöfen, in immer weiterer Auslegung allgemeiner Verfassungsgrundsätze unmittelbar politische Entscheidungen zu treffen. Dies entspricht seit Langem der Praxis des US-Supreme Court, in gewissem Maß auch dem Anspruch des Europäischen Gerichtshofes, und auch das PSPP-Urteil des deutschen Bundesverfassungsgerichtes ist ein Beispiel, wo ein Gerichtshof für sich unmittelbar Agenden der Wirtschaftspolitik übernimmt.

Die vom Gerichtshof aufgeworfene Frage nach „Verhältnismäßigkeit" im Sinn von Kosten-Nutzen-Überlegungen ist, wie in Kapitel 5 dargestellt, zweifellos ein zentrales Element für wirtschaftspolitische Entscheidungen. Diese Entscheidungen sollten aber von den dafür zuständigen wirtschaftspolitischen Instanzen gefällt werden, wobei es um eine Vielzahl schwieriger Abwägungen unter der Perspektive einer in vielen Aspekten unsicheren Zukunft geht. Im Rahmen der europäischen Geldpolitik ist das hier zuständige Entscheidungsorgan der EZB-Rat und als Mitglied dieses Rates im fraglichen Zeitpunkt kann ich bestätigen, dass die zentrale Arbeit des EZB-Rates eben darin besteht, nach bestem Wissen und Gewissen Für und Wider geldpolitischer Maßnahmen abzuwägen. Angesichts der Komplexität der Fragestellungen sind in einzelnen Fällen dabei auch Abstimmungen mit Mehrheitsentscheidung erforderlich. Es ist aber eine sehr eigenartige Vorstellung, dass ein Verfassungsgerichtshof dem befugten und unabhängigen, geldpolitischen Entscheidungsgremium aufträgt, seine Entscheidungen dem Gericht gegenüber zu begründen, um dann als Juristenkollegium zu beurteilen, ob diese – notwendigerweise geldpolitische – Begründung vom Gericht akzeptiert wird oder nicht.

Für den Einsatz des geldpolitischen Instrumentariums der EZB hat das Urteil des deutschen Bundesverfassungsgerichtes in jedem Fall keine unmittelbare Wirkung, da das entsprechende Ankaufprogramm auch ohne Mitwirkung der Bundesbank von der EZB direkt durchgeführt werden kann. Als politisches Signal wäre es aber meines Erachtens verheerend, europäische Geldpolitik ohne die aktive Mitwirkung der Notenbank des größten Staates im Euro-Raum führen zu müssen.

Eine besondere Brisanz des Urteils des Bundesverfassungsgerichtes bezieht sich aber jedenfalls auf die integrationspolitische Perspektive. Es ist europarechtlich völlig inakzeptabel, dass ein einzelnes nationales Gericht Forderungen an eine supranationale europäische Institution wie die EZB richtet. Ebenso provoziert es auch extreme rechtliche Probleme, wenn ein nationales Gericht bei Nicht-Erfüllen seiner Forderung der nationalen Institution Bundesbank die Mitwirkung an wichtigen Bereichen der Arbeit der EZB untersagen sollte. Hier geht es letztlich nicht nur um ökonomische Aspekte, sondern auch um langfristige elementare Fragen der Struktur und der Zukunft der Europäischen Währungsunion insgesamt. Das kann dazu führen, dass immer wieder spekulative Unsicherheiten auftreten und letztlich Europa in seiner wirtschaftlichen Dynamik und in seinen Möglichkeiten der Krisenbekämpfung hinter anderen Weltregionen zurückbleibt.

Mario Draghis kühne Intervention vom Sommer 2012 hatte den Zusammenhalt des Euro-Bereiches gerettet, die wirtschaftliche Erholung nach der Krise ging aber nur zögerlich und zwischen den

Teilnehmerstaaten mit sehr unterschiedlicher Dynamik voran. Nun rückte aber ein anderes Phänomen in den Mittelpunkt der EZB-Politik: ein langfristiger Rückgang der Inflationsraten, wobei Ende 2013 und im Jahr 2014 bei einigen Mitgliedstaaten sogar Zeiten der Deflation zu vermerken waren. Dies stellte eine Herausforderung angesichts des Mandates der EZB dar, das, wie gezeigt, primär auf Preisstabilität abstellt und diese als eine Inflationsrate von mittelfristig unter, aber nahe bei zwei Prozent definiert.

Nun stellt sich grundlegend die Frage, in welchem Ausmaß Notenbanken tatsächlich die Preisentwicklung beeinflussen können. Traditionelle Notenbanker gehen hier aus von Milton Friedmans berühmtem Diktum: „Inflation ist immer und überall ein monetäres Phänomen" – was impliziert, dass sie stets durch die Geldpolitik steuerbar ist. Ich gehöre zu den Ökonomen, die dieser wirkungsmächtigen monetaristischen Behauptung skeptisch gegenüberstehen. Zunächst ist zu unterscheiden je nach der Verursachung und Richtung der Inflationsentwicklung. Sind Inflationsentwicklungen nachfrageseitig bedingt, können sie durch eine restriktive Geldpolitik in der Tat reduziert werden. Sind Inflationsentwicklungen dagegen bedingt durch Entwicklungen auf der Angebotsseite (zum Beispiel Ölpreis-Schock) wird eine restriktive Geldpolitik, wenn sie zu radikal eingesetzt wird, vorübergehend zu einer Phase der „Stagflation", das heißt, einer Kombination von Stagnation und Inflation führen. Das Auftreten von Stagflation wurde von monetaristischen Ökonomen als Widerlegung der keynesianischen Theorie deklariert, die davon ausgeht, dass bei Schwächung der Wirtschaft die Inflationstendenzen abnehmen. Tatsächlich handelt es sich bei Stagflation aber um ein vorübergehendes Phänomen einer zu extremen, kurzfristigen Notenbank-Reaktion auf einen massiven Angebots-Schock.

Längerfristig sinkende Inflationsraten können freilich wesentlich bestimmt sein durch realwirtschaftliche Effekte wie zum Beispiel die Effekte der Globalisierung, durch die Struktur der Arbeitsmärkte, Wechselkurs-Entwicklungen etc. Denn es gilt, dass hohe Preissteigerungen zwar letztlich durch die Geldpolitik alimentiert sein müssen, ein Rückgang der Inflationsraten durch geldpolitische Maßnahmen aber nur schwer steuerbar ist. Und so erlebte auch die EZB das Dilemma, dass sie zwar durch eine Vielzahl von Maßnahmen die Zentralbank-Geldmenge ausweitete, dies aber aus einer Reihe von Gründen nicht zu den gewünschten Preissteigerungen führte. In gewissen Phasen befand sich die EZB nach meiner Sicht in einer „Keynesianischen Liquiditätsfalle", das heißt in einer Situation, wo die Wirtschaftssubjekte, bestimmt durch negative Zukunftserwartungen, auf zusätzliche monetäre Impulse nicht durch zusätzliche Investitions- und Konsumausgaben reagieren, sondern nur zusätzliche Liquidität horten. In dieser Situation ist aktive Fiskalpolitik nötig, um positive Erwartungen bezüglich Nachfrage und Einkommen zu schaffen.

Das Dilemma der EZB bestand – und besteht – darin, dass angesichts der uneinheitlichen fiskalischen Struktur des Euro-Raumes eine solche expansive Fiskalpolitik nicht erfolgte. Die EZB warnte zwar vielfach vor der Gefahr, sie bleibe der einzige aktive wirtschaftspolitische Akteur – „the only game in town". De facto geschah aber genau dies. Um nun doch ihrem Preisstabilitätsziel näher zu kommen, versuchte die EZB durch eine lange und intensive expansive Geldpolitik doch noch einige Effekte in die richtige Richtung zu erreichen, was ihr ansatzweise auch gelang, wenn auch mit erheblichen ökonomischen und politischen Nebenwirkungen. Entschärft wurde diese Problematik aus meiner Sicht dadurch, dass in der konkreten Situation der Euro-Zone die (aus meiner Sicht wenig effektiven) Maßnahmen in Bezug auf Preisstabilität gleichzeitig (durchaus positive) Effekte in Bezug auf reales Wirtschaftswachstum und Beschäftigung hatten.

Für die unmittelbare Geldpolitik der EZB waren zwei Ansatzpunkte von spezieller Bedeutung: Die Höhe der von der EZB unmittelbar beeinflussbaren Zinssätze und die Form der Zinskurve, das heißt das Verhältnis zwischen kurz- und langfristigen Zinsen. Die langfristigen Zinsen sind für Investitionsentscheidungen und damit das Wirtschaftswachstum zentral, sodass für eine expansive Politik niedrigere Zinsen am „langen Ende" sinnvoll sind. Wenn aber der Abstand zwischen kurz- und langfristigen Zinsen zu gering wird, bedeutet dies für den Bankenbereich deutlich geringere Ertragschancen. Extrem gefährlich ist der Fall einer „inversen Zinskurve", das heißt, wo die langfristigen Zinsen niedriger sind als die kurzfristigen. Bei jedem langfristigen Kredit, den eine Bank kurzfristig refinanziert, hat sie damit laufende Verluste. Kein Bankensystem kann daher eine inverse Zinskurve längerfristig überleben, entsprechend gilt das Auftreten einer Tendenz zu einer inversen Zinskurve als Indikator einer dramatischen Konjunkturverschlechterung.

Bei gegebenen langfristigen Zinsen können Notenbanken dagegen nur im Bereich der kurzfristigen Zinsen agieren. Für diese kurzfristigen Zinsen galt aber lange Zeit die Annahme, hier gäbe es bei Null-Zinsen eine Untergrenze („zero lower bound"). In ihrem verzweifelten Kampf um höhere Inflationsraten hat die EZB diese Untergrenze letztlich unterschritten, um eine gewisse „Steilheit" der Zinskurve zu erreichen. Sie ist damit weltweit jedenfalls bis jetzt ein Sonderfall. Zwar gibt es auch andere Staaten mit negativen kurzfristigen Zinsen, etwa die Schweiz oder Dänemark. Bei diesen Staaten ist die Politik negativer Zinsen ein Instrument der Wechselkurspolitik. Negative Zinsen sollen Kapitalzuströme abhalten und damit aus Exportgründen unerwünschte Aufwertungen verhindern oder abschwächen. Im Bereich der EZB sind die Negativzinsen dagegen ein Instrument der Geldpolitik – die EZB verfolgt eine Politik flexibler Wechselkurse und hat kein Wechselkurs-Ziel.

In der konkreten Politik der EZB spielt neben den graduell erfolgenden Zinssenkungen auch die massive Bereitstellung von Liquidität an den Bankensektor eine zentrale Rolle. Um die Erwartungen entsprechend zu beeinflussen, wurde im Juli 2013 das Instrument der „forward guidance", das heißt einer längerfristigen Selbstverpflichtung bezüglich Zinspolitik, übernommen. Die Botschaft war: Wir bleiben lange expansiv. Schon zu dieser Zeit stellte sich nämlich die Frage, wie lange eine expansive Geldpolitik durchhaltbar wäre, ohne die längerfristige „Feuerkraft" einer Notenbank zu gefährden.

Ein Ereignis mit nachhaltigem Effekt war dabei das von der Fed ausgelöste „taper tantrum". Simpel übersetzt: „Der Schrecken langsamer Zinserhöhungen." Die Fed hatte schon seit Längerem Finanzmarkt-Papiere, vor allem Staatsanleihen, als Form einer expansiven Geldpolitik aufgekauft. Nun sah sie die wirtschaftliche Lage so gefestigt, dass sie überlegte, in kleinen Schritten („tapering") diese Ankäufe zurückzufahren und damit vorsichtig eine Zinswende zu beginnen. Diese Überlegungen verursachten einen Schock (ein „tantrum") auf den Märkten, der dann auch auf Europa weiterwirkte. Es kam zu einem Anstieg der Zinsen am „langen Ende", zu erhöhter Volatilität und speziell zu Problemen in Entwicklungsländern, die sich massiv in Dollar verschuldet hatten.

In Notenbankkreisen wurde dieses taper tantrum als ein Fehler der Fed gesehen und als Bestätigung für die Notwendigkeit, nicht an der Politik niedriger Zinsen zu rühren. Aus meiner Sicht war es dagegen ein Schritt in die richtige Richtung, den die Fed in der Tat ja dann auch später – aber mit vorsichtiger Kommunikation – fortführte. Denn der Aufschrei der Märkte kam meines Erachtens von den Marktteilnehmern, die eben unzulässig spekuliert hatten: von Investoren, die auf ewig niedrige Zinsen gesetzt hatten, von Staaten, die sich durch billigere Dollar-Zinsen zu massiver Fremdwährungsfinanzierung hatten verleiten lassen. Für mich war diese Episode eine Bestätigung dafür, dass eine Notenbank zwar die Märkte kennen müsse, sich aber nicht von ihnen leiten lassen dürfe. Manchmal muss eine Notenbank die Märkte überraschen, um Fehlentwicklungen von Märkten zu stoppen und sicherzustellen, dass die Kosten dieser Fehlentwicklungen rechtzeitig von den Verursachern getragen werden.[31]

Die EZB ging den Weg zu Negativzinsen in der von Mario Draghi bevorzugten Vorgangsweise. In einer Rede im April 2014 in Amsterdam gab Draghi in sehr konkreter Form einen Überblick über die nächsten geplanten Schritte – die, übrigens vorher nicht informierten, Mitglieder des EZB-Rates lasen diese Erklärungen mit Interesse und zum Teil Staunen. Hintergrund dieser Aktion war ein

---

31 Zu einer interessanten generellen Diskussion der Rolle der „Märkte" siehe Hans Bürger: Der vergessene Mensch in der Wirtschaft – Neue Modelle zwischen Gier und Fairness. Braumüller Verlag, Wien 2012.

weiterer Fall der Inflationsraten, Unsicherheit auf den Geldmärkten und, speziell in den südlichen Mitgliedstaaten, ein Rückgang der Kreditvergabe. Dieser Rückgang war aus Sicht der EZB-Ökonomen nicht nur durch mangelnde Kreditnachfrage in Zeiten der Austerität bedingt, sondern auch durch Finanzierungsprobleme und zu hohe verlangte Kreditzinsen der Banken. Nach einer Vorbereitungssitzung im Mai kam es dann bei der Sitzung des EZB-Rates am 5. Juni 2014 zum Durchbruch in Richtung „unkonventioneller Instrumente". Neben einer Senkung des Hauptrefinanzierungs-Zinssatzes kam es erstmals zu einem negativen Zinssatz in Höhe von -0,10 Prozent für den Einlagenzinssatz, das heißt, den Zinssatz für Einlagen von Banken in die „Einlagen-Fazilität" der EZB. Weiters wurden Maßnahmen zur Erhöhung der verfügbaren Liquidität geschaffen und Instrumente für die begünstigte langfristige Refinanzierung von Bankdarlehen eingerichtet. Damit verbunden war die klare Intention, die Bilanzsumme der EZB auszuweiten und direkt für eine Belebung der Kredittätigkeit zu nutzen. Im Gegensatz zur Fed hatte ja die EZB seit 2012 ihre Bilanzsumme heruntergefahren – vorzeitig, wie sich zeigte.

Die unmittelbaren Effekte dieser Maßnahmen blieben freilich gering und so wurden in der EZB-Ratssitzung im September 2014 der Hauptrefinanzierungszinssatz und auch der Einlagenzinssatz weiter gesenkt – letzterer auf -0,20 Prozent. Inzwischen war die vorher schon schwache wirtschaftliche Expansion, zum Teil auch bedingt durch politische Krisen, praktisch zum Stillstand gekommen. Für die EZB speziell beunruhigend war ein Rückgang der langfristigen Inflationserwartungen unter den EZB-Zielwert von „knapp unter zwei Prozent".

Nach dem nochmaligen Einbruch der Wachstumsraten („double dip") (2012: -0,9 Prozent; 2013: -0,3 Prozent) kam es dann im Euro-Raum zu einer langsamen wirtschaftlichen Erholung. Die Inflationsraten fielen nochmals deutlich (2014 auf 0,4 Prozent) und blieben in der Folge stets deutlich unter der Zielmarke „knapp bei zwei Prozent". Die EZB reagierte auf diese Entwicklung mit einer durchgehend expansiven Geldpolitik. Die wesentlichen Elemente dieser Politik waren zunächst eine Politik niedriger Zinssätze, wobei der Einlagenzinssatz schrittweise abgesenkt wurde und 2019 zum Ende der Amtszeit Mario Draghis -0,5 Prozent erreichte.

Diese Politik stand im scharfen Gegensatz zur Politik der Fed, die auf die deutlich raschere Erholung der US-Wirtschaft ab 2015 mit einer schrittweisen Erhöhung der Zinssätze reagierte. Die Zinspolitik der EZB wurde verstärkt durch die Politik der „forward guidance", der langfristigen Selbstbindung der Zinspolitik. Konkret entspricht das der in den (schriftlichen) einleitenden Bemerkungen zur Pressekonferenz nach den Sitzungen des EZB-Rates immer verwendeten Formel, dass die Leitzinsen der EZB „so lange auf ihrem aktuellen oder einem niedrigerem Niveau bleiben werden, bis wir feststellen, dass sich die Inflationsaussichten in unserem Projektionszeitraum deutlich einem Niveau annähern, das hinreichend nahe, aber unter zwei Prozent liegt, und dass sich diese Annäherung in der Dynamik der zugrundeliegenden Inflation durchgängig widerspiegelt".

Der theoretische Hintergrund dieses Ansatzes liegt in der großen (aus meiner Sicht: zu großen) Bedeutung, die den mittelfristigen Inflationserwartungen der Märkte zugewiesen wird. Die EZB-Ökonomen haben in elaborierten Studien das Instrument der „forward guidance" als das geldpolitisch wirksamste Instrument dargestellt und die EZB hat dieses Instrument länger und intensiver eingesetzt als andere Notenbanken. Die Märkte haben es so interpretiert, dass die EZB im Sinne von „inflation targeting" ein Inflationsziel von 1,9 Prozent verfolgt und dass eine Vielzahl praktisch schwer erfüllbarer Bedingungen erreicht sein müsse, ehe es zu einer Wende in der Niedrigzinspolitik der EZB kommt. Damit hat sich bezüglich Zinsen eine Markterwartung „low forever" gebildet, die dann in der Tat ein Abgehen von der Niedrigzinspolitik schwierig und riskant gemacht hat.

Ein weiteres, wesentliches Element war (und ist) das Programm für den Ankauf von Vermögenswerten – das „Asset Purchase Programme" (APP). Um im Sinn einer expansiven Geldpolitik die Zinsen niedrig zu halten, beschloss die EZB, direkt Wertpapiere aufzukaufen. Damit stieg der Preis (Kurs) dieser Papiere, was gleichzeitig

fallende Zinsen bedeutete. Primär ging es dabei um staatliche An-
leihen, daneben auch um Unternehmensanleihen und gebündelte
Wertpapiere (Asset Backed Securities). Bis Anfang 2020 wurden im
Rahmen dieses Programmes Wertpapiere von insgesamt rund 2.600
Mrd. € angekauft, der weit überwiegende Teil davon Staatspapiere
(Public Sector Purchase Programme).

Dieses Programm war aus meiner Sicht wesentlich verantwortlich
für den nachhaltigen Erfolg der Marktberuhigung nach Mario Draghis
„whatever it takes" – Rede vom Juli 2012. Es war allerdings innerhalb
und außerhalb der EZB heftig umstritten. Es gab den immer wiederkeh-
renden Vorwurf der „monetären Staatsfinanzierung", der zu Verfahren
vor dem deutschen Bundesverfassungsgericht und dem EuGH führte,
und es gab unterschwellig die Behauptung, dies sei ein Programm, um
die Budgetlage der südlichen Mitgliedstaaten zu erleichtern. Um diesen
Einwänden zu begegnen, wurden zahlreiche einschränkende Bedingungen für den Ankauf von Staatspapieren aufgestellt. Weiters wurde
– an sich im Widerspruch zum Prinzip einer einheitlichen Geldpolitik
im Euro-Raum – für die Verteilung der Ankäufe nach dem Prinzip
des „non-risk-sharing" vorgegangen. Das heißt, jede Notenbank kauft
im Rahmen dieses Programms nur Anleihen aus ihrem Heimatland,
also etwa die Oesterreichische Nationalbank nur Österreichische
Bundes- und Landesanleihen, und trägt damit nur das „Staatsrisiko"
ihres eigenen Landes. Aus meiner Sicht war dieses Programm insgesamt erfolgreich, da es auch die langfristigen Zinssätze erfasste, die für
Investitionsentscheidungen bedeutsam sind.

Die Intensivierung der längerfristigen Refinanzierungsgeschäfte
für Banken dient der unmittelbaren Ankurbelung der Kreditvergabe
(Targeted Long Term Refinancing Operations, TLTROs). Ausgangspunkt ist hier der Umstand, dass der Rolle der Finanzierung über
Banken in (Kontinental-)Europa eine wesentlich größere Bedeutung
zukommt als in den USA, wo die Finanzierung sehr viel stärker über
den Kapitalmarkt erfolgt. Gemessen als Prozentsatz des BIP betragen
in der EU Bankkredite an den privaten Sektor 136 Prozent, in den
USA 55 Prozent; auf den Bankensektor insgesamt entfallen in Europa

370 Prozent, in den USA 82 Prozent des BIP. Eine Politik der Krisen-bekämpfung muss daher in Europa primär am Bankensektor ansetzen, in den USA dagegen am Kapitalmarkt. Entsprechend ist die Dynamik der Bankkredite stets ein wichtiger Indikator für die Politik der EZB.

Hier zeigte sich, dass über längere Perioden Banken ihr Kredi-tengagement zurückfuhren, um ihre Bilanzstrukturen zu verbessern. Dabei ergab sich durch das Bemühen der Bankenaufsicht (ab No-vember 2014 des einheitlichen Aufsichtsmechanismus SSM) auch ein Druck in die Richtung, die Eigenkapitalrelationen rasch zu verbessern. Folge war, dass es in einigen (speziell südlichen) Staaten zu einer Kredit-Verknappung („credit crunch") kam, die wieder den wirtschaftlichen Aufschwung verzögerte. Hier stellte nun die EZB in mehreren Tranchen entsprechend günstige Kredite mit Laufzeiten von bis zu vier-Jahren zur Verfügung. Bei (nicht allzu schwerem) Erreichen bestimmter Kredit-Volumina waren diese Kredite für die entsprechende Bank mit dem (negativen) Einlagezinssatz verzinst – de facto also eine Zinssubvention. Natürlich stellt sich bei solchen Programmen immer wieder die Frage nach allfälligen Mitnahme-Ef-fekten. Nach einigen Anfangsproblemen trugen diese Programme insgesamt nach meiner Einschätzung zur angestrebten Intensivierung der Kreditvergabe bei.

In den Jahren 2018-2019 herrschte weltweit Hochkonjunktur und auch für den Euro-Raum zeigten sich positive Werte für Wachstum und Beschäftigung (BIP-Wachstumsraten 2017/2018: 2,3/2,4 Prozent). Viele Notenbanken, insbesondere die Fed, nützten diese positive Ent-wicklung, um Schritte in Richtung einer „Normalisierung" der Geld-politik, vor allem in Form schrittweiser Zinserhöhungen, zu setzen. Die positive Entwicklung in der Realwirtschaft, insbesondere auch auf den Arbeitsmärkten schlug sich jedoch nicht in stärkeren Loh-nentwicklungen und damit nicht in höheren Inflationsraten nieder. Dies widersprach dem für Notenbanken bis dahin grundlegenden Konzept der „Phillips-Kurve", das heißt einem negativen Zusam-menhang der Veränderungsraten von Arbeitslosigkeit und Löhnen und Preisen. Eine erste ökonometrische Studie zur Frage der Phillips-Kurve in Österreich hatten mein wissenschaftlicher Lehrer Kurt Rothschild, mein Kollege Gerhardt Schwödiauer und ich bereits 1972 vorgelegt, wo wir zeigten, dass der Zusammenhang von Arbeitslosigkeit, Löhnen und Preisen von einer Vielzahl von Faktoren bestimmt ist und daher nur von einer umfassenden, gesamtwirtschaftlichen Analyse erfasst werden kann.[32]

Ich erinnere mich an lange Diskussionen zu diesem Thema im Kreis der führenden Notenbanker der Welt bei den Gouverneurstagungen der Bank für Internationalen Zahlungsausgleich (BIZ) in Basel. Janet Yellen, 2014 bis 2018 Präsidentin der Fed, von ihrer ökonomischen Spezialisierung her Arbeitsmarkt-Ökonomin, bemerkte dazu „die Phillips-Kurve ist jetzt so flach wie Kansas". Das bedeutet: Auch ein Rückgang der Arbeitslosenraten führt nicht zu höheren Löhnen. Dabei war fraglich, ob die „gewohnten" Effekte doch wieder – aber mit größerer Verzögerung – eintreten würden, oder ob es zu grundlegenden Änderungen in den ökonomischen Strukturen gekommen sei.

Ich persönlich meine, dass das viel diskutierte „Rätsel" der flachen Phillips-Kurve eng mit den Folgen der Globalisierung zusammenhängt. In grober Vereinfachung: Die Preisentwicklung in einem Land wird eben immer weniger von der Lohnentwicklung in diesem Land bestimmt, wobei die Lohnentwicklung der außenwirtschaftlich exponierten Branchen überdies unter dem Konkurrenzdruck der internationalen Preisentwicklung steht. Es gibt freilich noch einen anderen ergänzenden Faktor: Die ökonomisch, aber auch politisch bedingte Schwächung der Gewerkschaften, sichtbar im Rückgang der gewerkschaftlichen Organisationsgrade im nicht-öffentlichen Bereich. Nachdenklich meinte Mario Draghi bei einer der Diskussionen in der BIZ: „Vielleicht sind wir bei den liberalen Arbeitsmarkt-Reformen der letzten Jahre doch zu weit gegangen!"

---

32 E. Nowotny, K. W. Rothschild und G. Schwödiauer: Bestimmungsgründe der Lohnbewegung. Springer Verlag, Wien und New York 1972.

Für die EZB kam freilich noch hinzu, dass im Euro-Raum der Arbeitsmarkt, nicht zuletzt durch den Einfluss der Arbeitsmarkt-Katastrophen in einigen südlichen Euro-Staaten besonders heterogen war (und ist) und sie daher auch in Zeiten guter Wachstumsraten für den Gesamtraum mit Inflationsraten konfrontiert war, die tief unter der angestrebten Zielsetzung von 1,9 Prozent lagen (2016: 0,8; 2017: 1,1; 2018: 1,3 Prozent). Im Gegensatz zu anderen Notenbanken wurden daher nur sehr vorsichtige Schritte in Richtung einer „Normalisierung" der Geldpolitik gesetzt. Konkret wurden per Ende Dezember 2018 Neuankäufe für das Ankaufsprogramm (APP) beendet. Die – inzwischen erheblichen – Tilgungsbeiträge sollten aber in vollem Umfang und über einen langen Zeitrahmen reinvestiert werden. Das heißt, die Bilanzsumme der EZB würde nicht weiter steigen, sondern bei der erreichten, erheblichen Höhe bleiben.

Bereits im Juni 2019 war die kurze und schwache „Normalisierungsphase" wieder vorbei und die Anleihenkäufe wurden diesmal mit einem Volumen von 20 Mrd. pro Monat wieder aufgenommen. Zusammen mit dem inzwischen auf -0,5 Prozent reduzierten Einlagezinssatz fuhr die EZB damit wieder eine extrem expansive Geldpolitik. Eine entsprechende Betonung der „forward guidance" bedeutete weiters eine langfristige Bindung für Mario Draghis Nachfolgerin Christine Lagarde. Begründung war das weitere Abrücken mit den mittelfristigen Inflationserwartungen der Märkte von der 1,9 Prozent Zielmarke und Nervosität im Zusammenhang mit dem kommenden Brexit. Draghi konnte seine Vorschläge durchsetzen, diesmal gab es aber doch deutlichen Widerstand im EZB-Rat und interessanterweise auch unter hoch anerkannten Mitgliedern des Direktoriums. Auch wenn ich in den letzten Jahren seiner Amtszeit in manchen Aspekten nicht seiner Meinung war, hatte ich gegenüber Mario Draghi als Person stets große Hochachtung wegen seines Pflichtgefühls und seiner Einsatzbereitschaft. Ich habe mir eine charakteristische Aussage Draghis anlässlich einer Begegnung mit Schülerinnen und Schülern, die einen Wettbewerb der EZB in Sachen Finanzbildung gewonnen hatten, notiert. Einer der Schüler fragte Draghi: „Was braucht man, um ein guter EZB-Präsident zu sein?" Antwort Draghi: „Zunächst Mut. Das Ärgste wäre, zu wissen was man tun muss und nicht den Mut zu haben, es wirklich zu tun. Zweitens Bescheidenheit – zu wissen, dass das, was man macht, das Leben von Millionen Menschen berührt."

Ich habe es sehr bedauert, dass der von mir sehr geschätzte Mario Draghi in seinem letzten Amtsjahr ungeduldiger wurde, sich mit einem kleinen „Küchenkabinett" isolierte und auch unser persönlicher Austausch von seiner Seite her misstrauisch und seltener wurde. Zweifellos ist Mario Draghi in seiner achtjährigen Amtszeit unter enormem Druck gestanden und war gerade in den letzten Jahren zum Teil unqualifizierten Beschimpfungen vor allem in der deutschen Presse ausgesetzt. Ich hätte ihm jedenfalls ein harmonischeres Ende seiner eindrucksvollen Amtszeit gewünscht. Auch die Abschiedsfeier – nicht im prunkvollen Ambiente der Alten Oper, sondern im nüchternen Rahmen des EZB-Gebäudes – war in meinen Augen wesentlich kühler als etwa bei Trichet.

Schon erhebliche Zeit vor dem Ende von Mario Draghis achtjähriger Amtsperiode begann die Diskussion um seine Nachfolge. Die Wahl des EZB-Präsidenten ist eine Entscheidung auf höchster politischer Ebene der Eurogruppe, und wie erwartbar entstand hier ein diskret geführter Wahlkampf, wobei Jens Weidmann, Präsident der Deutschen Bundesbank, sein klares Interesse zeigte. Ich selbst sprach mich gegenüber der österreichischen Regierung und diskret auch gegenüber der Presse deutlich für Jens Weidmann aus. Er ist ein guter und anerkannter Ökonom und eine gefestigte Persönlichkeit – hatte sich durch vielfache Widerstände gegen die Politik Mario Draghis aber im EZB-Rat oft in einer Minderheitsposition befunden. Auch ich habe seine, vom Denken der „alten Bundesbank" und von einer sehr spezifisch „deutschen" öffentlichen Meinung geprägten, Positionen nicht immer geteilt. Aber ich hielt (und halte) es für extrem gefährlich, dass Deutschland, die größte Wirtschaft des Euro-Bereichs, im Bereich der Geldpolitik quasi in einen Zustand der „Daueropposition" fallen könnte.

Jens Weidmann mit seiner Loyalität zu Institutionen hätte aus meiner Sicht die Glaubwürdigkeit und Klugheit besessen, im EZB-Rat letztlich doch größere Einigkeit zu erreichen und die deutsche Öffentlichkeit durch rationale Argumentation von der Politik der EZB zu überzeugen. Letztlich hat – wie schon bei Axel Weber – die deutsche Bundesregierung und vor allem die Kanzlerin ihre politischen Prioritäten anders gesetzt und sich nicht auf den – zweifellos nicht einfachen – Kampf für eine Bestellung von Jens Weidmann eingelassen. Jens hat dies – anders als Axel Weber – nicht mit seinem Rücktritt quittiert, sondern diszipliniert „weitergedient" – er war aber zweifellos tief enttäuscht.

Wie bekannt, wurde letztlich die bisherige Chefin des IWF, Christine Lagarde, neue Präsidentin der EZB. Dies ist zweifellos fachlich und persönlich eine sehr gute Wahl. Ich kenne Christine Lagarde seit Langem und konnte sie in Wien auch bei anregenden kulturellen Exkursionen begleiten. Sie ist sich auch der besonderen Herausforderung bewusst, die sich aus dem Verhältnis zwischen der EZB und der deutschen Öffentlichkeit und Politik (und nun leider auch Gerichtsbarkeit) ergibt. Schon die ersten Reaktionen auf ihre Ernennung waren in Deutschland ja nicht durchwegs positiv – aber es ist im Interesse Gesamt-Europas (und speziell auch Deutschlands) zu hoffen und zu wünschen, dass es Christine Lagarde gelingt, hier wieder eine stabile Basis für Vertrauen und Kooperation zu schaffen.

Von ihrer persönlichen und beruflichen Entwicklung her – sie hat lange in Chicago als Chefin einer großen internationalen Anwaltskanzlei gelebt – ist Christine Lagarde nach meiner Einschätzung stärker angelsächsisch als französisch geprägt. Ich habe sie schon in meiner Zeit in der Europäischen Investitionsbank als die erste französische Ministerin erlebt, die bei internationalen Zusammenkünften – übrigens perfektes – Englisch sprach, was Personen des öffentlichen Bereiches damals seitens der französischen Regierung noch absolut verboten war.

Dazu eine Anmerkung aus meinem „anderen", akademischen, Leben: Der Zwang, Französisch zu sprechen, betraf auch wissenschaftliche Tagungen und Publikationen. Das bewirkte, dass sich Frankreich über einen längeren Zeitraum hinweg aus dem internationalen wissenschaftlichen Austausch vielfach ausklinkte, mit entsprechenden Effekten der geistigen Isolation. Die Wissenschaft im deutschsprachigen Raum hat dagegen bald erkannt, dass eine Teilnahme am internationalen wissenschaftlichen Diskurs und eine entsprechende Stellung nur möglich ist bei Verwendung der englischen Sprache als allgemeinem Kommunikationsmittel. Auch wenn manche das bedauern, ist eine gemeinsam verwendete Sprache eben Voraussetzung für gegenseitiges Verständnis und sinnvolle Kooperation.

So wie dies in der Renaissance Latein war, oft in der Form eines belächelten „Vulgärlateins", so ist dies nun Englisch – vielfach in der gebräuchlichen Umgangsform von „bad english". So wie in der Renaissance kann es freilich auch jetzt Fälle geben, wo die Verwendung der internationalen Fremdsprache nicht aus Notwendigkeit, sondern aus Snobismus geschieht und – was gefährlicher ist – einen Keil zwischen „Volk" und „Elite" treiben kann. Ich halte es daher für überaus wichtig, dass in allen Schultypen möglichst früh fundierter Englisch-Unterricht angeboten wird. Es ist dies eine wichtige Voraussetzung für die volle Teilnahme am heutigen Leben von Gesellschaft und Wirtschaft. Kleine Staaten wie die Niederlande oder die skandinavischen Staaten können hier als Vorbild dienen. Aber auch in Österreich zeigen sich in den vergangenen Jahren deutliche Verbesserungen.

16. Kontinuität und Entwicklung –
Herausforderungen der Geldpolitik

In ihrer ersten EZB-Ratssitzung am elften Dezember 2019 führte Christine Lagarde die Politik Mario Draghis unverändert weiter, im März 2020 wurde sie aber bereits vor die gewaltigen Herausforderungen gestellt, die sich aus der Corona-Krise, dem Verfall der Ölpreise und der damit verbundenen Börsenpanik ergaben. Das geldpolitische Maßnahmenpaket, das in der Sitzung des EZB-Rates vom zwölften März 2020 beschlossen wurde, enthält zum einen Maßnahmen zur Sicherung der Liquidität bei Banken und Unternehmen. Dem dient vor allem die Bereitschaft, dem Bankensektor zusätzliche längerfristige Refinanzierungsgeschäfte (LTROs) anzubieten und den Zinssatz für diese Geschäfte (in den meisten Fällen eine Zinssubvention) günstiger zu gestalten. Die Grenzen dieser angebotsseitigen Maßnahmen zeigen sich freilich in dem Satz einer Pressemitteilung: „[Der EZB-Rat wird] die Ausschüsse des Eurosystems damit beauftragen, Maßnahmen zur Lockerung der Kriterien für Sicherheiten zu untersuchen, sodass sichergestellt ist, dass Geschäftspartner die Refinanzierungsunterstützung weiterhin voll in Anspruch nehmen können."

Angesprochen ist hier das Dilemma zwischen den makroökonomischen geldpolitischen Erfordernissen und den mikroökonomischen Bonitätskriterien, wie sie für Bankaufseher und die Geschäftsführung der Banken selbst gelten. Diese mikroökonomischen Aspekte sind Brandbeschleuniger einer Krise: Je schlechter die wirtschaftlichen Perspektiven, desto zurückhaltender die Kreditvergabe der Banken, was wieder zu einer weiteren Abwärtsspirale und wachsender Gefahr von Konkursen führt. Dieses Dilemma kann nur durch externes

Einschreiten in Form einer fiskalischen Intervention entschärft werden. Unmittelbar wirksam werden hier Staatsgarantien sein, die den Banken erlauben, Kredite zu vergeben, ohne einen künftigen Ballast von „non performing loans" – nicht ordnungsgemäß bedienten Krediten – aufzubauen. Wächst sich die Krise in eine Nachfrage-Krise aus, ist das gesamte Instrumentarium einer öffentlichen Stabilisierungspolitik über Staatsausgaben und Steuererleichterungen zu nutzen. Weiters wurde vom EZB-Rat am zwölften März 2020 beschlossen, das Ankaufsprogramm von Vermögenswerten (APP) zusätzlich zum bestehenden Volumen bis Ende des Jahres um 120 Mrd. Euro aufzustocken. Dabei soll ein erheblicher Teil zum Ankauf von „Vermögenswerten des privaten Sektors" verwendet werden. Konkret bedeutet das vor allem Ankauf von Unternehmensanleihen.

Um einen entsprechenden ökonomischen Effekt zu erzielen, muss auch hier freilich eine Senkung der Bonitäts-Ansprüche vorgenommen werden, wobei in diesem Fall die EZB direkt das erhöhte Risiko trägt. Asiatische Notenbanken sind so weit gegangen, Aktien im Weg von Indexfonds aufzukaufen. Diese Rolle von Notenbanken als „antizyklischer Investor" hatte einen Stabilisierungseffekt für die von Panik befallenen Börsen und war längerfristig für die Notenbanken, für die es ja in eigener Währung kein Liquiditätsrisiko gibt, auch ein gutes Geschäft. Im Euro-Raum, wo Aktienmärkte gesamtwirtschaftlich eine geringere und je nach Staat eine sehr unterschiedliche Rolle spielen, wäre ein geldpolitischer Einsatz der EZB auf den Aktienmärkten (derzeit?) aber sowohl ökonomisch als auch politisch problematisch.

Was die Finanzmärkte freilich am intensivsten erwartet hatten, war eine deutliche Zinssenkung. Ein solcher Schritt war von anderen Notenbanken, insbesondere der Fed, als Signal einer entschlossenen Krisenbekämpfung gesetzt worden. Hier zeigte sich nun, was viele, mich eingeschlossen, befürchtet hatten: Die unterlassene Normalisierung bedeutet, dass der Spielraum der EZB, den Herausforderungen der Krise machtvoll entgegenzutreten, in Bezug auf die praktische Wirkung bereits deutlich eingeengt ist. Entsprechend nahm die EZB keine Änderung im Bereich der Zinssätze vor, und die seit vielen

Sitzungen wiederholte „forward guidance"-Formel, dass diese Zinsen lange „auf ihrem aktuellen oder einem niedrigeren Niveau bleiben werden", erwies sich – wie von mir schon länger beobachtet – als abgenützt.

Auch hier zeigt sich ein grundlegendes Dilemma der Notenbank-Politik. Aus wirtschaftswissenschaftlicher Perspektive betrachtet, war die EZB-Entscheidung vom März 2020 zweifellos zu rechtfertigen, insbesondere hätte eine weitere Herabsetzung des Einlagezinssatzes etwa von -0,5 Prozent auf -0,7 Prozent möglicherweise mehr Schaden als Nutzen angerichtet. Aus Markt-psychologischer Seite war es freilich riskant, die Zinssenkungserwartungen der von Mario Draghi intensiv beobachteten (und verwöhnten?) Finanzmärkte zu enttäuschen, was dann in der Tat krisenverschärfend wirkte. Es gab im EZB-Rat immer wieder Diskussionen, wie weit die EZB-Politik den Markterwartungen folgen sollte oder wie weit die EZB die Märkte manchmal überraschen sollte, um nicht von ihnen getrieben zu werden. Ein zusätzlicher Aspekt ergab sich daraus, dass diese Markterwartungen nicht unerheblich durch Äußerungen Mario Draghis bei Vorträgen etc. vor den EZB-Ratssitzungen gelenkt wurden. Ich selbst plädierte jedenfalls sehr stark dafür, sich durch gelegentliche, gezielte Überraschungen einem einseitigen Marktdruck zu entziehen. Im Fall der EZB-Zinspolitik heißt dieser Marktdruck „tiefer für immer" und ist umso schwerer zu durchbrechen, je länger eine ausschließlich „marktkonforme" Politik gefahren wird. Die negativen Marktreaktionen auf die EZB-Entscheidung vom März 2020 sind in meinen Augen eine Bestätigung dieser These.

Was freilich die Märkte am meisten schockierte, war eine Nebenbemerkung Lagardes in ihrer Pressekonferenz, als sie meinte, es sei nicht die Aufgabe der EZB, auf Entwicklungen der Märkte von Staatsanleihen zu reagieren. Dies wurde als das Gegenteil von Mario Draghis „whatever it takes" gesehen. Hintergrund war der Zinsanstieg italienischer Staatsanleihen, der sich nach Lagardes Bemerkung noch massiv verstärkte. Die EZB bemühte sich sofort, der entstandenen Unruhe entgegenzuwirken. Im Kern bleibt aber das Problem, ob und wie die EZB bei Finanzierungsproblemen eines einzelnen Mitgliedstaates unterstützend intervenieren darf oder soll. Dies ist von besonderer Brisanz im Fall Italiens, der drittgrößten Volkswirtschaft des Euro-Raumes, mit notorisch hoher Verschuldung, schwachem Wachstum – und besonders starker Betroffenheit durch die Corona-Pandemie. Zwar gibt es nun mit dem ESM einen gut finanzierten „Rettungsschirm", der allerdings nur eingesetzt werden kann, wenn der Staat darum ansucht und bereit ist, sich einem „Reform-Programm", einschließlich „Troika-Kontrolle" zu unterwerfen. Hinter der Diskussion um die Ergebnisse des EZB-Rates vom zwölften März 2020 zeigten sich damit potenzielle Bruchlinien und ein Blick auf langfristig wirkende, grundlegende Entwicklungen in der Wirtschafts- und speziell der Geldpolitik.

Die negativen Marktreaktionen und die rasche Verschärfung der wirtschaftlichen Lage führten dann zu dem ungewöhnlichen Schritt, dass bereits beim EZB-Rat vom 18. März 2020 ein massives neues Ankaufprogramm – „Pandemic Emergency Purchase Programme" (PEPP) – mit einem Volumen von 750 Mrd. beschlossen wurde, das dann im Juni 2020 auf insgesamt 1.350 Mrd. Euro erhöht wurde. Dieses Programm besteht zusätzlich zu dem am zwölften März 2020 auf 120 Mrd. aufgestockten APP-Programm und ist in seiner Laufzeit an die Entwicklung der Corona-Krise gebunden. Auch hier geht es um den Ankauf von Anleihen öffentlicher und privater Schuldner. Das PEPP-Programm weist aber eine größere Flexibilität auf und kann damit stärker die speziellen Probleme der von der Corona-Pandemie besonders hart betroffenen südlichen Mitgliedstaaten des Euro-Raumes berücksichtigen.

Für Institutionen in Bereichen der wirtschaftlichen und gesellschaftlichen Dynamik ist es sinnvoll, in gewissen Zeiträumen eine Selbstüberprüfung ihrer Struktur und Effizienz vorzunehmen. Dies gilt auch für die Welt der Notenbanken. Für die kanadische Notenbank ist ein solcher regelmäßiger „policy review" sogar im Notenbankgesetz vorgesehen, die US Fed hat 2019 mit einem umfassenden

Review begonnen. Auch im Konnex mit dem Führungswechsel im Jahr 2019 hat die EZB nun mit einem entsprechenden policy review begonnen, wobei die einzelnen Linien dieses Reviews noch nicht voll erkennbar sind. In der Zwischenzeit ist freilich mit der Corona-Krise eine gewaltige Herausforderung für die EZB entstanden, die wohl auch Rückwirkungen auf die langfristige Gestaltung der Geldpolitik der EZB haben wird. Im Folgenden sollen einige Bereiche diskutiert werden, die aus meiner Sicht jedenfalls Teil eines umfassenden policy reviews sein sollten.

Geldpolitik und Preisstabilität

Wie schon dargestellt, bezieht sich das Mandat der EZB primär auf die Erhaltung der Preisstabilität. Im Gegensatz zum „doppelten Mandat" etwa der US-Notenbank, die neben Preisstabilität auch dem Erreichen eines „hohen Grades von Beschäftigung" („high level of employment") verpflichtet ist. Diese Prioritätssetzung, die zentral war für die Bereitschaft Deutschlands, den Euro zu übernehmen, ist im EU-Vertrag festgelegt und de facto unveränderbar. In der eigenen Kompetenz der EZB liegt dagegen die Definition von Preisstabilität. Die ursprüngliche Definition aus dem Jahr 1998 definierte Preisstabilität als eine Inflationsrate unter zwei Prozent auf mittlere Sicht. Dies orientierte sich an den Inflationsraten der großen Kandidatenländer zu diesem Zeitpunkt – war aber insofern ambitioniert, als die längerfristigen durchschnittlichen Inflationsraten über zwei Prozent lagen.

2003 kam es dann zu einer „Klarstellung" in Form der auch heute gültigen Zielsetzung einer Inflationsrate „unter, aber nahe zwei Prozent – über die mittlere Sicht". Mit dieser engeren Definition sollten zu hohe Inflationsraten vermieden werden – ebenso aber auch zu niedrige, um die destabilisierenden Effekte einer Deflation zu vermeiden. Es ist für Notenbanken aber wesentlich leichter, eine zu hohe Inflation – etwa durch starke Zinserhöhungen – zu bekämpfen, als eine zu niedrige, wie das Beispiel Japan zeigt. Die Zielsetzung

„nahe bei zwei Prozent" soll daher einen Sicherheitskorridor gegen Deflationstendenzen schaffen. In der Praxis entwickelte sich für die EZB daraus eine Politik, eine enge Zielgröße von 1,9 Prozent anzustreben. Tatsächlich lagen dann freilich die Inflationsraten im Euro-Raum nicht nur in der unmittelbaren Finanzkrise der Jahre 2008/2009, sondern auch ab 2012 unter zwei Prozent, beziehungsweise 1,9 Prozent, und die Märkte erwarten auch für die nächsten fünf Jahre durchwegs Inflationsraten von nur etwa 1,2 Prozent. Die EZB reagierte darauf „gemäß ihrem Mandat", mit einer durchwegs expansiven Politik, sei es über Zinssätze, über Anleihekäufe und Beeinflussung der Erwartungen durch längerfristige Selbstbindung („forward guidance"). Besonders ökonomisch und politisch sensibel ist dabei das bereits geschilderte Absenken des Einlagen-Zinssatzes für Banken bei der EZB in den negativen Bereich. Logisch fortgeführt, bedeutet die derzeitige EZB-Definition von Preisstabilität unter den gegebenen Umständen die Perspektive einer sehr langfristigen expansiven Geldpolitik und entsprechend niedriger Zinssätze.

Aus dieser Konstellation ergaben sich im EZB-Rat erhebliche Kontroversen. Dabei ging es um zwei einander überschneidende Aspekte. Zum einen um die Frage, ob die EZB die günstige realwirtschaftliche Konjunktur der Jahre 2017/2018 nützen solle, um, wie etwa die Fed, mit einer Normalisierung der Geldpolitik, das heißt einem vorsichtigen Zurückfahren der Expansionspolitik, zu beginnen. Ich selbst hatte die bisherige Politik zur Krisenbekämpfung voll mitgetragen, war aber nun im Lager der „Normalisierer". Ich sehe insbesondere negative Zinssätze unter allokativen Aspekten als langfristig problematisch und als psychologisch schwer vermittelbar, und meinte überdies, die EZB solle sich wieder Spielräume für spätere Zeiten sichern. Es kam dann auch zu einer Beendigung der Neu-Ankäufe von Anleihen durch die EZB – aber auch dieser „Normalisierungsschritt" musste, wie gezeigt, bald wieder revidiert werden.

Der zweite Diskussionspunkt betraf die Zieldefinition. Hier war ich Teil einer deutlich kleineren Gruppe, die darauf hinwies, dass es für die Glaubwürdigkeit der EZB problematisch sei, ein Inflationsziel zu verfolgen, dessen Erreichen auf lange Sicht offenbar unrealistisch sei. Übersetzt in den Bereich der Zinspolitik sind hier freilich zwei Aspekte zu unterscheiden: Zum einen die langfristige Entwicklung der „natürlichen Zinssätze", das heißt der (hypothetischen) Zinssätze ohne Beeinflussung durch Notenbanken, und zum anderen die zusätzlichen Aspekte der Notenbankpolitik. Selbstverständlich ist der „natürliche Zinssatz" nicht direkt beobachtbar, aber es gibt eine Reihe von Überlegungen, die eine sinkende Tendenz erwarten lassen. Dafür spricht zum Beispiel die Beobachtung eines weltweiten „Ersparnis-Überschusses". Dahinter wieder kann das Phänomen stehen, dass der jetzt zu beobachtende, technische Fortschritt sowohl Arbeits- wie Kapital-sparend ist. Auch die wachsende Ungleichheit der Einkommens- und Vermögensverteilung kann eine Rolle spielen, da wohlhabendere Bevölkerungsgruppen eine höhere Sparquote aufweisen. Die Kombination von deutlich wachsenden Ersparnissen, manche Ökonomen sprechen von einer weltweiten „Ersparnis-Flut", und sinkendem Kapitalbedarf kann sich jedenfalls in einer langfristigen Tendenz eines sinkenden „natürlichen Zinssatzes" auswirken. Aber zweifellos haben die massiven Ankaufprogramme der Notenbanken – im Fall der EZB rund 2.800 Mrd. – einen zusätzlichen Zins-senkenden Effekt, was ja auch die Intention dieser Programme ist.

Meine Position ist hier nicht generell gegen expansive geldpolitische Maßnahmen der EZB. Ich sehe es aber als problematisch, durch eine zu enge Definition von Preisstabilität in eine expansive Politik getrieben zu werden, auch wenn dies realwirtschaftlich nicht erforderlich, ja zum Teil problematisch ist. Ich habe daher im EZB-Rat und in verschiedenen Publikationen dafür plädiert, das Ziel der Preisstabilität flexibler zu gestalten, also etwa eine Bandbreite zwischen 1,5 und 2,5 Prozent. Dies ist heute schon der Fall für eine Reihe von Notenbanken, etwa die tschechische und – eingeführt von meinem Freund und Mentor, dem Gouverneur Stanley Fischer – die israelische. Jedenfalls hoffe ich sehr, dass die Diskussion um die Definition der Preisstabilität Teil des Review-Prozesses wird – handelt es sich bei dieser Frage doch darum, wann die Notenbank expansive oder restriktive Maßnahmen zu setzen hat, das heißt um einen Grundpfeiler der gesamten geldpolitischen Strategie.

In der Öffentlichkeit am intensivsten diskutiert wird freilich der Vorwurf, die Niedrigzinspolitik der EZB „enteigne die Sparer". Als Benützer öffentlicher Verkehrsmittel werde ich meist von älteren Damen und Herren immer wieder in diese Richtung angesprochen und freundlich, aber drängend, gefragt: „Wann gibt's endlich wieder ordentliche Zinsen?" Die kurze Antwort, knapp vor dem Aussteigen aus der U-Bahn, lautet: „Solange die Inflationsraten niedrig sind, werden auch die Zinsen niedrig bleiben – die größte Gefahr für Sparer sind aber hohe Inflationsraten."

Eine längere Antwort müsste freilich etwas differenzierter sein. Zunächst sind niedrige Zinssätze als weltweites Phänomen, wie dargestellt, Ergebnis gesamtwirtschaftlicher Veränderungen, die zu einer langfristigen Tendenz niedriger Inflationsraten geführt haben. Die Politik der Notenbanken kann diese Tendenzen nicht unmittelbar beeinflussen, akzentuiert sie aber freilich in der jetzigen Lage zusätzlich, zum Beispiel durch die Ankäufe von Anleihen von Staaten und Unternehmen. Damit sollen durch niedrigere Zinsen Konsum und Investitionen gefördert und auf diese Weise höheres Wachstum und höhere Beschäftigung erreicht werden.

Richtig ist freilich auch, dass es für Spareinlagen bei Zinssätzen unter der Inflationsrate zu einem negativen Zinssatz und damit zu einem realen Vermögensverlust kommt. Negative Zinssätze sind dabei kein neues Phänomen, sondern zeigten sich über lange Phasen der Nachkriegszeit. Ich kann mich noch daran erinnern, dass mein Vater in den „goldenen" 1970er-Jahren, als die Inflationsraten zeitweise bei fast zehn Prozent lagen und die offiziellen Sparzinsen bei drei Prozent, stolz von seinen Gesprächen mit der Sparkasse nach Hause kam, weil es ihm gelungen war, für sein Sparbuch eine Verzinsung von fünf Prozent zu erreichen – was freilich eine Negativverzinsung von vier Prozent bedeutete. Bei niedrigen Inflationsraten wird der „Nominaleffekt" niedriger Zinssätze aber deutlich sichtbar.

Es ist freilich festzuhalten, dass für die überwiegende Mehrzahl der Bevölkerung Erträge aus Spareinlagen keinen relevanten Anteil am Gesamteinkommen ausmachen. Laut einer Umfrage der ING-Bank verfügten 2019 25 Prozent der Bevölkerung überhaupt über keine Netto-Ersparnisse, 40 Prozent können auf Ersparnisse in der Höhe von ein- bis sechs Monatsgehältern zurückgreifen. Sparen macht auch bei niedrigen Zinsen zweifellos Sinn, um „Sicherheitspolster" aufzubauen. Vermögensbildung über Sparbuchsparen spielt aber für die überwiegende Zahl der Menschen angesichts der Einkommensverhältnisse nur eine sehr untergeordnete Rolle. Für Kunden mit entsprechend höheren Einkommen bietet die Kreditwirtschaft alternative Anlageformen mit höheren Erträgen – aber auch höherem Risiko. Nach einer Erhebung des Allianz Wealth Equity Indikators 2019 liegt der Median des Geldvermögens bei 19.015 Euro pro Kopf, wobei dieser Wert seit dem Jahr 2000 um 3,9 Prozent pro Jahr gestiegen ist. Die Unterschiede in der Einkommensverteilung und der damit verbundenen Veranlagungsmöglichkeiten dürften für Fragen der Vermögensbildung damit wesentlich bedeutsamer sein als die Zinspolitik der Notenbanken.

„Gewinner" niedriger Zinsen ist dagegen, wer Kredite aufnimmt. Das ist der Staat, dessen Notwendigkeit von Steuereinnahmen dadurch verringert wird, das sind Unternehmen, die dadurch günstiger investieren können, das sind auch private Haushalte. Dies gilt speziell für Familien, die Kredite für den Bau eines Hauses, für den Kauf einer Eigentumswohnung oder indirekt über eine Wohnbau-Genossenschaft aufnehmen – tendenziell der jüngere Teil der Bevölkerung. Hier kann eingewendet werden, dass demgegenüber die Preise für Immobilien stark gestiegen sind. Zum Teil steht hinter dieser Tendenz in der Tat der Effekt, dass Investoren bei niedrigen Zinssätzen nach Investitionen mit höheren Ertragserwartungen suchen („search for yield"), was sich auf Immobilien und Aktienmärkte auswirkt. Speziell für den Wohnbaubereich gibt es freilich eine Vielzahl anderer Faktoren, wie Bevölkerungswachstum, steuerliche Begünstigung des „Hortens" von Bauland etc., die Preis-relevant sind. Faktisch zeigen die Immobilienpreise regional ja sehr unterschiedliche Entwicklungen.

Die Bereitstellung günstigen Wohnraumes muss zweifellos ein wichtiges Anliegen der Politik sein. Wesentlich sind hier Maßnahmen zur Stärkung des Angebotes auf dem Wohnungsmarkt, was durch niedrige Zinsen für Bauinvestitionen erleichtert wird, unter sozialen Aspekten aber zu ergänzen ist durch gesetzliche Regelungen bezüglich Sicherstellung von Bauland, Mietgestaltung, Wohnbauförderung und auch durch direkten sozialen Wohnbau durch Staat oder Genossenschaften. Speziell für Bezieherinnen und Bezieher niederer oder mittlerer Einkommen hat auch in Bezug auf die Wohnungswirtschaft bei einer Konstellation von schwachem Wachstum und niedriger Inflation eine Politik niedriger Zinssätze eher Vorteile als Nachteile. Eine solche Politik führt zu höherer gesamtwirtschaftlicher Beschäftigung und damit insgesamt zu stärkerem Einkommenswachstum, stärkt die Handlungsmöglichkeiten des Staates und verringert die Zinslast für Wohnbaukredite für die privaten oder genossenschaftlichen Kreditnehmer.

Jedenfalls ist zu sehen, dass eine expansive Geldpolitik mit entsprechend niedrigen Zinsen ja vor allem das Ziel hat, in Zeiten schwacher Konjunktur durch Förderung von Konsum und Investitionen zu einer besseren wirtschaftlichen Entwicklung und damit zu höheren Einkommen und geringerer Arbeitslosigkeit beizutragen. Dem entspricht meine in diesem Kapitel dargestellte Sicht, Geldpolitik stärker an den gesamtwirtschaftlichen Notwendigkeiten und nicht nur an einem vorgegebenen Inflationsziel zu orientieren. In der aktuellen Situation des weltweiten Wirtschaftseinbruches durch die Corona-Pandemie erfordern freilich beide Aspekte ein volles Ausmaß an expansiver Geldpolitik. Die Abwägung der verschiedenen Effekte und Nebeneffekte bedeutet für Notenbanken aber stets die anspruchsvolle und schwierige Aufgabe, sich um die jeweils richtige Dosierung ihrer Maßnahmen zu bemühen. Es gilt auch hier der weise ärztliche Rat des großen Humanisten Paracelsus: „Sola dosis facit venenum" – nur die Dosis macht das Gift.

Erhebliche Probleme können sich bei langfristig niedrigem Zinsniveau für Systeme der Lebensversicherung und der kapitalgedeckten Pensionsversicherung ergeben. Hier waren in den 1980er-Jahren vielfach Verträge mit unrealistisch hohen Verzinsungsannahmen abgeschlossen worden. Zum Teil wurde das inzwischen korrigiert. Letztlich gilt aber auch hier das grundlegende ökonomische Prinzip, dass höhere Erträge nur bei Bereitschaft zu höherem Risiko erwirtschaftet werden können. Das heißt konkret, dass in der Investitionsstruktur dieser Versicherungssysteme der Anteil von Staatsanleihen „sicherer" Staaten zurückgefahren wird und der Anteil von Staats- und Unternehmensanleihen mit geringerem Rating, von Aktien und von „alternativen Investments" (zum Beispiel Teilnahme an Hedge-Fonds-Finanzierungen) erhöht wird. Gerade für die Finanzierung von Pensionen, wo langfristige Planbarkeit für die Betroffenen von Bedeutung ist, können sich hier schwierige Abwägungen zwischen Ertrag und Risiko stellen. Entsprechend zeigte sich in den vergangenen Jahren wieder ein größerer Bedarf für Pensionsfinanzierungen nach dem Umlage-Verfahren, das heißt Zahlung der Pensionen durch Beiträge der jeweils aktiven Bevölkerung. Allerdings wird der dafür grundlegende „Generationenvertrag" langfristig Modifikationen zur Anpassung an die demografische Entwicklung erfordern.

Geldpolitik und Finanzmarktstabilität

Schon bald nach meinem Eintritt in den EZB-Rat war ich in heftige Diskussionen mit dem damaligen EZB-Chefökonomen Jürgen Stark, einem sehr doktrinären Vertreter der „alten Bundesbank-Schule", verwickelt. Es ging dabei um die Frage, ob für die EZB in das Mandat der Preisstabilität auch der Aspekt der Finanzmarktstabilität zu inkludieren sei, also der Beachtung des monetären Funktionierens des Euro-Raumes insgesamt. Aus meiner Sicht ist der Bereich der Finanzmarktstabilität ein Bereich, wo sowohl Ordnungspolitik (Bankenregulierung), Finanzpolitik und auch Geldpolitik eine Rolle spielen und ein gänzlicher Rückzug der Geldpolitik hier unter theoretischen und praktischen Aspekten zu schweren gesamtwirtschaftlichen Schäden führen kann. Die „orthodoxen" Gegenargumente bezogen sich vor allem auf zwei Bereiche. Notenbank-Interventionen im Bereich der Finanzmarktstabilität, zum Beispiel Mitwirkung an der Stabilisierung von Bankensystemen oder Verhinderung von Spekulationen auf einen Zerfall der Euro-Zone, seien stets mit Verteilungseffekten verbunden. Darüber müssten aber die demokratisch legitimierten, nationalen Parlamente entscheiden und nicht die „demokratisch nicht legitimierte" Europäische Zentralbank. Das zweite Argument bezieht sich auf die Problematik des moral hazard, der negativen Anreizwirkungen. Eine Unterstützung durch die Notenbank würde den „notwendigen Druck" von Bankensystemen oder Staaten wegnehmen.

Ich halte beide Argumente für teilweise relevant, bei extremer Anwendung aber für problematisch. Zur Frage der „demokratischen Legitimation" ist es ein Grundprinzip der europäischen Integration, diese nicht nur den nationalen, sondern auch den supranationalen Institutionen zuzusprechen. Alles andere würde den – gerade auch für Deutschland so wichtigen – Prozess der europäischen Integration zurückrollen. In Bezug auf unerwünschte Anreizwirkungen kann es in der Tat zu schwierigen Problemen der Abwägung kommen. Dies darf aber in keinem Fall dazu führen, auf den möglichen Einsatz geldpolitischer Instrumente zu verzichten und damit unter Umständen die Existenz der Europäischen Währungsunion selbst infrage zu stellen.

Es ist aber nicht zu übersehen, dass der Bereich der Finanzmarktstabilität eine latente Herausforderung für die Geldpolitik der EZB darstellt. Hier werden „Konstruktionsrisiken" des Euro-Projekts sichtbar, die aus dem – richtigen – Bemühen, eine einheitliche europäische Währung zu erreichen, erklärbar sind, aber immer wieder zu Spannungen führen. Wie dargestellt, geht es dabei um das Auseinanderfallen von einheitlicher Geldpolitik und weiterhin überwiegend in nationaler politischer Verantwortung verbleibender Fiskalpolitik. Dabei zeigen sich in den einzelnen Mitgliedstaaten sehr unterschiedliche politische und ökonomische Strukturen. Die Hoffnung, dass es mit der Zugehörigkeit zu einer gemeinsamen Währung zu einer stärkeren Konvergenz dieser Strukturen im Euro-Raum kommen wird, ist auch heute nicht völlig unberechtigt, der entsprechende Prozess dauert aber offensichtlich wesentlich länger, als erwartet. Damit wird der Euro-Bereich wohl noch auf lange Zeit speziell hinsichtlich der Sicherung der Finanzmarktstabilität mit einer Gesamtarchitektur leben müssen, aus der sich erhebliche rechtliche und politische Begrenzungen für wirksames gemeinsames Handeln ergeben.

In ökonomischer Sicht geht es hier speziell um die Spannung zwischen den im Kapitel 5 dargestellten „externen Effekten", dem Auftreten von moral hazard, die Problematik eines auf den einzelnen Staat bezogenen Haftungsprinzips und der in einer Währungsunion noch stärker als sonst gegebenen, gegenseitigen wirtschaftlichen Abhängigkeit. All dies sind relevante Aspekte und daher wird es für die wirtschaftspolitische Praxis wohl nötig sein, jeweils sinnvolle Mittelwege zwischen diesen Herausforderungen zu finden. Die Europäischen Verträge sind meines Erachtens für solche praktikablen Regelungen flexibel genug.

Unmittelbar äußern sich die entsprechenden Spannungen in der Angst vor Finanzierungskrisen einzelner Staaten, speziell des Südens, und einem Anstieg der für Neuverschuldung zu zahlenden Zinssätze. Mit dem Europäischen Stabilitätsmechanismus (ESM) wurde, wie bereits geschildert, hier ein Instrument geschaffen, das technisch in der Lage ist, durch Vergabe von Notkrediten zumindest als „Krisenfeuerwehr" zu agieren. Der ESM ist freilich keine supranationale, sondern eine multilaterale Institution außerhalb der EU-Verträge. Entscheidungen müssen einstimmig erfolgen, sodass jedem Staat wie etwa Deutschland oder den Niederlanden hier ein Vetorecht zukommt. In einigen Staaten, speziell in Deutschland, ist für die Entscheidung im ESM vorher eine parlamentarische Abstimmung nötig.

Unter moral hazard-Überlegungen, speziell auf Drängen Deutschlands und der Niederlande, ist die Inanspruchnahme des ESM allerdings an eine Vielzahl von Bedingungen geknüpft, die den Weg zum ESM schwierig und für die Regierung des jeweiligen Landes wegen des „Stigma"-Effekts politisch extrem risikoreich machen. Damit kann es dazu kommen, Krisen bis zum Punkt der höchsten

Gefahr für alle Beteiligten – Süd wie Nord – anwachsen zu lassen. Bei diesem Punkt wird sich dann für die Bevölkerung des Krisenlandes die Frage stellen, ob das Land weiter Mitglied des Euro-Raumes bleiben will. Da ein Ausscheiden aus dem Euro-Raum angesichts der darauffolgenden Entwertung der neuen nationalen Währung zu einem Konkurs des Staates und im Weiteren des Bankensystems führen würde, wird sich selbst bei nur schwacher Rationalität die Bevölkerung entscheiden, auch um den Preis von Reformprogrammen im Euro bleiben zu wollen. Für die Nicht-Krisen-Staaten wird sich speziell im Fall eines großen Krisen-Staates wie etwa Italien dagegen das Problem ergeben, dass dessen Ausscheiden aus der Währungsunion massive negative Effekte für sie nach sich ziehen würde – von Ansteckungseffekten und Kreditausfällen bis hin zur Gefahr einer Auflösung der Währungsunion und der damit wohl verbundenen, dramatischen Aufwertungen der eigenen Währungen.

Am Höhepunkt der Krise werden demnach beide Seiten ein Interesse an einer Lösung haben – vorher sind aber schon massive ökonomische und politischen Kosten angefallen. Die Herausforderung besteht demnach darin, Wege zu finden, den Einsatz der Krisenfeuerwehr ESM rascher und mit geringeren ökonomischen und politischen Kosten zu ermöglichen, gleichzeitig aber einen politisch vertretbaren Druck auf Strukturreformen aufrecht zu erhalten. Aus meiner Sicht sollte dies durch größere Flexibilität in den Strukturen des ESM erreicht werden, wofür in der Form der „vorsorglichen Kreditaufnahme" ja schon eine gewisse Möglichkeit geschaffen wurde. Wichtig ist dabei eine ökonomische Grundorientierung, die unter „Reformen" nicht nur Austerität versteht, sondern es erlaubt, auch positive Investitions- und Wachstumsakzente zu setzen.

Ein Fall, den ich mit speziellem Interesse beobachtet habe, war Portugal. Infolge der Finanzkrise kam auch dieses Land in Finanzierungsprobleme. Die konservative Regierung wandte sich um ein Hilfsprogramm an die EU. Dieses Programm im „üblichen Schema" von verordneter Austerität, Abbau von Sozialrechten und

Schwächung des Staates wurde von der Regierung vereinbarungsgemäß exekutiert – mit der Folge weiterer massiver Abwärtsspiralen. Das führte letztlich zur Abwahl der konservativen Regierung und zu einer neuen, progressiv orientierten Regierungskonstellation, die überdies als Minderheitenregierung arbeiten musste.

Ich kann mich sehr gut an die skeptischen bis feindlichen Kommentare erinnern, die zu dieser Entwicklung nicht nur in konservativen Medien, sondern auch in EU-Kreisen geäußert wurden. Die neue portugiesische Regierung hatte aber aus den Fehlern Griechenlands gelernt. Sie war sehr bestrebt, konstruktiv mit der EU und auch den Finanzmärkten zusammenzuarbeiten – und setzte gleichzeitig eigenständige Akzente im Kampf für Sauberkeit im Bankensektor, stärkte wichtige öffentliche Dienste und betrieb Wachstumsförderung. Damit konnte Portugal dann den Aufwind der positiven internationalen Konjunkturentwicklung nutzen. Es war allerdings ein knappes Rennen: Zeitweise hing die Bereitschaft der EZB, portugiesische Staatsanleihen als Sicherheit für Kredite zu akzeptieren, nur mehr am Votum einer einzigen – kanadischen – Ratingagentur, was wieder die Problematik unterstreicht, sich vom Urteil von durchwegs nicht-europäischen Ratingagenturen abhängig zu machen.

Jedenfalls sehe ich die Erfahrungen Portugals als ein Beispiel für die Notwendigkeit – und Möglichkeit –, pragmatische Wege zwischen Regeln und Flexibilität zu finden. Damit wäre über den ESM, der sich ja auf den internationalen Finanzmärkten finanziert, auch eine – kontrollierte – gemeinsame Haftung der Euro-Staaten erreichbar. Analoges gilt für den EU-Bereich im Hinblick auf die Europäische Investitionsbank, EIB, die allerdings stets projektbezogen arbeitet. Langfristig sind die Probleme der Finanzstrukturen im Euro-Bereich beziehungsweise in der EU, meines Erachtens nur im Weg staatsrechtlicher Strukturen zu lösen. Es geht dabei darum, das finanzpolitische Gewicht – und damit das ökonomische Gefahrenpotenzial – der einzelnen Mitgliedstaaten zu reduzieren und eine klare Kompetenzverteilung zwischen einer gestärkten Europäischen Gemeinschaft und ihren „Bundesländern" zu erreichen. Dem würde dann auch ein geordneter Finanzausgleich entsprechen, der die für einen Bundesstaat unerlässlichen Transfers regelt, gleichzeitig aber die Eigenverantwortung der „Bundesländer" für ihre Kompetenzen verstärkt. Ich bin mir bewusst, dass diese Perspektiven derzeit unrealistisch erscheinen. Ich meine aber, dass es trotzdem sinnvoll ist, solche Perspektiven zur langfristigen Orientierung zu entwickeln.

„Euro-Bonds"

Über die gegenwärtig verfügbaren Instrumente zur finanziellen Stabilisierung hinausgehend, wird für den Euro-Raum die Einführung von „Euro-Bonds", gemeinschaftlichen europäischen Anleihen, diskutiert. Dabei ist zunächst zu unterscheiden zwischen einer „Vergemeinschaftung" der bestehenden Schulden und der Schaffung neuer gemeinschaftlicher Schuldverschreibungen. Als historisches Beispiel für eine Vergemeinschaftung von Schulden wird vielfach die Geschichte der USA angeführt. Nach dem siegreichen Ende des Unabhängigkeitskrieges litten die einzelnen Staaten der neuen „Vereinigten Staaten" unter einer gewaltigen Schuldenlast. Der erste Finanzminister der USA, Alexander Hamilton, erreichte in mühsamen Verhandlungen, dass der neu geschaffene Zentralstaat sämtliche Schulden der Einzelstaaten übernahm, um auf diese Weise klare Finanzstrukturen zu schaffen.

Speziell in der angloamerikanischen Diskussion wird heute immer wieder auf einen solchen „Hamiltonian Event" in Europa gehofft. Bei konkreter Betrachtung ist dies freilich unrealistisch. Denn das US-Beispiel setzt ja die Existenz eines Zentralstaates mit entsprechender Steuerkraft für die Bedienung der vergemeinschafteten Schuld voraus. Dies kann für die EU oder den Euro-Raum als (sehr langfristiges) Ziel gesehen werden, ist aber jedenfalls auf absehbare Zeit nicht gegeben. Darüber hinaus ist es auch wichtig, sich der Größenverhältnisse und der sehr ungleichen Schuldenquote bewusst zu sein. Bezogen auf das jeweilige BIP betrug die Schuldenquote 2019 etwa für Griechenland

169 Prozent, für Italien 136 Prozent, für Österreich 70 Prozent und für Deutschland 60 Prozent, wobei für die Folgejahre eine noch stärkere Spreizung zu erwarten ist. Eine „Vergemeinschaftung" der Staatsschulden würde demnach zu einer so massiven Umverteilung führen, dass dies aus meiner Sicht politisch in den „Geberländern" wohl nicht durchführbar und zumutbar wäre.

Für den Zusammenhalt einer Gemeinschaft ist Solidarität politisch und auch wirtschaftlich zweifellos ein wichtiges Element. Gleichzeitig ist aber darauf zu achten, dass das Verhältnis zwischen „Nettozahlern" und „Nettoempfängern" nicht überdehnt wird. Selbstverständlich sind bezüglich eines solchen Verhältnisses nicht nur die unmittelbaren Finanzströme zu beachten. Aber die Geschichte zeigt viele Beispiele, dass die Gefährdung der Stabilität einer Gemeinschaft oft von den reicheren „Nettozahlern" ausgehen kann. Dieser Aspekt ist wohl auch von Bedeutung bei allzu ambitionierten Erweiterungsstrategien der EU. Es ist jedenfalls für die aktuelle, zum Teil sehr emotionale, Diskussion wichtig festzuhalten, dass es sich bei der Frage der „Euro-Bonds" realistischerweise nicht um eine Vergemeinschaftung bestehender, öffentlicher Schuld handeln kann, sondern um Möglichkeiten zukünftiger gemeinsamer Verschuldung.

Hier ergibt sich eine Reihe von Fragestellungen.[33] Unter dem Aspekt der internationalen Stellung des Euro, speziell gegenüber dem Dollar, gibt es keine „europäischen Anleihen" in einem Umfang, der groß genug wäre, als Grundlage von „Safe Assets" für die Kapitalmärkte zu wirken. Zwar können die Anleihen der Europäischen Investitionsbank (EIB) und des Europäischen Stabilitätsmechanismus (ESM) technisch als „Euro-Bonds" gesehen werden, und es besteht auch massives internationales Interesse an diesen Anleihen, das Emissionsvolumen ist aber zu gering, um kapitalwirksam zu sein. Das Fehlen eines europäischen Safe Asset bewirkt das Fortbestehen der weltweiten Dominanz des US-Dollar und ist ein zentrales Hindernis

---

33   Für eine stärker technische Diskussion siehe Ewald Nowotny: Euro-Bonds, Corona und „Kriegsfinanzierung". Österreichische Gesellschaft für Europapolitik, Policy Brief 09, 2020.

für eine stärkere internationale Bedeutung des Euro auf den internationalen Kapitalmärkten.

Der Markt für amerikanische Staatsanleihen (treasuries) ist der größte, liquideste und nach Veranlagungsformen differenzierteste Kapitalmarkt der Welt. Obwohl der Euro entsprechend der starken weltwirtschaftlichen Verflechtung der EU-Staaten eine starke Rolle als internationale Handelswährung einnimmt, spielt er als Transaktions- und Veranlagungswährung auf den internationalen Kapitalmärkten nur eine sehr untergeordnete Rolle. In Bezug auf Zahlungsverkehr werden 36 Prozent der Transaktionen in Euro und 40 Prozent in US-Dollar abgewickelt, was der starken Stellung der EU im Welthandel entspricht. In Bezug auf internationale Schuldverschreibungen entfallen dagegen nur 23 Prozent auf Emissionen in Euro, 62 Prozent auf den Dollar.

Die dominierende Rolle des US-Dollar ist nicht nur von ökonomischer, sondern auch von politischer Bedeutung, da die US-Regierung den Dollar gerade in jüngster Zeit vielfach als politische Waffe im Zusammenhang mit der Verhängung von Sanktionen einsetzt. Die EZB hat auf diese Problematik hingewiesen und es hat auch Reaktionen auf Ebene der EU und einzelner Mitgliedstaaten gegeben. Dieser Druck war aber nicht stark genug, um den Weg freizumachen für entsprechende „europäische Bonds" in kapitalmarktrelevanten Größenordnungen.

Für eine funktionierende Währungsunion, speziell einer Kapitalmarktunion, ist ein gemeinsames Safe Asset, ein sicheres Veranlagungsinstrument, als Stabilitätselement von zentraler Bedeutung. Wiederum zeigt sich hier das Problem einer einheitlichen Währung ohne einheitliche finanzpolitische Instanz. Es gab nun eine Reihe von wirtschaftswissenschaftlichen Versuchen, innerhalb des gegebenen EU-rechtlichen Rahmens Formen eines europäischen Safe Asset zu entwickeln. Am interessantesten ist hier das von einer Arbeitsgruppe um den renommierten Princeton-Ökonomen (und gebürtigen Deutschen) Markus Brunnermeier erstellte Konzept der „European Safe Bonds" (ESBies). Hier geht es um privatwirtschaftlich erstellte, nach Risikogewichten konstruierte, gemeinsame europäische Anleihen ohne gemeinsame Haftung der Mitgliedstaaten.[34]

Vonseiten des European Systemic Risk Board (ESRB) und der EZB wurde eine entsprechende Studiengruppe eingesetzt. Die Leitung übernahm Philip Lane, ein bekannter monetärer Ökonom, damals Gouverneur der irischen Notenbank, heute Mitglied des EZB-Direktoriums und „Chef-Ökonom". Auch ich war Mitglied dieser Arbeitsgruppe. Es wurde aber rasch sichtbar, dass das deutsche Finanzministerium alle Überlegungen in Richtung eines europäischen Safe Asset strikt ablehnte. Das deutsche Finanzministerium sah im europäischen Ansatz eine mögliche Konkurrenz in Bezug auf Volumen und Konditionen zu eigenen Anleihe-Emissionen. Entsprechend langjähriger Tradition unterstützte das österreichische Finanzministerium voll die deutsche Position. Als dann die führenden Ratingagenturen erklärten, sie würden auch die sichersten Tranchen des europäischen Assets (trotz gleicher Risikoqualität) nicht gleich bewerten wie Anleihen der „sicheren" Staaten Europas, war das Projekt de facto gescheitert.

Eine neue Entwicklung ergab sich im Rahmen der Maßnahmen der EU zur Überwindung der Corona-Krise, worauf in Kapitel 20 noch detaillierter eingegangen wird. Zentraler Bereich der EU-Maßnahmen ist die Schaffung eines mit 750 Mrd. Euro dotierten Wiederaufbaufonds, der durch Schuldaufnahmen vonseiten der EU-Kommission finanziert wird. Die Schuldaufnahme soll dabei in Form langfristiger Anleihen erfolgen, deren Rückzahlung aus Mitteln des EU-Budgets. Hiefür soll die EU in Zukunft verstärkt eigene Einnahmequellen einsetzen. Dies könnten zum Beispiel Abgaben auf Kunststoffabfälle, CO_2-Abgaben oder eine Digitalsteuer sein.

Bei dem nun beschlossenen Fonds handelt es sich um eine Einrichtung der EU. Nicht der Euro-Gruppe. Jedenfalls wird damit aber ein

---

34 Siehe M. Brunnermeier, H. James, J.-P. Landau: The Euro and the Battle of Ideas. Princeton University Press, 2016.

Safe Asset in relevanter Größenordnung geschaffen. Diese EU-Anleihen können als Collateral, als Sicherheiten, auf den Geldmärkten eingesetzt werden, was für speziell gefährdete Staaten die Gefahr eines „doom loops", einer negativen Verflechtung zwischen Staatsfinanzen und Banken, deutlich verringert.

Das angepeilte Volumen von 750 Mrd. Euro ist zwar groß, entspricht aber nur fünf Prozent der gesamten Wirtschaftsleistung der EU – ab 2021 wird es in jährlichen Tranchen von rund 200 Mrd. auf den Markt kommen. Im Vergleich zu den US-Treasuries wird sich daher der internationale Einfluss dieser europäischen Bonds – zumindest zu Beginn – in Grenzen halten. Jedenfalls nach heutigem Stand sind diese Bonds ja als einmalige Maßnahme zur Finanzierung des speziellen Wiederaufbaufonds zu sehen. Insgesamt stellt die politische Einigung über den EU-Wiederaufbaufonds und seine Finanzierung zweifellos eine neue Stufe der Gemeinsamkeit in der europäischen Integration dar, es ist aber wohl zu früh, hier von einem generellen Übergang zu „Euro-Bonds", analog zu US-Treasuries zu sprechen.

17. Aus dem Leben eines EZB-Ratsmitglieds

Die wichtigsten Tage für Mitglieder des EZB-Rates („Governing Council") sind jeweils die Ratssitzungen, die in der Regel, mit Ausnahme des August, zweimal monatlich stattfinden. Dabei wird unterschieden zwischen geldpolitischen Räten und „technischen Räten", wo es etwa um Fragen des Zahlungsverkehrs, die internen Abläufe der EZB und Fragen aus dem Bereich der Bankenaufsicht (SSM) geht. Neben dem Governing Council gibt es auch den „General Council" („Erweiterter Rat"), an dem die Notenbank-Gouverneure sämtlicher EU-Staaten teilnehmen und der viermal im Jahr vor dem entsprechenden Governing Council stattfindet. Wichtig war bei diesen Sitzungen vor allem die Teilnahme des Gouverneurs der Bank of England und für mich speziell auch die Teilnahme der Gouverneure der Nicht-Euro EU-Staaten, in denen österreichische Banken stark vertreten sind. Ich konnte diese Treffen zeitsparend für die Behandlung bilateraler Fragen und auch für Interventionen nutzen.

Weiters gibt es eine Reihe von Gremien für die Koordinierung von Geldpolitik und Finanzmarktregulierung. Das wichtigste derartige Gremium ist der European Systemic Risk Board (ESRB), eine Versammlung von rund 150 Teilnehmern mit einem ständigen Sekretariat. Vertreten sind die Notenbank-Gouverneure und die Bankenaufsicht aller EU-Staaten, Kommissare und hohe Beamte der EU-Kommission, des EU-Parlaments, die Leiter der EU-Regulierungsbehörden für Banken, Versicherungen und Kapitalmärkte und Vertreter des wissenschaftlichen Ausschusses. Der ESRB ist das einzige Gremium, das ich kenne, wo Vertreter eines wissenschaftlichen Ausschusses direktes Rederecht in den Beratungen haben, und dies hat nach meiner Beobachtung auch zu interessanten Akzenten geführt. Es ist gelungen, für diese Aufgabe jeweils führende europäische Expertinnen und Experten zu gewinnen, und insbesondere der langjährige Vorsitzende Prof. Martin Hellwig hat erheblichen Einfluss auf die Entwicklung der europäischen Bankenregulierung ausgeübt.[35] Seine manchmal geradezu leidenschaftlichen Plädoyers haben wesentlich dazu beigetragen, dass es in der Banken-Regulierung gegen heftigen Widerstand der Banken-Lobby doch zu einer deutlichen Erhöhung des erforderlichen Eigenkapitals gekommen ist – wenn auch nicht in dem von Prof. Hellwig angestrebten Ausmaß. Wie wichtig diese Kapitalstärkung war, hat sich in jüngster Zeit in den dramatischen Herausforderungen durch die Corona-Krise gezeigt.

Neben diesen offiziellen Sitzungen in Frankfurt treffen sich Gouverneure und die begleitenden Expertinnen und Experten auch bei einer Vielzahl von Veranstaltungen, wie zweimal jährlich bei den informellen ECOFIN-Räten (Treffen der Finanzminister und Notenbanker) in einer Stadt der nach dem Rotationsprinzip jeweiligen EU-Präsidentschaft. Wichtig sind auch die großen volkswirtschaftlichen Tagungen, die von der EZB jeweils in Sintra, Portugal, und von der US-Notenbank in Jackson Hole, einem schwer zugängigen Ort in einem spektakulären Naturschutzgebiet in den Rocky Mountains, abgehalten werden.

Jackson Hole ist übrigens als Tagungsort für Notenbanker eine politisch-ökonomisch interessante Ortswahl. Es liegt in Teton County in Wyoming. Diese Gegend wurde in den 1920er-Jahren von John D. Rockefeller als Naturparadies entdeckt und hat sich seither als „billionaire wilderness" zu einem Rückzugsgebiet der Superreichen entwickelt. Es ist heute das County mit dem höchsten Pro-Kopf-Einkommen in den USA – und zugleich mit der höchsten Ungleichheit der Einkommen. Es ist politisch extrem konservativ. Der Staat

---

35 Das Buch von Anat Admati und Martin Hellwig: The Bankers' New Clothes: What´s Wrong With Banking and What to Do About It. Princeton University Press 2013, ist eine der besten Analysen des Bankensystems und seines Reformbedarfs.

Wyoming hebt keine Einkommens- und Körperschaftssteuern ein und ist damit „the best onshore version of an offshore trust".[36]

Den dort tagenden Notenbankern sind diese Hintergründe meist nicht bewusst. Ich bemühe mich freilich stets nach Möglichkeit, von den Tagungsorten, in die mich mein Beruf führt, etwas über den Hintergrund zu erfahren und Kontakt mit „Einheimischen" zu finden. So habe ich in Jackson Hole geradezu anarchisch konservative Einstellungen bei Waffen-tragenden, „einfachen" Bewohnern gefunden, ebenso wie gepflegte Liberalität und betonte (Steuer-sparende) Philanthropie bei Einladungen in feudale „Ranches".

Faktisch bedeutet die Vielzahl der internationalen Zusammenkünfte und Tagungen die Notwendigkeit einer überaus intensiven Reisetätigkeit, wobei für Gouverneure aus großen Staaten wie Deutschland, Frankreich etc. noch oft sehr belastende Fernreisen im Rahmen der weltweiten Treffen der „G7", der Gruppe der führenden Industriestaaten, der G20 oder des Financial Stability Board hinzukommen. Auf die regelmäßigen Konferenzen im Rahmen des IWF und der BIZ werde ich noch speziell zurückkommen. Diese rege Reisetätigkeit ist zweifellos kraft- und zeitraubend (und auch ökologisch problematisch), sie hat aber den Effekt, dass sich im Kreis der Notenbanker, die sich ja unter unterschiedlichen Konstellationen immer wieder sehen, ein starkes „Gruppengefühl" entwickelt, das bei Auftreten schwieriger weltwirtschaftlicher Konstellationen rasche und koordinierte Entscheidungsfindungen wesentlich erleichtert. Als langjähriges Mitglied habe ich im Rahmen dieser „Gruppe" auch eine Reihe persönlicher freundschaftlicher Beziehungen gefunden, die für mich von erheblicher fachlicher und menschlicher Bedeutung waren – und sind.

Besonderes Augenmerk habe ich neben diesen multilateralen Treffen auch auf die bilateralen Beziehungen zu den Notenbankern von

---

36 Siehe dazu die aufschlussreiche Analyse des aus Wyoming stammenden Yale-Professors Justin Farrell: Billionaire Wilderness: The Ultra-Wealthy and The Remaking of the American West. Princeton U.P. 2019.

Österreichs Nachbarstaaten gelegt. Österreichs Banken hatten ja speziell in unseren östlichen Nachbarstaaten eine Reihe spezifischer Probleme, teils selbstverschuldet wie bei den Fremdwährungs-Darlehen, teils aber auch wegen eines wachsenden wirtschaftlichen Nationalismus in manchen dieser Staaten. Es ist inzwischen gelungen, für praktisch alle aufgetretenen Probleme tragfähige Lösungen zu finden. Und ich meine, dass die guten und engen Beziehungen, die ich zu den Notenbankern in diesen Regionen aufbauen konnte, nicht zuletzt durch viele gegenseitige Besuche und Vorträge hier etwas hilfreich waren. Mit der Deutschen Bundesbank und der Schweizer Notenbank hat die Oesterreichische Nationalbank ja traditionell stets enge Beziehungen, und wir haben diese durch regelmäßige wechselseitige Besuche des jeweiligen gesamten Direktoriums weiter ausgebaut.

Bei diesen engen und intensiven Beziehungen spielt also auch die persönliche Seite stets eine große Rolle, und es ist äußerst hilfreich, wenn beim gesellschaftlichen Teil solcher Zusammenkünfte auch die jeweiligen Ehepartner mit einbezogen sind. Eine Wunderwaffe österreichischer Diplomatie ist dabei stets eine Einladung zum Opernball – speziell, wenn sie mit einer vorhergehenden Ordensverleihung verbunden werden kann. Inzwischen sind diese gesellschaftlichen Aspekte medial ja etwas in Verruf geraten, aber ich meine, dass auch für öffentliche Institutionen diese Kontaktpflege mindestens so wichtig ist wie für private Unternehmen. Die persönlichste Abschiedsfeier anlässlich meines Ausscheidens aus der Notenbank wurde für mich jedenfalls von der tschechischen und slowakischen Notenbank gemeinsam organisiert, als sie zu einem romantischen „Heurigen" in Südmähren einluden.

Mit der tschechischen Notenbank und anderen Stellen in unserem Nachbarland verbindet mich ein spezielles freundschaftliches Verhältnis. Ich hatte einem früheren Gouverneur der tschechischen Notenbank einmal von den mährischen Wurzeln meiner väterlichen Familie erzählt, und er hatte daraufhin den Kontakt mit diesem kleinen Ort in der Nähe von Austerlitz hergestellt. Mein Vorfahre war nach den Napoleonischen Kriegen nach Wien gegangen und in der wirtschaftlichen Aufschwungsphase der industriellen Revolution reich geworden. Um seinen Wohlstand zu demonstrieren, hatte er in seinem früheren Wohnort eine Vielzahl von Wohltaten gestiftet, die bis heute nachwirken. So etwa die Kirchenglocken oder die noch immer benützte Einrichtung des Bürgermeisterbüros. Als PR-bewusster Unternehmer hatte er auf jeder Spende eine Tafel mit seinem Namen anbringen lassen, sodass Fabian Nowotny jedem Schulkind des kleinen Dorfes als mystischer Wohltäter bekannt war. Wohl als Ansporn, die Großzügigkeit unseres Vorfahren weiterzuführen, wurden meine Schwester und ich in einem rauschenden Fest, an dem auch der Gouverneur der tschechischen Notenbank teilnahm, zu Ehrenbürgern ernannt.

Im Rahmen meiner deutlich bescheideneren Mittel war ich auch bereit, der sehr armen Gemeinde zu helfen und Ersatz für einige noch von meinem Vorfahren gestiftete Schulmöbel anzuschaffen. Inzwischen kam aber ein EU-Projekt zustande, und es wurde als eindrucksvoller Beweis für eine sinnvolle Verwendung von Mitteln aus dem EU-Regionalfonds eine neue Volksschule gebaut. Unsere Hilfe für die Schule war nicht mehr nötig, und in Absprache mit dem Bürgermeister organisieren und finanzieren meine Frau und ich stattdessen Klassenfahrten dieser Schule nach Wien, für Lehrer und Schüler meist die erste Begegnung mit dieser Stadt.

Die Geschichte meiner Ehrenbürgerschaft hatte sich in Prag herumgesprochen. So lud mich der damalige Außenminister Schwarzenberg, den ich schon lange kannte und schätzte, als Referent bei der jährlichen Herbsttagung der tschechischen Diplomaten ein. Ich hatte ebenso auch bei der analogen Tagung der österreichischen Diplomaten referiert und nahm die Einladung Schwarzenbergs mit besonderem Vergnügen an. Auch wenn es gewisse offizielle Probleme zwischen Österreich und der Tschechischen Republik gibt, ist es mir ein persönliches Anliegen, kleine private, positive Beiträge zu leisten für ein entkrampftes und freundschaftliches Verhältnis zwischen den Menschen der beiden Staaten.

Ich möchte im Folgenden auf den „Normalbetrieb" im Rahmen der Teilnahme an einem EZB-Rat und die damit verbundenen Aspekte eingehen. In Wochen, in denen am Donnerstag eine Sitzung des EZB-Rates stattfindet, beginnen die unmittelbaren Vorbereitungen bereits am Dienstag. In den Tagen zuvor hatte ich Unterlagen für die kommende Sitzung studiert und, wenn heikle Themen anstanden, mit einigen Gouverneurskollegen telefoniert. Dienstag begannen dann die Vorbereitungsbriefings – Sitzungen durch die zuständigen Expertinnen und Experten der Oesterreichischen Nationalbank. Diese hatten in der Woche zuvor an den Vorbereitungssitzungen der hier wichtigsten Komitees in Frankfurt teilgenommen. Für Fragen der Geldpolitik ist dies das Monetary Policy Committee (MPC), für Fragen der Geld- und Kapitalmärkte das Market Operations Committee (MOC).

Bei den Briefings sind, um ein „Gesamtbild" zu bekommen, Mitarbeiterinnen und Mitarbeiter der Hauptabteilungen Volkswirtschaft und Treasury vertreten, weiters Experten der Rechtsabteilung und der Pressereferent. Bei EZB-Räten, in denen es nicht um Geldpolitik geht, sind Expertinnen und Experten aus den jeweils betroffenen Bereichen anwesend, sei es Zahlungsverkehr, Rechnungswesen, Personal etc. Die Teilnahme an den Briefings wird in der Notenbank als wichtiger Prestigefaktor und als Möglichkeit, sich zu profilieren, gesehen. Ich bin aus Effizienzgründen kein Freund großer Sitzungen und habe daher nach einiger Zeit die Vorbereitungssitzungen in ein kleineres Besprechungszimmer verlegt und damit die Direktoren der jeweiligen Hauptabteilungen zu strengerer Beschränkung bei der Zahl der begleitenden Mitarbeiter gezwungen. An den Sitzungen des EZB-Rates selbst nimmt von jeder Notenbank der Gouverneur und eine Begleitperson teil. Dies kann der Vize-Gouverneur oder ein jeweils fachlich zuständiges Mitglied des Direktoriums oder jemand mit spezieller Expertise für einzelne Fragen sein. Für die internen Vorbereitungssitzungen steht es jedem Mitglied des Direktoriums frei teilzunehmen, was in kritischen Zeiten auch genutzt wurde.

In den letzten Jahren meiner Tätigkeit war ich auch Mitglied, später Vorsitzender, des „Audit-Committees", des „Überwachungsausschusses" des EZB-Rates. Meist waren die Sitzungen dieses Ausschusses am Mittwochvormittag angesetzt, vor der informellen Sitzung des EZB-Rates, sodass ich Dienstag spätabends mit dem letzten Flieger von Wien nach Frankfurt flog. An anderen Tagen flog ich Mittwochvormittag und traf dabei im Flugzeug meine Kollegen aus der Slowakei, wobei sich aus dieser „Fahrgemeinschaft", die ja für Vorbesprechungen genutzt wurde, eine sehr enge und gute Abstimmung zwischen unseren Notenbanken ergab.

Mitarbeiterinnen und Mitarbeiter der OeNB fliegen innerhalb Europas stets Economy-Class, das gilt auch für mich. In der Vergleichsbetrachtung gibt es sehr unterschiedliche Flug-Kulturen: Notenbanken aus Süd- und Osteuropa nehmen durchgehend Business-Class, Notenbanken aus Nord- und Westeuropa überwiegend Economy-Class. Auf Österreich bezogen, ist mir bei meinen unzähligen Wien-Frankfurt-Wien-Flügen aufgefallen, dass Unternehmenseigentümer und Manager aus der Industrie eher Economy-Class, Manager aus dem Dienstleistungsbereich dagegen meist Business-Class fliegen. Als ich als Gouverneur in die Notenbank kam, gab es eine Betriebsvereinbarung, nach der jedes Mitglied der Belegschaft auch bei Flügen in Europa berechtigt sei, Business-Class zu fliegen. Ich habe das gegen heftigen Protest des Betriebsrates und passiver Resistenz mancher Direktoriumskollegen abgeschafft. Die Betriebsvereinbarung konnte ich nicht beseitigen, habe aber erklärt, dass ich die Nicht-Befolgung meiner Weisung als Illoyalität sehen und dies bei der Bonus-Vergabe berücksichtigen würde. In sehr kurzer Zeit war der von mir gewünschte Zustand hergestellt, was mir von der Signalwirkung in Richtung Kostenbewusstsein schon zu Beginn meiner Tätigkeit wichtig war.

Das Audit Committee hat die Aufgabe der Bestellung und Kontakthaltung mit den Wirtschaftsprüfern der EZB und ist Anlauf- und Entscheidungsstelle für das Internal Audit Committee (IAC), die Innenrevision, die sich sowohl auf die EZB bezieht wie auch auf die Effizienz der nationalen Notenbanken, etwa in Bezug auf IT-Risiken, operationelle Risiken, etc. Ich habe über meine Tätigkeit im Audit

Committee einen guten Einblick in das Funktionieren des EZB-Systems bekommen. Bei der Beurteilung von Prüfungsergebnissen kann es freilich eine immanente Spannung geben zwischen der Sicht der Prüfungsorgane (Innenrevision, nationaler Rechnungshof etc.) und der vom Vorstand zu vertretenden, unternehmerischen Gesamtverantwortung. Die Prüfungsorgane sehen – zu Recht – ihre Aufgabe darin, jedes Risiko aufzuzeigen und seine Abstellung zu verlangen. Aus der Gesamtverantwortung heraus hat, jedenfalls aus meiner Sicht, der Vorstand – und letztlich die Unternehmensspitze wie Aufsichtsrat etc. – aber auch Kosten-Nutzen-Überlegungen anzustellen, das heißt, die Eintrittswahrscheinlichkeit und die möglichen Kosten eines Risikofalles mit den Kosten der Beseitigung des Risikos abzuwägen.

Innenrevisoren sind oft stolze und von ihrer Position überzeugte Persönlichkeiten, die oft nicht geneigt sind zu gesamtunternehmerischem Kosten-Nutzen-Denken. Umgekehrt scheuen sich Unternehmensleitungen oft davor, die Verantwortung für das Eingehen eventueller Restrisiken einzugehen, selbst wenn die dann erforderlichen Maßnahmen zu massiven Kosteneffekten führen. Das ist bei Notenbanken, die keinem Marktdruck ausgesetzt sind und wo daher das Kostenbewusstsein nicht sehr ausgeprägt ist, ein sehr spezielles Problem. Ich habe in der Oesterreichischen Nationalbank das Verfahren eingeführt, dass die Prüfberichte der Innenrevisoren ungefiltert dem Direktorium und letztlich dem Generalrat als Eigentümervertreter vorgelegt werden, dass das Direktorium in seiner Stellungnahme aber nicht automatisch jeder Prüfempfehlung folgen muss, sondern in Einzelbereichen nach Kosten-Nutzen-Überlegungen explizit zu einer anderen Sichtweise kommen kann und das Verfahren damit aus seiner Sicht abschließt. Das ist für ein Direktorium freilich ein weniger bequemer Weg als der, Revisionsberichte immer zustimmend zu Kenntnis zu nehmen und dann einfach auf die Umsetzung kostspieliger Empfehlungen „zu vergessen". Ich habe mich, speziell als Vorsitzender, bemüht, diese Verfahrenslogik auch im EZB-Bereich einzuführen, was nicht immer einfach war.

Die Sitzungen des Audit Committees endeten mit einem Mittagessen, das wir meist gemeinsam mit den Mitgliedern des später tagenden „Ethics Committees" einnahmen. Diese Arbeitsgruppe unter dem Vorsitz des früheren EZB-Präsidenten Jean-Claude Trichet bestimmt über die Arbeitsverträge der Direktoriumsmitglieder und die konkrete Ausgestaltung der „cooling-off-period" für ausgeschiedene Mitglieder des EZB-Rates – einschließlich der Gouverneure nationaler Notenbanken. Dabei geht es darum, den Zeitraum festzulegen, der zwischen der Beendigung der Arbeit in einer Notenbank und der Aufnahme einer neuen beruflichen Betätigung, speziell im Bereich Geld und Kredit, eingehalten werden muss. Solche „Abkühlungsphasen" gelten in abgestufter Form für die meisten Mitarbeiterinnen und Mitarbeiter, speziell selbstverständlich für solche, die mit Aufgaben der Bankenaufsicht betraut sind. Damit soll der berüchtigte „Drehtür-Effekt" verhindert werden, das heißt, die Gefahr, dass Mitarbeiter während ihrer Zeit in der Notenbank bereits andere – meist besser bezahlte – Tätigkeiten bei privaten Kreditunternehmen im Auge haben und das ihr Verhalten beeinflusst, oder dass ausgeschiedene Mitarbeiter Insider-Wissen, auch über Konkurrenzbanken, zu ihrem neuen Arbeitgeber mitnehmen. Analoge Regelungen gelten auch für den Bereich der EU-Kommission.

Durch entsprechende cooling-off-Regelungen soll letztlich eine saubere Trennung von öffentlicher Verwaltung und privatwirtschaftlichen Interessen erreicht werden, anders als etwa in den USA. Dort bedeutet der Drehtür-Effekt, dass wirtschaftspolitisches Führungspersonal in hohem Maß direkt aus dem Management privater Unternehmen und Banken rekrutiert wird – die Investmentbank Goldman Sachs war und ist hier besonders stark vertreten. Umgekehrt ist es auch üblich, dass leitende Persönlichkeiten aus Politik und Notenbank unmittelbar wieder in die Privatwirtschaft überwechseln, um, wie mir ein Betroffener einmal sagte, „endlich wieder etwas zu verdienen".

Im Interesse der öffentlichen Sauberkeit und um zu direkte Einflüsse des Unternehmenssektors auf den öffentlichen Bereich zu verhindern, sind cooling-off-Regelungen zweifellos sinnvoll und nötig. Es sollte andererseits aber auch vermieden werden, dass es zu völlig abgeschotteten Welten zwischen der Tätigkeit in hoheitlichen Institutionen und der Tätigkeit in der wirtschaftlichen Praxis – mit der Gefahr gegenseitiger Verständnislosigkeit – kommt. Und es ist nicht zu übersehen, dass das Problem von cooling-off vor allem jüngere Menschen in ihrem Karriereverlauf wesentlich einengen kann. Die Handhabung der entsprechenden Regeln erfordert daher Klugheit und Fingerspitzengefühl. Meist beträgt die vorgeschriebene cooling-off-Phase ein Jahr. Das wurde bei meinem Ausscheiden von der EZB auch für mich festgelegt, und ich kann angesichts meines Alters gut damit leben.

Die Beratungen des EZB-Rates zu Fragen der Geldpolitik beginnen jeweils am Mittwochnachmittag. Ort ist der große Sitzungssaal im 41. Stock. Die Teilnehmer treffen einander zunächst im Vorraum, wo zu Kaffee und Brötchen Erfahrungen ausgetauscht und Vorgespräche geführt werden, wobei beobachtet wird, wer mit wem zusammensteht. Mario Draghi kommt, alles strömt in den Sitzungssaal, die Türen werden geschlossen, ab jetzt strengste Vertraulichkeit. Die Maßnahmen von Notenbanken können die Finanzmärkte bewegen, die vorzeitige Kenntnis von geplanten Maßnahmen kann einzelnen Marktteilnehmern gewaltige Gewinne bringen oder die Intention der Maßnahmen vereiteln. Es ist daher selbstverständlich, dass Notenbankpolitik Verschwiegenheit aller Akteure erfordert. Für die EZB mit einem Entscheidungsgremium, dem sechs Mitglieder des Executive Board und die 19 nationalen Gouverneure angehören, ist diese Verschwiegenheit eine besondere Herausforderung – und wird freilich auch sehr weit gefasst.

Eine Woche vor einer geldpolitischen Ratssitzung beginnt die „quiet period", früher nach altem britischen Kolonialjargon „Purdah period" genannt, nach der „Burka", der Verschleierung. In diesem Zeitraum dürfen Ratsmitglieder Journalisten keine geldpolitisch relevanten Interviews geben oder Vorträge halten. In den Unterlagen zu den Ratssitzungen findet sich dann auch immer eine Aufstellung, wer gegen diese Regel verstoßen hat und welche Indiskretionen – ohne Namensnennung der Urheber – erfolgt ist. Speziell für neu ernannte Notenbanker können diese Verschwiegenheitsregeln durchaus eine Herausforderung sein. Die Welt der Notenbanken ist umschwirrt von einer gewaltigen Zahl an Journalisten und Journalistinnen von Nachrichtendiensten und Zeitungen, die in hartem gegenseitigen Konkurrenzkampf Informationshäppchen für eine offenbar sehr zahlungsbereite Kundschaft ergattern wollten. Ich habe hier einige Anfängerfehler gemacht und mich gewundert, welche Storys manchmal aus einer harmlosen, kurzen Unterhaltung bei einer Veranstaltung generiert wurden.

In späteren Zeiten habe ich dagegen das Instrument von Interviews manchmal – aber selten – eingesetzt, wenn ich den Eindruck hatte, dass bei einer geplanten geldpolitischen Maßnahme keine interne Diskussion zugelassen wurde. Gerade für Notenbanker aus kleineren Mitgliedstaaten ist das dann oft eine Notwehrmaßnahme, und in der Tat wurde dieses Signal von Mario Draghi in späteren Jahren auch verstanden und es gab zunehmend Bemühungen, eine gleichberechtige interne Diskussion zu ermöglichen. Was ich dagegen nie gemacht habe, war, getroffene Ratsentscheidungen nachträglich zu kritisieren, auch wenn ich mit ihnen nicht einverstanden war. Es hat Mario Draghi zur Weißglut getrieben, dass Jens Weidmann als Präsident der Deutschen Bundesbank einige Male unmittelbar nach Draghis Pressekonferenz kritische Kommentare gegenüber deutschen Publizisten gegeben hat. Aus Draghis Sicht wurde die von ihm – und der Mehrheit im Rat – angestrebte Wirkung damit direkt konterkariert.

Im großen Sitzungssaal im neuen EZB-Gebäude sitzen die Mitglieder des EZB-Rates in kreisrunder Formation in alphabetischer Reihenfolge ihrer Familiennamen. Die Gouverneure sind ja nicht als nationale Vertreter dort, sondern haben entsprechend EU-Vertrag im Gesamtinteresse des Euro-Raumes zu handeln. In der Mitte an der Westseite sitzen Präsident und Vizepräsident der EZB, weiters engste

Mitarbeiter des Präsidenten und dann, je nach Namen, die einzelnen Gouverneure und Mitglieder des EZB-Direktoriums. Entsprechend dem Namen Nowotny saß ich über lange Zeit zwischen meinem Freund aus Luxemburger Tagen, Yves Mersch, im Direktorium zuständig unter anderem für Rechtsfragen und Zahlungsverkehr, und Peter Praet, Chefökonom der EZB. Mein Platz war fast direkt gegenüber dem von Mario Draghi, und es war eindrucksvoll, wenn am Abend hier hinter Mario Draghis Kopf die Skyline der Frankfurter Bankenhochhäuser aufleuchtete. Hinter den Ratsmitgliedern sitzen die jeweiligen Begleitpersonen und eine Vielzahl von EZB-Expertinnen und Experten. Insgesamt 40 bis 50 Personen, was es nicht leicht macht, im Fall von Indiskretionen die Quelle auszuforschen.

Die Mittwoch-Sitzung beginnt mit einem „Seminar" zur aktuellen Geldpolitik und allenfalls weiteren Darstellungen zu aufsichtsrechtlichen oder administrativen Fragen. Es geht hier um Faktendarstellungen, (noch) nicht um politische Entscheidungen. Von den Gouverneuren wird daher erwartet, dass sie sich in der Diskussion auf Fakten- oder Methodenfragen beschränken – was dann manche aber doch elegant mit wirtschaftspolitischen Einschätzungen verbinden. Zunächst wird von den führenden Experten aus dem Stab des volkswirtschaftlichen Bereiches eine umfassende Darstellung der Perspektiven für die Weltwirtschaft, die europäische Wirtschaft und jene des Euro-Raumes gegeben, wobei Fragen der Inflations- und Kreditdynamik im Vordergrund stehen. Es folgt dann eine eingehende Darstellung der Entwicklung der Finanzmärkte. Beide Präsentationen beruhen auf vorausgehenden Studien und sind verbunden mit einer Fülle empirischer Informationen. Ich habe diese Präsentationen stets als sehr hilfreich empfunden. Dies schließt nicht aus, dass ich gegenüber einzelnen der für Prognosen verwendeten volkswirtschaftlichen Modelle und ihren sehr detaillierten Ergebnissen zum Teil erhebliche methodische Bedenken hatte. Bei der Darstellung der Entwicklungen auf den Finanzmärkten erfolgte dazu im Lauf der Zeit eine immer intensivere Erfassung der Meinungen und Erwartung oft relativ kleiner Gruppen von Marktteilnehmern. Dies ist zweifellos von Interesse, bringt aber die Gefahr mit sich, dass sich die Politik der EZB dann verpflichtet fühlt, diesen Meinungen und Erwartungen zu entsprechen.

Nach Beendigung dieser oft durchaus längeren, informellen Sitzungen trifft sich der EZB-Rat dann in einem durch seine Höhe kapellenhaft wirkenden Raum im 40. Stock, mit herrlichem Blick auf Frankfurt und den Taunus. Um den gemeinsamen Tisch ist hier nur der enge Kreis der EZB-Ratsmitglieder versammelt. Damit soll, einer generellen EU-Tradition entsprechend, eine offene und vertrauliche Diskussion und Meinungsbildung ermöglicht werden. Unter Präsident Trichet dauerten diese Abendessen auch oft bis weit nach Mitternacht. Unter Mario Draghi wurden dagegen überwiegend administrative Fragen wie Ernennungen leitender Mitarbeiter referiert. Einzelne Gouverneure berichteten über Entwicklungen in ihren jeweiligen Staaten. Im Gefolge der Finanz- und Bankenkrise kamen in einigen Staaten Notenbank-Gouverneure unter erheblichen innenpolitischen Druck, speziell in Bezug auf Entscheidungen im Bereich Bankenaufsicht. Hier konnte und kann die EZB durch entsprechende Intervention doch einen gewissen Rückhalt gegen Bedrohungen der Notenbank-Unabhängigkeit bieten. Um zehn Uhr abends war meist alles vorbei.

Einige Ratsmitglieder waren zunächst durchaus zufrieden, nach einem langen Tag früher ins Hotel zu kommen – es wurde aber bald deutlich, dass das neue, eingeschränkte Format des Abendessens die Möglichkeit einer offenen Diskussion im EZB-Rat verminderte – dies umso mehr, als bei den Entscheidungssitzungen am nächsten Tag ja ein der Öffentlichkeit zugängliches Protokoll geführt wird. Im Einvernehmen mit anderen Ratsmitgliedern habe ich daher immer wieder versucht, stärker inhaltliche Diskussionen zu initiieren. Ein Bereich von besonderer Sensibilität war die Entwicklung und die Vertretung der Position der EZB in einer Reihe von wichtigen EU- oder internationalen Gremien. So war die EZB involviert in die Gespräche um die Entwicklung und Kontrolle der Hilfsprogramme für Griechenland oder in die „Basel-Verhandlungen" für grundlegende

Regelungen der Bankenregulierung, etwa in Fragen der Eigenkapital- und Liquiditätserfordernisse. Es war für die Mitglieder des EZB-Rates oft nicht einfach, zu einer Reihe von Fragen eine umfassende Information über die Positionen der EZB in den entsprechenden Gremien zu bekommen, geschweige denn eine gemeinsame Erarbeitung dieser Positionen zu erreichen.

Nach dem Abendessen wurden wir in unsere Hotels zurückgebracht, für die meisten der Frankfurter Hof. Manche von uns hatten noch am späten Abend das Bedürfnis, ein bisschen zusammenzusitzen und die Ereignisse des Tages zu besprechen. Unter der freundlichen Organisation des lebensklugen und erfahrenen Gouverneurs der Finnischen Nationalbank, Erkki Liikanen, einem früheren Mitglied der EU-Kommission, entwickelte sich so als informeller Freundeskreis der „Zigarrenklub". Der Frankfurter Hof hatte in dieser Zeit eine eigene Bar namens „Zigarrum", wo sich dann – in heute völlig inkorrekter Weise – eine Runde mittelalterlicher Herren zu Zigarren und alkoholischen Getränken trafen. Ich selbst habe keine Zigarren geraucht und nur Whisky konsumiert – aber meine Kleidung war jedes Mal noch tagelang von Zigarrenrauch imprägniert. Es war unvermeidbar, dass in dieser Runde auch gewisse Klärungen für unser Verhalten in der Entscheidungssitzung am nächsten Tag diskutiert wurden – aber es ging vor allem um die Freude, mit klugen und sympathischen Weggefährten über „Gott und die Welt" zu sprechen. Mit dem Ausscheiden von Erkki – und mit dem Älterwerden der Teilnehmer, mich eingeschlossen – und den zunehmenden Schwierigkeiten, einen Platz für das Laster des Zigarrenrauchens zu finden, wurden die Zusammenkünfte des Zigarrenklubs mit der Zeit freilich immer seltener.

Die eigentliche geldpolitische Entscheidungssitzung findet dann Donnerstagvormittag statt, wobei an diesen Sitzungen auch häufig der für Finanzfragen zuständige EU-Kommissar teilnimmt. Die geldpolitische Sitzung des EZB-Rats beginnt in Analogie zum Seminar am Vortag mit Referaten zur derzeitigen und absehbaren Entwicklung der wirtschaftlichen Lage. Besondere Berücksichtigung finden die Kreditwirtschaft, die Inflationsperspektiven und die Entwicklungen auf den Geld- und Kapitalmärkten. Diesmal werden die Berichte aber jeweils von dem zuständigen Direktoriumsmitglied für Wirtschaftspolitik und dem Direktoriumsmitglied für Märkte gehalten und sind bereits wirtschaftspolitisch in Bezug auf mögliche Entscheidungen des EZB-Rates akzentuiert. Das Direktoriumsmitglied für Wirtschaftspolitik, der „EZB-Chefökonom", macht dann einen Vorschlag über die entscheidenden Punkte für die Beschlussfassung des Rates, die dann in den einleitenden Bemerkungen zur Pressekonferenz vom Präsidenten verlesen werden. Diese Schlussfolgerungen sind in der Regel zuvor im Direktorium und vor allem mit dem Präsidenten abgesprochen worden. Ich saß, wie erwähnt, ja lange Zeit direkt neben dem von mir sehr geschätzten Chefökonomen Peter Praet und konnte beobachten, dass sich hier zum Teil noch über Nacht aufgrund von Diskussionen mit dem EZB-Direktorium insgesamt oder mit einzelnen Mitgliedern Änderungen bei den Vorschlägen ergaben, beziehungsweise bestimmte Fragen durch Bleistift-Anmerkung noch für die laufende Sitzung offen gehalten wurden.

Nächster Punkt im Sitzungsablauf ist dann die inhaltliche Diskussion, an der jedes einzelne Mitglied des EZB-Rates teilnimmt. Dabei geht es einerseits um die Frage, wie weit man mit den vorgelegten Prognosen für Wachstum, Inflation etc. übereinstimmt, und weiters, welche geldpolitischen Beschlüsse der EZB-Rat entsprechend den jeweiligen Einschätzungen treffen sollte. Bei den Wortmeldungen hatte sich eine informelle Reihenfolge entwickelt, wonach zunächst die Gouverneure aus den großen Staaten Deutschland, Frankreich und Italien sprachen, dann das Feld der „mittleren" und schließlich Gouverneure aus kleinen Mitgliedstaaten wie Zypern oder Malta. Die Mitglieder des EZB-Direktoriums sprachen unter taktischen Überlegungen manchmal erst spät in der Reihenfolge. Ich selbst war Teil der „mittleren" Gruppe, wobei bei kritischen Entscheidungen eine gewisse „Vor-Regie" mit befreundeten Gouverneuren aus dieser Gruppe erfolgte. Jean-Claude Trichet hatte als Präsident sehr viel in der Diskussion interveniert, Mario Draghi stellte manchmal kurze

Zwischenfragen, hielt sich aber sonst aus der Diskussion zurück. Zum Schluss wurde dann ein schriftlicher Entwurf für die „einleitenden Bemerkungen" vorgelegt und die Sitzung kurz unterbrochen, um den Teilnehmern Gelegenheit zu geben, diesen Entwurf zu studieren.

Die schriftlichen, „einleitenden Bemerkungen" bei der anschliessenden Pressekonferenz des Präsidenten sind das zentrale Instrument der EZB zur Erklärung und Festlegung ihrer Politik. Jedes Wort dieses Dokumentes wird von den Märkten kritisch analysiert, wobei insbesondere darauf geachtet wird, ob und welche Veränderungen es gegenüber dem Wortlaut vom letzten Mal gibt. Das gilt speziell für das von der EZB sehr ernst genommene Instrument der „forward guidance", wo es darum geht, ob Änderungen in gewissen ritualisierten Formulierungen feststellbar sind. So zum Beispiel in dem Standardsatz bezüglich der Leitzinsen und der Absicht, sie auf ihrem „aktuellen oder einem niedrigeren Niveau" zu halten, bis bestimmte, mit stets gleichbleibendem Wortlaut dargestellte Bedingungen erfüllt seien.

Angesichts der zentralen Bedeutung werden die Formulierungen dieser einleitenden Bemerkungen nach der kurzen Leseunterbrechung dann Satz für Satz, zum Teil Wort für Wort, durchgegangen. Ein technischer Aspekt ergibt sich dabei daraus, dass der Entwurf der Einleitung in englischer Sprache vorgelegt wird, es im EZB-Rat aber in Bezug auf Englisch nur zwei „native speakers" gibt, die Gouverneure von Irland und Malta, wo Englisch die de facto Hauptsprache darstellt. Obwohl perfektes Englisch für jedes Ratsmitglied vorausgesetzt wird, kann es angesichts der Sensibilität des Dokuments immer wieder zu Disputen kommen, ob die vorgeschlagene Formulierung tatsächlich der geldpolitischen Intention des EZB-Rates entspricht. Da wegen der strengen Vertraulichkeit keine externen Sprachexperten im Raum sind, werden solche Fragen jeweils mit dem Ruf „Was meinen unsere Shakespeares?" den zwei englischsprachigen Gouverneuren vorgelegt.

Schwieriger ist es, wenn es um die Festlegung der geldpolitischen Positionen in den einleitenden Bemerkungen geht. Trichet hat sich bei unterschiedlichen Positionen stets lange – und meist mit

Erfolg – bemüht, Konsens zu erzielen, und manchmal auch Entscheidungen verschoben. Draghi war für klare und rasche Entscheidungen. Wenn sich in der Diskussion zeigte, dass trotz Bemühen um Konsens keine Einstimmigkeit zu erreichen war, erklärte er relativ bald mit steinerner Miene, dass nun eine Mehrheitsentscheidung nötig sei, wobei er vielfach keine formelle Abstimmung durchführte, sondern erklärte, dass eine Minderheit eben nicht zustimme. Das erlaubte ihm dann, in der späteren Pressekonferenz von einer klaren oder überwältigen Mehrheit zu sprechen. Nach der Klärung bezüglich der einleitenden Bemerkungen verließt Draghi in der Regel den EZB-Rat, um sich auf die Pressekonferenz vorzubereiten, die verbleibenden, meist eher administrativen Tagesordnungspunkte wurden unter dem Vorsitz des Vizepräsidenten abgehandelt.

Manche der Kollegen beobachten noch die jeweils um 14:30 Uhr beginnende Pressekonferenz des Präsidenten – nun der Präsidentin. Auf die im EZB-Rat sorgfältig diskutierten, einleitenden Bemerkungen folgt dann eine spannende und für den Präsidenten beziehungsweise die Präsidentin extrem herausfordernde Fragerunde der Journalistinnen und Journalisten. In der Fernsehübertragung in den für die Finanzwelt zentralen „Bloomberg-News" wird – mit gewissem Zynismus – neben dem Kopf der Präsidentin beziehungsweise des Präsidenten jeweils die Entwicklung des Euro/Dollar-Kurses eingeblendet, sodass die Marktreaktion auf die Worte der Präsidentin beziehungsweise des Präsidenten zeitgleich erkennbar ist. Ich selbst hatte für Donnerstagabend oder Freitagvormittag häufig noch Treffen mit Akteuren aus der Finanzwelt oder der Wissenschaft angesetzt. Manchmal ergab sich dann auch eine Gelegenheit, einige der exzellenten Museen in Frankfurt zu besuchen. Im Nachhinein gesehen, habe ich leider die vielfältigen – aber oft unterschätzten – kulturellen Möglichkeiten Frankfurts zu wenig genützt.

Die Sitzungen der geldpolitischen EZB-Räte haben dann noch eine weitere „Schleife". Über diese Sitzungen wird ein Protokoll geführt, das immerhin schon nach 30 Jahren für die Öffentlichkeit zugänglich gemacht wird. Zwar hält der Präsident der EZB nach jedem geldpolitischen Rat eine Pressekonferenz und beantwortet entsprechend Anfragen, aber in Zeiten, wo erhöhte Transparenz von öffentlichen Institutionen verlangt wird, wurde das von Medien und einigen Abgeordneten im Europäischen Parlament als nicht ausreichend gesehen. In der Praxis kann freilich erhöhte Transparenz häufig dazu führen, dass sich entscheidende Gespräche auf andere Ebenen verlagern – die EZB ist hier keine Ausnahme.

Nach langen internen Diskussionen im EZB-Rat wurde dann beschlossen, jeweils vier Wochen nach einer geldpolitischen Sitzung einen Bericht („monetary policy account") zu veröffentlichen. Das Problem ist freilich, dass diese Berichte ja nicht wirklich eine breite Öffentlichkeit interessieren, sondern ein Element sind im schwierigen Diskurs zwischen EZB und den auf Spekulationsgewinn ausgelegten Märkten, die jedes Wort analysieren. Ziel ist, Aufschluss über voraussichtliche nächste Schritte der EZB zu bekommen und entsprechend in der Veranlagung zu disponieren. Es geht also zentral um das Problem einer ungewollten Beeinflussung des Marktgeschehens. Ein EZB-spezifisches Problem besteht weiters darin, dass die Gouverneure ja in gesamteuropäischem Interesse zu handeln haben und es daher auch gilt, ihre Unabhängigkeit gegenüber Druck durch die heimische Politik und öffentliche Meinung zu sichern.

Aus all diesen Erwägungen wurde beschlossen, in den Berichten über EZB-Ratssitzungen keine Namen zu nennen und vielfach bestimmte, vorher festgelegte Formeln zu verwenden, wie „unanimous", „broad agreement", „one remark was made" und dergleichen. Dabei legte das Direktorium – und speziell Mario Draghi – immer größten Wert darauf, nach Möglichkeit den Märkten gegenüber Entscheidungen als einstimmig präsentieren zu können. Daraus entstand eine interessante Verhandlungsposition, wo zum Teil auf einzelne Mitglieder größter Druck ausgeübt wurde, sich einer angestrebten Einstimmigkeit anzuschließen. Andererseits konnte aber eine etwas größere Gruppe gewisse Änderungen – zumindest in Formulierungen – erreichen, mit dem Hinweis, dass erst das Einstimmigkeit ermögliche.

In der Diskussion vor der Abstimmung konnte man dann wieder Anmerkungen machen, die eine eigene Position widerspiegelten, und musste letztlich bei der Beschlussfassung über den Text des Protokolls darum kämpfen, dass diese Anmerkungen in zumindest rudimentärer Form in der veröffentlichten Fassung erhalten blieben. Entsprechend war die Einigung über den zu veröffentlichenden Text oft mühsam und langwierig und von intensivem E-Mail-Verkehr zwischen einzelnen Gouverneuren und dem EZB-Sekretariat, das das Protokoll erstellt, begleitet. Zu Beginn des nächsten EZB-Rates findet dann die endgültige Beschlussfassung über den zu veröffentlichenden Text statt. Hier können durchaus noch Meinungsverschiedenheiten bestehen, was dann einige Male vom Präsidenten in eleganter Manier gemeistert wurde.

Die EZB hält organisierte Außenkontakte mit dem Europäischen Parlament, und es gibt regelmäßige Aussprachen zwischen dem EZB-Rat und führenden Vertretern wichtiger Wirtschaftssektoren. Es gibt entsprechende, durchwegs interessante Gesprächsrunden mit dem Bank- und Versicherungswesen, mit Finanzmarktteilnehmern, einschließlich der Spitzen der weltweit größten Investment-Fonds und Vertretern der größten Unternehmen im Euro-Raum. Ich selbst habe mich in der Oesterreichischen Nationalbank stets bemüht, auch Kontakte zu den Vertretungen der kleinen und mittleren Unternehmen (KMUs) und den Arbeitnehmerinnen und Arbeitnehmern zu halten. Hier gibt es keine Entsprechung auf der Ebene der EZB. Es ist aber zu erwarten, dass im Rahmen der angestrebten Reformen unter der Präsidentschaft von Christine Lagarde generell eine breitere und auf Gegenseitigkeit beruhende Informationsstrategie verfolgt werden wird. Als Anregung wird hier die bereits genannte Aktion der US-Fed, „Fed listens", gesehen, die regional gestreut breite Bevölkerungsgruppen, darunter auch Vertreter von Gewerkschaften und KMUs, einbeziehen will.

18. Die EZB als Institution

Bei der Beobachtung des Verhaltens von Notenbankern hat sich die beliebte, aber nicht sehr intelligente Unterscheidung zwischen „Falken" und „Tauben" eingebürgert. Als Falken werden Notenbanker bezeichnet, die tendenziell stets für eine restriktive Geldpolitik und höhere Zinssätze eintreten, als Tauben Notenbanker, die eher keynesianisch orientiert sind und bei Bedarf rascher auf expansive Geldpolitik und Zinssenkungen setzen. Externe Beobachter haben häufig Listen aufgestellt, in denen die Mitglieder des EZB-Rates nach Falken und Tauben katalogisiert wurden. Als Christine Lagarde nach ihrer Ernennung zur EZB-Präsidentin gefragt wurde, ob sie eher Falke oder Taube sei, antwortete sie kühl, sie sei eine „Eule", weil „Eulen sind kluge Tiere".

In einer Analyse der Investmentbank Morgan Stanley wurde eine Reihung der 25 Mitglieder des EZB-Rates nach „Wichtigkeit" und „Einstellung" vorgelegt. Nummer eins nach Wichtigkeit war klarerweise Mario Draghi, gefolgt von Jens Weidmann und den Mitgliedern des Direktoriums, Cœuré und Praet. Ich selbst war auf Platz 8 gereiht. Zwölf Mitglieder wurden als Tauben eingeschätzt, acht Mitglieder als Falken, der Rest als nicht zuordenbar. Ich war auf der „Falkenseite" nach Weidmann, der aus Deutschland kommenden Direktorin Sabine Lautenschläger und dem Präsidenten der niederländischen Notenbank, Klaas Knot, als „viertschärfster" Falke eingestuft – was meiner eigenen Einschätzung freilich nicht entsprach. Richtig ist vielmehr, dass ich in den Jahren der Wirtschaftskrise klar im Lager der Tauben stand und im weiteren Verlauf dann Richtung „Mitte" wanderte, da ich für eine raschere Normalisierung der Geldpolitik eintrat. Aber selbstverständlich ist eine so starke

Schematisierung, wie die nach Falken und Tauben, insgesamt wenig seriös und aussagekräftig.

Bei all den Unterschieden bei einzelnen Fragen, habe ich mich im EZB-Rat insgesamt sehr wohl gefühlt. In meiner – nun doch schon langen – Laufbahn habe ich in vielen Gremien und Beratungen mitgewirkt – der EZB-Rat war eindeutig die Gruppe mit dem höchsten intellektuellen Niveau und der mich am meisten ansprechenden Kommunikationsstruktur. Ein großer Teil, zu gewissen Zeiten die Mehrheit der Mitglieder, hatte im Lauf ihres Lebens als Professoren gearbeitet – so auch Mario Draghi. Manche von ihnen wie meinen Freund Axel Weber kannte ich schon aus meiner Zeit vor meiner Notenbank-Tätigkeit aus dem akademischen Leben, mit manchen war ich seit meiner Zeit bei der Europäischen Investitionsbank in Luxemburg vertraut. Insgesamt ergab sich für die Mehrzahl der Teilnehmer ein akademischer, Fakten-bezogener Argumentationsstil, bei dem auch die Kenntnis der entsprechenden wirtschaftstheoretischen Literatur vorausgesetzt wurde. Aus dieser starken akademischen Orientierung ergab – und ergibt – sich freilich manchmal auch das Problem, zu sehr abhängig zu sein von den Ergebnissen der ökonomischen Modelle, die von den exzellenten, aber eher einseitig ausgebildeten Experten des Hauses präsentiert wurden. Es hat mich immer beunruhigt, wie abhängig manche präsentierte Ergebnisse von den getroffenen Annahmen sind und wie unsicher oft die statistischen Daten, die manchen Berechnungen zugrunde liegen.

Es gab – und gibt – im EZB-Rat nur sehr wenige Mitglieder mit praktischer Bankerfahrung. Was politische und administrative Erfahrung betrifft, waren etliche der Gouverneure vorher im Bereich der politischen Beratung oder Exekutive tätig gewesen. Hier herrschte im Bemühen, die Unabhängigkeit der Notenbank zu demonstrieren, aber manchmal eine gewisse Arroganz. Der ärgste Vorwurf gegen einen Kollegen, den ich im EZB-Rat hörte, lautete: „Du sprichst wie ein Politiker." Für einen guten Notenbanker, eine gute Notenbankerin, ist aber meines Erachtens mehreres erforderlich:

Umfassende wirtschaftswissenschaftliche Dialogfähigkeit, Kenntnis und Verständnis für die wirtschaftliche und politische Realität und soziale Kompetenz in der Kommunikation.

Am allerwichtigsten ist aus meiner Sicht aber ein Aspekt der „Haltung" und der „Lebensperspektive": Nämlich das Bemühen und die Bereitschaft, ein guter „Diener der Gemeinschaft", ein guter „public official" zu sein. Der legendäre langjährige Präsident der amerikanischen Notenbank, Paul Volcker, hat dies in seinen Memoiren so zusammengefasst: „Ich hoffe, mein Vermächtnis wird darin bestehen, dem öffentlichen Sektor mehr Achtung entgegenzubringen."[37] Volcker beklagt für die USA den Niedergang in Ansehen und Bedeutung der „Diener des Staates" im Vergleich zum übersteigerten Selbstbewusstsein (und entsprechenden finanziellen Ansprüchen) leitender Personen in der Privatwirtschaft, gerade im Finanzsektor. Auch die gegenwärtige amerikanische Regierung spricht von einer unabhängigen Beamtenschaft abschätzig als „unelected bureaucrats". In Europa ist eine solche Tendenz der Abwertung des öffentlichen Sektors ebenfalls vielfach spürbar. Es ist in diesem Umfeld meines Erachtens für Notenbanker besonders wichtig, neben all den geschilderten fachlichen Erfordernissen eine Lebens- und Geisteshaltung als „Diener der Gemeinschaft" zu repräsentieren – als unabhängige Diener, vergleichbar etwa einer verantwortungsbewussten Richterschaft. Es war eindrucksvoll und erfreulich, dass ich in meiner Zeit im EZB-Rat viele Kollegen und Kolleginnen erleben konnte, die diesen Kriterien guter Notenbanker entsprachen.

Die Nennung der Kolleginnen betrifft eine Schwachstelle, die sich beim ersten Blick in den Sitzungssaal des EZB-Rates zeigt: In dieser Runde von Anzugträgern waren – und sind – Frauen fast nicht vertreten. Im EZB-Direktorium war von 2003 bis 2011 die kluge Österreicherin Gertrude Tumpel-Gugerell die einzige Frau, später gefolgt von der energischen Deutschen Sabine Lautenschläger, der die Monsteraufgabe einer gleichzeitigen Führungsaufgabe bei der

---

37 „I would like my legacy to be some attention to public service." Paul A. Volcker: Keeping At It: The Quest for Sound Money and Good Government. Harper PublicAffaires, New York 2018.

EZB und der Europäischen Bankenaufsicht SSM übertragen worden war. Nach ihrem vorzeitigen Rückzug folgte ihr im Direktorium mit Isabel Schnabel eine bestens qualifizierte deutsche Professorin.

Ich gehe davon aus, dass die Frage des Geschlechts keinen Unterschied macht im Bereich der Geldpolitik – wohl aber nach meiner Beobachtung in Fragen der Personalpolitik. Hier haben Frauen oft einen weiteren Horizont und sind eher bereit, jüngeren Frauen eine Chance zu geben, sich in neuen Aufgaben zu bewähren, als dies – meist unbewusst – bei Männern der Fall ist. In den letzten Jahren seiner Amtszeit hat Mario Draghi sich aber jedenfalls massiv bemüht, qualifizierte Frauen in Führungspositionen der EZB-Belegschaft zu holen, was erwartungsgemäß natürlich die Karriereperspektiven vieler qualifizierter Männer beeinträchtigt hat. Entsprechend hieß es in der EZB, „man muss eine Frau aus dem Süden sein, um hier was zu werden". „Süden", weil die schlechte Arbeitsmarktlage in vielen Staaten Südeuropas dazu führte, dass sich eine überaus große Zahl gut qualifizierter Expertinnen und Experten aus diesen Staaten bei der EZB bewarb, während sich etwa das Interesse von Österreicherinnen und Österreichern, nach Frankfurt zu gehen, eher in Grenzen hält.

Für die Zukunft ist jedenfalls zu erwarten, dass Christine Lagarde für den internen Bereich der EZB eine deutliche Erhöhung der Zahl von Frauen in Führungspositionen durchsetzen wird – so wie sie das auch beim IWF erreicht hat. Für den EZB-Rat selbst liegen freilich die entsprechenden Ernennungen in der Hand der nationalen Regierungen. Für die Oesterreichische Nationalbank ist festzuhalten, dass Österreich mit der eindrucksvollen Persönlichkeit von Maria Schaumayer zwar die erste Notenbank-Präsidentin der Welt stellte, in den vergangenen Jahrzehnten und bis heute das OeNB-Direktorium – mit Ausnahme von Gertrude Tumpel-Gugerell 1997 bis 2003 – aber ausschließlich männlich besetzt ist.

Hinsichtlich ihrer Organisation ist die EZB im Vergleich zu anderen Notenbanken eine sehr junge Institution – als Notenbank aktiv seit 1999, seit November 2014 zuständig für die Bankenaufsicht im Euro-Raum. Es ist beachtenswert, wie rasch es gelungen ist, hier gut funktionierende und effiziente Strukturen zu schaffen, beruhend auf einer hoch qualifizierten Belegschaft, deren Altersdurchschnitt deutlich unter dem der nationalen Notenbanken liegt. Organisatorisch in Bezug auf Gehaltsschema und Beschäftigungsverhältnisse ist die EZB angelehnt an die Strukturen der Europäischen Kommission – als unabhängige Notenbank hat sie aber im Vergleich zur EU-Kommission viel größere Entscheidungsfreiheit, speziell gegenüber den nationalen Regierungen. Eigentümer der EZB sind die nationalen Notenbanken. Für „betriebswirtschaftliche" Fragestellungen, etwa auch Kapitalerhöhungen, verteilen sich die Stimmrechte nach Kapitalanteilen, für Fragen der Geldpolitik und der Aufsicht hat dagegen jede Notenbank nur eine Stimme. Formal kommt damit etwa Malta das gleiche Stimmrecht zu wie Deutschland – diese entspricht der grundsätzlichen Abstimmungsstruktur für wichtige Fragen im Rahmen der Europäischen Union. In der Praxis gibt es freilich Unterschiede. Es gilt die ungeschriebene Regel, dass jeder der drei „Großen" – Deutschland, Frankreich, Italien – im sechsköpfigen Direktorium vertreten sein muss.

Wie bei jeder Institution im Wachstumsprozess ist auch für die EZB ein Grundproblem das Verhältnis zwischen der „neuen Zentrale" und den „historischen Mitgliedern", wobei dies noch akzentuiert wird durch die großen Unterschiede im wirtschaftlichen und politischen Gewicht der Mitgliedstaaten. Geldpolitik ist klarerweise eine zentrale Aufgabe, aber bei vielen anderen Tätigkeitsbereichen wie Zahlungsverkehr, IT-Systeme oder Statistik kann sich oft die Frage stellen, ob und inwieweit diese Aufgaben nun von der EZB oder den nationalen Notenbanken zu übernehmen seien. Bei den Belegschaften der nationalen Notenbanken spielen hier erwartungsgemäß Aspekte der Beschäftigung und der Aufstiegsperspektiven eine erhebliche Rolle, was zur klaren Präferenz führt, möglichst viele Aufgaben weiterhin im Bereich der nationalen Notenbanken zu halten. Zumindest sollten es meist Gemeinschaftsaktivitäten und Koordinierungsverfahren sein. Das führt in vielen Fällen zu gewissen Unklarheiten beziehungsweise Überschneidungen in der Kompetenzverteilung und zu einer gewaltigen Fülle von Ausschüssen, die in Form bürokratischer Zellteilung dann wieder weitere Unterausschüsse, Arbeitsgruppen etc. bilden. Es gibt derzeit 17 Komitees, wobei etwa das Statistik-Komitee zwölf Arbeitsgruppen, das Banknoten-Komitee 26 Arbeitsgruppen und Unterkomitees aufweist. Hierzu kommt die umfangreiche institutionelle Infrastruktur für den Einheitlichen Europäischen Aufsichtsmechanismus (SSM), an dem Notenbanken und Aufsichtsbehörden teilnehmen.

Jede Gliederung produziert Berichte und Empfehlungen, deren Ausarbeitung und Diskussion einen erheblichen Aufwand an Zeit und Personal bedeuten. Große Notenbanken und die EZB können diesen Aufwand leicht bewältigen. Für mittelgroße Notenbanken wie etwa die Oesterreichische Nationalbank und erst recht für kleine stellen sich hier aber erhebliche materielle Probleme. Da mir eine entsprechende Kostendisziplin sehr wichtig war, hatte ich vielfache nicht immer einfache Diskussionen mit Kollegen und Mitarbeitern, in welche der zahlreichen Subkomitees etc. wir Vertreter schicken sollten. Ich war hier für ein selektives Vorgehen, da eine Besetzung aller Arbeitsgruppen zu einer Erhöhung des Personalstandes geführt hätte – andererseits war damit die OeNB von manchen Informationen und Entscheidungsvorbereitungen ausgeschlossen. Andere Notenbanken und auch die EZB selbst waren nach meiner Einschätzung weniger kostenbewusst.

Für den Euro-Raum führt die dargestellte Problematik zu einer Erhöhung der entsprechenden Verwaltungskosten. Für Europa insgesamt ist dieses Problem der Kostendynamik und Überschneidungen wohl nur durch klare Kompetenzregelungen zu lösen. Für den Bereich der Notenbanken ist dabei davon auszugehen, dass es mittelfristig zu einer stärkeren Stellung der EZB zu Lasten der nationalen Notenbanken kommen wird. Für ambitionierte junge Menschen heißt das, dass sie verstärkt bereit sein müssen, die „Komfort-Zone" Wien und Österreich zu verlassen und in die Zentrale zu gehen – so wie auch heute ambitionierte junge Menschen aus Österreichs Bundesländern vielfach den Weg in die Hauptstadt Wien finden. Als jemand, der sich eng mit dem Land Oberösterreich und mit Linz verbunden fühlt, sehe ich freilich auch die Gefahr einer „geistigen Ausdünnung der Provinz". Es ist daher aus meiner Sicht wichtig, Standorte der öffentlichen Verwaltung räumlich zu streuen und in den Regionen entsprechende privatwirtschaftliche Dynamik zu sichern – was etwa in Oberösterreich zweifellos gelungen ist.

Die Arbeit in der EZB wurde lange Zeit in einem architektonisch nicht bemerkenswerten, gemieteten Hochhaus im Frankfurter Bankenviertel geleistet. Mit der personellen Expansion stellte sich ab etwa 2010 verstärkt die Frage nach einem eigenen, zukunftsfähigen Gebäude. Nach vielen Gesprächen mit der Frankfurter Stadtverwaltung wurde dann ein Neubau im damaligen Problemgebiet Frankfurt-Nord unter Einbeziehung der riesigen, alten und denkmalgeschützten Großmarkthalle beschlossen. Den Architektenwettbewerb gewann der energische und ideenreiche österreichische Architekt Wolf Prix von der Architektenkooperative Coop Himmelb(l)au. Der Bau konnte nach vielen Schwierigkeiten letztlich durch eine Tochterfirma der österreichischen Strabag fertiggestellt werden. Entstanden ist ein riesiges Gebäude mit charakteristischen Doppeltürmen, das mit seinen gewaltigen Hallen und Querverbindungen bei mir Anklänge an die berühmten „Carceri-Fantasien" des klassizistischen Künstlers Giovanni Piranesi erweckt.

Die für ein modernes Bürohaus unerwartet großzügigen Freiflächen sind durch die Notwendigkeit bedingt, die monumentale alte Großmarkthalle zu integrieren. Mit dieser Großmarkthalle ist freilich auch eine dunkle Erinnerung verbunden. In ihren weitläufigen Kellern hatten die Nazis die verhafteten jüdischen Bürger Frankfurts zusammengepfercht, ehe diese über den benachbarten Gleisanschluss in Vernichtungslager deportiert wurden. Es ist der EZB und den Architekten hoch anzurechnen, dass sie sich dieser schrecklichen Vergangenheit gestellt und im Keller der ehemaligen Großmarkthalle eine Gedenkstätte eingerichtet haben. Der Gang durch die düsteren Kellerräume und die Konfrontation mit den Bildern der hier stattgefundenen Gewalt ist ein bedrückendes Erlebnis. Und das Bewusstsein dessen, was sich alles einmal im Keller des „Hauses Europa" abgespielt hat, ist eine starke Mahnung, die Freiheit und Menschenwürde in diesem neuen „Haus Europa" dauerhaft zu sichern.

Insgesamt ist das neue EZB-Gebäude aus meiner Sicht ästhetisch und funktional sehr gut gelungen und hat sich inzwischen zu einem

Wahrzeichen Frankfurts entwickelt. Was mich freilich massiv stört, ist der dem Zeitgeist entsprechende, überbordende Sicherheitsaufwand. Wenn ich aus meinem Bürofenster in der Nationalbank in Wien schaute, sah ich spielende Kinder in einem Park, vor der Schweizer Notenbank wird regelmäßig ein Bauernmarkt abgehalten – wenn ich aus meinem EZB-Büro im 32. Stock blickte, fühlte ich mich wie in einer Festung, umgeben von Wall und Glacis. Ich muss freilich zugeben, dass schon die Eröffnung des neuen Gebäudes sicherheitstechnisch herausfordernd war, da die Feierlichkeiten von Chaoten aus ganz Europa zum Anlass genommen worden waren, durch „Revolten gegen das Finanzkapital" Frankfurt in einen Hexenkessel zu verwandeln. Die Polizei konnte den Zugang zum EZB-Gebäude nicht mehr sichern und eine nur mehr kleine Schar von Gästen wurde mit Hubschraubern vom Flugplatz zur EZB eingeflogen. Ich flog gemeinsam mit Jean-Claude Trichet, der als Pariser die Turbulenzen entspannter betrachtete.

Als jemand, der sich an die glücklichen Tage erinnert, wo man in Wien jedes Ministerium und auch die Notenbank ungestört betreten konnte, ist es für mich traurig, heute die architektonischen Folgen einer Geisteshaltung zu sehen, die sich zu allererst vor Gewalttätern – damit optisch aber vor dem Volk – fürchtet. Inzwischen hat die Diktatur der „Sicherheitsexperten" ja auch den Bereich der Geschäftsbanken erreicht. Ich bekam geradezu philosophische Anwandlungen, als ich beim Besuch der neuen Zentrale einer österreichischen Bank angewiesen wurde, den Weg über die „Vereinzelungsschleuse" zu nehmen.

Für mich selbst habe ich diesem „fürsorglichen" Zwang stets widerstanden. Meine private Telefonnummer steht stets im Wiener Telefonbuch, ich hatte nie Leibwächter und ich bin an den Wochenenden mit der U-Bahn zu meinen Enkelkindern gefahren – was oft zu interessanten Gesprächen in der U-Bahn geführt hat, in die ich bereits einen kleinen Einblick gegeben habe. Ich hoffe, wir können diese heile österreichische Welt erhalten – ich weiß, wie sehr etwa meine Notenbank-Kollegen aus Deutschland oder Italien unter den ihnen vorgeschriebenen Sicherheitsregeln leiden.

19. Washington und Basel – IWF und BIZ

Neben meiner Tätigkeit in der Europäischen Zentralbank waren meine wichtigsten Bezüge zur internationalen Finanzwelt der Internationale Währungsfonds (IWF) in Washington und die Bank für Internationalen Zahlungsausgleich (BIZ) in Basel.

In Österreich liegt die Vertretung des IWF bei der Oesterreichischen Nationalbank, und jene der Weltbank beim Finanzministerium. IWF und Weltbank wurden bereits im Juli 1944 in Verhandlungen im amerikanischen Ort Bretton Woods zur Regelung der wirtschaftlichen Entwicklung der Nachkriegszeit konzipiert. Es ist dies ein Beispiel, dass es eben doch möglich ist, aus der Geschichte zu lernen. Während nach dem Ersten Weltkrieg mit der Auflegung riesiger Reparationszahlungen an die Besiegten ökonomisch unhaltbare Strukturen geschaffen wurden,[38] konnte nach Ende des Zweiten Weltkrieges ein System geschaffen werden, das zwar auch im Laufe der Zeit erheblichen Turbulenzen ausgesetzt war, insgesamt aber bis heute einen historisch spektakulären Aufschwung der Weltwirtschaft ermöglicht hat.

Der IWF ist dabei als Hüter des Welt-Währungssystems konzipiert und kann bei Währungsturbulenzen und Finanzierungsproblemen eines Staates Kredite bereitstellen. Diese Kredite sind mit oft sehr strikten gesamtwirtschaftlichen Auflagen verbunden. Um es möglichst nicht zu solchen Notfällen kommen zu lassen, beobachtet und prüft der Währungsfonds seine Mitgliedstaaten laufend und spricht entsprechende Empfehlungen aus. Die Weltbank ist dagegen eine Institution für langfristige Investitionen vor allem im Infrastrukturbereich, und hat eine Tochtergesellschaft für die spezielle

---

38 Worauf J. M. Keynes schon 1919 mit seinem warnenden Buch „The Economic Consequences of the Peace" hinwies.

Förderung des privaten Sektors. Sie spielte in der Nachkriegszeit für Österreich eine große Rolle, etwa beim Ausbau der Elektrizitätsversorgung. Heute ist die Weltbank überwiegend in den Entwicklungsländern, aber zum Beispiel auch am Balkan tätig.

Seit Gründung der beiden Institutionen gibt es die Übereinkunft, dass an der Spitze des IWF jeweils eine Persönlichkeit aus Europa stehen soll (nach der Französin Lagarde derzeit die Bulgarin Kristalina Georgiewa), an der Spitze der Weltbank jemand aus den USA. Beide Institutionen waren in den ersten Jahren ihrer Tätigkeit eher „keynesianisch" orientiert. John Maynard Keynes war auch Chefverhandler der britischen Delegation in Bretton Woods gewesen, konnte sich in vielen Aspekten zwar gegen die USA nicht durchsetzen, prägte aber doch die „Gesamtorientierung". Die „monetaristische Konterrevolution" der Reagan/Thatcher-Jahre führte dann zu sehr marktradikalen Positionen, die als „Washington-Consensus" unter zunehmende Kritik kamen. Unter dem Eindruck dieser – berechtigten – Kritik kam es in späteren Jahren zu einer gewissen Abmilderung der strengen Austeritätspolitik durch eine stärkere Berücksichtigung von makroökonomischen Effekten und verteilungspolitischen (und zunehmend auch ökologischen) „Nebenwirkungen".

Da die Bretton Woods Institute Teil der UN-Struktur sind, sind hier – im Gegensatz zu den G20- oder G7-Treffen – auch kleine Staaten wie Österreich vertreten. Bei der Entscheidungsfindung im Board haben die großen Staaten jeweils einen Vertreter, die kleineren Staaten sind in verschiedenen Stimmrechtsgruppen („Constituencies") zusammengefasst. Österreich war lange Zeit in einer von Belgien geleiteten Stimmrechtsgruppe. Angesichts einer engeren internen Kooperation der Benelux-Staaten wurde aufgrund von Initiativen Österreichs eine „zentraleuropäische" Stimmrechtsgruppe gebildet, der Österreichs östliche Nachbarstaaten, aber – um entsprechendes „Gewicht" zu bekommen – auch die Türkei angehört, was manchmal eine schwierige Konstellation darstellt.

Die Verteilung der Stimmrechte entspricht im Kern noch den wirtschaftlichen Stärkeverhältnissen der Nachkriegszeit und wird nur langsam in mühsamen Verhandlungen den gegenwärtigen Verhältnissen angepasst. Befremdlich ist für mich vor allem, dass es trotz einheitlicher Währung keine einheitliche „Euro-Stimmrechtsgruppe" gibt, sondern die einzelnen Euro-Staaten in einer Vielzahl von Stimmrechtsgruppen gemeinsam mit anderen Nicht-Euro-Staaten stecken. Der Grund für diese Schwächung der Position der EZB auf internationaler Ebene liegt nach meiner Beobachtung bei den großen Staaten des Euro-Raumes, die die Leitung ihrer jeweils „eigenen" Stimmrechtsgruppen nicht abgeben wollen. Zusammen genommen, hätten die Euro-Staaten ein deutlich höheres Gewicht, speziell gegenüber den USA, die de facto nach wie vor einen bestimmenden Einfluss haben. Die Unzufriedenheit mit diesem bestimmenden Einfluss hat im Weltbank-Bereich bereits dazu geführt, dass China mit der „Asiatischen Infrastruktur-Investmentbank" eine ebenfalls international ausgerichtete, kleinere Parallelinstitution geschaffen hat.

Währungsfonds und Weltbank veranstalten jedes Jahr jeweils im Frühjahr und im Herbst eine große Tagung, die jeweils eine Art „zentrale Messe" der Weltwirtschaft darstellt. Vertreten sind die Finanzminister und die Notenbank-Gouverneure der Mitgliedstaaten mit zum Teil sehr umfangreichen Delegationen, dazu kommen Vertreter der großen Banken der Welt und eine Vielzahl von Vereinigungen und Lobby-Gruppen – und eine große Zahl von Journalistinnen und Journalisten. Ich hatte schon in meiner Zeit in der Europäischen Investitionsbank an den IWF-Tagungen teilgenommen und kann hier einen deutlichen „Kulturwandel" beobachten. Zu Beginn der 2000er-Jahre herrschte unglaublicher Prunk – die großen Banken übertrumpften einander mit glanzvollen Empfängen und Kulturabenden. Ebenso gab es aber auch dramatische Demonstrationen von „anti-kapitalistischen", vielfach sehr gewaltbereiten Gruppen.

Ich erinnere mich, dass bei einer IWF-Tagung in Prag die Polizei die Sicherheit nicht mehr gewährleisten konnte und die Teilnehmer den Tagungsort nicht verlassen durften. Ich schlich mich durch einen Seitenausgang, nahm „zur Tarnung" meine Krawatte ab und konnte ungestört zu meinem Hotel gelangen. In späteren Jahren gab es weiterhin eine Vielzahl von Diskussionsveranstaltungen und Präsentationen neben der IWF-Tagung, aber kaum mehr größere Festlichkeiten. Und ebenso reduzierte sich die Zahl der Protestierenden zu einem sehr überschaubaren Grüppchen.

Neben den offiziellen Tagesordnungspunkten waren die IWF-Tagungen vor allem eine Gelegenheit, eine Vielzahl von Persönlichkeiten zu treffen, wo man sonst jeweils längere Dienstreisen benötigt hätte. Das betraf zum einen die Gouverneure und Finanzminister unserer Stimmrechtsgruppe und speziell auch Gouverneure aus Staaten, in denen österreichische Banken tätig sind, wie etwa Russland und die Ukraine. Es waren gut vorbereitete, detaillierte Treffen, wo ich Wünsche der österreichischen Seite artikulieren konnte, aber von meinen Gesprächspartnern auch Hinweise über mögliche Probleme bei Banken und Unternehmen im österreichischen Eigentum erhielt. Wobei es sich im Fall Russland und Ukraine jeweils um Gouverneurinnen handelte, wo ich speziell für die kluge Gouverneurin der Russischen Notenbank, Elvira Nabiullina, große Hochachtung entwickelte. Hier bestand auch eine direkte, gegenseitige Wirtschaftsbeziehung, da die russische Zentralbank auch Hauptaktionär der riesigen Sberbank ist, die wieder ihre West- und Zentraleuropa-Zentrale in Wien hat. Wo erforderlich, wurden Aspekte dieser bilateralen Gespräche dann in Österreich mit den zuständigen Stellen von OeNB und FMA und zum Teil auch direkt mit einzelnen Banken abgearbeitet. Es ergaben sich auch vielfältige Kontakte mit der Fed, der amerikanischen Zentralbank, insbesondere sehr informative Treffen mit den Präsidenten, zuerst Ben Bernanke und dann Janet Yellen.

Je nach Gesprächspartner absolvierte ich die Treffen allein oder gemeinsam mit dem Finanzminister, dessen Schwerpunkt, entsprechend der Kompetenzlage, aber beim Bereich der Weltbank war. Ein gemeinsames Thema waren in den letzten Jahren vielfach die wirtschaftlichen

Sanktionen durch die USA, wo europäische Staaten – und so auch Österreich – unter spezieller Beobachtung durch die USA standen, und wir uns bemühten, von den amerikanischen Stellen genauere Auskunft über die konkreten Regelungen bezüglich der Umsetzung verhängter Sanktionen zu bekommen. Amerikanische Unternehmen hatten hier offenbar einen Informationsvorsprung und wir hatten einige Hinweise, dass für diese Unternehmen in sanktionierten Staaten, speziell Russland, anfangs auch dem Iran, de facto größere Spielräume bestanden als für europäische.

Ich erinnere mich an ein Gespräch, das der damalige Finanzminister, Hartwig Löger, und ich mit dem stellvertretenden US-Finanzminister hatten. Er war von Präsident Trump ernannt und machte uns gleich zu Beginn ausführliche und sehr aggressive Vorwürfe wegen Österreichs Haltung zur North Stream II-Pipeline. Es handelt sich dabei um eine direkte Gas-Pipeline von Russland unter der Ostsee nach Deutschland, wodurch sich Polen und die Ukraine übergangen fühlten. Wir wiesen darauf hin, dass das ein wirtschaftliches Projekt sei, und schilderten ihm die zukünftige Bedarfsentwicklung am europäischen Gasmarkt. Daraufhin kam der stellvertretende Finanzminister zum – aus meiner Sicht – wahren Kern und erklärte ausführlich, dass der Zusatzbedarf Europas leicht durch Flüssiggaslieferungen aus den USA abgedeckt werden könnte. Auf meinen kurzen Einwand, dass dies aber wesentlich höhere Kosten bedeuten würde, erhob er sich imposant hinter seinem Schreibtisch und donnerte uns entgegen: „Freedom has a price". Das ist zweifellos richtig – allerdings wäre in diesem Fall der Preis einseitig von den Westeuropäern zu zahlen. Es war insgesamt ein interessantes, aber wohl nicht sehr geglücktes Treffen.

Die Tagungen des IWF so wie die gemeinsamen Treffen des ECOFIN, des Rates der europäischen Finanzminister, bedeuteten jeweils auch ein engeres Zusammensein mit dem österreichischen Finanzminister und seinen engsten Beratern (ich selbst hatte stets nur meinen Büroleiter als Protokollführer mitgenommen). In meiner Zeit als Gouverneur hatte ich mit insgesamt fünf Finanzministern zusammenzuarbeiten.

Zu Beginn konnte ich an Verbindungen aus meiner „politischen Zeit" anknüpfen, später ging es aber um völlig neue Beziehungen. Alle Finanzminister gehörten der ÖVP an, und manche hatten anfänglich angesichts meiner SPÖ-Vergangenheit mir gegenüber ein gewisses Misstrauen. Gerade gemeinsame Reisen, gemeinsame Herausforderungen und auch gemeinsame Logistikprobleme halfen hier, eine gute fachliche und auch persönliche Basis aufzubauen. In manchen Fällen wie bei den Ministern Molterer, Fekter und Schelling kam eine gemeinsame Linzer Vergangenheit hinzu, und ich kann sagen, dass sich mit allen Ressortchefs des Finanzministeriums – freilich mit Abstufungen – eine konstruktive Zusammenarbeit ergab.

Sind die Tagungen des IWF eine „große Messe", umwimmelt von Experten, Lobbyisten und Presse, so sind die Zusammenkünfte der Bank für Internationalen Zahlungsausgleich (BIZ) in Basel das genaue Gegenteil. Bei den Sitzungen zugelassen sind nur die Gouverneure, es gibt keine Pressekonferenzen und es gilt absolute Vertraulichkeit. Offensichtlich gibt es auch in Bezug auf Vertraulichkeit das „broken window"-Phänomen: Wenn man in einer Straße zulässt, dass ein Fenster zerbrochen ist, so werden bald auch andere zerbrochen werden, und Verfall setzt ein. Entsprechend gilt: Wenn bei einer Sitzung ein Teilnehmer die zugesagte Vertraulichkeit bricht, werden andere folgen. Wenn es dagegen wie bei der BIZ eine eherne Tradition der Verschwiegenheit gibt, wird dies auch halten – wobei man zugeben muss, dass es in Bezug auf Notenbank-Gouverneure leichter ist, Verschwiegenheit zu garantieren als in Bezug auf Politiker. Jedenfalls ermöglichte diese strikte Vertraulichkeit Diskussionen der weltweit führenden Geldpolitiker – von manchmal geradezu sensationeller Offenherzigkeit. Dazu trug bei, dass bei den Sitzungen zunächst von Gouverneuren der wichtigsten Mitgliedstaaten Berichte gegeben wurden, auf diese Berichte aber unmittelbar eine intensive Diskussion aller Beteiligten erfolgte.

Die Bank für Internationalen Zahlungsausgleich (BIZ) hat eine nicht unproblematische Vergangenheit und eine spannende

Gegenwart. Gegründet wurde sie 1930 zur Abwicklung der Reparationszahlungen Deutschlands nach dem Ersten Weltkrieg. Sie blieb auch während des gesamten Zweiten Weltkrieges in Basel operativ und dürfte zeitweise eine nie ganz geklärte Rolle in Bezug auf Goldverkäufe und Devisenankäufe durch das Deutsche Reich gespielt haben. Unter der Führung kluger Generalsekretäre entwickelte sie sich nach Ende des Zweiten Weltkrieges zu einer „Notenbank der Notenbanken". Unterstützt von einem Stab hervorragender Ökonominnen und Ökonomen etablierte sich die BIZ als diskretes, aber wirkungsvolles Zentrum für volkswirtschaftliche und auch banktechnische Analysen und übernahm auch gemeinsame Serviceleistungen, zum Beispiel bei der Veranlagung von Währungsreserven.

Die BIZ ist eine vergleichsweise kleine Organisation, organisiert als Aktiengesellschaft (die auch regelmäßig Dividenden auszahlt). Neben Basel hat sie auch Büros in Asien und Amerika – wobei es nicht ohne Pikanterie ist, dass die BIZ – offensichtlich aus guten Gründen – ihr amerikanisches Büro in Mexiko und nicht in den USA hat. Die BIZ war auch zu Zeiten des „Kalten Krieges" ein Begegnungsort von Geldpolitikern und hat auch sehr früh an der Integration Chinas in das internationale Finanzsystem gearbeitet.

Die regulären BIZ-Sitzungen finden alle zwei Monate statt, beginnend mit einem informellen Abendessen am Sonntag. So wie in der EZB hatte ich auch in der turmartigen Zentrale der BIZ ein Büro, in diesem Fall im 14. Stockwerk. Ich konnte dieses Büro für Besprechungen mit Kolleginnen und Kollegen nutzen und speziell für Informationstreffen mit Mitarbeitern aus dem Expertenstab der BIZ. Montags finden die Sitzungen statt. In einem kreisrunden, abhörsicheren Saal sitzen in runder Formation die Notenbank-Gouverneure aus den großen Staaten, zu denen in geregelter Abfolge dann auch Vertreter kleinerer Staaten mit Rederecht hinzugezogen werden. Dahinter sitzen dann die übrigen Gouverneure aus den kleineren Mitgliedstaaten wie auch Österreich. Auch wenn demnach meist kein Mitspracherecht besteht, war es überaus spannend, etwa Diskussionen zwischen dem Präsidenten der Fed und dem Gouverneur der Chinesischen Notenbank, oder zwischen Mario Draghi und dem Präsidenten der Schweizerischen Nationalbank zu verfolgen. Nach einem gemeinsamen Mittagessen gibt es dann Seminare zu Themen der Arbeitsgruppen der BIZ, bei denen alle Gouverneure gleichberechtigt teilnehmen.

Von besonderem Interesse waren für mich Informationen über die spezielle Rolle, die die BIZ in Kooperation mit dem Financial Stability Board in den vergangenen Jahren als Sekretariat des „Basler Ausschusses" zur Standardsetzung für den Bankensektor eingenommen hat. In diesem Ausschuss sind kleine Staaten, wie Österreich, nicht vertreten, beziehungsweise nur indirekt über die Europäische Zentralbank, wobei hier, wie erwähnt, die Informations- oder gar Einflussmöglichkeiten eher gering sind. Aufgabe des Basler Ausschusses ist die Erarbeitung weltweit geltender Standards für Banken in Bezug auf erforderliche Eigenkapitalquoten, Liquiditätssicherung und Risikobewertung.

Die Finanzkrise 2008/2009 hat deutlich gezeigt, dass überzogene Gewinnziele viele Banken dazu verführt haben, mit zu geringen Eigenkapitalquoten zu arbeiten, und dass die Risken im Liquiditätsbereich deutlich unterschätzt wurden. Die „Basel-Regulierungen" sollen hier einheitliche, klare Regeln setzen, um Fehlentwicklungen wie in der Vergangenheit zu verhindern. Diese Basel-Regulierungen müssen dann durch die jeweilige nationale beziehungsweise EU-Gesetzgebung umgesetzt werden.

Es ist offensichtlich, dass es hier für den Bankensektor um gewaltige Beträge geht – was auch entsprechend intensives Lobbying nach sich zieht. Ebenso offensichtlich ist aber auch die volkswirtschaftliche Bedeutung dieser Regeln. Dabei geht es um den – ja häufig auftretenden – Zielkonflikt zwischen langfristiger Sicherheit und kurzfristiger Ertragskraft. Je mehr Eigenkapital Banken halten müssen, desto widerstandsfähiger sind sie gegen Risken. Die Notwendigkeit, höhere Eigenkapitalquoten zu erreichen, kann zunächst freilich mit einer geringeren Möglichkeit und Bereitschaft Risken einzugehen verbunden sein. Dies kann dann die Kreditvergabe der Banken und damit die gesamtwirtschaftliche Dynamik negativ beeinflussen. Es braucht daher bezüglich der erforderlichen Kapitalpuffer eine gewisse Flexibilität zwischen „guten" und „schlechten" Zeiten. In Reflexion dieser Konstellation hat daher in der Corona-Krise der Basler Ausschuss im März 2020 beschlossen, die Umsetzung der strengeren Kapitalerfordernisse nach der Regelung „Basel III" von 1.1.2022 auf 1.1.2023 zu verschieben. All dies sind sehr komplexe technische Fragen, die aber indirekt erhebliche wirtschaftliche Effekte für Volkswirtschaften – und jeden Einzelnen – haben können. Diese Fragen werden von den technischen Ausschüssen dann den Parlamenten zur Beschlussfassung vorgelegt, wobei dies nur sehr selten das Interesse oder das Verständnis der Öffentlichkeit findet.

Ein noch gravierenderes Beispiel für Entscheidungen von gewaltiger, wirtschaftlicher Bedeutung abseits der Öffentlichkeit ist die Festsetzung international gültiger Bilanzierungsregeln. In einer globalisierten Wirtschaft ist es zweifellos erforderlich, dass die Bilanzen von Unternehmen nach einheitlichen Regeln erstellt und damit international vergleichbar werden. Wie jeder, der mit der Kunst der Bilanzerstellung auch nur annähernd vertraut ist, weiß, ergibt sich bei dieser Aufgabe eine Fülle von Bewertungsregeln, Abgrenzungsfragen etc. Über diese technischen Aspekte hinaus gibt es aber auch grundsätzliche gesellschaftliche Perspektiven, die in der technischen Betrachtung oft übersehen werden.

Das traditionelle Bilanzierungsrecht im deutschen Sprachraum hatte als Zentrum der Betrachtung das Wohl und die Sicherheit des jeweiligen Unternehmens (und indirekt damit auch der Beschäftigten). Es erlaubte daher der Unternehmensleitung über entsprechende Bewertungen die Bildung stiller Reserven, die im Fall (vorübergehender) wirtschaftlicher Probleme dann aufgelöst werden konnten. Damit ergab sich auch eine starke Stellung der Unternehmensleitung gegenüber den Eigentümern/Aktionären, gleichzeitig freilich auch eine verringerte Aussagekraft der veröffentlichten Bilanzen. Ich kann mich noch gut erinnern, wie mir vor vielen Jahren ein Bank-Generaldirektor erklärte, er habe so viele stille Reserven, dass er am Beginn jedes Jahres schon wisse, wie die Bilanz des Jahres insgesamt ausschauen werde.

Dieser Sicht gegenüber steht das angloamerikanische Konzept des „shareholder-value". Demnach besteht die einzige Aufgabe des Unternehmens darin, den Vermögenswert für die Anteilseigner zu steigern, wobei der jeweilige Aktienkurs die entsprechende Bewertungsgröße darstellt. Die für die Bildung eines Aktienkurses relevanten Bewertungen der einzelnen Aktiva sollen dabei so weit als möglich aktuellen Marktwerten entsprechen – es soll damit keine Möglichkeit gegeben sein, stille Reserven zu bilden. Das bedeutet, dass sich wirtschaftliche Schwankungen mangels entsprechender „Sicherheitspolster" unmittelbar in den Unternehmensbewertungen niederschlagen.

Diese „rationale" Sicht der Entwicklung von Aktienkursen ist freilich schon vom grundlegenden Ansatz her problematisch, da das Börsengeschehen vielfach von psychologischen Wellen beeinflusst wird – was selbst den marktradikalen, früheren Präsidenten der US-Notenbank, Alan Greenspan, einmal dazu brachte, von „irrational exuberance" (irrationalen Übertreibungen) der Börsen zu sprechen. Wobei Keynes, nicht nur Theoretiker, sondern auch erfolgreicher Praktiker der Märkte, feststellte: „Markets can remain irrational a lot longer than you and I can remain solvent".[39] Im Sinn der „shareholder-value"-Philosophie wird vielfach der Bonus des Managements eines Unternehmens an die Entwicklung des Aktienkurses dieses Unternehmens gebunden. Damit soll ein Gleichklang zwischen den Interessen des Managements und den Interessen der Aktionäre erreicht werden.

Diese kurzfristig orientierte Bonusstruktur hat dann unter anderem dazu geführt, dass es in gewaltigem Ausmaß zu Aktien-Rückkauf-Programmen gekommen ist. Damit konnte dann tatsächlich der Aktienkurs des entsprechenden Unternehmens gesteigert werden – die Kapitalkraft und damit die langfristigen Entwicklungsmöglichkeiten des betroffenen Unternehmens werden damit aber

---

39 Zitiert in Martin Wolf: Economics failed us before the global crisis, Financial Times 21.3.2018, Siehe dazu auch das Buch des Nobelpreisträgers Robert J. Shiller: Irrational Exuberance. Princeton University Press 2015.

reduziert. Legal – aber wirtschaftlich extrem problematisch – sind speziell die Fälle, wo solche Aktienrückkäufe durch Kreditaufnahme des Unternehmens finanziert werden – eine Vorgangsweise, die speziell häufig nach Übernahme eines Unternehmens durch einen „Heuschrecken"-Investment-Fonds zu beobachten ist. Inzwischen gab es verschiedene Ansätze, die Bonus-Strukturen, zum Beispiel durch stock options, etwas längerfristig zu gestalten, gleichzeitig gibt es aber, speziell in den USA, eine Tendenz, dass der Bonus-Anteil am Gesamtbezug des Top-Managements zunimmt.

Für den Bankensektor ist jedenfalls die Bilanzierung nach „shareholder-value"-Prinzipien mit der Gefahr eines stark prozyklischen Verhaltens verbunden: In der Hochkonjunktur werden die Banken angesichts hoher Marktwerte und günstiger Risikoentwicklung hohe Gewinne ausweisen, was zu einer (weiteren) starken Kreditexpansion, sowie hohen Dividendenzahlungen führen wird. In einer Krise können die Banken dagegen durch den aktuellen Marktpreisen entsprechenden Abwertungsbedarf rasch in die Verlustzone kommen und müssen zur Einhaltung ihrer Bilanzrelationen ihre Kreditvergabe reduzieren. Dies kann die Finanzierungslage der Unternehmen der Realwirtschaft deutlich verschlechtern und damit – prozyklisch – zu einer Verschärfung der Krise beitragen. Dieses Phänomen kann noch dramatischer werden, wenn die Marktpreise, wie dargestellt, von Nervosität getrieben, kurzfristig überreagieren.

Formal sind die Bewertungsregeln in der Gesetzgebungskompetenz der Nationalstaaten beziehungsweise der EU. Faktisch werden sie jedoch von einer privaten Einrichtung festgelegt – dem „International Accounting Standards Board" (IASB) mit Sitz in London. Es handelt sich hier um einen „Klub", primär beschickt von Vertretern der großen internationalen Wirtschaftsprüfungsgesellschaften. Von diesem Board werden die internationalen Bilanzierungsstandards – IFRS – erlassen, die dann von den nationalen Gesetzgebern als – zumindest für größere Unternehmen – verpflichtend vorgeschrieben werden. Diese IFRS-Regelungen entsprechen im Kern dem „shareholder-value"-Ansatz mit allen damit verbundenen Problemen.

Im derzeitigen System gibt es auch keine Möglichkeit der wirtschaftspolitischen Rückkoppelung. So hat im Zusammenhang mit der Corona-Krise der Basler Ausschuss, wie dargestellt, Krisen-dämpfende Schritte gesetzt. Der Accounting Standards Board hat sich dagegen geweigert, Änderungen am vorgesehenen Bilanzierungsstandard IFRS 9 vorzunehmen. Hier geht es um eine schon vorzeitige Anrechnung möglicher späterer Kreditverluste – eine Regelung, für die es zweifellos Risikoargumente gibt, die aber mit extrem prozyklischen, das heißt Krisen-verschärfenden Effekten verbunden ist.

Das Problem ist insgesamt nicht neu. Ich kann mich an eine informelle Sitzung des ECOFIN, des Rates der Finanzminister, vor etwa zehn Jahren erinnern, an der ich als Notenbank-Gouverneur teilgenommen habe. Es ging um eine adäquate Berücksichtigung gesamtwirtschaftlicher Aspekte bei den Entscheidungen des International Accounting Standards Board. Als Vertreter dieses Board referierte ein überaus arroganter englischer Lord, der sich auf die uneingeschränkte Autonomie seiner Institution berief und sich jede Diskussion verbat. Die damalige französische Finanzministerin Christine Lagarde explodierte und erklärte, dann müsse die EU eben ihre selbst gewählte Bindung an die Entscheidungen des Boards zurückziehen. Als stiller Beobachter hat mir diese Intervention von Lagarde sehr imponiert – sie blieb im Weiteren freilich leider folgenlos.

20. Corona und die Folgen – Perspektiven der Wirtschafts- und Gesellschaftspolitik

Hintergrund dieses Buches ist ein Zeitraum von rund fünfzig Jahren, in denen immer wieder schwerwiegende Krisen auftraten – die Entwicklung insgesamt aber steigenden Wohlstand für die überwiegende Mehrzahl der Menschen, sowohl in den Industrie-, wie in den Entwicklungsstaaten brachte. Am Ende dieses Zeitraumes steht nun mit der Corona-Pandemie ein tiefgreifender Einbruch, den viele Beobachter mit dem Einbruch durch die Weltwirtschaftskrise der 1930er-Jahre vergleichen. Zwar liegt die unmittelbare Verursachung diesmal nicht im finanziellen Bereich, in den Auswirkungen erfasst aber auch die Corona-Krise sowohl die Angebots- wie die Nachfrageseite der Volkswirtschaften. Die globalen Verflechtungen der einzelnen Volkswirtschaften (sowohl produktions- wie auch nachfrageseitig) sind allerdings nun noch bedeutender als bei der „Weltwirtschaftskrise" der 1930er-Jahre. Hier ist die Corona-Krise ein wichtiges Element der bereits seit Jahren zentralen Herausforderung der Globalisierungstendenzen in Wirtschaft und Gesellschaft. Und schließlich besteht eine neue, zum Teil konkurrierende, zum Teil ergänzende Herausforderung in den weltweiten Bemühungen um ein langfristiges ökologisches Gleichgewicht, speziell in Bezug auf die Entwicklung des Weltklimas.

Der konkrete weitere Verlauf der Corona-Krise hängt von vielen Faktoren ab und ist schwer abschätzbar. Im Folgenden wird aber auf einige kurz- und langfristige Perspektiven eingegangen, die sich aus dieser Krise ergeben beziehungsweise ergeben können. Dabei wird zu diskutieren sein, wieweit sich die in diesem Buch geschilderten Instrumente der Wirtschafts- und speziell der Geldpolitik bewährt haben, und wieweit durch die Corona-Krise die Notwendigkeit langfristiger struktureller Änderungen sichtbar geworden ist.

Insgesamt gibt es eine Vielzahl von Faktoren, die darauf hindeuten, dass die Corona-Krise zu einer Zeitenwende im ökonomischen und generell gesellschaftspolitischen Denken führen könnte.[40] Dies gilt etwa für die wieder sichtbar gewordene Bedeutung gut funktionierender und ausreichend finanzierter staatlicher Institutionen, die damit einhergehende, umfassende demokratische Kontrolle, Fragen der Einkommensverteilung und der Lohnhierarchien, sowie letztlich zur Rolle von faktenbasierten Entscheidungsprozessen gegenüber populistischen Machinationen in Politik und Medien.

Krisenbewältigung

Wie schon bei der großen Finanzkrise 2008 war die kurzfristige Reaktion der Wirtschaftspolitik auf die Corona-Krise richtigerweise die, alles zu tun, um eine Wiederholung der Weltwirtschaftskrise der 1930er-Jahre zu verhindern. Die finanzielle Seite des Kampfes gegen die Pandemie und ihre Folgen ist als friedliches Äquivalent zur „Kriegsfinanzierung" zu sehen.[41] Das bedeutet im Bereich der Finanzpolitik die Bereitschaft zu massiven Unterstützungs- und Garantieprogrammen, um eine kumulierende Entwicklung von Massenarbeitslosigkeit und Massenkonkursen zu verhindern. Damit ist notwendigerweise ein rasanter Anstieg der öffentlichen Verschuldung verbunden. Vonseiten der Notenbanken wird der Kampf gegen die Corona-Krise weltweit durch eine extrem expansive Geldpolitik unterstützt. Dabei geht es zunächst als Angelpunkt in jeder Krise um die Sicherstellung der Liquidität der Unternehmen und um die Fähigkeit des Bankensektors,

---

40 Vgl. dazu die Artikelserie „The New Social Contract" in der Financial Times, Juni/Juli 2020, insbesondere Martin Wolf: We must think as citizens, Financial Times, 6.7.2020.
41 Mario Draghi: „We must mobilise as if for war", Financial Times, 27.3.2020.

die Kreditversorgung aufrecht zu halten – trotz der krisenbedingten Verschlechterung der Kreditqualität. Die EZB hat, wie in Kapitel 16 dargestellt, mit einer massiven Ausweitung ihres Ankaufsprogrammes für Staats- und Unternehmensanleihen auf die Krise reagiert.[42] Angesichts der sehr unterschiedlichen Betroffenheit und finanziellen Reaktionsmöglichkeit der einzelnen Mitgliedstaaten ist das „Pandemic Emergency Purchase Programme" (PEPP) flexibler konstruiert als frühere Programme. Ebenso wurden Maßnahmen zur Erleichterung der Kreditvergabe durch das Bankensystem gesetzt. Ein Problem jeder Krise besteht ja darin, dass sie zu einer Verschlechterung der Kreditqualität von Staaten und Unternehmen und damit zu einer Verschlechterung der Qualität ihrer Schuldverschreibungen führen kann. Dies würde dann wieder bedeuten, dass diese Papiere nach den Qualitätsnormen der EZB nicht mehr als Sicherheit für EZB-Kredite einsetzbar sind. So sind nach Berechnungen der Informationsagentur Bloomberg etwa 200 Mrd. an Unternehmensschulden in Europa in Gefahr, in die Rating-Kategorie „spekulativ" abzurutschen. Im Branchenjargon werden diese Unternehmen als „Fallen Angels" – gefallene Engel – bezeichnet und sind entsprechend negativen Effekten in Bezug auf Kreditzugang und Zinsenhöhe ausgesetzt. Um diesen stark negativen, prozyklischen Effekt zu verhindern, akzeptiert die EZB vorübergehend auch Sicherheiten mit geringerer Qualität, vorausgesetzt, dass bis 7. April 2020 ein ausreichender Qualitätsstandard gegeben war. Damit soll eine Liquiditäts- und Kreditklemme verhindert werden.

Bei dem „Stress-Test", den die Corona-Krise darstellt, zeigt sich die Wirksamkeit vieler der Reformen, die als Reaktion auf die Finanzkrise 2008 eingeleitet worden sind. Dies gilt für die enge internationale Kooperation der Notenbanken, wo es wie bei der Finanzkrise 2008 auch darum ging, durch Swap-Vereinbarungen das Problem einer Knappheit an Dollar-Liquidität zu lösen. Vor allem bewährte sich die durch die in Kapitel 19 geschilderten „Basel-Regulierungen"

---

42 Siehe dazu unter anderem: Ewald Nowotny: Euro-Bonds, Corona und „Kriegsfinanzierung", Österr. Gesellschaft für Europapolitik, Policy Brief 9/2020.

erzwungene, massive Erhöhung der Kapitalausstattung der Banken-systeme. So sind etwa die Kernkapitalquoten der österreichischen Banken heute doppelt so hoch wie im Jahr 2008, was eine deutliche Erhöhung der Krisenfestigkeit bedeutet.

Besondere Herausforderungen mit voraussichtlich langfristiger Be-deutung ergeben sich im Verhältnis von Fiskal- zu Geldpolitik. Bezogen auf den Euro-Raum, zeigte sich schon zu Beginn der Corona-Krise mit voller Dramatik die in diesem Buch geschilderte Konstellation, dass in einer Währungsunion die einzelnen Teilstaaten ohne direkten Zugang zu Notenbank-Finanzierung potenziell einem Insolvenzrisiko unter-liegen. Als Folge früherer hoher struktureller Budgetdefizite und der Nachwirkungen der Finanzkrise gingen die einzelnen Mitgliedstaaten des Euro-Raumes mit sehr unterschiedlichen gesamtwirtschaftlichen Verschuldungsquoten in die nun entstandene Corona-Krise hinein, wie die folgende Tabelle anhand einiger Staaten zeigt.

Tabelle 1: Öffentliche Verschuldung in Prozent des BIP 2019

Griechenland	169
Italien	136
Frankreich	99
Spanien	97
Durchschnitt Euro-Raum	81
Österreich	70
Deutschland	60
Niederlande	49

Quelle: Oesterreichische Nationalbank

Angesichts der durch die Corona-Pandemie erforderlichen, hohen Neuverschuldung könnte sich die Gefahr einer Wiederholung der Euro-Krise der Jahre 2011/2012 ergeben. Das heißt, dass einige hoch verschuldete Staaten den Finanzierungszugang zu den Finanzmärkten verlieren könnten, und damit würde die Perspektive eines „Redeno-mierungsrisikos", das heißt des Risikos eines Zerfalls der Euro-Zone, wieder akut. Im Zentrum dieser Diskussion steht diesmal Italien, Gründungsmitglied und drittgrößte Volkswirtschaft der Europä-ischen Union, aus der Sicht der Märkte „too big to fail", aber in spe-kulativer Einschätzung möglicherweise auch „too big to save".

Die EZB hat – wieder einmal – rasch reagiert und, wie in Kapitel 16 dargestellt, ein krisenbezogenes Programm für den Ankauf von Staats- und Unternehmensanleihen in Höhe von insgesamt 1.350 Mrd. Euro eingerichtet (Pandemic Emergency Purchase Programme, PEPP). Anders als bei den bisherigen Ankaufsprogrammen gibt es hier eine gewisse zeitliche Flexibilität in der Mittelverwendung. Die staatenweise Verteilung dieser Mittel ist zunächst nicht direkt an den Kapitalanteil der einzelnen Notenbanken an der EZB gebunden, sodass ein rascher Einsatz zur Stabilisierung der Finanzierungsbedin-gungen in „bedrohten" Staaten möglich – und auch erfolgreich – ist. Nach wie vor gilt freilich das in Kapitel 12 diskutierte Verbot der mo-netären Staatsfinanzierung nach Art. 123 EU-Vertrag, sodass sich die EZB hier immer vorsichtig im rechtlichen Rahmen bewegen muss. Dies umso mehr, als das deutsche Bundesverfassungsgericht im Mai 2020 in einem Verfahren in Bezug auf das Ankaufsprogramm PSPP zu einem sehr problematischen Urteil kam, wie in Kapitel 14 einge-hend dargestellt.

Im Bereich der Finanzpolitik führte die Corona-Krise zu einer ve-hementen Neuaufnahme der Forderung nach einer „solidarischen eu-ropäischen Finanzpolitik", gleichzeitig aber auch zur Gefahr einer ver-stärkten Frontenbildung in der EU beziehungsweise dem Euro-Raum, zwischen „Süd" und „Nord". Als eine der Lehren aus der Euro-Krise der-Jahre nach 2012 war ja der Europäische Stabilitätsmechanismus (ESM) als eine Art „europäischer Währungsfonds" gegründet worden. Die EZB hatte nach der berühmten Intervention von Mario Draghi im Juli 2012 das – bisher nie eingesetzte – Instrument der „Outright Monetary Transaction" (OMT) zum Ankauf von Staatspapieren von Staaten mit Finanzierungsproblemen entwickelt. Ein Einsatz des

OMT-Programmes ist allerdings nur gemeinsam mit einem Stabilisierungsprogramm durch den ESM möglich. ESM-Programme sind, wie bereits besprochen, wieder mit gesamtwirtschaftlichen Auflagen verknüpft, die durch eine entsprechende Expertengruppe – eine Troika – zu kontrollieren sind. Die Troika-kontrollierten Stabilisierungsprogramme werden allerdings von den betroffenen südlichen Staaten, speziell von Griechenland, als traumatische Erfahrung gesehen und haben ja auch in der Tat zu schwierigen Abstimmungsproblemen zwischen demokratisch legitimierten Regierungen und externen Gläubigern geführt. Im Kontext der Corona-Krise besteht jedenfalls für die italienische Regierung keinerlei politische Bereitschaft (und Möglichkeit) für ein „volles" ESM-Programm.

Von den EU-Regierungschefs wurde ein Sofortprogramm beschlossen, das ein „leichtes" ESM-Programm in Form einer „vorsorglichen Kreditlinie" für Ausgaben im Gesundheitsbereich, einen zusätzlichen Garantiefonds durch die Europäische Investitionsbank (EIB) und einen Notfonds für Kredite zur Finanzierung von Kurzarbeit vorsieht. Für ein großes mehrjähriges „Wiederaufbauprogramm" – European Recovery-Fund – ergaben sich dagegen sehr kontroversielle Diskussionen hinsichtlich Volumen, Struktur und Finanzierung.

Als Grundlage für weitere politische Verhandlungen wurde im Mai 2020 von der EU-Kommission der Vorschlag für ein „Aufbauinstrument" mit der Bezeichnung „Next Generation EU" und einem Volumen von 750 Mrd. Euro vorgelegt. Dieses Programm knüpft an den EU-Haushalt 2021-2027 an und besteht zusätzlich zum ersten „Corona Sicherheitsnetz" von 540 Mrd. Dieses erste Sicherheitsnetz enthält nur Kredite und Garantien. Beim 750 Mrd. Aufbauinstrument gab es eine intensive Diskussion bezüglich der Aufteilung zwischen Krediten und nicht zurückzuzahlenden Zuschüssen. Wie später dargestellt, ist es unter langfristigen Aspekten in einer Vielzahl von Fällen sinnvoll, im Rahmen eines „Aufbauprogrammes" mit Zuschüssen und nicht mit Darlehen zu arbeiten. In schwierigen Verhandlungen wurde ein Kompromiss erzielt, wonach 390 Mrd. als Zuschüsse und 360 Mrd. als Kredit vergeben werden.

Zur Finanzierung dieses Paketes wurde die EU-Kommission ermächtigt, langfristige Anleihen auf den Finanzmärkten aufzunehmen. Dies soll im Rahmen des EU-Haushaltes geschehen. Für die Rückzahlung der als Zuschuss vergebenen Mittel sieht die EU-Kommission eine Reihe neuer, „eigener" Einnahmequellen vor. Wie in Kapitel 16 dargestellt, sind die nun vorgesehenen Anleihe-Emissionen aber nicht als ein genereller Einstieg in eine neue „Asset-Klasse" von „Euro-Bonds" zu sehen. Vielmehr handelt es sich hier um ein zeitlich und volumsmäßig abgegrenztes, spezielles Programm mit einer vorher jeweils festgelegten Obergrenze für das Haftungsvolumen der einzelnen EU-Mitgliedstaaten. Diesem Aspekt der speziellen „Notstandsfinanzierung" entspricht auch die Grundlegung nach Art. 122 EU-Vertrag (Bezug auf die spezielle Wirtschaftslage), sodass das generelle Verschuldungsverbot, so wie auch das „bail-out"-Verbot nach Art. 125 EU-Vertrag (Verbot der Beistandsleistung im Rahmen eines Haftungsverbundes) hier nicht relevant sind.

Ein wesentlicher Impuls für dieses Wiederaufbaupaket der EU-Kommission war eine gemeinsame Initiative von Deutschland und Frankreich – die sich damit ihrer historischen Verantwortung für die europäische Integration verbunden zeigten. Deutlicher Widerstand kam dagegen von Österreich, den Niederlanden und den Nicht-Euro-Staaten Schweden und Dänemark, die mit der Kennzeichnung als die „sparsamen Vier" kokettierten. Schon diese Bezeichnung kennzeichnet freilich ein grundlegendes Missverständnis: „Sparsamkeit" ist zweifellos eine private Tugend. In dynamischer und gesamtwirtschaftlicher Sicht kann „Sparsamkeit" aber nicht die einzige Leitlinie für wirtschaftliches Handeln sein. Das gilt bereits für die Unternehmensebene, wo das längerfristige Überleben nur bei entsprechenden Investitionen gesichert ist. Und das gilt noch verstärkt für die gesamtwirtschaftliche Perspektive. Hier muss es darum gehen, durch zweckmäßige ökonomische Impulse in Krisenzeiten kumulative Abwärtsentwicklungen zu verhindern, wobei hiefür auch direkte Zuschüsse – und nicht nur Kredite – erforderlich sind. Das ist eine zentrale Lehre aus den wirtschaftspolitischen Fehlern, die in der großen Weltwirtschaftskrise der 1930er-Jahre gemacht wurden.

Es ist bemerkenswert, dass für manche Regierungen der offenbar innenpolitisch motivierte Appell an einzelwirtschaftliches Denken noch immer attraktiver ist als das Wahrnehmen gesamtwirtschaftlicher Verantwortung. Richtig ist freilich auch, dass bei den hier relevanten, gewaltigen finanziellen Größenordnungen das in Kapitel 5 dargestellte grundlegende ökonomische Problem der „Anreiz-Strukturen" nicht außer Acht gelassen werden darf. Es kann daher nicht darum gehen, einfach „Geld zu verschenken", sondern es muss auch eine ökonomisch sinnvolle und verantwortungsbewusste Verwendung sichergestellt werden. Diese zweifellos politisch sensible Diskussion ist legitim und notwendig. In diesem Sinn habe ich mich im öffentlichen Diskurs in Österreich stark und eindeutig für die Initiative der EU-Kommission ausgesprochen.

In der Gesamtperspektive muss man in Krisenzeiten neben den rechtlich-ökonomischen Aspekten auch die politisch-psychologischen Perspektiven beachten. Hier ist dringender Handlungsbedarf gegeben. Die Corona-Krise ist wohl die schwerste gesellschaftliche und ökonomische Krise seit Ende des Zweiten Weltkrieges. Neben den unmittelbaren Effekten wird es zu mittel- und langfristigen Effekten kommen, die Europa in besonders starkem Maß bezüglich Lieferketten und Absatzmärkten treffen werden. Die europäische Wirtschaft weist insgesamt einen Leistungsbilanz-Überschuss auf, speziell das Geschäftsmodell Deutschlands ist auf einem starken Exportsektor aufgebaut. Die Corona-Pandemie erfasst inzwischen die gesamte Weltwirtschaft – mit entsprechend massiven strukturellen Auswirkungen für Europa.

Der von vielen Beobachtern verwendete Bezug zur Notwendigkeit einer „Kriegsfinanzierung" ist damit sowohl kurz- wie mittelfristig durchaus relevant. In historischer Betrachtung können gemeinsam erlebte und gemeinsam überwundene Krisen eine starke Einigungswirkung auslösen. Ein Beispiel für Staatengemeinschaften sind etwa gemeinsame Kriegsanstrengungen, wie der amerikanische Unabhängigkeitskrieg oder die deutsche Einigung im 19. Jahrhundert. Auf nationaler Ebene kann die gemeinsame Bewältigung etwa von Naturkatastrophen starke und bleibende Erfahrungen der Solidarität vermitteln. Das gilt zum Beispiel für rasche Hilfe bei Überschwemmungen – ohne hier vorher speziell zu prüfen, ob den Betroffenen vielleicht frühere Versäumnisse und Fehler anzulasten wären. In all diesen Fällen ist es wichtig, dass die Schutz- und Sicherungsfunktion der Gemeinschaft rasch und deutlich sichtbar wird.

Die Schuldenlast und ihre Bewältigung

Es gibt einen weiteren finanziellen Aspekt, der eine langfristige Herausforderung für eine „Welt nach Corona" darstellt. Es ist dies die Frage, wie die einzelnen Staaten mit der gewaltigen Schuldenlast umgehen, die sich aus der Bewältigung der Corona-Krise ergibt. Und in der Tat ist zu erwarten, dass die in Tabelle 1 gezeigten Schuldenquoten als Folge der fiskalischen Maßnahmen gegen die Corona-Pandemie in den folgenden Jahren deutlich ansteigen. Allein im Jahr 2020 nach Schätzungen des IWF im bereits hoch verschuldeten Italien um 21 Prozentpunkte, in Deutschland und Österreich um acht bis zehn Prozentpunkte.

Wenn im Zusammenhang mit den fiskalischen Reaktionen auf die Corona-Pandemie von einer Situation der „Kriegsfinanzierung" gesprochen wird, ist es von Interesse zu sehen, wie das fiskalische Erbe des Zweiten Weltkrieges bewältigt wurde, wobei hier zwischen „Sieger-" und „Verlierer"-Staaten zu unterscheiden ist. In den USA betrug die Staatsschuldenquote zu Kriegsende 112 Prozent des BIP (was etwa dem jetzigen Stand entspricht!), in Großbritannien 259 Prozent. Die „Debt-sustainability", die ökonomische Bewältigbarkeit der Schuldenlast, ist gegeben, wenn das nominelle Wachstum höher ist als der Zinssatz der Staatsverschuldung. In den Nachkriegsjahren ergab sich durch hohe reale Wachstumsraten und relativ hohe (aber nicht „galoppierende")

Inflationsraten ein hohes nominelles Wachstum. Die Zinssätze wurden dagegen in diesen keynesianisch geprägten Zeiten niedrig gehalten, die Realzinssätze (Nominalzins minus Inflationsrate) waren überwiegend negativ. Dies war auch erleichtert durch regulatorische Einschränkungen, speziell der internationalen Kapitalmobilität – insgesamt eine Konstellation, die dann von Ökonomen der „monetaristischen Konterrevolution" mit dem Begriff „finanzielle Repression" belegt wurde. In Zeiten geringer internationaler Umgehungsmöglichkeiten war es auch möglich, hohe Steuern auf Kapitaleinkommen durchzusetzen. Letztlich waren diese Strategien erfolgreich, 1980 war in den USA die Schuldenquote auf 26 Prozent, in UK auf 43 Prozent gefallen.

In den Verliererstaaten, speziell in Deutschland, aber auch in Österreich, erfolgte die Entschuldung durch einen de facto Staatskonkurs in Form einer Währungsreform im Jahre 1948. Um die Vermögenseffekte der Währungsreform – und auch teilweise die Verluste der Heimatvertriebenen – etwas auszugleichen, wurde in Deutschland und Österreich ein System des „Lastenausgleichs" entwickelt, über das in Deutschland die gewaltige Summe von 60 Mrd. DM abgewickelt wurde, die Hälfte davon über Vermögensabgaben finanziert, die über einen Zeitraum von 30 Jahren zu zahlen waren. Für die Mobilisierung der Realwirtschaft gab es umfangreiche externe Hilfen, speziell in Form des Marshall-Planes. Für die Auslandsverschuldung Deutschlands wurde im Londoner Schuldenabkommen 1953 ein weitgehender Erlass vereinbart, der Rest konnte über einen Zeitraum bis 1994 zurückgezahlt werden (tatsächlich erfolgte die letzte Zahlung bereits 1988, die letzte Schuldenrate für den Ersten Weltkrieg wurde im Oktober 2010 geleistet). Die internationalen Abkommen über Schuldenerlass wurden in der Finanzkrise von 2012 von den „südlichen" Mitgliedstaaten des Euro-Raumes wieder angesprochen und als Beispiel für finanzielle „internationale Solidarität" angeführt.

Für die aktuelle Beurteilung der „Nach-Corona" Schuldenentwicklung ist zunächst festzuhalten, dass Bemühungen, die hohen Schuldenquoten durch Austerität abzubauen, wenig erfolgversprechend sind und auch ökonomisch problematisch wären. Für Staaten mit bereits hohen Schuldenquoten, die über keinen Zugang zu Notenbankfinanzierung verfügen, kann freilich auch die notwendige Refinanzierung auslaufender Schulden zu einem Problem werden, sodass auch die Fristigkeitsstruktur der öffentlichen Verschuldung von Bedeutung ist. Für den Spielraum der öffentlichen Finanzen entscheidend ist aber jedenfalls nicht die Schuldenquote als solche, sondern die Belastung durch die zu zahlenden Zinsen. Hier ist nun wie gezeigt, das Verhältnis von nominellen Wachstumsraten zum Zinssatz der Staatsschuld von Bedeutung. Diesbezüglich zeigten sich in den vergangenen Jahren für die meisten Industriestaaten nominelle Wachstumsraten, die deutlich über der Verzinsung der Staatsschuld lagen. Ein Problemfall war hier bereits Italien, das mit niedrigen nominellen Wachstumsraten (Durchschnitt 2015-2019: 1,9 Prozent) nahe oder zeitweise unter der Verzinsung von 10-jährigen Regierungsanleihen von rund zwei Prozent lag.

Die Effekte des tiefen Wachstumseinbruches in der Corona-Krise werden die entsprechenden Verschuldungsrelationen unmittelbar deutlich verschlechtern. Es ist aber davon auszugehen, dass eine Erholung des Wachstums auch wieder die Schuldentragfähigkeit erhöhen wird. Es verbleiben aber viele Unsicherheiten. Das betrifft zunächst die reale Wachstumsrate, wo eine längerfristige Abschwächung der Dynamik der Weltwirtschaft nicht auszuschließen ist. Bezüglich der zu erwartenden Inflationsraten gehen – auch abgesehen vom Sondereffekt der Energiepreise – die mittelfristigen Markterwartungen in Richtung niedriger, zum Teil sehr niedriger Inflationsraten. Für die EZB wird es jedenfalls nicht leicht sein, Preisstabilität in der von ihr definierten Form (nicht über, aber knapp bei zwei Prozent) zu erreichen, es ist vielmehr eine langfristige Unterschreitung dieser Zielmarke zu erwarten – was freilich wieder, wie dargestellt, mit positiven Effekten für die Finanzmarktstabilität verbunden sein kann. Allerdings können mit einer Konstellation langfristig niedriger Zinsätze auch problematische Lenkungs- und Verteilungseffekte verbunden sein.

Käme es freilich zu – derzeit nicht zu erwartenden – Inflationsraten über dem Stabilitätsziel der EZB, so müsste die EZB über ihre Zinspolitik gegensteuern. Hier könnten sich dann tatsächlich

Zielkonflikte zwischen einer Politik der Preisstabilität und der Finanzmarktstabilität ergeben – abhängig von den für eine stärkere Restriktion der Geldpolitik gewählten Instrumente. So hätte ein Verkauf der früher angekauften staatlichen Anleihen (ein „Quantitative Tightening" als Gegensatz zu „Quantitative Easing") unmittelbare Effekte auf die Kapitalmärkte, nicht dagegen regulatorische Maßnahmen bezüglich Eigenkapital und/oder Liquidität. Ein gewisses „Restrisiko" der Geldpolitik bleibt unvermeidbar.

Unter langfristigen Perspektiven werden daher sowohl von der wissenschaftlichen wie von der geldpolitischen Seite her vermehrt andere, intensivere Formen des Zusammenhanges zwischen Geld- und Fiskalpolitik diskutiert. Ein Diskussionspunkt, der sich, wie beschrieben, auch in der Corona-Krise ergeben hat, ist die Frage, wie weit Unterstützungen in Form von Krediten, wie dies derzeit der Fall ist, oder in Form von Zuschüssen geleistet werden sollen. Man muss sich bewusst sein, dass auch niedrig verzinste Kredite wie die des ESM den längerfristig zu zahlenden Schuldendienst und auch die gesamtwirtschaftliche Verschuldungsrate erhöhen. Eben das bedeutet freilich aus der Sicht der Geldgeber einen stärkeren Druck für strukturelle Reformen und über die Möglichkeit der Verwendungskontrolle auch stärkere politische Macht. Hinsichtlich der Schuldenbelastung ist ökonomisch ein „Zuschuss-Effekt" zu erreichen, wenn Kredite sehr langfristig vergeben werden, die Schuldenquoten bleiben freilich erhöht.

Angesichts der erforderlichen Größenordnungen und der innenpolitischen Erfordernisse in den „Geber-Staaten" ist ein völliger Ersatz von Darlehen durch Zuschüsse wohl unrealistisch. Aber in gewissem Ausmaß sind ökonomisch vernünftige Teilbereiche für einen stärkeren Einsatz direkter Zahlungen denkbar, wie auch im oben diskutierten Programm der EU-Kommission, „Next Generation EU", vorgesehen. Im Rahmen des EU-Haushalts spielen direkte Zahlungen im Rahmen der verschiedenen Fonds, vor allem Struktur- und Regionalfonds, ja bereits jetzt eine wesentliche Rolle.

Der direkte Einsatz der Notenbank ist für die Finanzierung speziell abgegrenzter Problembereiche juristisch und politisch sensibel. Dies geschieht derzeit de facto bereits in den USA, in Japan und im UK. In Kanada ist seit 1935 der direkte Ankauf von Staatsanleihen im Prozentsatz von 20 Prozent jeder staatlichen Anleihe-Emission durch die Notenbank vorgesehen, ohne dass dies zu Inflation oder Einschränkungen der internationalen Wettbewerbsfähigkeit geführt hätte. Auch die Oesterreichische Nationalbank setzte in der Zeit ihrer Eigenständigkeit etwa in den 1970er-Jahren das Instrument der „selektiven Geldschöpfung" für spezielle Programme im Rahmen der Export- und Investitionsfinanzierung ein.[43] Dabei ging es um direkt finanzierte Aktionen für begünstigte Kredite (zum Beispiel Sonderkreditaktion, TOP-Investitionsaktion), die über entsprechenden Förderbanken (Investkredit, Oesterreichische Kontrollbank) für die OeNB abgewickelt wurden. Mit den vom deutschen „Inflationstrauma" bestimmten, derzeitigen rechtlichen Grundlagen der europäischen Geldpolitik ist ein solcher direkter Notenbank-Einsatz aber wohl nicht oder nur unter sehr eingeschränkten Bedingungen vereinbar (siehe Kapitel 2). Faktisch ist mit dem Einsatz von „selektiver Geldschöpfung" kein Inflationsrisiko verbunden, wenn diese Finanzierung zeitlich und inhaltlich begrenzt ist und dieser Einsatz durch die Entscheidung einer unabhängigen Notenbank erfolgt.

Sicherlich ist es stets notwendig, die Gefahr des politischen Missbrauchs zu bedenken. Gerade auf der europäischen Ebene ist zu beachten, dass die EZB wohl die unabhängigste Notenbank der Welt ist, weil ihre gesetzliche Grundlage, der EU-Vertrag, faktisch nie zu ihren Lasten abänderbar ist. „Selektive Geldschöpfung" würde auch nicht unmittelbar nationalen Institutionen, sondern europäischen Institutionen zugutekommen. So etwa zur Finanzierung eines europäischen Gesundheitsprogrammes oder auch im Rahmen der „Green Deals" der EU. Es ist aber ökonomisch jedenfalls schwer verständlich,

---

43 Siehe A. Wala (früherer Generaldirektor und Präsident der OeNB): Wirtschafts- und Währungspolitik. Krisen als Herausforderungen und Chancen. In: Andreas Staribacher, Patrick Horvath (Hrsg.): Krisenbewältigung, WIWIPOL, Wien 2020, S. 67. Für einen Überblick siehe die Studie des Beirates für Wirtschafts- und Sozialfragen: Finanzmärkte, Wien 1985.

wieso sich Institutionen wie etwa der ESM auf den internationalen Kapitalmärkten finanzieren müssen und keine direkte, inhaltlich abgegrenzte EZB-Finanzierung in Anspruch nehmen können.

Generell gibt es ja zur Frage einer engeren Verflechtung von Geldpolitik und Fiskalpolitik eine lange wissenschaftliche Diskussion, und diese Frage wird zweifellos auch ein wichtiges Thema künftiger Überlegungen sein. Ich habe mich als Wissenschafter mit Fragen der Notenbank-Finanzierung schon lange beschäftigt. Meinen ersten Artikel zu diesem Thema schrieb ich vor 42 Jahren[44] – was als Indiz gesehen werden kann für die Notwendigkeit von Geduld und Ausdauer bei wissenschaftlicher Arbeit.

Als Notenbank-Gouverneur habe ich mich selbstverständlich verpflichtet gefühlt, mich streng im vorgegebenen rechtlichen Rahmen zu halten. Aber nun, mit „der Freiheit des Alters", habe ich mich wieder diesem Thema zugewandt, das, wie ich für die Geschichte der Zeit zwischen den Weltkriegen gezeigt habe, zentral sein kann für das Überleben von Demokratien. Ich sehe mich dabei in guter wissenschaftlicher Gesellschaft, insbesondere auch in engem Gedankenaustausch mit dem Cambridge Professor und früheren Vorsitzenden der UK Financial Services Authority, Lord Adair Turner.[45] Es geht dabei nicht darum, hemmungslos „Geld zu drucken", sondern darum, einerseits exzessive private und öffentliche Verschuldung einzudämmen und andererseits in makroökonomischer Verantwortung partielle direkte Notenbankgeldschöpfung einzusetzen. Zentral ist hier natürlich stets die Absicherung gegen Missbrauch, was durch Verpflichtung der Notenbanken zu einem demokratisch legitimierten Inflationsziel erfolgen kann.

Dieser differenzierte Ansatz ist auch zu unterscheiden von der speziell in der angloamerikanischen Wirtschaftswissenschaft zunehmend diskutierten „Modern Monetary Theory". In Fortführung der vom britisch-amerikanischen Ökonomen Abba Lerner entwickelten

---

44   Ewald Nowotny: Wirtschaftliche Krisenerscheinungen und öffentlicher Sektor. In: Heinz Markmann, Diethard B. Simmert (Hrsg.): Krise der Wirtschaftspolitik, Bund-Verlag, Köln 1978.

45   Siehe sein wichtiges Buch: A. Turner: Between the Debt and the Devil – Money, Credit and Fixing Global Finance. Princeton Univ. Press, 2015.

„Functional Finance-Theorie" geht es hier um eine Verschmelzung von Geld- und Fiskalpolitik.[46] Öffentliche Ausgaben sollen demnach je nach Stand der gesamtwirtschaftlichen Nachfrage alternativ durch Steuern oder Geldschöpfung finanziert werden, wobei darüber einheitlich – „funktional" – zu entscheiden ist. Die „offene Flanke" dieser Theorie ist allerdings stets die Frage nach einer adäquaten Sicherung gegen Missbrauch. Es ist hier nicht der Ort für eine eingehende wirtschaftswissenschaftliche Diskussion, wobei auch die spezifischen Gegebenheiten des Euro-Raumes zu beachten wären. Insgesamt ist aber zu erwarten, dass Finanzierungsfragen in der Post-Corona-Welt eine entscheidende Rolle spielen werden. Für die Zukunft des Euro-Raumes ist zu hoffen, dass diese Fragen nicht nur unter rechtlich-politischen Aspekten behandelt werden, sondern auch im Hinblick auf ökonomische und gesellschaftliche Notwendigkeiten und Möglichkeiten.

Globalisierung und Machtverhältnisse

Die Corona-Pandemie hat weltweit das Bewusstsein für die Bedeutung eines gut organisierten und ausgestatteten staatlichen Sektors erhöht. Gleichzeitig hat die Pandemie durch ihr weltweites Auftreten auch die enge gegenseitige Verflechtung der einzelnen Regionen der Welt verstärkt sichtbar gemacht. Das Spannungsverhältnis zwischen Einzelstaat oder Staatengruppe (wie der EU) einerseits und der „Welt der Globalisierung" wird meines Erachtens neben Fragen der Finanzierung ein beherrschendes Thema der „Welt nach Corona" sein.

Versteht man unter Globalisierung die zunehmende weltweite Verbundenheit auf den Güter-, Kapital- und Arbeitsmärkten und die zunehmende weltweite Angleichung von Informationsformen und Lebensstilen, so hat die Corona-Pandemie zunächst zu einem abrupten Halt dieser Entwicklungen geführt. Die damit verbundenen ökonomischen und sozialen Folgen bedeuten aber, dass dieser abrupte Halt

---

46 Vgl. die Beiträge in Ewald Nowotny (Hrsg.): Öffentliche Verschuldung. G. Fischer-Verlag, Stuttgart und New York, 1979.

nur vorübergehend sein kann. Die Schwere der nun entstandenen Wirtschaftskrise lässt erwarten, dass es – wie bei vergangenen Wirtschaftskrisen – letztlich nicht einfach wieder zu einer Wiederherstellung des früheren Zustandes kommen wird, sondern dass sich neue Strukturen entwickeln oder schon jetzt sichtbare Strukturwandlungen rascher zum Durchbruch gelangen werden. Ein zentraler Aspekt dieses Strukturwandels ist die Veränderung der Machtverhältnisse. Dies gilt auf der weltweiten Ebene wie der Ebene der Nationalstaaten.

Auf der weltweiten Ebene ist die zentrale Entwicklung der Aufstieg Asiens und im Speziellen Chinas. China ist heute, gemessen am Bruttoinlandsprodukt, die zweitgrößte Volkswirtschaft der Welt. Das BIP pro Kopf liegt aber mit etwa 10.000 USD noch weit unter dem der Industriestaaten, wo das BIP pro Kopf für die USA beispielsweise rund 63.000 USD (und in Österreich 50.000 USD) beträgt. Es gibt keine ökonomische oder moralische Berechtigung, warum China nicht auch das BIP/Kopf der Industriestaaten erreichen könne. Multipliziert mit der Bevölkerung bedeutet das, dass China in absehbarer Zeit die deutlich größte Volkswirtschaft der Welt sein wird. Dies hat offensichtliche ökonomische, ökologische aber auch politische und militärische Konsequenzen für die Zukunft unserer Gesellschaft. Dass China in der Corona-Krise demonstrativ Hilfeleistungen für europäische Staaten organisierte, mag als zukunftsträchtiges Symbol für diese Entwicklung gesehen werden.

Ich halte es für sinnlos und gefährlich, diesen Aufstieg Asiens, und speziell Chinas, stoppen zu wollen. Es geht vielmehr darum, einen friedlichen und konstruktiven Übergang von der Zeit der amerikanischen Dominanz zu einer Zeit der „Multipolarität" zu finden, die freilich schon von der Grundkonstellation her weniger stabil sein kann. Auch soll das nicht die Notwendigkeit bedeuten, sich etwa stärker autoritären „asiatischen" Gesellschaftsmodellen anzupassen, vielmehr ist langfristig ein Weltsystem einer friedlichen Koexistenz anzustreben. Trotz der vermehrt sichtbaren Instabilität und Unberechenbarkeit der USA sehe ich aber auch in Zeiten der „Multipolarität" Europa dabei stets stärker den USA mit ihrer nie ganz verschütteten

Tradition von Aufklärung und Humanismus verbunden. Eine konstruktive Verbundenheit setzt aber auch eine entsprechende Eigenständigkeit und Handlungsfähigkeit Europas voraus.

Globalisierung bedeutet aber auch massive Machtverschiebungen im Verhältnis von Arbeit und Kapital. Globalisierung begünstigt die mobilen Elemente von Wirtschaft und Gesellschaft. Das ist zum einen der Bereich der international tätigen, großen Unternehmen und der mit ihnen verbundenen „Eliten" und zum anderen die Armutsmobilität derer, die durch einen Ortswechsel einen rascheren Wohlstandszuwachs erwarten als durch die Entwicklung im eigenen Land. Hinzu kommt erzwungene Mobilität durch ökologische und politische Katastrophen. Internationale Mobilität kann im wirtschaftlichen wie im kulturellen Bereich zu einer Vielzahl positiver Effekte führen. Uneingeschränkte und ungeregelte Mobilität und Liberalisierung kann andererseits aber auch erhebliche Spannungen und Probleme mit sich bringen. Dies gilt zum Beispiel für das Machtungleichgewicht zwischen großen internationalen Unternehmen und lokal verankerten Wirtschaftsbereichen und für die Gefahr des Unterlaufens historisch erkämpfter, „europäischer" Sozial- und Gehaltsstrukturen. Das klassische Kampfmittel der Gewerkschaften etwa, der Streik, verliert massiv an Bedeutung, wenn Unternehmen einen erzwungenen Produktionsanfall in einem Land durch Produktionsverlagerungen in andere Länder ausgleichen können.

Die Erfahrungen der Corona-Pandemie haben zwar gezeigt, dass es auch bei internationalen Produktionsketten Engpässe geben kann – im Kern aber bewirkt Globalisierung eine Schwächung von Gewerkschaften. Dies insbesondere, wenn es um multinationale Unternehmen angloamerikanischer Prägung geht, die ja einen aktiven Kampf gegen Gewerkschaften führen. Und in der Tat zeigt sich, dass erfolgreiche Streikaktionen und starke Gewerkschaftspräsenz meist nur mehr im Bereich des öffentlichen Sektors zu verzeichnen ist – und dort dann durch das Fehlen starker überbetrieblicher Gewerkschaften die Gefahr des Ausnutzens von nationalen Monopolstellungen besteht.

Letztlich handelt es sich hier aber um eine viel grundlegendere Problematik, die Gegenstand von tiefgreifenden wissenschaftlichen und gesellschaftspolitischen Diskussion geworden ist und die inzwischen auch die Medien eines „aufgeklärten Kapitalismus", wie die Financial Times oder den Economist erreicht hat. Der einflussreiche Harvard Ökonom Dani Rodrik hat darauf hingewiesen, dass Demokratie, nationale Souveränität und globale ökonomische Integration gegenseitig inkompatibel sind: Man kann jeweils zwei davon kombinieren, aber nie alle drei gemeinsam und in vollem Umfang.[47]

Konkret sieht Rodrik dabei „tiefe Integration", das heißt unbeschränkte Handelsbeziehungen, volle Mobilität für Kapital und Arbeit und wettbewerbsgetriebene regulatorische Harmonisierung nach unten als Aushöhlung der Demokratie. Denn die damit verbundene, steigende Ungleichheit birgt die Gefahr, vom Prinzip der Demokratie (Entscheidung durch Wähler, wobei jeder Wähler eine Stimme hat) zu einem System der „Plutokratie" zu gelangen. Das heißt konkret: massive Beeinflussung der Politik durch finanzkräftige Gruppen und entsprechende Beherrschung der Medien. Im deutschsprachigen Raum sind die Entwicklungen (noch?) nicht so weit gediehen wie im angloamerikanischen, und Wissenschaft und Medien befleißigen sich hier – mit einigen bemerkenswerten Ausnahmen[48] – auch einer etwas eigenartigen Diskretion.

Im angloamerikanischen Bereich gibt es dagegen eine Vielzahl konkreter Dokumentationen, etwa über Zahlungen im politischen Prozess, den weltweiten Einfluss des Murdoch-Presseimperiums oder die gewaltigen Finanzströme der „libertären" Brüder Koch zur Unterstützung ihrer Position eines „Anarcho-Totalitarismus".[49] Als Gegenmodell zum globalen „Markt-Fundamentalismus" hat zum Beispiel

---

47 Siehe dazu: Dani Rodrik: Das Globalisierungs-Paradox: Die Demokratie und die Zukunft der Weltwirtschaft. C.H. Beck, München 2011.

48 Aufbauend auf Überlegungen von Kurt Rothschild, siehe dazu in Österreich etwa Arbeiten von Markus Marterbauer, Stephan Schulmeister und Hans Bürger.

49 Für einen interessanten Literaturüberblick siehe unter anderem „The ballot or the wallet – As inequality grows, so does the political influence of the rich", The Economist, 21.7.2018.

die Bank of England unter Leitung ihres Gouverneurs Mark Carney eine Konferenz über „Inclusive Capitalism" organisiert, was etwa dem Konzept der „Sozialen Marktwirtschaft" entsprechen soll. Das heißt: Grundsätzlich wirtschaftliche Allokation über Marktmechanismen, aber Einsatz eines starken Staates für soziale, ökologische und makroökonomische „Korrekturen". Diese notwendigen Korrekturen werden für einzelne Regionen der Welt je nach historischen und politischen Strukturen unterschiedlich ausfallen. Für das kontinentale Europa wird dies aber jedenfalls heißen, dass im Sinne von Rodriks Analyse erhebliche Einschränkungen gegenüber einer vollen globalen Marktliberalisierung nötig sein werden.

Um dies konkret am Beispiel ökologischer Zielsetzungen zu illustrieren: Falls es etwa in der Europäischen Union im Rahmen der „Green Deal-Initiative" durch bedeutsame CO_2-Steuern oder ähnliche Maßnahmen zu zusätzlichen Kostenbelastungen in der Produktion kommt, ist es für das Aufrechterhalten des europäischen Wirtschafts- und Sozialsystems von erheblicher Bedeutung, dass dies nicht zu einer massiven Schwächung der Rolle Europas in der Weltwirtschaft führt. Bei Importen wird es jedenfalls darum gehen müssen, Ausgleichsabgaben gegenüber den Regionen mit niedrigeren Umweltstandards einzuheben, analoge Exportstützungen sind dann ein noch komplexeres Thema. Man muss sich bewusst sein, dass dies zu Handelskriegen führen kann – aber Globalisierung soll eben nicht absolut, sondern stets im Verhältnis von langfristigen gesamtwirtschaftlichen Nutzen und Kosten gesehen werden.

Sensibel ist dieses Prinzip auch in Bezug auf Verteilungsfragen. Es ist unbestreitbar, dass die weltweite Öffnung der Güter- und Kapitalströme speziell durch den Aufstieg großer Staaten Asiens zu einer Verringerung der weltweiten Ungleichheit geführt hat. Für die Industriestaaten hat es dagegen in vielfacher Form höhere Ungleichheit gebracht. Hier eine prinzipielle Bemerkung: Die traditionelle Nationalökonomie geht davon aus, dass der einzige Zweck des Wirtschaftens letztlich der Konsum sei. Ich halte diese Sicht für zu verengt: Natürlich ist Konsum wichtig, erforderlich ist aber stets der Bezug zu

einer umfassend verstandenen, menschlichen „Wohlfahrt" („welfare").
Dazu gehören eine sozial integrierte Arbeit und elementar gesicherte
Lebensverhältnisse. Der Wohlfahrtseffekt von Globalisierung für die
Industriestaaten kann daher nicht nur in der Verbilligung von Kon-
sumgütern für weite Bereiche der Bevölkerung gesehen werden, in eine
Gesamtbetrachtung müssen auch Wirkungen auf Beschäftigung und
eine Vielzahl von Lebensverhältnissen eingehen.

Dies wird in der wirtschaftswissenschaftlichen Betrachtung auch
berücksichtigt, wenn darauf hingewiesen wird, es müsse bei wirtschaftlicher Liberalisierung dann eben zu einem Ausgleich zwischen
„Gewinnern" und „Verlierern" kommen. In der wirtschaftspolitischen
Praxis geschieht dies freilich nur selten. Es wäre fatal, diese Problematik nur nationalistisch-rückwärtsgewandten Gruppen zu überlassen –
oder sie durch neoliberale Interessenspolitik zu ignorieren. Auch eine
manchmal naiv-modernistische Sozialdemokratie des „Dritten Weges"
hat die Bedeutung dieser Problematik lange unterschätzt und politisch
bitter dafür büßen müssen. Natürlich soll das keine Empfehlung sein
für eine Politik, die sich nur am Status quo orientiert, wohl aber ist eine
Politik erforderlich, die ökonomisch-technische Entwicklungen bezüglich ihrer gesamtwirtschaftlichen Effekte analysiert und erforderliche
Anpassungsprozesse nicht allein dem Markt überlässt.

Die „Welt nach Corona" wird weiterhin von der langfristigen Dynamik der Globalisierung bestimmt sein, hinsichtlich der Struktur
dieser Globalisierung sind dagegen erhebliche Änderungen zu erwarten. Das betrifft nicht nur eine kritische Evaluierung bestehender
Lieferketten und Transportkosten. Für Europa – und hier wieder
speziell für einzelne Staaten wie Deutschland und auch Österreich –
wird sich meines Erachtens die Frage stellen, inwieweit die starke
globale Exportorientierung als wirtschaftliches Erfolgsmodell angesichts der damit verbundenen, erheblichen Risken aufrechterhalten
werden kann. Damit wird der europäische Binnenmarkt als Basis der
wirtschaftlichen Entwicklung massiv an Bedeutung gewinnen.

Ähnliches gilt auch für die finanziellen Zusammenhänge. Von
besonderer Dringlichkeit ist eine Bekämpfung des extrem negativen

Globalisierungseffektes in Form vielfacher „Steuersümpfe" (um das beschönigende Wort „Steueroasen" zu vermeiden). Ich war in meiner wirtschaftlichen Praxis leider oft mit den negativen Effekten solcher exotischen Steuersümpfe wie den Cayman Inseln, Bermuda, Panama und vielen anderen konfrontiert. Was mich dabei stets schockierte, war die Leichtfertigkeit, mit der bestens ausgebildete und „an sich kultivierte" Juristen und andere Experten unter dem Wettbewerbsdruck der Globalisierung auch im Beratungsbereich bereit sind, grenzwertige Modelle der „Steuergestaltung" zu entwickeln. Wie der Fall des Steuerbetruges über „Cum-Ex-Geschäfte" zeigt, werden dabei Grenzen der Legalität auch von „ehrenwerten" Personen häufig überschritten, wobei der Schaden für den Staat in diesem Fall etwa im Euro-Raum rund 55 Mrd., in Deutschland allein 32 Mrd. Euro beträgt. Als Wissenschafter bedrückt mich besonders der Umstand, dass sich leider zum Teil auch – staatlich besoldete – Universitätsprofessoren im Wege entsprechender Gutachten an den Betrugsaktivitäten gegen den Staat beteiligten beziehungsweise diese Aktivitäten nachträglich rechtlich abschwächen oder beschönigen.

Inzwischen sind hier Gegenbewegungen unterwegs und haben speziell in Europa schon einige Erfolge erreicht. Aber es bleibt hier, auch bei „nicht-exotischen" Steuersümpfen, noch viel zu tun. Eine Nachwirkung der Corona-Krise ist – zumindest für einige Zeit – zweifellos das verstärkte öffentliche Bewusstsein von der Notwendigkeit eines leistungsfähigen Staates als elementarer Bestandteil der individuellen und gesellschaftlichen Sicherheit. Grundlage der Leistungsfähigkeit muss dabei auch die Leistungsfähigkeit und Fairness bei der Finanzierung des Staates sein.

21. Wege und Hilfen

Jeder Mensch ist eingebettet in ein Umfeld, das seine Wege beeinflusst. Dies gilt selbstverständlich auch für Menschen in führenden Positionen. Was ich jedenfalls stets beobachtet habe, ist, dass das Umfeld und die Entwicklungsgeschichte von Menschen ihre Persönlichkeit im Guten wie im Schlechten oft wesentlich bestimmt. Und ich habe viele Fälle gesehen, wo Führungspersonen nicht an mangelndem Wissen oder mangelndem Einsatz gescheitert sind, sondern an Fehlern in ihrer Persönlichkeitsstruktur, die sich längerfristig oder auch in speziellen Krisensituationen gezeigt haben. Wobei freilich hinzuzufügen ist, dass beruflicher Erfolg nicht die einzige Form von Erfolg sein sollte, und die Wege zum Erfolg, in welcher Form auch immer, oft vom Glück, von der „Fortune" bestimmt sind, vom Zufall, „zur richtigen Zeit am richtigen Ort" zu sein. Ich hatte in diesem Sinn zweifellos in meinem Leben vielfach Glück – aber es ist mir ein Bedürfnis, in diesem Bericht auch die Menschen und Umstände hervorzuheben, die mir glückliche Wege eröffnet haben und mir halfen und helfen, diesen Wegen zu folgen.

Die große Rolle meiner Eltern für meine Entwicklung habe ich bereits an verschiedenen Stellen angeführt. Sie gaben mir nicht nur eine Erziehung nach dem Prinzip „fördern und fordern", sondern vor allem ein Familienleben von uneingeschränkter Liebe. Ich glaube, es war Sigmund Freud (ich konnte eine Bestätigung des Zitates nirgends finden), der gesagt hat, „wer in seiner Jugend die uneingeschränkte Liebe seiner Mutter erfahren hat, hat damit Kraft für das ganze Leben". Mir ist dieses Glück zuteil geworden, und es hat mir ein großes, manchmal vielleicht naives, aber stets nützliches Selbstbewusstsein und unerschütterliche Lebensfreude gebracht.

Rückblickend betrachtet, wurde ich wohl von Mutter und Großmutter gegenüber meiner Schwester manchmal bevorzugt, was vielleicht auch damit zusammenhing, dass ich zeitweise das größere Sorgenkind war. Es war nicht leicht, ein im Juni 1944 geborenes Kind in schwierigen Zeiten durchzubringen. In dem alten Haus in der Josefstadt, in dem ich aufwuchs, haben mir die Hausbewohner immer wieder die Nische im tiefen Keller gezeigt, wo in Bomben-Nächten ein Wäschekorb stand, wo zuunterst die wichtigsten Papiere und Wertsachen verpackt waren und darüber ich als geschütztes Baby lag. Im Fall eines Bombeneinschlages oder Brandes war dieser Wäschekorb das Wichtigste, was es zu retten gab.

Ich hatte als Baby eine angeborene Hüftluxation, und meiner Mutter gelang es, in Mitten der Kriegswirren den berühmten Professor Böhler dazu zu bringen, mich zu behandeln, was mir ersparte, lebenslang zu hinken. Jedenfalls war mein Gehapparat stets Anlass für latente Sorgen meiner Mutter, was zu – wie ich meine, unnötigen – Beschränkungen bei der Sportausübung führte. Andererseits bekam ich unter diesem Aspekt auch bereits nach meiner Matura ein – sehr kleines – Auto. Mit meiner drei Jahre jüngeren Schwester habe ich ein lebenslanges, gutes und vertrauensvolles Verhältnis, das sich nun auch auf ihre eigene Familie bezieht. Sie ist die Person, die mich am längsten kennt – und auch entsprechend gut versteht.

Es war ein normales, „bürgerliches" Leben, wobei uns immer klar war, dass es eine klare Priorität für Ausgaben für Bildung und Kultur gab. Dazu gehörte etwa auch, dass ich mit Eintritt im Gymnasium ein von meiner Mutter selbst entworfenes Arbeitszimmer bekam, was den lebenslangen Effekt hatte, dass Größe und Ausstattung meiner Arbeitszimmer für mich stets zentrale Punkte für mein Wohlbehagen darstellen. Wir waren eingebettet in einen schönen, aber nicht allzu engen Familienverband, der erfreulicherweise auch von der nächsten Generation in weiten Teilen weitergeführt wird. Dieser betont intellektuell-kulturellen Lebensweise entsprach allerdings auch eine gewisse Weltfremdheit in allen praktischen, speziell auch technischen, Seiten des Lebens. Auch über Geld wurde nie gesprochen, ich hatte nie eine

Ahnung über die Vermögensverhältnisse meiner Eltern. Ich habe mit meiner Frau unseren Sohn bewusst „lebensnäher" erzogen und habe mit ihm volle Transparenz in allen meinen Vermögensangelegenheiten.

Das große Glück meines Lebens war, dass ich mit meiner Frau einen Menschen gefunden habe, der Liebe und Familiensinn, Intellektualität und praktisches „Anpacken" vereint. Meine Frau kommt aus einem konservativen Elternhaus, ging in eine damals als aristokratisch-verzopft gesehene, katholische Privatschule – was alles nicht gerade dem Idealbild meiner Kirchen-skeptischen sozialdemokratischen Eltern entsprach. Der Eingewöhnungsprozess war daher nicht immer einfach. Erleichternd war der Umstand, dass wir ja dann in Linz unser eigenes Leben aufbauten. Meine Frau schätzte das durchaus hohe intellektuelle Niveau ihrer alten Schule – war aber den zur damaligen Zeit äußerst konservativen Aspekten dieser Schule schon lange überaus ablehnend gegenübergestanden. Inzwischen hat sich diese Schule, wie ich aus den Erfahrungen von Familienangehörigen weiß, bei Erhaltung der hohen, fachlichen Qualität, der modernen Pädagogik und dem modernen Leben geöffnet.

Wie es bei manchen Klosterschülerinnen geschieht, entwickelte sich meine Frau zu einer deutlich links von mir stehenden Sozialdemokratin, und ihre praktische Lebensklugheit hat mir speziell in meiner späteren politischen Arbeit oft geholfen. Meine Frau war als junge Universitätsassistentin für Öffentliches Recht ebenfalls an der Linzer Kepler-Universität tätig. Als ich dann Professor wurde, wurde, dem Geist der damaligen Zeit entsprechend, von ihr quasi erwartet, aus der Universität auszuscheiden, und sie hat ganz neu im Dienst des Sozialministeriums angefangen, wo sie nach Tätigkeit im Arbeitsamt Oberösterreich letztlich in Wien als stellvertretende Sektionschefin mit Zuständigkeit für Arbeitsmarktpolitik, Ausländerbeschäftigung und Arbeitslosenversicherung in Pension gegangen ist.

Unser Sohn Florian, geboren in Linz, war von frühester Jugend an Freude und Stolz seiner Eltern – und gleichzeitig eine große Verantwortung für zwei intensiv berufstätige Menschen. Erst im Nachhinein wird mir bewusst, dass ich zu dieser Zeit mit einer gewissen Rücksichtslosigkeit an meiner wissenschaftlichen Laufbahn gearbeitet habe und durch Gastprofessuren etwa in Canberra, in Harvard und Zürich meine, ja auch berufstätige, Frau über längere Zeit einer massiven Belastung ausgesetzt habe. Wir hatten zwar schon früh ein ganztägiges, voll angemeldetes und bei uns wohnendes Kindermädchen engagiert. Aber die Last der Verantwortung lag bei meiner Frau.

Sie hat das sehr gut gemanagt und manchmal bei Bedarf auch die Notbremse gezogen. So hatte ich in einer romantischen Anwandlung im Mühlviertel ein wunderschön gelegenes kleines Bauernhaus gekauft. Als ich dann einmal von einem Forschungsaufenthalt in den USA zurückkam, hatte meine Frau in der Zwischenzeit zur „Vereinfachung des Lebens" das alte Bauernhaus eigenständig verkauft. Erst später in meinem Leben habe ich erkannt, wie wertvoll es ist für ein „gutes Leben", sich frei verfügbare Zeit zu gönnen. Auch schöne Hobbies oder Freizeit-Aktivitäten können zu Zeitzwang beitragen. Heute besteht für mich ein „gelungener Tag" etwa darin, im Sommer im Volksgarten in Wien in aller Ruhe ein interessantes Buch zu lesen, dann auf einen Kaffee in die Meierei zu gehen und dort meine Frau und Enkelkinder zu treffen.

Meine Frau sicherte für unseren Sohn, ein Einzelkind, freundschaftliche nachbarschaftliche Kontakte und gab ihm eine gute Basis für ein offenes und verantwortungsbewusstes Leben in der Gemeinschaft. Hier hatten wir ein interessantes Erlebnis in Bezug auf die unterschiedlichen sozialen Welten. Wir wohnten in Linz in einer Nachbarschaft, wo viele höhere Angestellte der Voest lebten, die oft längere Zeit im Ausland gearbeitet und von dort manche Bräuche mitgebracht hatten. So kommt es in amerikanischen Vororten oft vor, dass auch schon jüngere Kinder vor ihren Wohnhäusern kleine Stände aufbauen und dort selbstgemachte Säfte oder selbst gepflücktes Obst verkaufen. Dieser Brauch hatte sich auch in unserer Linzer Nachbarschaft eingebürgert. Als wir nach Wien kamen, freundete sich unser Sohn rasch mit den Mädchen aus der Nachbarschaft an und überredete sie eines Tages, auf der Straße vor deren Haus – es war die Hietzinger Hauptstraße – selbstgepflückte Äpfel zu verkaufen. Kurz darauf erschien bei uns ein empörter Vater und erklärte wütend: „So was könnt ihr in Linz machen, aber nicht in Hietzing." Eine kleine Anekdote, aber für mich – natürlich als schreckliche Vereinfachung zu sehen – ein Indiz Wiener bürgerlicher Wirtschaftsfremdheit gegenüber unternehmerischem Linzer Geist.

Als ich dann neben meiner Professur auch im Nationalrat tätig war, reduzierte ich meine wissenschaftlichen Auslandsverpflichtungen, dafür musste ich zwischen Linz und dem Parlament in Wien pendeln, was für das Leben unserer jungen Familie eher noch problematischer war. Es waren daher auch primär familiäre Überlegungen, die mich bestimmten, die Berufung an die Wiener Wirtschaftsuniversität anzunehmen. Ich hatte mich an der Linzer Universität sehr wohlgefühlt, nun hatte ich aber Familie, Wissenschaft und Parlament am selben Ort. Ich wäre auch bereit gewesen, mein Nationalratsmandat aufzugeben, aber meine oberösterreichischen Freunde baten mich dringend, sie weiter zu vertreten. Wir hatten – und haben – ja auch weiterhin einen Wohnsitz in Oberösterreich, und ich fühle mich meinem dortigen Freundeskreis sehr verbunden.

Die Wissenschaft ist ein Bereich, der offenbar so familienprägend ist, dass es hier oft Verbindungen über Generationen gibt. Am ausgeprägtesten ist dies in der Medizin, wo ich viele Beispiele eindrucksvoller medizinischer Familientraditionen kenne. Auch im Bankwesen gibt es etliche Fälle von Familientraditionen – was nicht heißt, dass es immer harmonische Fälle sind. Im Bereich der Politik hat es mich dagegen beunruhigt, wie oft hier Kinder unter dem Beruf ihrer Eltern, meist dem des Vaters, litten, und wie viele menschliche Tragödien ich beobachten musste. Ich hatte nicht vor, mein gesamtes Leben in der Politik zu verbringen, aber ich wollte doch möglichst früh unserem Sohn ein positives Bild dieser Welt der Politik vermitteln. Das begann mit dem Kennenlernen des Parlamentsgebäudes, das ich an Samstagen unter dem Vorwand, in mein Büro zu müssen, aufsuchte und dann mit meinem kleinen

Sohn in der eindrucksvollen Säulenhalle verstecken spielte. Das bedeutete aber auch, dass ich mich bemühte, ihm schon sehr früh in einfacher Form zu erzählen, was ich im Parlament denn so machte.

Bei unserer Übersiedlung nach Wien zogen wir nach Ober St. Veit, einem Wiener Vorort im 13. Bezirk, aber nicht geprägt vom Prunk von „Alt-Hietzing", sondern eine typische Wohngegend des gehobenen Mittelstandes – in unserer Gasse sind dies auffallend viele Professoren. Bei der Wahl des Gymnasiums entschieden wir uns aber jedenfalls, unseren Sohn nicht in das bekannte, als „elitär" gesehene Hietzinger Gymnasium zu schicken, sondern in ein Gymnasium im sozial deutlich anders strukturierten Nachbarbezirk. Dieses geografische und soziale Überschreiten des „Wien-Flusses" hat sich überaus bewährt. Unser Sohn erhielt eine ausgezeichnete Schulbildung, gewann durch die sozial gemischtere Struktur seiner Schule aber zusätzlich Offenheit, Durchsetzungsvermögen, soziale Intelligenz und Verantwortungsbewusstsein. Er wurde damit zweifellos robuster, als ich das in meiner geschützten Kindheit war. In späteren Jahren zeigte sich das auch in einem gewissen Beschützerinstinkt mir gegenüber, wenn er mich bei Wahlkämpfen in rauere Gegenden begleitete.

Natürlich war es mir auch ein Anliegen, unseren Sohn in den Bereich der Wirtschaft einzuführen – wobei ich hier in Konkurrenz zu einem seiner Onkel stand, der ihm als führender Wirtschaftsjurist von spannenden Rechtsstreitigkeiten erzählte. Ab seinem 15. Lebensjahr entwickelten wir zum Beispiel den Brauch, zu Silvester jeweils auf den Dollar-Kurs in einem Jahr zu wetten und den entsprechenden Zettel dann aufzubewahren. Wie jeder Ökonom weiß, gibt es kein seriöses Verfahren für so langfristige Punktprognosen. Ich gab meinem Sohn einen gewissen Spielraum vor und innerhalb dieses Spielraumes standen die Chancen für ein richtiges Ergebnis zwischen uns beiden bei etwa 50:50, sodass mein Sohn immer wieder auch stolzer Wettgewinner wurde. Meine Frau und manche meiner sozialdemokratischen Freunde, die uns bei Silvesterfeiern bei so „kapitalistischen Spielen" beobachteten, waren etwas befremdet.

Aber ich erklärte ihnen, es sei nicht anders, als etwa beim Sohn eines Automechanikers. Auch der wird seinen Kindern von den Sachen erzählen, die er versteht, ich erzähle eben von den Sachen, die ich verstehe – wobei das Feld des Automechanikers oft schwieriger – und für Jugendliche jedenfalls spannender – ist als „meine Branche".

All das hinderte auch nicht, dass sich unser Sohn mit Begeisterung bei den „Roten Falken" und später den Sozialistischen Studenten engagierte – wobei er dort freilich meist die Funktion des Finanzreferenten oder des Rechnungsprüfers übernahm. Nach Studien an der Wirtschaftsuniversität Wien arbeitete unser Sohn in einer Wirtschaftsprüfungskanzlei und einer österreichischen Investmentbank, besuchte dann die Business-School in Fontainebleau und war dann für die Citibank, damals die größte Bank der Welt, in New York und London tätig. Hier war er, wie schon geschildert, allen Versuchungen des hemmungslosen Überschwanges der frühen 2000er-Jahre ausgesetzt. Rechtzeitig vor der großen Finanzkrise kehrte er aber dann zum Finanzplatz Wien zurück.

Wir freuen uns heute über drei wunderbare Enkelkinder. Ich sehe diese Kinder aber nicht nur als Freude und Aufgabe, sondern auch als Hilfe, denn sie sind für meine Frau und mich eine Verbindung mit dem Leben und mit der Zukunft. Wenn ich sehe, mit wie viel Liebe, Aufmerksamkeit und Förderung unsere Enkelkinder, ebenso wie Kinder und Enkelkinder vieler Freunde, umsorgt werden, so wie es auch bei mir der Fall war, wird mir freilich auch bewusst, wie begünstigt diese Kinder des Bildungsbürgertums aufwachsen. Das kann nicht zur Schlussfolgerung führen, unseren Kindern und Enkelkindern weniger Liebe und Förderung zu schenken – es erwächst für mich daraus aber die starke Verpflichtung, anderen Kindern in weniger günstigen Verhältnissen zu helfen.

Unterstützung für Kinder hatte immer einen hohen Stellenwert in meiner politischen Arbeit, ebenso auch in meinen Leitungsfunktionen im Kreditwesen. Im Universitätsbereich habe ich spezielle Förderungen eingerichtet für Studierende, die nicht aus Akademikerfamilien kommen. Als Vize-Rektor hatte ich oft Sponsionen oder Promotionen abzuhalten, ich habe die besondere Leistung solcher Studierenden stets gewürdigt, und es war für mich ein schönes Erlebnis, wenn ich dann zu Fotos mit den Absolventen oder Absolventinnen und ihren stolzen angereisten Angehörigen gebeten wurde – sei es die steirische Arbeiterfamilie oder die türkische Großfamilie aus Wien. Und ich habe generell hohen Respekt vor Menschen, die sich aus „bildungsfernen" Milieus weiterentwickelt haben. Erfreulicherweise gibt es hier in Österreich, speziell seit den Reformen der Ära Kreisky, doch eine eindrucksvolle Vielzahl solcher Fälle, und es geht auch darum, ein „optimistisches Klima" des Aufbruches zu schaffen, um die Kenntnis der Chancen, die Bereitschaft und den Mut sie zu ergreifen, zu erhöhen. Das Erreichen und Sichern einer echten, inhaltlichen und nicht bloß formalen Chancengleichheit bleibt aber eine permanente Herausforderung.

Beim Überblick über die Hilfen, die ich in meinem Leben erhalten habe, darf sicher auch der Kreis meiner Freundinnen und Freunde nicht fehlen. Aufgrund meines Lebens in den drei Welten, der Wissenschaft, der Politik und des Bankwesens, habe ich einen sehr großen Kreis von Menschen gemeinsamer Bekanntschaft. Dies gilt für Österreich und Deutschland, aber auch darüber hinaus, wobei speziell auch die enge internationale Verbundenheit der Notenbanken ein exzellentes, vielfältig nutzbares, Netzwerk ergibt. Dies war und ist Teil meines Berufes.

Aber es ist doch zu unterscheiden zwischen „my dear friends" und jenem Kreis von Menschen, mit dem ich in langer und vertrauensvoller Beziehung stehe, auch wenn ich diesen Freunden oft nicht die ihnen gebührende Zeit widmen konnte. Dies hängt schon damit zusammen, dass ich angesichts meiner vielen, oft sehr intensiven Verpflichtungen, immer bestrebt war, möglichst auch Zeit für meine Familie zu sichern. Ich habe persönlich auch kein großes Talent zu allgemeiner Gemütlichkeit, zum Witze-Erzählen bei fröhlichen Heurigen-Abenden, und ich bin – bei aller Wertschätzung – auch nicht Mitglied bei gesellig-karitativen Vereinigungen oder bei

Sportvereinen. Als ich mit Bruno Kreisky zusammenarbeiten durfte, gab er mir, wie er betonte, als „terribler simplificateur", den Rat: „Hüte dich vor Jägern und vor Fußball-Vereinen. Jeder begeisterte Jäger ist bestechbar, wenn man ihm einen guten Abschuss verspricht, jeder größere Fußball-Verein hat schwarze Konten." Um berechtigten Protesten zuvorzukommen, betone ich, dass dies von Kreisky als karikaturhafte Überzeichnung gemeint war und von mir auch so verstanden wurde. Aber ich weiß auch, an welche konkreten Einzelfälle Kreisky bei dieser Bemerkung dachte.

Mein Kreis von Freundinnen und Freunden hat sich wie die Jahresringe eines Baumes im Zeitverlauf entwickelt und bildet einen starken Stamm für mein Leben. Es sind zunächst Freunde noch aus gemeinsam verbrachter Schulzeit und aus Jahren des Studiums. Gute und erprobte Freundschaften ergaben sich im nationalen wie im internationalen Umfeld aus gemeinsamer Arbeit im Universitätsbereich wie auch im Bereich der Notenbanken. Eine besondere Qualität besitzen Freundschaften aus gemeinsam bestandenen Kämpfen im Bereich der Politik und im Speziellen aus der Zeit der Bawag-Rettung. Und schließlich gibt es die Verbundenheit mit meinen regionalen Freundeskreisen in Oberösterreich, speziell rund um den Traunsee.

Ich hatte stets das Glück, als unmittelbare Mitarbeiter Menschen gewinnen zu können, mit denen ich fachlich und auch menschlich bestens zusammenarbeiten konnte. Das gilt für die Assistentinnen und Assistenten meiner Universitätszeit, für meine Assistenten in der Europäischen Investitionsbank und in der Bawag und für den Leiter meines Büros in der Nationalbank, Markus Arpa, der schon meinem von mir sehr geschätzten Amtsvorgänger Klaus Liebscher gedient hatte und mit dem ich dann elf Jahre vertrauensvoll zusammenarbeiten konnte.

Es ist ja für den Chef einer großen Organisation nicht einfach, die gewaltige Fülle von Informationen, die an ihn herangetragen werden, und die Vielzahl der erforderlichen Entscheidungen zu bewältigen. Es besteht stets die Gefahr, in ein, von der Organisation oft provoziertes, „Mikro-Management" zu verfallen und die eigentlichen strategischen Aufgaben der Unternehmensspitze zu vernachlässigen. Hier ist daher ein kluges und gut organisiertes Sekretariat zur Informationsfilterung und Entscheidungsvorbereitung von zentraler Bedeutung. Dies kann freilich die Mitarbeiter des Sekretariats – und speziell den jeweiligen „Kabinettschef" – dazu verführen, Macht auf eigene Faust auszuüben und dafür Informationen selektiv weiterzugeben. Es gibt etliche Beispiele, wo „Kabinette" in Ministerien und „Generalsekretariate" in Unternehmen solchen Versuchungen nicht widerstehen konnten. Es ist daher für die Führungskraft – und für die Organisation insgesamt – von zentraler Bedeutung, diese Funktionen mit Mitarbeitern zu besetzen, die nicht nur fachlich bestens qualifiziert sind, sondern denen man auch menschlich voll vertrauen kann. Ich hatte das Glück, hier Menschen zu finden, denen ich nicht nur vertrauen konnte, sondern wo sich auch gute und haltbare persönliche Freundschaften entwickelten.

Eine enge Verbindung von Effizienz und Vertrauen ist auch in Bezug auf die übrigen unmittelbaren Mitarbeiter, von Sekretärinnen bis zu Fahrern, erforderlich. Bei regelmäßigen 14-Stunden-Tagen ergibt sich für die Unternehmensspitze ja zwangsläufig oft eine Mischung von beruflichen und privaten Aufgaben, und ein leistungsstarkes und kluges direktes berufliches Umfeld ist von zentraler Bedeutung für die Leistungskraft – und oft auch für die Gemütsverfassung – des „Chefs". Natürlich kann innerhalb eines so geforderten Teams manchmal eine etwas heikle psychologische Balance bestehen, ich hatte aber in allen meinen Funktionen das Glück, mich auf mein jeweiliges „Team" insgesamt voll verlassen zu können und es haben sich vielfach bis heute anhaltende freundschaftliche Bande ergeben, in die auch meine Frau als „häusliche Koordinierungsstelle" eingebunden war und ist.

Eine lange Karriere ist ein Marathonlauf – man darf nicht zu früh verbrennen. Es ist daher nach meiner Erfahrung und Beobachtung von großer Wichtigkeit, sich auch bei erheblicher beruflicher Belastung „Freiräume" zu erhalten. Für viele Manager ist das oft eine – manchmal wieder mit exzessivem Leistungswillen betriebene – sportliche

Betätigung. Für mich hielt sich das stets in engen Grenzen. Neben der für mich zentral wichtigen Zeit für meine Familie habe ich mich dagegen immer bemüht, Offenheit für den Bereich der Kunst zu behalten, und ich habe gute Freundinnen und Freunde gefunden, die mir dabei halfen und helfen. Hier ist das Feld weit abgesteckt.

Wie schon aus dem Einleitungskapitel dieses Buches erkennbar, bin ich seit meiner Jugend ein begeisterter Leser – und auch ein begeisterter Besucher von Buchhandlungen. Dies führte einmal auch dazu, dass ich gemeinsam mit drei Freunden, darunter der frühere Finanzminister und große Buchliebhaber Ferdinand Lacina, Teilhaber einer Buchhandlung wurde. Ein schon pensionierter Buchhändler wollte es noch einmal versuchen und bat unseren Freundeskreis, ihm dabei zu helfen. Es war eine kleine Buchhandlung an einer leider recht stillen Stelle der Wiener Innenstadt, den Interessen der Eigentümer entsprechend mit spezieller Ausrichtung auf psychoanalytische und nationalökonomische Literatur. Wir hatten die Kaufbereitschaft dieses Kundensegments aber doch überschätzt, und nachdem unser Buchhändler-Freund sich dann endgültig zurückzog, mussten wir die Buchhandlung, die für uns auch ein schöner Stützpunkt für Bummel durch den 1. Bezirk war, schließen. Ich bin dann wieder reuig zurückgekehrt zur „Stammbuchhandlung" unserer Familie, Leo und Co., bei der – damals im „Heinrichshof" gegenüber der Oper – schon mein Großvater Kunde war. Es ist für mich heute eine besondere Freude, mit meinen Enkelkindern in diese gut und liebevoll geführte Buchhandlung zu gehen, wo sie sich inzwischen schon gut auskennen.

Das Zentrum meiner „Welt der Bücher" ist aber stets die Österreichische Nationalbibliothek. Der Prunksaal der Nationalbibliothek ist mein Lieblingsort in Wien, den ich auch allen Besuchern aus dem Ausland jedes Mal mit neuer Freude zeige und erkläre. Unter der Führung der klugen und kraftvollen Direktorin Johanna Rachinger hat sich die Nationalbibliothek zu einer modernen und „menschenfreundlichen" Institution entwickelt, die sich weit entfernt hat von der Zeit, als ich als Student hier quasi in einem Bittsteller-Status gearbeitet habe. Dr. Rachinger, die ja aus dem privaten Verlagswesen gekommen ist, hat auch kluge und ansprechende Formen für private Zusatzfinanzierungen entwickelt. Meine Frau und ich haben eine Reihe von „Buchpatenschaften" übernommen, die dann immer in sehr schöner Form im Beisein unserer Enkelkinder übergeben wurden. Ich hoffe, die Liebe zu Büchern ist vererbbar!

Im Bereich zeitgenössischer bildender Kunst habe ich seit meiner Studentenzeit in freilich bescheidenem Umfang Werke österreichischer Künstlerinnen und Künstler gesammelt, während mein Sohn aus seiner Zeit in New York und London sehr interessante Werke aus der dortigen Kunstszene mitgebracht hat. Es ist für mich aber immer eine Freude, in Ateliers oder zu Vernissagen zu gehen und die „Aura der Kreativität" zu erleben. Wie geschildert, hatte ich ja auch die Ehre und das Vergnügen, sowohl bei der Europäischen Investitionsbank, wie auch bei der EZB Mitglied des jeweiligen „Arts Committees" zu sein und in diesem Zusammenhang auch die großen Kunstmessen, speziell in Basel, zu besuchen. Ich muss aber sagen, dass mich die Atmosphäre des Kommerzes und der überhöhten Preise auf diesen Veranstaltungen eher abstößt und ich das ehrlichere und intimere Gespräch in einem Atelier wesentlich höher schätze und mich freue, dass ich hier interessante und kluge Ansprechpartnerinnen und Ansprechpartner gefunden habe.

Wie viele Notenbanken verfügt auch die Oesterreichische Nationalbank über eine Gemäldesammlung, wobei für Ankäufe ein Fachbeirat besteht. Dabei hat sich als ein Schwerpunkt der Bereich „Österreichische Maler der Neuen Sachlichkeit" entwickelt, der sich auf die künstlerisch spannende Zeit zwischen den Weltkriegen bezieht. Eine erhebliche Zahl dieser Bilder hängt als Leihgabe in der Albertina in Wien. Der andere Schwerpunkt betrifft zeitgenössische Kunst mit einer Reihe eindrucksvoller Beispiele. Für meine „Grundstimmung" ist es mir immer wichtig, mit welchen Bildern ich in meinem jeweiligen Arbeitszimmer lebe. Als ich in die Nationalbank kam, habe ich mir daher Zeit genommen, aus dem Fundus auszuwählen. Von unseren Expertinnen wurde mir als eines der spannendsten Bilder aus dem Bestand der Nationalbank das ikonische Werk von Maria

Lassnig, „Mit dem Tiger schlafen", angeboten. Als Hintergrund für viele geldpolitische Besprechungen schien mir dieses Werk dann aber doch etwas zu riskant. Heute ist dieses Bild als Leihgabe der Oesterreichischen Nationalbank in der „Albertina-modern" im Künstlerhaus ausgestellt. Ich habe mich dann für Bilder von Prachensky und Staudacher und eine Plastik meines Freundes Helmuth Gsöllpointner entschieden. Von diesem Ensemble ist in der Tat im Laufe der vielen Jahre meiner Tätigkeit eine gute „Ausstrahlung" auf mich ausgegangen. Bei meinem Abschied aus der OeNB konnte ich die von mir sehr geschätzte Xenia Hausner dafür gewinnen, mein Portrait für die „Gouverneurs-Galerie" anzufertigen. Daraus ergaben sich anregende Portrait-Sitzungen in ihrem Atelier in Wien und Traunkirchen und ein – nicht nur aus meiner Sicht – überaus gelungenes Ergebnis.

Der Bereich der Kunst, der im Lauf der Zeit für mich immer stärkere Bedeutung gewonnen hat, ist der Bereich der Musik. Ich hatte als Kind, mit nicht sehr großem Erfolg, Klavierspielen gelernt, vor allem aber habe ich meinen Vater regelmäßig jeden zweiten Donnerstag im Monat zur Hausmusik bei meinen Großeltern begleitet. In jenen idyllischen Zeiten, in denen Beamte und Ärzte offensichtlich noch wesentlich mehr Zeit hatten, spielte mein Großvater mit meinem Vater, seinem Zwillingsbruder und einem Onkel Streichquartett in der Wohnung meiner Großeltern. Ich saß still in einer Ecke und verputzte Unmengen von „Teufelspillen", einer jeweils an Quartett-Tagen servierten Mehlspeis-Spezialität meiner Großmutter. Die Erinnerung an diese Herrlichkeit mit dunkler Schokolade und Powidl hat für mich einen Stellenwert wie die „Madeleines" für Marcel Proust – leider hat meine Großmutter kein Rezept hinterlassen. Ein Stück, das sich mir als mein lebenslanges Lieblingsstück eingeprägt hat, war Schuberts „Forellen-Quintett", für das eine sehr sympathische Pianistin beigezogen war und das von der Runde fast ein dreiviertel Jahr lang geprobt wurde. Mehr dazu später.

Ich hatte dann das Musikleben etwas aus den Augen verloren und kam erst über traurige ökonomische Umstände damit wieder in Berührung. Im Zuge meiner Aufgabe, die Bawag-PSK Bank zu sanieren, musste ich auch alle verlustbringenden Beteiligungen verkaufen. Zu diesen verlustbringenden Beteiligungen gehörte leider auch die ehrwürdige Wiener Klavierfabrik Bösendorfer, mit einer Produktionsstätte in Wiener Neustadt, einer überaus stimmungsvollen Zentrale mit Konzertsaal im 4. Wiener Bezirk und einem prominenten Verkaufssalon im historischen Gebäude des Wiener Musikvereins. Bösendorfer-Klaviere gehören zu den besten Klavieren der Welt, die Firma ist eine Ikone der österreichischen Kultur, ich habe daher die überaus sensiblen Verkaufsverhandlungen selbst in die Hand genommen und schweren Herzens letztlich Bösendorfer an den großen japanischen Konzern Yamaha verkauft, der mit seiner Finanzkraft die Zukunft Bösendorfers sichert.

Im Zuge dieser Gespräche lernte ich auch eine kluge und engagierte Mitarbeiterin von Bösendorfer kennen, die seither eine gute Freundin und künstlerische Beraterin geworden ist und meiner Frau und mir die Welt der Musik neu erschlossen hat. Inzwischen ist sie Geschäftsführerin eines eigenen mittelgroßen Orchesters, das neben Werken klassischer Musik in seiner Abonnementreihe im stimmungsvollen Brahms-Saal des Musikvereins jeweils auch Auftragswerke für zeitgenössische Komponisten zur Uraufführung bringt. Meine Frau ist auch im Vorstand des entsprechenden Orchestervereins, und es ist überaus spannend, quasi aus der Nähe die harte Arbeit und auch die großen wirtschaftlich-organisatorischen Herausforderungen zu sehen, die ein solcher Verein zu bewältigen hat. Von unserer musikalischen Freundin habe ich viel über das Wesen der Musik gelernt – sie hat mir als kluger Mensch aber auch praktische Lebenswelten gezeigt, die mir bisher verschlossen waren.

Als Zeichen der Freundschaft beschlossen dann einige Musiker des Orchesters, in einem Privathaus eine Aufführung des „Forellen-Quintetts" für mich zu arrangieren. Dies geschah an einem Wochenende, ich war zutiefst gerührt – doch mitten im ersten Satz bekam ich einen Anruf mit der dringenden Bitte, möglichst rasch in Sachen „Hypo-Alpe-Adria-Bank" ins Finanzministerium zu fahren.

Daraufhin wurde an einem der nächsten Wochenenden die Aufführung in perfekter Form wiederholt, und das „Forellen-Quintett" hat damit für mich nicht nur musikalische Bedeutung, sondern auch als Erinnerung an Hilfe und Freundschaft.

In der Oesterreichischen Nationalbank hat sich für mich dann eine weitere, überaus spannende Dimension des Musiklebens erschlossen. Die Oesterreichische Nationalbank ist Eigentümerin der Münze Österreich, die Münze Österreich wieder prägt mit dem „Philharmoniker" eine der erfolgreichsten Goldmünzen der Welt. Über diese Aktivität hat sich im Laufe der Zeit ein enger Kontakt mit den Wiener Philharmonikern ergeben. Aus diesem Kontakt entstand dann die Initiative, vonseiten der Nationalbank wertvolle alte Streichinstrumente anzukaufen und sie hoch qualifizierten Musikern und Musikerinnen zur Verfügung zu stellen. Unter der Federführung des damaligen Generaldirektors Adolf Wala wurde 1989 eine Sammlung begonnen, die heute 45 Instrumente umfasst, darunter Spitzenwerke von Antonio Stradivari und Guarneri del Gesù. Die Konzertmeister der Wiener Philharmoniker haben quasi ein „Anrecht" auf eine „OeNB-Stradivari".

Inzwischen ist die Vergabe aber breiter gestreut und ich habe zusätzlich ein Ankaufsprogramm für Geigen in einer „mittleren" – aber noch immer sehr hohen – Preisklasse initiiert. Diese Geigen werden an junge Künstlerinnen und Künstler verliehen, die sich für internationale Wettbewerbe vorbereiten, wo man heute nur mit einem erstklassigen Instrument eine Chance auf einen Spitzenplatz hat. Es ist verständlich, dass unter Musikerinnen und Musikern gewaltiges Interesse besteht, in ein solches Leihprogramm zu kommen, und ehe ich noch mein Amt als Gouverneur angetreten hatte, war ich in dieser Richtung schon einer Unzahl von Interventionen ausgesetzt. Im Sinne der Objektivität – und auch als Selbstschutz – haben wir als Nationalbank aber die Entscheidung über die Vergabe der Geigen einem unabhängigen Expertengremium mit rotierender Zusammensetzung übergeben – und so kann ich in voller Unbeschwertheit herrliche Konzertabende mit „unseren" Geigen genießen.

Dieser Abschnitt über Hilfe und Freundschaft wäre nicht vollständig ohne die Erwähnung der wichtigen Hilfen in häuslichen Bereich. Externe häusliche Hilfe ist ein oft übersehenes oder verschwiegenes Kapitel. Ich habe über dieses Thema oft nachgedacht, denn für mich hat es eine beinahe philosophische, jedenfalls eine gesellschaftliche Dimension. In meiner „Christentum und Sozialdemokratie"-Zeit hatte ich einmal ein Gespräch mit einem Mönch aus einem Bettelorden, ich glaube, es war ein Kapuziner, der mir mit demütigem Stolz erzählte, in seinem Orden machten sie alle Hausarbeiten selber – einschließlich des hier stets paradigmatischen Klo-Putzens, während sich die Herren aus den „feinen Orden" wie die Benediktiner bedienen lassen würden. Als junger Ökonom versuchte ich, ihn vom grundlegenden ökonomischen Prinzip der Arbeitsteilung und ihrer wohlfahrtssteigernden Effekte zu überzeugen, und meinte, es wäre für einen gut ausgebildeten Benediktiner doch vielleicht sinnvoller, seine Zeit für Schulunterricht zu verwenden. Natürlich schließt die eine Tätigkeit die andere nicht vollständig aus, aber es geht immerhin um Schwerpunktsetzungen.

Man kann das gesellschaftspolitisch ausweiten auf die Frage, wie weit es sinnvoll und ethisch vertretbar ist, wenn in reichen Industriestaaten zunehmend persönliche Dienstleistungen von Menschen aus armen Staaten erbracht werden. Oder man kann ökonomisch analysieren, wie hier Kosten/Nutzen-Relationen für die jeweils Beteiligten aussehen und wieso es hier so große Unterschiede in den jeweiligen Einkommensniveaus gibt. Das gilt für das Verhältnis von Nachfragern und Anbietern, aber auch innerhalb der Arbeits-Angebotsseite ist zu fragen, welche ökonomischen und sozialen Aspekte zu so deutlichen Unterschieden in der Bezahlung von etwa Altenpflege zu Fabrikarbeit führen. Falls der Unterschied auf unterschiedlicher gewerkschaftlicher Vertretungsmacht liegt, welche staatlichen Regelungen müssen dann eingreifen? Die Corona-Pandemie hat ja die Bedeutung „einfacher" Arbeiten für „Systemerhaltung" und Betreuung sichtbar gemacht – was sich hoffentlich auch in der konkreten Bezahlung dieser Tätigkeiten ausdrücken wird.

Letztlich geht es auch um die Frage des sozialen Zusammenhalts in einer Gesellschaft und um die Gefahr, dass Gesellschaften heute (wieder) in Gruppen zerfallen, die einander wenig berühren und wenig kennen. Es gibt in Österreich erfreulicherweise (noch) keine quasi abgegrenzten „Ghettos", wie in vielen Staaten der angloamerikanischen und der Dritten Welt. Aber es gibt Tendenzen in diese Richtung. In Zeiten der teilweisen Öffnung gegenüber Staaten mit deutlich geringeren Einkommen sind solche Phänomene zum Teil – hoffentlich nur als Übergangsphase – nicht voll vermeidbar. Aber es ist jedenfalls wichtig, auch Situationen des gemeinsamen Kennens und der Verbundenheit zu stärken. Wie ich aus Gesprächen weiß, ist heute für Burschen der Wehrdienst zum Teil ein solches übergreifendes Gemeinschaftserlebnis. Aus den Erfahrungen meines Sohnes habe ich gesehen, dass etwa ein Zivildienst bei einer Rettungsorganisation zu größerer sozialer Offenheit führen kann und ich kann der – freilich umstrittenen – Idee eines allgemeinen Sozialdienstes durchaus auch positive Seiten abgewinnen. Die wichtigsten Bereiche für soziale Integration sind aber zweifellos das Schul- und das Wohnungswesen.

Auf einer sehr viel unmittelbareren und trivialen Ebene ist freilich festzustellen, dass die Arbeit eines in anspruchsvollen Berufen tätigen Ehepaares mit Kindern ohne externe Haushaltshilfe heute eine enorme Herausforderung darstellt. Das – von mir sehr unterstützte – Prinzip halbe/halbe setzt geregelte und nicht allzu lange Arbeitszeiten voraus – und konsequenterweise ergibt sich daraus ja auch die politische Forderung nach Arbeitszeitverkürzung. Ansonsten sehen wir in der Praxis, dass das Hauptgewicht der häuslichen Arbeit leider nach wie vor überwiegend bei der Frau verbleibt. Hier hat sich nach meiner Beobachtung bei jungen Paaren zweifellos viel gebessert. Aber es war doch sehr klug und praxisnah von einer deutschen Top-Wissenschafterin, als sie einen hoch dotierten Wissenschaftspreis erhielt, einen Teil des Preisgeldes ihren jungen Mitarbeiterinnen in der Forschung zu geben, damit sie sich eine Haushaltshilfe leisten können.

Ohne Zweifel ist die Frage „bezahlte Haushaltshilfe" ein typisches Problem der Mittelschicht und speziell für Sozialdemokratinnen und Sozialdemokraten immer mit einem Ausmaß von schlechtem Gewissen (und Doppelbödigkeit) verbunden. Und in der Tat war das „Hauspersonal" in der Vergangenheit in sehr vielen Fällen ein geradezu typisches Beispiel für ausgebeutete, in vieler Hinsicht missbrauchte und rechtlose weibliche Arbeitskräfte. Nicht zuletzt durch den Einsatz der Sozialdemokratie hat es im historischen Vergleich deutliche Verbesserungen gegeben. Noch immer handelt es sich beim Thema häusliche Hilfe aber meist um in vieler Hinsicht benachteiligte, meist ausländische, Arbeitnehmerinnen.

Jedenfalls ist auch heute die Notwendigkeit der externen Haushaltsunterstützung ein offenes Thema für Mittelstandsfamilien in, wie ich aus vielen Erzählungen weiß, praktisch allen Industriestaaten. Als Ökonom sehe ich das Problem ja insgesamt nüchterner: Es handelt sich hier um einen wertvollen Dienstleistungsbereich, der sozial mindestens so bedeutsam ist wie andere persönliche, wichtige Dienstleistungen, wie etwa Fitnesstrainer oder Automechaniker, und es geht darum, durch adäquate Arbeitsbedingungen und entsprechend hohe Bezahlung dem Stigma dieser wichtigen Branche entgegenzuwirken. Meine Frau und ich haben es für unser Konsumverhalten daher immer wichtiger gesehen, persönliche Dienstleistungen „einzukaufen" anstatt zusätzlicher Konsumgüter oder etwa Fernreisen, wo zwar auch Dienstleistungen, aber ohne persönlichen Bezug eingekauft werden. Der persönliche Bezug ist freilich bei Hilfen für den Haushalt ein Spezifikum, hier geht es um Fairness und Vertrauen von beiden Seiten und in glücklichen Konstellationen, wie wir es erleben konnten, kann sich daraus auch Freundschaft entwickeln.

Für mich waren die häuslichen Hilfen, die mich in meinem Leben unterstützt haben, von fast existenzieller Bedeutung. Ich bin ein an sich unordentlicher Mensch, der aber die Ordnung liebt und für effizientes Arbeiten braucht. Ich habe keine Freude an häuslicher Arbeit, gleichzeitig bin ich so emanzipatorisch erzogen, dass ich ein schlechtes Gewissen habe, meiner ja auch intensiv berufstätigen

Frau ein Übermaß an häuslicher Arbeit zuzumuten (wobei es dennoch genug Anlass für entsprechend schlechtes Gewissen gab).

Der Haushalt meiner Kindheit war ein Haushalt zweier berufstätiger Akademiker, geführt von meiner im Haushalt lebenden, gütigen mütterlichen Großmutter. Dazu kamen zwei, jeweils teilbeschäftigte, häusliche Hilfen, die sich schon in der Form, wie sie angesprochen wurden, deutlich voneinander unterschieden. Die eine, „Anna", arbeitete überwiegend bei meinen väterlichen Großeltern, in deren Haushalt sie auch wohnte. Sie war seit Jahrzehnten „im Dienst" und der Stolz in ihrer kleinen Kammer war ein gemeinsames Foto von ihr, meiner Großmutter und dem Wiener Bürgermeister Theodor Körner. Noch in den 1950er-Jahren war es üblich, dass die „rote" Stadt Wien einmal im Jahr Haushaltshilfen, die mehr als 40 Jahre in einem Haushalt waren, gemeinsam mit der „Gnädigen" zu einer Jause im Rathaus einlud. Anna hat nach dem Tod meines Großvaters dann auch noch meine Großmutter betreut. Als die große Wohnung meiner Großeltern dann von der Familie meiner Cousine übernommen wurde, bekam Anna im Nachbarhaus, das der Familie gehört, eine kleine Wohnung. Ich werde nie vergessen, mit welchem Stolz sie mir dann diese kleine Wohnung zeigte, die erste eigene Wohnung ihres Lebens.

Die andere Hausangestellte wurde dagegen nicht mit ihrem Vornamen, sondern stets als „Frau Müller" angesprochen. Sie war eine starke und selbstbewusste Frau, sprach mit dem damals noch häufiger gehörten böhmischen Akzent und war eine leidenschaftliche und radikale Sozialdemokratin. Sie hatte mich besonders ins Herz geschlossen und ihre häufigen Erzählungen vom Arbeiteraufstand von 1934 waren von dramatischer Intensität. Es war für mich rührend, ihre Freude zu sehen, als ich ihr als Student meinen ersten Artikel überreichte, der in der „Zukunft", der intellektuellen Zeitschrift der SPÖ, erschien. Hier bestand auch ein gutes freundschaftliches Verhältnis zu meiner Mutter, die sich, als unsere liebe Frau Müller alt und krank wurde, intensiv um sie kümmerte.

Ich war daher einerseits verwöhnt, andererseits an respektvollen Umgang mit außerfamiliären Hilfen gewohnt, sodass wir schon in unseren ersten Linzer-Jahren einen erheblichen Teil unseres damals kleinen Einkommens für häusliche Hilfe – und damit für „Zeit-Souveränität" verwendeten. Als meine Frau nach der Geburt unseres Sohnes nach einiger Zeit wieder voll berufstätig wurde, stellten wir ein ganztägiges Kindermädchen ein, das auch bei uns in unserem inzwischen bezogenen Haus wohnte. Es war ein herzliches und lernbegieriges Mädchen aus einem kleinen Dorf im Mühlviertel. Sie war dann auch bereit, mit uns nach Wien zu übersiedeln, was für unseren Sohn den Anpassungsprozess an Wien deutlich erleichterte. Wir wurden dann mit ihrer ganzen Familie befreundet, sie wurde später Krankenschwester, heiratete, und wir sind noch immer in gutem Kontakt.

Seit Jahrzehnten werden wir nun in Wien nebenberuflich von einer tüchtigen und überaus gewissenhaften Frau betreut, die das inzwischen eigentlich „nicht mehr nötig" hätte und mit der sich im Laufe der Zeit ein schönes, freundschaftliches Verhältnis ergeben hat. Auch meine Frau konnte unserer Freundin in manchen schwierigen Phasen ihres Lebens wertvolle Hilfe leisten.

Es war mir wichtig, in diesem Überblick über „Wege und Hilfen" gerade auch jene Menschen zu würdigen, die „hinter den Kulissen" wesentlich zu meinen privaten Entwicklungs- und Arbeitsmöglichkeiten beigetragen haben. Zu Beginn dieses Buches habe ich das für mich sehr bedeutsame Gedicht von Bertold Brecht, „Fragen eines lesenden Arbeiters", zitiert. Die dort gestellte Frage „Wohin gingen an dem Abend, wo die Chinesische Mauer fertig war, die Maurer" lässt sich für meine Beobachtungen etwas blasphemisch abwandeln in die Frage: „Wer hatte, als der Arzt, die Professorin, der Banker, die Verlegerin nach Hause kam, das Klo geputzt?" – (übrigens auch im Hause Brecht?)

22. Versuch eines Gesamtbildes – Weltanschauung und Lebenshaltung

In diesem Buch habe ich versucht, verschiedene Stationen meines beruflichen Lebens darzustellen und zu analysieren. Ich habe auf meinem Lebensweg viele kluge, ehrliche und solidarisch denkende Menschen getroffen. Aus meiner Lebenserfahrung musste ich leider aber auch erkennen, wie verbreitet Dummheit und Leichtgläubigkeit sind und wie gefährlich es ist, wenn – wie es nicht selten vorkommt – Dummheit und Bösartigkeit gemeinsam auftreten. Speziell im Bereich der Politik und der Medien können sich unter diesem Aspekt schwierige Fragen hinsichtlich der Toleranz und Offenheit des liberalen Rechtsstaates stellen. Ich bin jedenfalls von der Notwendigkeit überzeugt, den „dunklen Gewalten" von Dummheit, Bösartigkeit und Menschenverachtung mit einem kämpferischen Humanismus der Aufklärung entgegenzutreten. Wie gezeigt, stellten sich in jeder dieser Stationen oft sehr spezifische Verantwortungen und Aufgaben.

Für mich gab – und gibt – es dabei in wichtigen Situationen einen Kompass, dem ich in meiner Lebenswanderung als „Weltanschauung" folge. Das schöne deutsche Wort „Weltanschauung" umfasst in meiner Sicht die politische und die kulturelle Perspektive, mit der ein Mensch seinen Platz im Zeitgeschehen sieht und wie er dieses Zeitgeschehen beurteilt. Es geht aber nicht nur darum, zu sehen und zu beurteilen, es ist aus meiner Sicht auch notwendig, konkret Partei zu ergreifen und zu handeln. Hier gibt es zweifellos eine Vielzahl von Wegen. Der Weg, den ich zur Durchsetzung und Sicherung eines demokratischen Humanismus gewählt habe, meine „Weltanschauung", ist geprägt von meinem Verständnis der Sozialdemokratie – ich betone: „meinem Verständnis." Denn die Sozialdemokratie umfasst in ihrer Geschichte und Organisation eine Vielzahl von Varianten, die aber eben doch auf einer gemeinsamen Basis der Aufklärung und des Humanismus beruhen. Zur Zeit meiner politischen Bewusstseinsbildung war es auch die einzige Partei in Österreich, die niemals politische Gegner eingesperrt und misshandelt hatte.

Meine erste sozialdemokratische Prägung erhielt ich in meinem Elternhaus, das vom Lebensstil her sehr bürgerlich, von der politischen Weltanschauung her aber von einem idealistischen sozialdemokratischen Denken bestimmt war. Übrigens in Österreich kein seltenes Phänomen. In der österreichischen Literatur gegen Ende des 19. Jahrhunderts findet man immer wieder die – meist positiv gezeichnete – Figur des „sozialdemokratischen Hofrates". Vonseiten konservativer Minister kommt es dabei freilich manchmal zu Missverständnissen, wie Arthur Schnitzler in seinem eindrucksvollen Stück „Professor Bernhardi" illustriert. Dort ist sich der zynische Minister Flint nicht klar, ob sein Berater, der sozialdemokratische Hofrat, nicht doch Anarchist ist, und erhält die, auch heute noch in höheren österreichischen Beamtenkreisen bekannte Antwort: „Als Beamter hat man nur die Wahl – Anarchist oder Trottel."

Meine Eltern waren auf sehr unterschiedlichen Wegen zur Sozialdemokratie gekommen. Mein mütterlicher Großvater, der viel älter war als meine Großmutter und den ich nie kennengelernt habe, war Offizier, aber von offenbar progressiver Geisteshaltung. Jedenfalls habe ich von ihm noch viele Bände der „Fackel" geerbt, der berühmten kritischen Publikation von Karl Kraus. Er gehörte nach dem Ersten Weltkrieg zu jener kleinen Gruppe altösterreichischer Offiziere, die der jungen Republik positiv gegenüberstanden. Zu dieser Gruppe zählte vor allem der spätere Bundespräsident General Körner, offenbar aber auch der in Wien als Meister des guten Benehmens berühmte Tanzschulbesitzer Willy Elmayer, ehemals Rittmeister und in der Zweiten Republik langjähriger Organisator der Eröffnung des Wiener Opernballs. Jedenfalls half Elmayer nach dem Tod meines Großvaters der Familie meiner Mutter und ermöglichte meiner Mutter auch den kostenlosen Besuch in seiner berühmten Tanzschule, wo sie dann einem interessanten jungen Herrn – meinem Vater – begegnete.

Elmayer hatte neben seiner Stadtwohnung auch eine Villa im Wiener Vorort Dornbach, wo später auch meine Eltern wohnten. Sonntags vormittags kam er in perfekter Etikette manchmal zu uns auf Besuch und berichtete von seinen der Öffentlichkeit nicht bekannten sozialen Aktivitäten. Er ging in Gefängnisse, um speziell jungen Strafgefangenen in der Zeit vor ihrer Entlassung Grundzüge eines guten Benehmens beizubringen. Mein Vater meinte zwar ironisch, dass dadurch Wien die Gauner mit den besten Manieren der Welt bekäme. Tatsächlich ging es Elmayer aber darum, den Strafentlassenen wieder mehr Selbstbewusstsein und bessere Chancen für ein Einleben in die „normale Welt" zu geben. Ich weiß nicht, wie lange und mit welchem Erfolg Elmayer diese Aktion durchführte – aus den Sonntagsgesprächen, die ich mithören durfte, bekam ich jedenfalls den starken Eindruck, dass er geistig der Sozialdemokratie nahestand. Natürlich ging ich dann in seine Tanzschule. Leider wurde ich unter seine persönliche Obhut gestellt, was bedeutete, dass er mich wie einen Kavallerie-Rekruten behandelte. Aus Trotz habe ich dann nie richtig Tanzen gelernt – ganz im Gegenteil zu meiner Schwester, die als junge Dame hofiert wurde.

Wie mir meine Mutter oft erzählte, war ihr entscheidender politischer Impuls der Februar 1934, als das austrofaschistische Regime mit Kanonen auf die aufständischen Arbeiter in den Gemeindebauten schoss. Als Offizierstochter war sie über die Brutalität gegenüber der eigenen Bevölkerung empört. Dazu kam, dass sich der Februar 1934 auch in ihrem schulischen Alltag dramatisch auswirkte. Meine Mutter ging in ein privates Mädchengymnasium, das von Kindern des progressiven Wiener Bürgertums besucht wurde. Dazu zählten etwa die Kinder der berühmten Psychologie- und Pädagogik-Professoren Bühler oder auch die Tochter des nachmaligen SPÖ-Vorsitzenden und Bundespräsidenten Adolf Schärf, mit der meine Mutter lebenslang befreundet blieb und mit deren Familie Kyrle auch ich noch guten Kontakt hatte.

Diese Schule hatte schon Schüler-Mitbestimmung, zeitgemäßen Philosophie-Unterricht und moderne Lebensformen. Mit Februar 1934 kam die Schule unter die Gewalt der katholischen Kirche und alle progressiven Aspekte wurden abgeschafft. Da meine Mutter als Kind einer armen Offizierswitwe für den Schulbesuch stets auf ein Stipendium angewiesen war, bekam sie diesen neuen Zwang besonders stark zu spüren – was bei ihr zu einer lebenslangen massiven Antipathie gegen die Kirche führte. Sie trat allerdings nie aus der Kirche aus, denn „das haben die Nazis gemacht". Als sozialdemokratische Lehrerin führte sie dann freilich manche Kämpfe gegen zu aktive Religionslehrer. Ihre Erzählungen darüber beim häuslichen Abendessen erinnerten mich häufig an die Kämpfe von „Don Camillo und Peppone".

Meine Mutter war daher auch gar nicht erfreut darüber, dass ich während meines Studiums großes Interesse entwickelte für die Samstagvormittag-Veranstaltungen des Soziologie-Professors August Maria Knoll, einem früheren Sekretär von Ignaz Seipel – dem „Prälaten ohne Milde". Knoll hatte sich inzwischen aber unter den traumatischen Erfahrungen des Nationalsozialismus zum „Links-Katholiken" entwickelt und organisierte in seinem Seminar Begegnungen mit seinen intellektuellen Freunden, wie Friedrich Heer, Wilfried Daim, Günther Nenning und Norbert Leser.

Aus der etwas romantisch geprägten, „Links-Katholischen" Welt kam ich in die damals intellektuell stark prägende Diskussion über „Christentum und Sozialdemokratie". Zu Ende der 1960er-Jahre pilgerte ich mit meinem Freund Toni Pelinka, später bekannter Professor für Politikwissenschaft, mit dem Thema „Christentum und Sozialdemokratie" durch österreichische Pfarrveranstaltungen. Pelinka war zu dieser Zeit bereits Redakteur der katholischen Zeitung „Die Furche". Er vertrat das Christentum, ich war Mitarbeiter des ÖGB und vertrat die Sozialdemokratie. Das Ergebnis der Veranstaltungen war – voraussehbar – jedes Mal die Erkenntnis, dass es keinen Gegensatz zwischen den Welten von Christentum und Sozialdemokratie gibt. Dies war zu jener Zeit, die noch stark vom politischen Katholizismus geprägt war, durchaus nicht selbstverständlich, und ich hoffe, dass Aktivitäten wie die unsere beigetragen haben zu einer Auflockerung gesellschaftlicher Verkrustungen, die dann Bruno Kreisky mit seinem Reformwerk fortsetzen konnte.

Ich habe jedenfalls auch heute größten Respekt vor jenen Christen, die ihr Glaube zu oft aufopfernder sozialer Tätigkeit führt – ebenso wie dieser Glaube manche im Widerstand gegen den Nazi-Terror stärkte. Aus den Kontakten, die ich nach wie vor zum kirchlichen Bereich habe, weiß ich freilich auch, wie schwer viele aufrechte Geistliche an der Last der Geschichte und auch mancher Aspekte der Gegenwart tragen und welch große innere Kämpfe mit dieser Last verbunden sein können. Ich glaube, sagen zu können, dass nach meiner Beobachtung Banker mit einer echten Verankerung im Glauben, so wie auch Banker mit gefestigter humanistischer Weltsicht, doch eher immun waren gegen den Größenwahn und die Hemmungslosigkeit, die in den 2000er-Jahren im internationalen Bankwesen herrschten. Eine der zentralen Figuren dieser Exzesse, Lloyd Blankfein, Chef der Spitzenbank Goldman Sachs, erklärte demgegenüber zynisch in einem Interview, als Banker „verrichte er Gottes Werk".

Die politische Entwicklung meines Vaters verlief sehr verschieden von der meiner Mutter. Seine Eltern fühlten sich als Teil des altliberalen Bürgertums. Mein väterlicher Großvater erklärte mir häufig: „Ich bin ein alter Josephiner." Gemeint war das Erbe von Kaiser Joseph II., der gegen erbitterte Widerstände in Österreich radikale Schritte einer modernen, aufgeklärten Politik durchsetzte und zum Teil bis heute ein Leitbild für die hohe Beamtenschaft in Österreich darstellt. Zu diesem Leitbild gehört freilich auch „Alles für das Volk, nichts durch das Volk" – das heißt, ein aufgeklärter Paternalismus, der dann manchmal in einen korrekten, aber abgehobenen Bürokratismus umschlagen kann.

Mein Vater war, wie ich aus seinen Erzählungen weiß, als sorgloser Sohn einer wohlhabenden Familie aufgewachsen. Sein lebensbestimmendes Erlebnis war die erzwungene Teilnahme am Zweiten Weltkrieg. Er hasste das Hitler-Regime und weigerte sich standhaft, Aufforderungen zu einer Offiziersausbildung nachzukommen. Er kam aus dem Krieg als überzeugter Sozialdemokrat zurück und erzählte mir oft von dem befreienden Erlebnis, als er zu Beginn seines „sozialdemokratischen Lebens" erstmals an der 1. Mai-Feier nach dem Krieg teilnahm. Sein Zwillingsbruder reagierte auf das traumatische Kriegserleben in völlig anderer Weise: Er kehrte als tiefgläubiger Katholik aus dem Krieg zurück und wurde Mitglied des CV, der Katholischen Studentenvereinigung. Diese unterschiedlichen Wege hinderten sie aber nicht, dass sich beide bis an ihr Lebensende bestens verstanden.

Mein Vater hatte aus seinem Kriegserlebnis heraus eine tiefe Abneigung gegen jede Art von Waffen. Dies wurde mir als Kind sehr deutlich spürbar. Mein Döblinger Onkel hatte im hinteren Teil des weitläufigen Gartens seiner Villa einen kleinen Schießstand eingerichtet und hatte mir eine Luftdruck-Pistole geschenkt, damit ich dort üben könne. Als ich mit dieser Pistole stolz und glücklich nach Hause kam, schrie mein Vater „mein Sohn soll nie eine Waffe haben" und nahm sie mir sofort weg. Enttäuscht begann ich mit meinem Vater zu raufen, worauf ich zum ersten und letzten Mal in meinem Leben von ihm eine Ohrfeige bekam. Er war darüber genauso erschrocken wie ich – und er begann mir zu erzählen, von seinen schrecklichen Erfahrungen und von seiner Hoffnung auf eine friedliche, gerechte Welt. Ich bin, im Gegensatz zu meinem Vater, kein Pazifist geworden, weil ich der Meinung bin, man muss das Böse, das es leider gibt, notfalls auch mit Gewalt bekämpfen – aber ich habe die Skepsis gegen Militarismus und die Abscheu gegen Waffen an meinen Sohn und meine Enkelkinder weitergegeben.

Meine Eltern haben beide als Mittelschulprofessoren und später als Direktoren großer Gymnasien korrekt, aber auch als bewusste Sozialdemokraten gewirkt. In ihrem privaten, bildungsbürgerlichen Leben hatte dies freilich keine Auswirkungen. Sie waren Mitglieder der Sozialdemokratischen Partei, aber nicht in entsprechende

Lokalorganisationen eingebunden. Auch ich war nicht Mitglied irgendwelcher sozialdemokratischer Jugendorganisationen, wo nach Meinung meiner Eltern „schlechte Manieren" herrschten. Meine Frau und ich haben dagegen unseren Sohn früh mit den „Roten Falken" in Verbindung gebracht und das frühzeitige Zusammensein mit Kindern sehr unterschiedlicher Herkunft hat ihm sehr gutgetan. Aber auch für uns war dieses Engagement bereichernd und hat manchmal auch zu vergnüglichen Begegnungen geführt.

Meinen „institutionellen" Weg in die Politik und meinen Bezugsrahmen habe ich bereits geschildert, inhaltlich bin ich als Sozialdemokrat geprägt von zwei historischen Linien: vom Bildungsauftrag der Sozialdemokratie und vom gewerkschaftlichen Denken. Die Sozialdemokratie entstand ja historisch aus den Arbeiterbildungsvereinen. Auch mein eigener Weg zur Sozialdemokratie geschah – über die ökonomische Expertenrolle hinaus – aus meinem Engagement in den Bildungsorganisationen. Mein Weg führte mich dabei vom Obmann des Linzer Bildungsausschusses bis zum „Bundesbildungsobmann" und damit Mitglied des Bundesparteivorstandes. Mit zunehmender Intensität meiner wirtschaftlichen Aufgaben habe ich diese Funktion dann abgegeben, aber meine große persönliche Sympathie gilt nach wie vor den hart in und für die Partei arbeitenden „Bildungsferdeln", wobei meine Frau heute als Vorsitzende des SPÖ-Bildungsausschusses der SPÖ-Wien/Hietzing wirkt. Die Bildungsorganisation ist nicht gerade die machtvollste Teilorganisation innerhalb der Sozialdemokratie, aber sie hat aus meiner Sicht unverändert zwei wichtige Aufgaben: eine „ideologische" und eine „kulturelle".
　　Es ist hier nicht der Platz einer umfassenden ideologischen Analyse. Ich will vielmehr einige Bereiche anführen, die für mich persönlich „ideologische", weltanschauliche Kernbereiche einer zeitgemäßen Sozialdemokratie ausmachen beziehungsweise ausmachen sollen. Die Sozialdemokratie ist heute keine „Klassenpartei", sondern eine Partei einer gemeinsamen Weltanschauung. Zentral aus meiner Sicht ist dabei der Aspekt einer tatsächlichen und nicht nur formalen Chancengleichheit.

Dieses dem Liberalismus verbundene Ziel ist freilich zu verbinden mit absoluter Gleichheit in für die Würde der Menschen zentralen Bereichen. Konkret heißt das, Bereitstellung eines hochqualitativen Bildungswesens für Kinder aller sozialer Gruppen, soweit als möglich im Schulbereich in Form von Ganztagsschulen, als wichtiges Element, um soziale Benachteiligungen der Herkunft auszugleichen. Zu den für die Würde und eine „positive Freiheit" des Menschen erforderlichen sozialen Grundrechten gehören etwa auch eine ausreichende und qualitativ hochstehende, allgemeine Gesundheitsversorgung, die Sicherung eines ausreichenden Lebensstandards, um am Leben der Gesellschaft teilzunehmen, und insbesondere auch die elementare Sicherung von menschenwürdigem Wohnen. Zu einem Leben in Würde gehört schließlich auch – in den Worten von F. D. Roosevelt – ein Leben ohne Angst. Das bedeutet Sicherheit im Alter, aber auch Sicherheit im täglichen Leben. Ich bin als „alter Sozialdemokrat" daher durchaus für gut funktionierenden Polizei- und Rechtsschutz, um nicht die Schwächsten der Gesellschaft der Willkür der Stärkeren oder Gewissenloseren auszusetzen. Der „fröhliche Anarchismus", wie ihn etwa manche meiner linken Freunde in den 1960er-Jahren so in Italien bewunderten, hat in der Praxis zu Mafia-Herrschaft und zum Elend der Ärmsten beigetragen.

In Übereinstimmung mit dem klassischen Liberalismus eines John Stuart Mill erfordert eine Politik der Chancengleichheit auch ein entsprechend ausgebautes Steuersystem. Dazu gehört auch eine sinnvoll konstruierte und sozial abgestufte Erbschaftsbesteuerung. Es ist offensichtlich, dass lange friedliche Zeiten des Wohlstandes bei unterschiedlicher Sparfähigkeit der verschiedenen Einkommensgruppen zu einer „quasi automatisch" wachsenden Ungleichheit der Vermögensverteilung führen, was sich dann wieder in größerer Ungleichheit der Einkommensverteilung und verstärkter Beeinträchtigung der Chancengleichheit niederschlägt. Als langjähriger Abgeordneter aus Oberösterreich, dem Land der „Häuslbauer", weiß ich freilich, dass Erbschafts- und Vermögenssteuern auch in treuen SP-Kernbereichen, etwa der Facharbeiterschaft, auf keine Gegenliebe stoßen. Die Betonung, dass diese Steuern erst sehr hoch ansetzen, wird oft nicht geglaubt und vor allem ist psychologisch etwa das selbst gebaute Haus der größte Stolz für eine Familie, die jahrelang daran gearbeitet hat. Hier wird noch viel Aufklärungsarbeit und politisches Feingefühl nötig sein.

Die kulturelle Mission der sozialdemokratischen Bildungsbewegung besteht zunächst darin, diesen, oben skizzierten, inhaltlichen Zielsetzungen gesellschaftliche Breitenwirkung zu verschaffen. Ein Schlachtruf der „Arbeiter-Marseillaise" der „alten Sozialdemokratie" lautete: „Der Feind, den wir am tiefsten hassen, das ist der Unverstand der Massen." Diese Sicht ist freilich nicht ganz ungefährlich, kann sie doch auch die Gefahr doktrinärer „Zwangsbeglückung" bedeuten. Hier hat aber etwa die Praxis des „Roten Wien" der Zwischenkriegszeit gezeigt, dass es sehr wohl möglich ist, eine Betonung von Solidarität mit Toleranz und dem Anerkennen von Vielfalt zu verbinden. Dies kommt auch zum Ausdruck in den Würdigungen dieser praktischen Erfahrungen durch skeptische Humanisten wie Thomas Mann oder den Philosophen Karl Popper, dessen Perspektive der „offenen Gesellschaft" großen Einfluss auf mich hatte. Zweifellos ist es aus meiner Sicht aber auch legitim, zu versuchen, gegenüber der aggressiven Welt des Kommerzes (noch) „bildungsferne Schichten" mit Werten einer humanistischen Kultur vertraut zu machen, in der Hoffnung, damit zu einer toleranten und offenen Gesellschaft beizutragen. Als Generaldirektor der (damaligen) Gewerkschaftsbank Bawag-PSK hatte ich etwa den von mir sehr geschätzten Paul Gulda eingeladen, Konzerte im Hof von Wiener Gemeindebauten abzuhalten. Ein wahrscheinlich etwas naiver Versuch – ich bereue ihn aber nicht.

Bei aller Wertschätzung des gerade bei mir (vielleicht zu) stark entwickelten Leistungsprinzips habe ich auch immer Aktivitäten unterstützt, die das Gemeinschaftliche betonen, und habe es etwa gerne gesehen, als unser Sohn bei den Roten Falken eingeführt wurde in „Spiele ohne Sieger" oder bei Festen mit anderen Jugendlichen „Solidaritäts-Palatschinken" erstellt und den Erlös für Auslandshilfen verwendet hat. Zum kulturellen Erbe, das aus meiner Sicht eine sozialdemokratische Bildungsorganisation auch weiterzugeben hat, gehört meines Erachtens aber auch die Pflege der Werte, die in der Anarchie der 1968er-Jahre als „Sekundärtugenden" belächelt wurden. Dazu gehört etwa strenge persönliche und finanzielle Korrektheit, Achtung und Wertschätzung im persönlichen Umgang, wozu ich auch Pünktlichkeit und Verlässlichkeit zähle. Ich habe in meiner praktischen Tätigkeit in Politik und Wirtschaft gesehen, dass es nicht immer leicht ist, diesen simplen Maximen zu folgen, dass es aber gut und stärkend ist, einen Freundeskreis zu finden, wo man entsprechendes Verhalten stets findet und erwarten kann.

Die gewerkschaftliche Grundlage meiner Weltanschauung hat sich aus meiner Arbeit im volkswirtschaftlichen Referat des ÖGB und dem Einfluss meiner dortigen Freunde ergeben. Hier erlebte ich nicht die Theorie, sondern die praktische Anschauung der Macht- und Einflussverhältnisse. Gewerkschaftliche Arbeit besteht ja im sorgfältigen Austarieren der unterschiedlichsten Interessenslagen zwischen Unternehmern und Arbeitnehmern. Zu geringe Lohnerhöhungen bedeuten zu geringe Lebenschancen für die Arbeitnehmer, zu hohe Lohnerhöhungen können die Sicherheit der Arbeitsplätze speziell in der Exportwirtschaft gefährden. Ich habe hier die Hochphase der Sozialpartnerschaft in Österreich erlebt, als die von meinem Mentor Heinz Kienzl entwickelte „Benya-Formel" für Lohnerhöhungen gemeinsam akzeptiert wurde. Das heißt Lohnerhöhungen im Ausmaß von Inflationsrate plus Produktivitätssteigerung, was eine gesamtwirtschaftliche Stabilität der (bereinigten) Lohnquote bedeutet. Zentrale – und nicht dezentrale – Lohnabschlüsse bewirken dabei eine annähernd ausgeglichene Lohnentwicklung für alle Bereiche der Wirtschaft, eine umfassende Abdeckung durch Kollektivverträge sichert entsprechende Einkommen auch für wirtschaftlich schwache Arbeitnehmergruppen.

Dieses annähernde Gleichgewicht war schon in den 1960er- und in den 1970er-Jahren leider nur ein Spezifikum für den deutschsprachigen und den skandinavischen Raum. Inzwischen ist es auch für diese Staaten in vielen Formen überrollt worden durch die Effekte der Globalisierung und einer „share-holder"-Marktradikalität, die auch von Teilen der Wirtschaftswissenschaften gefördert und legitimiert wurde. Dies zeigt sich weltweit – und tendenziell auch in Österreich und Deutschland – in einem wachsenden Auseinanderklaffen zwischen Durchschnittseinkommen und Spitzeneinkommen auf der einen Seite und einem wachsenden Sektor „prekärer", das heißt letztlich ungesicherter Arbeitsverhältnisse auf der anderen Seite. Gleichzeitig entstehen in der Arbeitswelt auch zunehmende Spannungen zwischen den Beschäftigten im „traditionellen" gewerkschaftlich hoch organsierten Industriebereich und den Menschen in „post-industriellen" Bereichen, mit geringen gewerkschaftlichen Organisationsgraden und zum Teil anderen, tendenziell „grünen" Lebensperspektiven.

Im persönlichen Handeln habe ich mich vor allem bemüht, jungen Menschen aus „benachteiligtem Milieu" auf ihrem beruflichen Weg zu helfen. Ich weiß aus eigener Anschauung, wie privilegiert es ist, in einer Familie mit großem kulturellem und auch materiellem Kapital aufzuwachsen, und bewundere alle Menschen, denen es gelungen ist, die sozialen Nachteile ihrer Herkunft zu überwinden. Als Ökonom weiß ich auch um den Wert der unternehmerischen Leistung. Auch bei hochqualifizierten und einsatzbereiten Arbeitnehmerinnen und Arbeitnehmern wird ein Unternehmen keinen Erfolg haben, wenn an der Spitze strategisches Denken und Innovationskraft fehlen. Der Zusammenbruch der kommunistischen Systeme zeigt, wie dramatisch sich längerfristig das Fehlen einer entsprechenden unternehmerischen Dynamik auswirken kann. Andererseits aber kann wieder die Maßlosigkeit und Leichtfertigkeit von Unternehmensführungen Unternehmen und ihre hart arbeitende Belegschaft ebenso in den Abgrund führen. Und auch einzelwirtschaftlich gut arbeitende Unternehmen brauchen für ihr Wirken einen leistungsfähigen Staat, der die materielle und soziale Infrastruktur bereitstellt und sichert. Als Sozialdemokrat und Ökonom sehe ich hier das Gleichgewicht einer „Sozialen Marktwirtschaft", das heißt einer prinzipiell marktwirtschaftlichen Ordnung, die aber durch einen starken Staat sozial, gesellschaftlich und zunehmend auch ökologisch mitgesteuert wird.

Ich hatte mich in meiner wissenschaftlichen Arbeit in meiner Habilitationsschrift als einer der ersten in Europa mit Fragen von Umweltsteuern und anderen ökonomischen Lenkungsmechanismen beschäftigt. Dies allerdings in einem eher „technokratischen" Ansatz, und ich habe erst später gesehen, dass ich die gesellschaftspolitische Bedeutung ökologischer Fragen, speziell im Gespräch mit der Jugend, wohl lange Zeit unterschätzt habe. Ich verstehe auch das Bedürfnis nach langfristigen Perspektiven und sehe mich persönlich dabei politisch und emotional vor allem dem Arbeiten für den sozial schwächeren Teil unserer Gesellschaft verpflichtet. Für die Lebenschancen künftiger Generationen halte ich es vor allem für wichtig, ihnen die beste Ausbildung und soziale Offenheit zu sichern, um den vielfältigen Herausforderungen einer in weiten Bereichen stets ungewissen Zukunft gewachsen zu sein.

Bezüglich umweltpolitischer Handlungserfordernisse und -möglichkeiten ist wohl zu unterscheiden zwischen dem Bereich unmittelbar nachvollziehbarer und lokal abgegrenzter Umweltprobleme und dem Bereich langfristiger globaler Herausforderungen. Bei Bereichen mit klar nachvollziehbaren Kausalitätsketten und klar feststellbarer regionaler Wirkungen und Verantwortlichkeiten wie etwa Luft- und Wasserverschmutzung, Waldsterben oder Gesundheitsgefährdung durch Rauchen, fallen ökologische und soziale Zielsetzungen in vielfacher Form zusammen. Für diese Form ökologischer Probleme gibt es auch in ihrer Wirkung nachvollziehbare Maßnahmen – eben die, mit denen ich mich auch in meiner wissenschaftlichen Tätigkeit intensiv beschäftigt habe. Der Einsatz solcher Maßnahmen hat auch durchaus Erfolge gezeigt, wie etwa der erfolgreiche Kampf gegen das Waldsterben, die Verbesserung der Luftqualität durch den Einsatz von Katalysatoren und die Verbesserung der Wasserqualität der österreichischen Seen durch den Bau von Ringwasserleitungen zeigt. In all diesen Fällen konkreter, abgrenzbarer Kausalitätsbeziehungen macht es auch Sinn, „ökologischer Vorreiter" zu sein.

Ökonomisch und politisch herausfordernder ist es dagegen, adäquate Reaktionen auf globale und langfristige ökologische Herausforderungen zu finden. Hier steht in der aktuellen politischen Diskussion vor allem das Verhältnis zwischen gegenwärtigen und künftigen Generationen beziehungsweise zwischen „Alt" und „Jung" im Vordergrund – was freilich auch dazu führen kann, dass Verteilungsfragen der Gegenwart in den Hintergrund rücken und es stärker auf eine Diskussion unterschiedlicher „Lebensstile" hinausläuft. Bei langfristigen globalen Problemen ist es entsprechend auch schwieriger, aussagekräftige Analysen über die Höhe und die regionale und personelle Verteilung von Kosten und Nutzen einzelner Maßnahmen zu erstellen. Dies gilt speziell für Fragen des umfassenden globalen Klimawandels durch menschliches Wirken. Es ist zweifellos richtig, diese Fragen auf globaler Ebene, wie etwa durch die entsprechenden Klimakonferenzen, zu thematisieren. Dabei ist es aber wohl wichtig, bei der Festlegung von Klimazielen nicht nur ökologische, sondern auch soziale und ökonomische Wirkungen zu beachten und unterschiedliche Ansätze in ihrer Wirkung zu vergleichen. Auch im Verhältnis von Ökologie und Ökonomie gilt, dass es zweifellos Bereiche gibt, wo eine Übereinstimmung entsprechender Ziele besteht, dass es aber auch Bereiche von Zielkonflikten gibt, wo politische Entscheidungen nötig sind, die auf der Basis möglichst umfassender und seriöser Informationen erfolgen sollen.

Die Welt der Notenbanken hat erst ziemlich spät begonnen, sich stärker mit Zusammenhängen von Ökonomie und Ökologie zu beschäftigen. Als der damalige Gouverneur der Bank of England, Mark Carney, erstmals dieses Thema ansprach, wurde er von Finanz- und auch Regierungskreisen noch heftig wegen dieser politischen „Grenzüberschreitung" einer Notenbank kritisiert. Es wurde aber bald sichtbar, dass ökologische Faktoren erhebliche finanzwirtschaftliche Auswirkungen haben können. Verbote oder Einschränkungen bezüglich wichtiger Energieträger, wie Kohle oder Erdöl, können zu gewaltigen Wertverlusten in den entsprechenden Industrien und auch bei den sie finanzierenden Banken führen. Umgekehrt können sich ökologisch motivierte Investitionen, zum Beispiel in der Energieversorgung, als auch betriebswirtschaftlich profitabel erweisen. Die Versicherungswirtschaft hat dann relativ rasch die Berücksichtigung ökologischer Effekte in ihre Risikoanalysen und Veranlagungsstrategien eingeführt. Durch ein stärkeres Abstellen auf ökologische Aspekte durch Investment-Fonds, Pensionsfonds etc. ist inzwischen ein rasch wachsendes, „grünes" Marktsegment auf den internationalen Kapitalmärkten entstanden. Einige Notenbanken und Aufsichtsbehörden haben sich im internationalen „Network for Greening the Financial Systems" (NGFS) zu einer umfassenden Studiengruppe zu Fragen von „green finance" zusammengeschlossen und ich habe dafür gesorgt, dass auch die Oesterreichische Nationalbank schon früh Teil dieser Studiengruppe geworden ist. Unter der Präsidentschaft von Christine Lagarde hat sich auch die EZB in diesem Bereich deutlich stärker engagiert. Grundlage für diese Aktivitäten ist richtigerweise der umfassende Ansatz der „Environmental, Social and Corporate Governance" (ESG), der sich auf verantwortungsvolles und nachhaltiges Handeln in Bezug auf Umwelt, Soziales und Unternehmensführung bezieht.

Letztlich sind bei allen in diesem Kapitel aufgezeigten Aspekten persönliche Weltanschauung und Lebenshaltung und institutionelle Umsetzung eng miteinander verbunden. Im Popper'schen Sinn geht es bei den Fragen der Umsetzung gesellschaftspolitischer Vorstellungen ebenso wie beim Verhältnis von Ökonomie und Ökologie nicht um das Befolgen eines fertigen, fixen Modells, sondern um einen steten Prozess von Versuch und Irrtum in Richtung einer angestrebten Gesellschaft der Sicherung der Lebensgrundlagen, der Fairness und der Humanität. Angesichts der Effekte von Globalisierung und wirtschaftlicher und finanzieller Machtkonzentration ist dies ein schwieriger, aber notwendiger Kampf.

Wie kann dieser Kampf weitergehen, wie ist die persönliche Seite dieser Bemühungen zu sehen?

Dieses Buch handelt von „Geld und Leben" – vom Zusammenhang von wirtschaftlichen Fragen und Lebensführung, wie ich es erlebt habe. Es ist zweifellos reizvoll, wenn auch mit erheblicher

Unsicherheit behaftet, über die zukünftigen Perspektiven dieses Zusammenhanges nachzudenken. Ein spannendes – aber eben nicht unproblematisches – Beispiel hat hiefür John Maynard Keynes, der für mich einflussreichste Wirtschaftswissenschafter der Neuzeit, gegeben. 1930 schrieb er den wohl bewusst provokanten Essay „Ökonomische Möglichkeiten für unsere Enkelkinder".[50] Er geht davon aus, dass, bezogen auf das Jahr 1920, durch Fortschritte der Produktivität in etwa 100 Jahren (also etwa 2020!) der Lebensstandard in der „zivilisierten Welt" auf das vier- bis achtfache gestiegen sei. Das „ökonomische Problem" sei damit gelöst, die Menschen könnten „wisely, agreeable and well" leben, das heißt, ihr hohes Einkommen für mehr Freizeit und „Lebensfreude" verwenden. Die „Liebe zum Geld" würde betrachtet werden als eine „somewhat disgusting morbidity [...] which one hands over with a shudder to specialists in mental disease" – also als seine abstoßende Geisteskrankheit. Aber in der Zwischenzeit müsse die Menschheit noch mit „Habgier und Wucher" leben, um aus dem „Tunell der ökonomischen Notwendigkeit" in das Glück der neuen Gesellschaft zu kommen.

Heute, rund 100 Jahre später, hat sich der Lebensstandard der meisten Menschen trotz der inzwischen eingetretenen Katastrophe des Zweiten Weltkrieges tatsächlich massiv erhöht – wobei Keynes in seiner Utopie freilich Fragen der Einkommens- und Vermögensverteilung nicht berührt. Die grundlegenden Verhaltensweisen – „die Liebe zum Geld" – haben sich freilich nicht wesentlich geändert. Dies kann auf eine Vielzahl von Faktoren zurückzuführen sein – von biologischen Aspekten über gesellschaftliche Indoktrinierung bis hin zum zentralen Wunsch nach Sicherheit, wo es quasi keine Obergrenze für Geld-Akkumulation gibt. Es würde zu weit führen, all diese hier zu diskutieren[51]. Was mir aber als zentral erscheint, ist Keynes' Hinweis, dass „Geld" kein Zweck für sich sein sollte, sondern ein Mittel

---

50 John Maynard Keynes: Collected Writings. Cambridge University Press, 1971-89, Vol. IX, pp&331.
51 Als interessanten Beitrag siehe Robert Skidelsky: Keynes – The Return of the Master. PublicAffaires, New York 2009. S. 144 ff.

für ein „geglücktes Leben" – eben „Geld und Leben". Keynes ist hier Teil einer alten und fundamentalen philosophischen Debatte. Mir persönlich ist dabei beim Schreiben dieses Buches „Geld und Leben" freilich immer stärker bewusst geworden: Das Leben der Einzelnen ist endlich, die Welt des Geldes, der Wirtschaft, geht weiter und bestimmt immer neue Leben. Der Einzelne kann versuchen, in seinem Leben mitzuhelfen, kleine positive Beiträge in Richtung des „guten Lebens" für sein näheres und weiteres Umfeld zu leisten. Zeiten der Krise, wie wir sie mit der Corona-Krise wieder erleben, verschärfen hierfür den Blick. Ich hatte das Glück, in einem schönen und sicheren persönlichen Umfeld zu leben und in einer Vielzahl von Bereichen kleine Beiträge leisten zu können. Im Nachhinein kommt mir dabei die von Voltaire, dem von mir so überaus geschätzten Philosophen der Aufklärung, geschaffene Figur des „Candide" in den Sinn. Ein ungeplantes Wandern zwischen Abenteuern und Gefahren, getragen von oft naivem Optimismus, aber letztlich jedenfalls ein Bekenntnis zu Freude und Verantwortung: „Wohl gesprochen, aber wir müssen unseren Garten bestellen – il faut cultiver notre jardin" …

Glossar

ABS: Asset Backed Securities. Bündelung von Hypothekarkrediten zum Weiterverkauf an Investoren.

Allokation: Bereitstellung der für die Produktion in einer Volkswirtschaft nötigen Ressourcen von Arbeit und Kapital durch Märkte oder administrativ.

Anleihe-Emission: Verkauf von Anleihen (Schuldverschreibungen) vonseiten öffentlicher oder privater Schuldner.

Assignatenwirtschaft: Während der französischen Revolution verwendetes Papiergeld mit raschem Wertverfall.

Austeritätspolitik: Politik, die durch Einsparungen im öffentlichen und privaten Bereich eine Wirtschaftskrise überwinden soll.

Austro-Keynesianismus: In den 1970er-Jahren in Österreich entwickelte Kombination von expansiver Fiskalpolitik, Hartwährungspolitik, stabilitätsorientierter Einkommenspolitik und langfristiger Strukturpolitik.

Bank run: Bei Befürchtung eines Konkurses Ansturm der Gläubiger/Sparer des entsprechenden Kredit-Institutes, um ihre Einlagen abzuheben.

Basel III: Vom „Basler Ausschuss" im Rahmen der BIZ von Experten aus den Bereichen Bankenregulierung und Notenbanken erarbeitete Grundlage für weltweit einheitliche Regelungen für die Definition und den Eigenkapital-Bedarf von Banken.

BIZ: Bank für Internationalen Zahlungsausgleich. Gegründet 1930, Sitz Basel. Heute „Zentralbank der Notenbanken" für gesamtwirtschaftliche Analysen, Mitwirkung bei Verwaltung von Währungsreserven und bei der Bankenregulierung.

CDO: Collateralized Debt Obligations. Oberbegriff für gebündelte, forderungsbesicherte Wertpapiere (wie zum Beispiel ABS).

CDS: Credit Default Swap. Kreditderivat zum Handel mit Ausfallsrisiken von Anleihen, damit auch Maß der von den Finanzmärkten gesehenen Insolvenzwahrscheinlichkeit.

Cooling off Periode: Zeitraum, der vergehen muss, bis eine neue Funktion angetreten werden darf. Insbesondere relevant beim Übergang von öffentlichen zu privatwirtschaftlichen Funktionen.

CRR, CRD: Capital Requirement Regulation beziehungsweise Capital Requirement Directive. Umsetzung der Basel-Regelungen in das Bankenrecht der EU.

Cum-Ex-Geschäfte: Rechtswidrige Transaktionen zum Erlangen von Erstattungen von Kapitalertragssteuern unter maßgeblicher Mitwirkung einiger Banken.

Dodd Frank Act: Dodd Frank Wall Street Reform and Consumer Protection Act (benannt nach den einbringenden US-Politikern). Gesetz für strengere Bankenregulierung als Reaktion auf die Finanzkrise 2007/2008.

Dotcom Blase: Im März 2000 geplatzte Spekulationsblase, die speziell an US-Börsen die sogenannten „Dotcom"-Unternehmen der New Economy-Informationswirtschaft betraf.

EBRD: European Bank for Reconstruction and Development, Sitz London. Aufgabe ist die Unterstützung des Überganges von Staaten in Europa und in Zentralasien von einer Plan- zu einer Marktwirtschaft.

EFSF: European Financial Stability Facility, Vorläufer des ESM.

EIB: Europäische Investitionsbank, Sitz Luxemburg. „Hausbank der EU", mit der Aufgabe, günstige langfristige Kredite speziell in den Bereichen Infrastruktur und „Greening Europe" zu vergeben.

ESM: Europäischer Stabilitätsmechanismus, Sitz Luxemburg. Intergouvernmentale Institution für Hilfs-Maßnahmen unter Auflagen für Staaten mit Finanzierungsproblemen.

ESRB: European Systemic Risk Board. Koordinierungsgremium für die Regulierung des Finanzsektors in Europa unter gesamtwirtschaftlichen Aspekten.

FIMBAG: Finanzmarktbeteiligung A.G. des Bundes, gegründet 2008 als Teil der Maßnahmen zur Bewältigung der Finanzkrise, zuständig für die Beteiligungen der Republik Österreich an Finanzunternehmen.

Fremdwährungskredit: Kredit, der in einer anderen Währung als der Heimatwährung des Kreditnehmers aufgenommen wird. In Österreich v. a. Kredite in Schweizer Franken.

Geldfunktionen: Notwendige Eigenschaften, um als „Geld" zu funktionieren: Funktion als Rechen-Einheit, Transaktionsfunktion, Wertaufbewahrungsfunktion.

Geldmengenbegriffe: M1: Bargeld und Sichteinlagen der Nicht-Banken. M2: M1 plus Einlagen mit vereinbarter Laufzeit bis zu 2 Jahren und Einlagen mit gesetzlicher Kündigungsfrist bis zu 3 Monaten. M3: M2 plus Geldmarktpapiere und Bankschuldverschreibungen mit einer Laufzeit bis zu 2 Jahren und Anteile an Geldmarktfonds.

Geldmengenregel: Die Notenbanken sollen die Wirtschaft durch einen langfristig gleichbleibenden Anstieg der Geldmenge M3 im Ausmaß der erwarteten, langfristigen Wachstumsrate der Wirtschaft verstetigen. Speziell entwickelt von Milton Friedman.

Giralgeldschöpfung: Erhöhung der unbaren Geldmenge durch Kreditvergabe im Rahmen des Banken-Systems.

Goldstandard: Ganze oder teilweise „Deckung" einer Währung in Form einer vollen oder teilweisen Einlösungsverpflichtung von Papiergeld in Gold.

IWF: Internationaler Währungsfonds (engl.: IMF). Gegründet 1944 zur Sicherung einer stabilen wirtschaftlichen Entwicklung nach dem Zweiten Weltkrieg, insbesondere in Bezug auf stabile Wechselkurse. Heute zentrale Institution für Fragen der monetären Entwicklung der Weltwirtschaft.

Keynesianische Revolution: Umsetzung der von John Maynard Keynes entwickelten Konzepte der Makro-Ökonomie auf den Bereich der staatlichen Wirtschaftspolitik, speziell der Konjunkturpolitik nach Ende des Zweiten Weltkriegs.

Leistungsbilanz: Teil der Zahlungsbilanz. Stellt für den Bereich Waren und Dienstleistungen für eine Volkswirtschaft den Wert der Exporte und Importe dar.

Monetarismus: Speziell entwickelt von Milton Friedman, einflussreich in den 1980er- und 1990er-Jahren. Notenbanken haben ausschließlich das Geldmengenziel zu verfolgen. Die Gesamtpolitik zielt ab auf Deregulierung und Privatisierung.

Montan Union: Europäische Gemeinschaft für Kohle und Stahl (EGKS). Gegründet 1952, erste Institution der Europäischen Integration.

Merkantilismus: Vorherrschende wirtschaftspolitische Doktrin im 17. und 18. Jahrhundert, mit dem Ziel der Stärkung der nationalen Wirtschaft durch Importsubstitution und staatliche Industriepolitik.

Multiple Choice Prüfung: Schriftliche Prüfung, bei der zu einer Frage mehrere vorformulierte Antworten zur Auswahl stehen, elektronisch auswertbar.

New Deal: Programm progressiver Wirtschafts- und Sozialreformen unter US-Präsident Franklin D. Roosevelt ab 1933 zur Überwindung der Folgen der Weltwirtschaftskrise.

OMT-Programm: Outright Monetary Transactions. 2012 von der EZB als Instrument zur Bewältigung der Euro-Krise eingeführt. Ermöglicht den direkten Ankauf von Staatsanleihen von Staaten, die sich in einem ESB-Programm befinden. Bis jetzt noch nie eingesetzt.

Open Society Foundation: Gruppe von Stiftungen des US-Financiers George Soros, mit denen die Perspektive einer „offenen Gesellschaft" im Sinne Karl Poppers gefördert wird.

Popper, Karl: Österreichisch-Britischer Philosoph, 1902-1994. Gesellschaftspolitisch einflussreich ist sein Werk „Die offene Gesellschaft und ihre Feinde", mit einem Plädoyer gegen Dogmatismus und für pragmatisches Vorgehen nach „Versuch und Irrtum".

PSPP: Public Sector Purchase Programme. Von der EZB seit 2015 als Teil des Asset Purchase Programme (APP) eingesetzt, um durch Käufe öffentlicher Wertpapiere über Zinssenkungen wirtschaftliche Expansion und damit eine Annäherung an das Preisstabilitäts-Ziel zu erreichen.

Quantitative Easing: Ausweitung der Geldmenge durch direkten Ankauf von Wertpapieren durch die Zentralbank. Erstmals eingesetzt von der US-Notenbank.

Ratio legis: Ziel, das durch eine Rechtsnorm erreicht werden soll.

Rating Agenturen: Private Unternehmen, die die Kreditwürdigkeit von Staaten, Unternehmen und Finanzprodukten nach Risikokategorien bewerten. Die großen Ratingagenturen sind *Standard & Poor's, Moody's* und *Fitch*.

Redenomination risk: Ursprünglich das Risiko einer Änderung des Nennwertes von Banknoten oder Münzen. In der Euro-Krise Bezeichnung für das Risiko des Ausscheidens eines Staates aus dem Euro-Raum.

Reputationsrisiko: Teil der Gesamtrisiko-Betrachtung gegenüber einem Unternehmen oder einer sonstigen Institution. Erfasst den wirtschaftlichen Schaden, der durch eine Beeinträchtigung des Ansehens, der Reputation, entstehen kann.

Sozial-Darwinismus: Übertragung der Darwin'schen Evolutionslehre auf gesellschaftliche Prozesse im Sinn der Durchsetzung der jeweils Stärksten ohne Rücksicht auf soziale Aspekte.

Special Purpose Vehicle: Zweckgesellschaft, errichtet von einer Muttergesellschaft zur Durchführung spezieller Transaktionen außerhalb der Bilanz der Muttergesellschaft.

SSM: Single Supervisory Mechanism, System der Bankaufsicht im Euro-Raum: Spezieller Aufsichtsbereich im Rahmen der EZB in Koordination mit den nationalen Aufsichtsbehörden der Mitgliedstaaten.

Stagflation: Kombination von wirtschaftlicher Stagnation und Inflation. Trat in der zweiten Hälfte der 1970er-Jahre als Folge der abrupten Erhöhungen der Ölpreise („Ölschock") auf.

TEN: Transeuropäische Netze. Umsetzung, Entwicklung und Ausbau gesamteuropäischer Verbindungen in den Bereichen Transport, speziell der Bahntransport, und Kommunikation zur Stärkung des Europäischen Binnenmarktes.

Treasury: Auf Unternehmensebene Organisationseinheit für die Steuerung von Zahlungsströmen, v. a. Sicherung der Liquidität. Im englischen Sprachraum überdies Finanzministerium/Schatzamt; US-Treasuries bezeichnen US-Staatsanleihen.

Wechselkurs: Preis einer Währung, ausgedrückt in einer anderen Währung. Bei flexiblem Wechselkurs Bestimmung dieses Preises durch die Devisenmärkte. Bei fixem Wechselkurs Festsetzung eines Preises und allfällige Interventionen der Notenbank zur Sicherung dieses Preises.

Weltwirtschaftskrise: Mit dem Börsenkrach in New York im Oktober 1929 beginnender, massiver Wirtschaftseinbruch, der in der Folge mit dramatischen sozialen und politischen Folgen die meisten Staaten der Erde erfasste.